本书是国家社科基金项目"羌族仪式音声的民间信仰与民俗文化研究"（项目编号：19XMZ044）的最终成果，得到西南科技大学龙山学术文库（国社科专项）、西南科技大学文学与艺术学院国际中文教育（一流专业）建设经费资助。

羌族仪式音声研究

华明玲 郑凌云 ◎ 著

QIANGZU YISHI
YINSHENG YANJIU

人民出版社

目　　录

绪　　论

中华民族是一个拥有五十六个兄弟民族的大家庭。中华民族的形成过程,是多民族交流融合的历史演绎,其中有过矛盾与纷争,更有和谐与交融,最终形成了多元一体的民族架构。党的十八大以来,习近平总书记多次论述铸牢中华民族共同体意识。中华民族共同体是对中华民族多元一体格局的深化表达,体现了各民族共同缔造、发展、巩固统一的伟大祖国的历史,对各民族文化历史的保护和传承是铸牢中华民族共同体意识的重要措施。党的二十大报告指出,"加大文物和文化遗产保护力度,加强城乡建设中历史文化保护传承",对文化遗产的保护工作作出了进一步要求。"羌"是我国历史上最古老和曾经分布极广的族群之一。古羌人曾经以游牧部落的形式生活在我国西北地区,是中华文明从"多元"走向"一体"的创造者和推进者。秦汉以降,古羌人在大规模的战乱和迁徙中,大部分已融入成为汉族或藏缅语系的各民族,但也有其中几支部落人群在岷江上游落地生根,保留了部分古羌文化并形成了羌族习俗,这便是本书研究的"羌族"。今日的羌族主要居住在包括四川阿坝藏族羌族自治州的茂县、理县、汶川、松潘、黑水县,成都市的邛崃市、都江堰市,绵阳市北川羌族自治县、平武县等地,人口约 32 万。"羌族主要聚居在四川省西北部岷江上游和涪江上游岷山山区,该区域也是历史上的羌人聚居区。今日羌族与该区域历史上的羌人具有重要渊源关系,今日羌族文化也与该区域历史上的羌人文化有着重要传承关系。但是,羌族并非仅由该区域历史上的羌人群体发展而来,羌族的羌人先民也非源自同一个族群群体。"①羌族信

---

① 徐学书等:《羌族特色文化资源体系及其保护与利用研究》,民族出版社 2015 年版,第 28 页。

仰和习俗虽有着诸多共性,但方言、服饰、歌舞等又有各自特点。他们在长期相对封闭的生存环境中,通过生产劳动和精神生活,积累和保留了丰富的民俗文化,为我们留下了宝贵的文化遗产。近年来对羌族文化的研究涉及了物质和非物质的各个领域,对羌族传统文化的保护、传承、创新和发展有着积极影响。

党的二十大报告指出:"实践没有止境,理论创新也没有止境。不断谱写马克思主义中国化时代化新篇章,是当代中国共产党人的庄严历史责任。"人民性是马克思主义最鲜明的品格。习近平总书记指出:"中国共产党根基在人民、血脉在人民、力量在人民。"全书的写作以坚持人民至上、推进马克思主义中国化时代化精神为根本立场。写作过程中,充分考虑到羌族同胞自身对传统仪式的认知局限性,尽量避免以他者视角过分解读羌族文化;在记录仪式过程时,按照原本的程序和羌族自身的习惯说法完整记录,其中包含一些较为敏感、无法科学解释的仪式内容,如"请神""解秽""攘煞""赶瘟神""喊魂魄"等,主要从整体性、人民性的角度客观记录和分析其文化价值,并不主张信仰鬼神,而是努力将马克思主义思想精髓同中华优秀传统文化精华贯通起来、同人民群众日用而不觉的共同价值观念融通起来,在理论形成过程中为其大众化打下基础,为人民所喜爱、所认同、所拥有。

一、选题背景与研究意义

仪式音声研究属于民族音乐学或音乐人类学,具有共识性和当下性特点。但是羌族具有悠久的文化历史和传统,在中华民族大家庭中属古老的民族。中国传统音乐学界曾长期采用古代文献与当代民间音乐资料相结合的研究方法,甚至比西方民族音乐学提出的历时性视角更早,但基本采用静态的书面和谱面文本为直接研究对象,较多注重历时性,看重"以古论今"。当代民族音乐学(20世纪80年代以后)主要以活态的音乐文本及表演现场为直接观察对象,将"共识—历时"视为一体,且以共识性为主,历时性为辅,看重"以今论古",注重活态的、动态的研究。① 费孝通先生指出:"研究历史可以把遥远过

① 参见杨民康:《仪式音乐表演民族志》,人民音乐出版社2021年版,第154页。

去的考古遗迹和最早的记载作为起点,推向后世;同样,亦可把现状作为活的历史,来追述过去。两种方法互为补充,且需同时使用。"①本书尝试运用当代民族音乐的研究方法,结合中华民族文化历史,借鉴历史民族音乐学把音乐史还原到上下文语境中进行研究的学术思路,从羌族传统仪式音声的活态研究入手,重点阐释羌族文化中的民间信仰与民俗文化特征,这对民族音乐学方法论的实践、检验、夯实、完善有着一定的积极意义。

活态的音乐文本和表演现场是仪式音声研究的主要对象,而由此形成的文本才是具有上下文语境关联的文化符号。然而近年来对羌族仪式音乐的研究或过多注重音乐本体研究,或过分注重音乐文本的模式化、规范化书写,脱离了"音乐的存在离不开文化语境"及"音乐的存在离不开族群认同"②等重要观点。比如羌族史诗便是羌族释比文化最重要的说唱文本。"羌族史诗的搜集整理工作,实现了口头传统向文本书写的转化……《羌族释比经典》等口头传统在搜集整理过程中,聚集了众多演唱者,让其演述各自掌握的唱经,后在翻译者、研究者的合作下逐步形成。如此创作的标准化书写文本缺乏具体时空场域,消解了口头传统的区域、方言差异,遗失了羌族口头传统的重要文化信息,甚至加入了整理者、编撰者的意志,成为向外界展示羌族'传统文化'的'阅读文本'。"③而其余的如《中国羌族民间音乐全集》等歌曲集成,也都有缺乏活态文本书写的范式,将仪式音乐静态化呈现。本书吸取了上述文本写作中的一些经验,将羌族仪式音乐的文本书写放在羌族活态传承的仪式过程中,借鉴蒋彬老师的一些建议,"作为文化工程的口头传统的搜集整理,旨在抢救保护,应避免'保护性'破坏。故而,口头传统的文本书写应回归演唱传统与场域,既要包含演唱者信息,又要有参与者的互动过程,使其成为每次演唱的'实录',达到口头与文本、史诗传统与文化语境

①　费孝通:《江村经济》,上海人民出版社 2007 年版,第 3—4 页。
②　[美]兰德尔·柯林斯:《互动仪式链》,林聚任、王鹏、宋丽君译,商务印书馆 2012 年版,第 20 页。
③　蒋彬:《口头传统与文本书写:以〈羌族释比经典〉为例》,《北方民族大学学报》2016 年第 4 期。

的有机统一"。① 本书最终完成的文本书写是将仪式音声放在仪式过程中完成,是能够还原仪式现场的过程、说、唱、舞、参与人群、喧嚣声、炮仗声等完整的文本记录,是具有上下文语境的活态音声文本。由此本书的研究对羌族传统文化的文本书写范式、仪式研究方法等具有积极意义。

　　羌族众多仪式之所以能够较为完整地保留下来,与其仪式音声的丰富性密不可分。众所周知,我国近年来提倡弘扬传统节日,加强活动的仪式感,这都是基于此前过度西化的节日观和仪式感一度淡薄而进行的补救措施。羌族许多仪式都有较完整的传承链,除去地理环境、人文因素、信仰习俗外,丰富的仪式音声是促进仪式发展的主要原因。本书之所以从仪式音声的视角去研究羌族民间信仰与民俗文化,便是了解到羌族仪式音声所隐喻的重要文化信息。羌族仪式音声是与羌族精神生活和物质生活紧密联系、协同发展生存的文化信息,甚至也是羌族仪式能够代代传承的重要纽带。仪式音声记录了羌人最早的图腾信仰、神灵信仰、战争历史、迁徙活动、生产生活、民俗民风等多方面内容,可以说仪式音声本身就是羌族文化历史的"活化石"。此项研究需建立在对羌族仪式、仪式音声的广泛调查与客观分析前提下,而与此相关的概念界定及内容选择,都将依托民族音乐学的基本方法,从田野到文献,从客观记录到比较分析,最终将对羌族仪式音声中所反映出的民间信仰与民俗文化现象进行分析和研判。本书的研究主要根据羌族仪式音声对宗教学、民俗学、音乐学等学科研究的特殊价值而设定,其研究意义主要包括三个方面:首先,通过对羌族仪式音声的研究,来探讨羌族民间信仰、民俗文化的本质特征,深化羌族历史、宗教、民俗学的多层次研究。其次,通过对羌族仪式音声的研究,为羌族音乐文化的研究探索一种新的视角,即从羌族音乐形态研究和浅表层次的音乐文化研究走向更为深层的对音乐创造者的研究。最后,研究成果对羌族文化生态健康发展,以及民族政策、文化政策的制定有着积极影响,为我国少数民族精神文明建设、民族经济发展作出贡献。

---

　　① 蒋彬:《口头传统与文本书写:以〈羌族释比经典〉为例》,《北方民族大学学报》2016年第4期。

二、国内外相关研究综述

羌族民间信仰与民俗文化是不可分割的整体,民间信仰是指导思想,民俗文化是精神展示,两者互相依存,协同发展演变至今。但学界目前尚缺乏将两者作为共同对象进行研究的成果,更无从仪式音声中探究其特征、现状的前期研究。本书内容涉及跨学科知识,国内外相关研究成果可从三个方向考察:一是关于仪式音声和羌族仪式音声的研究,属于音乐人类学范畴;二是羌族民间信仰,属于宗教学范畴;三是羌族民俗文化,属于民俗学范畴。

(一)仪式音声和羌族仪式音声研究

研究仪式音声必须首先明确仪式的定义、分类和基本功能,然后才能明确仪式音声在仪式发展中所担任的仪式化文本要义以及所隐喻的文化内涵。仪式研究起始于 18 世纪末至 19 世纪初,欧美早期的仪式研究将仪式与神话联系在一起,并主要研究宗教仪式。如泰勒(Edward Tylor)、斯宾塞(Herberl Spencer)、弗雷泽(James Frazer)等,他们的相关著作及重要观点推动了西方仪式研究的发展。到后来逐渐扩展到了对世俗仪式的研究,如古兰吉斯(Fustel de Coulanges)、史密斯(Robertson Smith)、涂尔干(Emile Durkheim)等。当代仪式研究则发展到了更为广阔的空间,研究方法也更加多元化。我国当代仪式研究成果斐然的是厦门大学彭兆荣教授,他的著作《人类学仪式理论与实践》[1]、《文学与仪式——酒神及其祭祀仪式的发生学原理》[2]以及一系列关于仪式研究的论文,对国内外仪式研究的历史与现状、仪式定义和功能都进行了深入探索,其成果和方法对羌族仪式研究具有借鉴作用。

仪式音声的专门研究始于 20 世纪 60 年代。民族音乐学宗师美国学者阿兰·梅里亚姆(Alan P.Merriam)提出概念、行为、音声三重认知模式,将音声作为仪式研究的重要内容,并指出"文化中的音乐"[3]等重要观点,对民族音乐

---

[1]　彭兆荣:《人类学仪式理论与实践》,陕西师范大学出版社 2019 年版。

[2]　彭兆荣:《文学与仪式——酒神及其祭祀仪式的发生学原理》,陕西师范大学出版社2019 年版。

[3]　Alan P. Merriam, *The Anthropology of Music*, Evanston Ⅲ: North Western University Press, 1964, p.32.

学从音乐中解读文化（概念）的研究转型起到了启示作用。我国对仪式音声研究较早、成果卓著的是香港中文大学曹本冶教授。在1998年2月由香港中文大学举办的"中国传统仪式音乐研讨会"上，曹本冶教授主持了会议，并组织大家讨论了"仪式音乐"更广义的概念指向。"他主张用人类学来研究民族音乐学，拓宽中国传统仪式音乐概念的内涵。这一观点得到与会者的普遍认同。"①21世纪初曹氏在《仪式音声研究的理论与实践》②中提出了"信仰""仪式""仪式中音声"组成的三合一整体的研究理论，并明确指出仪式的"音声境域"即"听得到"的"音声"，主要包括"器声"和"人声"两大类音声。紧接着薛艺兵在《仪式音乐的概念界定》③一文中对仪式音乐有了更深入的研究，也将仪式音乐的概念扩展到了"仪式音境"、"音声"与"仪式音乐"等范畴。2021年杨民康教授出版著作《仪式音乐表演民族志研究》④，将宗教学、仪式学与仪式音乐（也常常扩展到音声）民族志的关系，以及仪式音乐民族志的研究方法进行了详细论述，其中的"音乐文化本位模式分析法"对研究"文化中的音乐"以及怎样才能从仪式音乐中解读文化都具有积极影响，对我国当下传统仪式音乐（音声）研究的理论建设与实践具有极为重要的指导作用。

羌族仪式音声的研究起步较晚，发展也很缓慢，高端的研究成果至今非常稀少。中央音乐学院博士后研究人员巫宇军撰写的著作《羌族释比音乐的功能、变迁与保护策略研究——以四川汶川阿尔村为例》⑤，以汶川阿尔村释比音乐为研究对象，通过长期驻村定点调查，以大量实地考察材料为依据，研究了释比音乐的本质属性、核心功能、变迁规律，并分析了羌族地区非物质文化遗产保护工作的经验和教训，提出了保护策略。羌族释比音乐大多依托羌族仪式进行，属于仪式音声的范畴，只是研究的侧重点不同。巫宇军的研究，为

---

① 玮敏：《香港中文大学举办"中国传统仪式音乐研讨会"——主题：中国传统仪式音乐的概念与方法》，《上海艺术评论》1998年第3期。
② 曹本冶主编：《仪式音声研究的理论与实践》，上海音乐学院出版社2010年版，第44页。
③ 薛艺兵：《仪式音乐的概念界定》，《中央音乐学院学报》2003年第1期。
④ 杨民康：《仪式音乐表演民族志研究》，人民音乐出版社2021年版。
⑤ 巫宇军：《羌族释比音乐的功能、变迁与保护策略研究——以四川汶川阿尔村为例》，中国社会科学出版社2016年版。

音乐学界长期关注而未得深入的羌族仪式音乐研究打开了一扇探索之门,其研究思路清晰、研究方法得当、研究逻辑清楚,是当下不可多得的重要成果。然该项成果由于研究者外地学者的身份和调查对象的局限性,对羌族释比文化仍缺乏全面、深入的了解,其调研的个案具有片面性,得出的结论有待商榷。此后,陆续出现了部分对仪式音声个案进行记录和分析的初步研究成果,如文飞《羌族仪式音声的空间隐喻》①对羌族婚礼仪式音声的空间及其隐喻进行了研究,尝试使学界能更为科学地描述与解释羌族文化的起源以及羌族文化对于人们在意识、秩序与行为上的影响。董玥的硕士学位论文《四川阿坝州羌族"夬儒节"仪式与音声研究——以理县为考察个案》②,记录了羌族融祭祀与羌戏于一体的夬儒节活动流程及音乐使用情况,分析了仪式背后的文化意义,可谓是羌族仪式音声个案研究的一次尝试。此外,学界对羌族婚俗仪式音乐、羌族释比仪式音乐有过一些探索,但研究不够深入,著述层次不高。上述研究成果虽然只是仪式音声研究的开端,但正在揭开羌族仪式音声的神秘面纱,学界的探索也将逐渐走向深入和成熟。

(二)羌族民间信仰研究

"民间信仰一般指民众中自发产生的一整套神灵崇拜观念。在中国少数民族民间,亦指民众自发地对具有超自然力的精神体的信奉与尊重的行为。"③关于羌族民间信仰的研究起始于20世纪初。1920年初,英国传教士陶然士(T.Torrance)在羌民地区宣教,他的著作 *China's First Missionaries：Ancient Israelites*④ 中便有对羌族信仰和习俗的一些描述。1925年至1948年间,美国学者葛维汉(D.C.Graham)来到岷江上游地区收集民族学、考古学和生物学标本,他在著作《羌族的习俗与宗教》⑤中描述过羌族信仰的神灵、巫师制度、祭祀、法事以及婚俗、丧葬、生活习俗、民间音乐、民间故事等,为羌族信仰和民俗

---

① 文飞:《羌族仪式音声的空间隐喻》,《四川戏剧》2018年第2期。
② 董玥:《四川阿坝州羌族"夬儒节"仪式与音声研究——以理县为考察个案》,硕士学位论文,河北师范大学,2018年。
③ 和云峰:《少数民族民间信仰仪式音乐分类研究》,《中国音乐学》2021年第3期。
④ T.Torrance, *Chinas First Missionaries：Ancient Israelites*, London：Thynne & Co. Ltd,1937.
⑤ 〔美〕葛维汉:《羌族的习俗与宗教》,耿静译,巴蜀书社2004年版。

研究提供了早期的史料。

关于羌族民间信仰的专门研究较少,但国内部分学者将羌族的信仰作为宗教进行研究,产生了颇多成果。如四川大学邓宏烈教授撰写的著作《羌族宗教文化研究》①认为羌族的民间信仰具有原始宗教的性质,对其历史渊源及基本内容、形式进行了深入分析和系统阐述;其论文《羌族宗教祭坛的文化内涵与象征意义》②,从羌族宗教祭坛着手,研究其构成物体石塔或石堆、白石、神旗、杉树枝或杉树干、羊角或牛角等所代表的文化内涵,课题从仪式中研究宗教,对本书的研究有启示意义。西南民族大学袁琳蓉老师撰写的《百年来羌族宗教研究的回顾与反思》③,阐述了自 20 世纪初国外对羌族宗教研究开始至当下的研究及反思,肯定了羌族宗教研究的重大意义及一脉相承的研究进程。钱安靖编著的《中国原始宗教研究及资料丛编·羌族卷》④收录了他本人及胡鉴明、冉光荣、李绍明、赵曦等学者的部分论著,用以阐述羌族原始宗教的性质、形式、内容与其他宗教的关系等,形成羌族宗教、民俗研究的重要文本。孔又专、吴丹妮撰写的著作《汶川地震灾区恢复重建中羌族宗教文化传承问题研究》⑤除阐述羌族宗教的性质及内容外,又涉及了灾后重建中的传承问题。

2021 年最新问世的《中华羌族历史文化集成》中的《羌族民间信仰》一卷⑥将羌族民间信仰的基本面貌以著作的形式呈现给学界,具有较高的学术价值和现实意义。著作对羌族民间信仰的条件、形式、传承及文化特征等进行了全面阐释。同年,中央音乐学院和云峰教授的论文《少数民族民间信仰仪式音乐分类研究》将民间信仰分归为自然崇拜、植物崇拜、天体崇拜、图腾崇拜、万物有灵、祖先崇拜、鬼神崇拜、消灾与禳解、巫术与占卜九个类别,又根据

---

① 邓宏烈:《羌族宗教文化研究》,巴蜀书社 2013 年版。

② 邓宏烈:《羌族宗教祭坛的文化内涵与象征意义》,《宗教学研究》2015 年第 2 期。

③ 袁琳蓉:《百年来羌族宗教研究的回顾与反思》,《民族学刊》2014 年第 3 期。

④ 钱安靖编著:《中国原始宗教研究及资料丛编·羌族卷》,巴蜀书社 2017 年版。

⑤ 孔又专、吴丹妮:《汶川地震灾区恢复重建中羌族宗教文化传承问题研究》,湖南师范大学出版社 2015 年版。

⑥ 邓宏烈主编:《羌族民间信仰》,四川民族出版社 2021 年版。

民间信仰仪式音乐存续方式与表达形式将其分归为声乐、器乐、舞乐三个既独立又关联的部分，认为中国少数民族民间信仰仪式音乐具有鲜明的地域特色与多样性，但也有一些基本规律可循。① 该项研究不仅为我国少数民族民间信仰研究提供了理论和方法，也为本书的研究提供了重要的分类依据。

（三）羌族民俗文化研究

民俗文化是一个民族特有的文化记忆，尤其对一个没有文字的民族，其民俗文化是考察其文化源流和文化发展方式的核心载体。羌族民俗文化的研究起步也很早。上述所提到的陶然士和葛维汉的研究，是目前较早的海外学者关于羌族民俗研究的著述。就国内学者而言，历史语言学家黎光明与其友人王元辉于1928年结伴到岷江上游地区做民俗考察，他们在著作《猼猓子，汶川的土民，汶川的羌民》②中有关于羌族民俗的研究，并认识到了羌族民俗中交流、融合的痕迹，文中指出，"羌民和土民也有很多互为同化的痕迹，有好些风俗习惯是羌、土同有的"。学者胡鉴民在《羌民的经济活动形式》一文中对羌族民俗文化也有阐述："在现在羌民的许多工艺和发明中，要分辨出何者为羌人固有文化，何者由汉化、嘉绒藏化而来，已颇不容易。"③1990年董方权发表的论文《羌族传统音乐与民俗》④是这一时期较早的重要文献。文章将羌族传统音乐与特有的羌族习俗活动结合在一起进行研究，重点介绍了羌族婚礼、葬礼习俗及相关歌曲。论文短小，虽未得深入，但开启羌族仪式音声乃至少数民族仪式音声研究的先河。我国台湾学者王明珂致力于羌族历史文化的研究数十年，其著作《羌在汉藏之间——川西羌族的历史人类学研究》⑤将羌族历史、民俗，及其与汉、藏、回等民族之间错综复杂的关系，文化交汇、融合现象阐述得十分清晰。近年来研究羌族民俗文化成果斐然的是四川大学中国民俗文化研究所李祥林教授，他的系列论文和著作对羌戏、羌族民俗等有着专门研究，

---

① 和云峰：《少数民族民间信仰仪式音乐分类研究》，《中国音乐学》2021年第3期。
② 黎光明、王元辉：《猼猓子，汶川的土民，汶川的羌民》，载《川康民俗调查之四》，中研院历史语言研究所藏，未出版，1929年。
③ 胡鉴民：《羌民的经济活动形式》，《民族学研究集刊》1944年第4期。
④ 董方权：《羌族传统音乐与民俗》，《中国音乐》1990年第3期。
⑤ 王明珂：《羌在汉藏之间——川西羌族的历史人类学研究》，中华书局2009年版。

其相关成果主要有著作《羌文化走访笔记》①,论文《作为"寨子戏"的羌族民间仪式戏剧的活态存在——来自理县蒲溪尔玛人村寨的田野报告》②、《川西北尔玛人祭神驱邪的民间仪式戏剧》③、《岷江上游民族民间文化考察及思考》④、《羌族释比文化研究三题》⑤、《人类学比较视野中的羌族释比》⑥等十余篇,论文研究的内容以羌族民间戏剧为主,并涉猎了羌族民间文化、羌族非遗保护等工作的研究,对与羌族仪式息息相关的仪式角色——释比、仪式器物——羊皮鼓、仪式表演——羌戏等都有专项研究,其相关成果构成了羌族民俗的活态画面。

上述成果,只是国内外对羌族仪式音乐(音声)、民间信仰、民俗文化等方面的局部研究成果。研究仪式者,注重仪式过程、内容及仪式功能,少有关注仪式音声。研究音声者,注重音乐本体形态、音声内容,缺乏音声背后的功能意义与文化价值的研究。事实上,羌族仪式音声与仪式自成一体,是仪式化(仪式表演)过程中最重要的文化蓝本,音声与仪式共同体现了羌族传统文化的历史、形态、特征和功能等要素。但仪式音声除与仪式具有相同的功能外,还具有音乐特殊的功能,如情感表达、民族认同、艺术审美等。

羌族仪式音声与仪式整体传承,音声的表达形式是说唱(释比音乐)、歌唱、歌舞和器乐演奏等。其中仪式音乐的旋律与仪式文学的唱词整体传承,其稳定性较口头文化(神话、传说、口述史)和音声中说白的内容(释比念诵的请神、安顿神灵)本身更为稳定。口头文化会随着时代的发展出现一些适应性变化,也会根据传承人个人喜好而进行调整,但仪式音乐有较为固定的旋律和唱词,传承者很难进行随意的改变。因此从仪式音声中去观照羌族民间信仰与民俗文化特征,不仅能够将仪式音声本身研究清楚,更能够较为客观地反映

---

① 李祥林:《羌文化走访笔记》,巴蜀书社 2014 年版。
② 李祥林:《作为"寨子戏"的羌族民间仪式戏剧的活态存在——来自理县蒲溪尔玛人村寨的田野报告》,《浙江艺术职业学院学报》2018 年第 1 期。
③ 李祥林:《川西北尔玛人祭神驱邪的民间仪式戏剧》,《民族艺术研究》2012 年第 5 期。
④ 李祥林:《岷江上游民族民间文化考察及思考》,《四川戏剧》2003 年第 3 期。
⑤ 李祥林:《羌族释比文化研究三题》,《民间文化论坛》2010 年第 4 期。
⑥ 李祥林:《人类学比较视野中的羌族释比》,《宗教学研究》2019 年第 2 期。

其文化的固有状态及音声的隐喻功能。在这一明显的研究优势驱动下,音乐学者巫宇军的探索便有了更为积极的意义。其著作对羌族释比音乐的考察是建立在释比主持的仪式基础上,采用定点民族音乐志的研究方法,对仪式音乐研究的贡献毋庸置疑。巫宇军在书中试图用一些释比消灾、治疗仪式中的特殊技能来说明释比文化是技能而不是宗教,此观点与多数学者对羌族信仰体系的研究结果相悖,也与本书的主要立场不同,在此需特别指出。巫宇军书中还有非常详细的仪式过程记录和仪式音乐记录,其仪式过程记录具有较为科学的方法,可供学者采纳。但遗憾的是,书中附录部分的释比说唱谱例和汉语拼音唱词,未标出节拍,以至于无法准确演唱,影响乐谱的价值,如《送矛人》等乐谱,无节拍导致音值组合混乱,无法还原表演实际效果。此外部分乐谱未找到本调记谱,导致音阶结构不准确,如《接母舅》作者用降 B 调记谱,出现偏音清角音,如采用降 E 调记谱,则为五声商调式。著作中的这些缺憾是本书研究中须尽力避免的问题。但毫无疑问,巫宇军著作的问世引起了学界对羌族释比文化和仪式音声研究的广泛关注和研究兴趣。笔者相信,对羌族仪式音声的研究,是对羌族文化研究的一个重要渠道,其研究步伐刚刚迈开,多角度、多层次的研究成果将陆续展现。

三、研究对象的选择

本书研究对象的选择结合了定点与多点结合的民族音乐志研究方法,从共时性到共时、历时相结合,从微观个案到微观、宏观相结合的研究思路。一是地点选择。正如羌族历史文化研究专家徐学书等所言:“在羌族传统特色文化保存较好的区域,其文化面貌按文化特征也还可以区分为多个文化类型,村寨的布局和建筑形态也呈现出多种类型,语言上则分为南、北二大方言区十大土语区且‘沟有沟土语,寨有寨方言’,故有‘十里不同羌’俗语。”[①]羌族核心聚居地的不同村落都是一个个相对独立的生活圈层,他们都拥有相应的文

---

① 　徐学书等:《羌族特色文化资源体系及其保护与利用研究》,民族出版社 2015 年版,第 55 页。

化语境和意义象征(隐喻)。羌族核心聚居地包括茂县、理县、汶川、北川以及"5·12"地震之后整体搬迁至成都的部分羌寨。重点考察四川境内羌语保留较好、仪式传承完善的羌寨,如茂县太平乡杨柳村、牛尾村,松潘小姓乡埃溪村、大尔边村,汶川绵虒镇羌锋村,茂县曲谷乡曲谷村、沟口乡水若村、永和乡腊普村,成都南宝乡的木梯羌寨、直台村,理县蒲溪乡、大寨子乡的羌寨,北川青片乡五龙寨、西窝羌寨等。二是仪式个案及音声。包括上述区域的祭祀、消灾、节日及人生仪式和音声。其中既有个案调查,也有多个相似个案的比较研究。三是人物。包括组织、参与上述仪式的释比、长老、村寨基层领导、普通羌民,重点研究各村寨核心文化掌握者——释比及能用羌语传承仪式音声的人群。

羌族仪式音声内容和形式十分丰富,包含仪式音声的各种仪式存留在羌族聚居地各个村落和城镇,其调查范围广泛,考察难度很大,几乎没有任何一个项目能够将羌族仪式及音声调查完全。笔者自 2014 年起,进驻羌族多个村落,最先是进行教育部人文社科项目"羌与汉、藏等民族接触中的音乐形态调查研究"的调查工作,对羌族及周边汉族村落有过一些关于音乐文化的田野调查,对羌族仪式音声也有过一些初步的接触。但局限于课题内容的要求,对羌族仪式的程式及音声调查不全面、不详细。国家社科基金项目立项后,课题组制定了详细的调查路线和内容,对羌族仪式中包含丰富音声内容的代表性仪式进行了全面摸底,最后选择了能够全方位反映羌族传统文化核心内容的四类仪式进行调查,包括祭祀、消灾、节日和人生仪式。这些仪式在羌族聚居区许多传统村落中都有所保留,但没有任何一个村落完整保留着上述全部类型的仪式。于是课题组选取了近年来开展得较好、代表性传承人级别较高、音声内容丰富的仪式进行调研,其间得到了四川省民族研究所陈安强、汶川县文学艺术界联合会杨国庆、成都大学范雨涛、阿坝师范学院刘汉文、茂县文化馆韩树康等学者和专业人士的支持,获得了宝贵的信息,此后在每一个村落进行的田野调查,都受到了羌族释比、歌手、传承人帮助,最终顺利完成了调研,在此感谢上述所有的同仁及羌族民众的支持。

本课题调查的仪式类型,参照了国家级、省级和州级、市级、县级非遗项目的立项情况,挑选出不同级别的非物质文化遗产代表性项目、代表性传承人和传承仪式文化较好的普通群众进行访谈,尝试从不同地域、年龄、性别、文化层次、非遗级别等方面了解仪式音声的真实现状。具体调查的仪式及采访的传承人情况如下:

仪式名称	考察地点	调查时间	受访人	性别/出生年份	非遗项目/级别
羌年还寨愿仪式	成都南宝乡木梯羌寨	2019 年 11 月 24—26 日	杨贵生	男/1948	羌年/成都市级
羌年还寨愿仪式	成都南宝乡木梯羌寨	2019 年 11 月 24—26 日	杨永顺	男/1977	羌年/邛崃市级
羌年还寨愿仪式	汶川绵虒镇羌锋村	2019 年 11 月 26—27 日	王治升	男/1934	羌年/国家级
玉皇庙会	茂县太平乡杨柳村	2018 年 5 月 28—30 日	杨金富	男/1942	无
玉皇庙会	茂县太平乡杨柳村	2018 年 5 月 28—30 日	泽如咪	女/1961	民歌/茂县县级
消灾仪式	茂县沟口乡水若村	2020 年 5 月 15 日	肖永庆	男/1941	羌年/国家级
释比治疗	茂县永和乡永宁村	2020 年 6 月 25 日	杨天荣	男/1953	羌年/阿坝州级
释比治疗	茂县沟口乡水若村	2020 年 6 月 25 日	刘正傲	男/1995	羌年/阿坝州级
瓦尔俄足	茂县曲谷乡曲谷村	2020 年 6 月 23—24 日	陈卫蓉	女/1957	瓦尔俄足/县级
瓦尔俄足	茂县曲谷乡曲谷村	2020 年 6 月 23—24 日	陈花珍	女/1943	瓦尔俄足/州级
羌族婚礼	成都南宝乡木梯羌寨	2020 年 1 月 1—3 日	杨彩华	女/1973	无
羌族婚礼	成都南宝乡木梯羌寨	2020 年 1 月 1—3 日	杨翠云	女/1968	无
羌族婚礼	成都南宝乡木梯羌寨	2020 年 1 月 1—3 日	杨香华	女/1976	萨朗/邛崃市级
羌族婚礼	成都南宝乡木梯羌寨	2020 年 1 月 1—3 日	陈德平	男/1966	唢呐/邛崃市级
小寨子沟情歌节	北川青片乡五龙寨	2015 年 4 月 17—19 日	杨华武	男/1963	羌年/省级

续表

仪式名称	考察地点	调查时间	受访人	性别/出生年份	非遗项目/级别
小寨子沟情歌节	北川青片乡五龙寨	2015 年 4 月 17—19 日	周顺兰	女/1954	口弦/省级
丧葬仪式	茂县永和乡腊普村	2021 年 5 月 9—11 日	杨芝全	男/1970	羌戈大战/州级

为了拓宽研究视野,课题组还对羌族发源地的我国西北地区进行了选择性调查,包括甘肃敦煌、嘉峪关、张掖、武威、兰州、陇南、宁夏等地,发现了诸多羌族文化遗迹,如敦煌莫高窟中由羌人开凿的石窟,敦煌境内与羌人有关的河流命名"党河",张掖市中心遗存的"西夏国寺",以及各地博物馆呈现的羌族文物。一路经过河西走廊,虽然看到的是如今建设得美好、文明的环保城市,但观其自然环境,仍然十分恶劣、艰苦,黑色的戈壁滩极少见到绿色植被,稀疏的沙棘正在通过人工种植努力固定在戈壁滩上。极少见到的降雨在沙地上积累成一滩小水洼后,很快便干涸殆尽。常年吹刮的凛冽干风,将沙砾卷起形成沙尘暴,侵蚀在物体上,人畜时常睁不开眼。那些曾经是绿洲的地方,还有许多残垣断壁,如玉门关遗址、小方盘遗址、汉长城遗址等,这些都曾是羌人生活过的地方。王之涣《凉州词》中的千古名句"黄河远上白云间,一片孤城万仞山。羌笛何须怨杨柳,春风不度玉门关",写出了当时戍边士兵的怀乡之情。而这些士兵中不乏羌人,羌笛哀怨、悠长的笛声,正是此种心情的最佳畅述。从河西走廊的调研中,我们发现了羌族曾经艰苦生活过的地方、创造过的文明,也可以想象到羌人在无数次迁徙过程中所遭遇的种种磨难,也就更能够觉察出羌族仪式所包含的对天地万物的敬畏之心,对人生历程的从容态度,以及羌族仪式音声所带来的沧桑感和不屈不挠的精神力量,由此更能够理解羌族人民在党的关怀下,对当下幸福生活的热爱与感激之情。通过上述大量的田野调查和走访,我们的观点和立场减少了纯粹以他者眼光看待羌族文化的弊端,尽可能从羌族文化本身的发展轨迹切入,还原其真实面貌,解读其本质特征。

四、研究方法及问题说明

本书的研究受到梅里亚姆(Alan P. Merriam)"观念、行为、音声"①三重认知模式的启发。梅氏认为"音乐的声音是人类行为过程的产物,人类行为过程又是由创造某一特定文化的人们的价值观、态度和信仰所决定的"。② 由此,研究音乐必须研究创造音乐的人,他属于哪一种社会背景? 在这个社会体系中,人们的观念(价值、态度、信仰)是什么? 本书便尝试从羌族仪式音声中运用民族音乐学的研究方法,了解创造音声的羌族同胞,解读其民间信仰与民俗文化的内涵。

在民族音乐学研究历史上,自 20 世纪 60 年代梅里亚姆提出的三重认知模式以及包括从田野考察、课题选择到案头工作等在内的具体操作原则,将以往研究以作品(文化客体及形态学分析)为中心转化为以人(主体的音乐体验、音乐行为)为中心,成为民族音乐学研究观念的重要革命。1983 年赖斯(Rice Timothy)在《重建民族音乐学》一文中,借用格尔兹(Clifford Geertz)"历史构成、社会维护与个人运用与体验"的分析模式,提出了应该在此三个层面上同时展开"概念→行为→音声"分析的建议,继而提出"以主体为中心的音乐民族志"观念,这期间还产生过一系列较新的方法论变革和学术观点。90年代以后,以"多点—隐喻音乐民族志"分析方法为标志的研究转型也带来新的成果。21 世纪以来仪式音乐民族志研究方法论有了进一步发展,杨民康老师归纳了几种基本态势:"其一,由原先的定点及个案研究,向多点和比较研究转向;其二,由单一、稳态、整体的功能主义研究向多维、动态(或活态)、联系(线索民族志)的结构/后结构主义研究转向;其三,由单纯强调描写性的民族音乐志向兼具描写性(浅描)、阐释性(深描)的音乐民族志研究的学术转向;其四,由'面向过去'(包含'当下')的传统音乐民族志朝着'指向未来'的'超民族志'研究的学术转向。这几种学术转向构成了这一时期该研究学科

---

① Alan P. Merriam, *The Anthropology of Music*, Evanston Ⅲ: North Western University Press, 1964, p.32.

② [美]梅里亚姆:《音乐人类学》,穆谦译,人民音乐出版社 2010 年版,第 6 页。

的几个重要的发展和转型特点。"①本书根据研究对象和研究内容的适应性，最终主要参考杨民康老师根据前辈学者的研究方法和原理引申出来的"音乐文化本位模式分析法"，对羌族仪式音声及其隐喻的羌族民间信仰与民俗文化特征进行分析和阐释。

音乐文化本位模式分析法。"音乐文化本位模式分析法是指某种学者在研究过程中所注重的、以内文化持有者自身（'主位'）观念为观察对象和出发点，探讨蕴藏于其中的'深—表'主位音乐创作与文化思维结构的文化立场或观察方法，它将涉及从观察对象到具体分析思维和手段的一系列有关具体应用的问题。"②传统的音乐文化研究工作往往是从客位的角度切入，采用"简化还原"方法从表层开始寻找到内文化深层结构的原点，然后又尝试通过"转换生成"法，去解读表演者的创作构思和背景，用以完善自己的研究。"音乐文化本位模式分析法"则采用双视角考察，由四个基本环节构成分析过程：（1）文本的建构——进入田野作业和撰写调查报告；（2）模式的拟构——寻找和描绘表演者心中的文化蓝图；（3）模式的阐析——研究者对模式转换生成过程的揭示；（4）模式的比较——音乐文化模式的内—外部互动。"③课题在执行过程中，将基本按照上述四个步骤进行文本建构、音乐文化模式拟构、模式阐释和模式比较等工作，最终从文本及上下文（文化背景）结构中，通过音乐文化模式内—外部互动的比较，解读羌族民间信仰及民俗文化特征。在主要运用"音乐文化本位模式分析法"的基础上，课题还将运用一些传统和当代民族音乐学的研究方法，具体包括：

"简化还原"分析法。包括"三段式"的分析过程："分析家根据前景，追溯中景，归为背景。这个逆过程，正是分析作品的过程"。此亦即"简化还原分析"的过程。"简化还原"分析法有两个步骤：一是建立表层结构，即书面文本的建构及过程；二是寻找深层结构，即从表演后的表层结构（模式变体）出发，

① 杨民康：《论仪式音乐民族志研究的"深—表结构"思维与分析方法》，《乐府新声》2015年第3期。
② 杨民康：《仪式音乐表演民族志》，人民音乐出版社2021年版，第189页。
③ 杨民康：《仪式音乐表演民族志》，人民音乐出版社2021年版，第209页。

窥探和寻求隐藏在"规约(定)性"层面的深层结构模式。①

由微观个案到宏观比较。对羌族传统仪式音声的研究思路,主要采用微观个案和宏观比较相结合的方法。微观个案思路即定点音乐民族志的研究,主要观察微观个案课题内部,涉及仪式表演的前、中、后不同阶段或层次,以及仪式的纵向剖面、整体性的定点微观分析;宏观比较属于多点仪式音乐民族志研究,会兼顾横向、联系的传播性和纵向、分层的阶层性多点比较分析,涉及跨地域、跨族群、跨文化的比较研究及音乐文化的传播。其经典理论范式如赖斯的"场域、时间、隐喻"研究模型等。本书研究主要关注羌族传统仪式个案,从仪式表演的纵向剖面和整体性特征阐释仪式表达出来的羌族民间信仰和民俗文化观念,同时也会进行适当的比较研究和分析。

场所聚焦法与线索追溯法。场所聚焦法主要采用坐标式的定点研究,关注某个地点或场所的人群的生活,考察他们的仪式活动和文化现象;线索追溯法不是点上的静态观察,而是追溯人或事物的移动轨迹,及由此产生的各种社会现象,是线和面上的整体的、宏观的理解。本书既采用场所聚焦法对一些羌族村落的仪式个案和仪式观念进行田野考察,也有对不同方言区、不同村寨同类型仪式或不同类型仪式的观察,由此追溯羌人、故事、隐喻或事物的流动(线索追溯),展开动态的跨地域比较研究,通过不同地点的关联来理解其文化体系。

描述与阐释相结合的分析方法。仪式呈示具备了歧义性、隐喻性、模糊性和象征性等表现意义,以窥探研究对象的情态和动机为其主要门径便需要用解释学或符号学方法去探讨其内容。② 解释人类学家格尔兹(Clifford Geertz)认为民族志的特征之一是"解释性的"。马库斯(George E.Marcus)和费斯彻(Michael M.J.Fischer)也曾引用格尔兹的观点:"人类学者的工作就是选择一项引起他注意的事项,然后以详尽的描述去充实它并赋予说明性,以便告诉他的读者理解他的文化意义。"③格雷姆斯(Ronald L. Grimes)认为对仪式的研

---

① 参见杨民康:《仪式音乐表演民族志》,人民音乐出版社 2021 年版,第 201 页。

② 参见杨民康:《仪式音乐表演民族志》,人民音乐出版社 2021 年版,第 76 页。

③ George E.Marcus and Michael M. J.Fischer, *Anthropology as Cultural Critique*, Illinois: University of Chicago Press, 1986, p.48.

究最好用一种描述而不是解释的方式："仪式是行动,而不是颜色,或能够'讲述'什么事情的倾斜的方法。解释方法要求解释者提出一种理论观点,同时因为脱离观察和报道而陷入某种危险。另一方面,他也许会落入非连贯数据的微未断片的迷宫。"①这里所指出的其实是两个层面:一是对仪式进行客观描述;二是通过一种理论观点来进行解释。这正是音乐学研究从原先的单纯强调描写性转向兼具描写性(浅描)、阐释性(深描)的学统层和方法层方面的进步。本书也将借用这样的研究方法,描述羌族仪式过程及音声,并尝试从观念、行为、音声三重认知模式中,阐释羌族的民间信仰与民俗文化。在阐释过程中,主要采用音乐文化本位(主位)分析法,即不凭研究者主观认识,尽可能从文化拥有者(表演者、行为者)的视角去理解文化,并根据客观表演文本及文化拥有者的认识和观点进行整理和分析。

聚合性和离散性并重的田野考察法。仪式音乐具有象征意义,是宗教学、历史学、人类学等需要解读的文化符码。研究仪式,如果不从仪式中的音乐、舞蹈及其他口传体态、音声资料入手,便无法考察其作为符号现象背后的象征意义。本书的研究是从仪式音声的象征意义中解读羌族民间信仰和民俗文化信息,所以首先应该对仪式进行田野考察。田野考察研究对象通常存在离散性和聚合性两种基本的活动方式。聚合型指仪式或仪式性活动通常都是在某一特定的时间周期(年、月、日乃至人的一生)之内,定点、定时地一次性聚集发生。而非仪式性的离散型活动带有明显的随机性和随意性。②在田野考察方法上,借用杨民康老师的研究方法,"对于聚焦式田野考察活动中采用观摩、摄录方式所获取的即时性、原生性音声资料给予特殊的重视,同时兼纳通过参与、融入考察方式所获取的随机性、原生性音乐资料。"③对田野考察获得的第一手资料或通过其他途径获取的第二手资料,则需要从音像资料的"表演中"状态入手,将其音、像符号置入表演语境里进行活态考察。倘若我们的

---

① Ronald L. Grimes, *Beginings in Ritual Studies*, Washington, D. C: University Press of America,1982,p.58.

② 参见杨民康:《仪式音乐表演民族志》,人民音乐出版社 2021 年版,第 148 页。

③ 杨民康:《仪式音乐表演民族志》,人民音乐出版社 2021 年版,第 149 页。

仪式音乐研究中缺少"表演中"的考察和分析意识,只停留在音乐史和音乐形态学的层面上,那也一样地永远无法解释隐身于音乐形态学背后的更为深邃的文化语义和历史文化语境的问题。①

　　本书集中研究羌族仪式音声中隐喻的民间信仰与民俗文化特征,需综合运用民族音乐学、仪式学、宗教学、民俗学、历史学、文学、语言学等多学科专业知识,研究具有相当难度。课题尝试借用杨民康老师的"音乐文化本位模式分析法",从构建活态表演文本和乐谱文本着手,通过音乐文化模型建构、分析、阐释和比较,从羌族仪式音声中发现、归纳、总结出羌族民间信仰、民俗文化的本质特征及其逻辑关系,就宗教学和民俗学的传统研究视角而言,具有较大的突破和创新,其研究成果也将为上述多个学科领域提供数据资料。课题进行中将羌人世代相传的口头文化(仪式表演和表演文本)作为核心依据,拓展了口述史的资料来源,拓宽了以活态文本来研究无文字民族文化的新思路。在研究内容方面,宗教学与民俗学都主要依据文献资料、田野调查、深度访谈等方式所获得的材料进行研究,具有显著的历时性特征,其内容多局限于宗教及民俗的历史、类别、模式、内容等问题。而本书将仪式表演(仪式化)与仪式文本作为研究对象,将仪式音声的唱腔、唱词、念白、器乐等形态特征和文化象征纳入研究范围。同时还改进了研究方法,通过大量的田野调查,完整记录羌族传统仪式的表演过程及音声运用,将仪式音声本身所透露的信息作为主要研究内容,并透过仪式音声(表层),以仪式化表演过程(中层)为纽带,去解释仪式表演者(族群、社会结构)的文化观念(深层),其获得的羌族民间信仰与民族文化的相关研究结果,会更加客观,可信度更高。

　　仪式音声包括仪式音乐和非音乐类声音,本书在文本构建时,将两类仪式声音的形态都进行了详细记录;在分析仪式音声的民间信仰与民俗文化时,更侧重对仪式音乐的解释,对非音乐类的释比诵念、器响声、群众应答、鞭炮声等非音乐类声音,只做一般性描述,不具备深描的条件和必要性。针对考察的仪式个案,尽可能做到记录完整和清楚,并采用图文并茂的方式,将仪式活动过

---

① 参见杨民康:《仪式音乐表演民族志》,人民音乐出版社 2021 年版,第 100 页。

程的照片和仪式音乐图谱插入到相应位置,展示出仪式活动的现场空间;对每一过程中使用的音乐,均通过五线谱记谱,标注速度、调号和节拍,有唱词的部分,按照原唱采用汉语拼音标注,再将乐谱以图片形式插入仪式相应的环节描述中。对此,笔者认为,对照仪式表演过程描述及照片和乐谱,已能够清楚展示仪式发生的场景,对后来研究者在无缘考察该仪式活动的情况下,能够比较放心地采用本书提供的资料,得出较为客观的研究结论。

在记谱过程中,笔者发现羌语与汉语在发音规则上存在诸多不同,许多羌语发音均不能通过汉语拼音进行准确记录,征询羌学研究专家意见后,参考《羌族释比经典》①和《汉羌词典》②将谱例中一些重要的唱段,用五线谱(部分包括器乐节奏)加拼音、国际音标、汉语大意的方式做成图片,放在本书末作为附录的一部分,供学者参考和采用。羌语发音中不能采用标准汉语拼音进行记录的音节,本书采用非标准汉语拼音的方式,以能够拼读出接近羌语发音的音节为准,这部分内容列表如下:

羌语国际音标	tɕy	tɕu	tua	zi	phia	pia	tɕio	ɕio	tɕhio	lio	qə	khə
汉语拼音替代	jv	ju	dua	ri	pia	bia	jio	xio	qio	lio	ger	ker
羌语国际音标	ʁ	χ	ŋ	dʑə	ɕya	thy						
汉语拼音替代	w	h	ng	zhier	xua	tv						

本书作者分工如下:华明玲负责制定研究计划、指导田野调查,撰写书稿大部分章节;郑凌云负责听记音乐、制作乐谱以及撰写第五章"羌族人生仪式音声",版面字数约 10 万字。

---

① 四川省少数民族古籍整理办公室主编:《羌族释比经典》,巴蜀书社 2008 年版。
② 周发成编著:《汉羌词典》,中国文联出版社 2010 年版,第 277 页。

第一章　羌族仪式及仪式音声概述

羌族仪式是一个宽泛的概念,它既包含了羌族在早期文明历程中创造的祭祀、消灾等仪式,也包含后期逐渐形成和发展变化的人生仪式和节日仪式。羌族仪式基本都建立在民间信仰的基础上,各类仪式均有规模不等的祭祀环节,祭祀对象可能是原始信仰中的神灵,也可能是其他人文宗教的教主,或者是羌族祖先,充分体现出羌族神灵信仰和祖先崇拜的传统,甚至也保留了原始巫术的痕迹。羌族大部分传统仪式中,必然包含大量的音声内容,仪式音声成了仪式的主要载体,成为羌族民众的精神食粮。

鉴于羌族仪式音声在仪式中的重要作用,研究羌族仪式便不可避免地需要涉及音声内容。在以往的羌族传统文化研究中,许多学者都已经注意到这一现象,也有部分研究成果体现出羌族仪式与音声共同承载羌族文化传承的事实。本书的研究,便充分考虑到仪式音声在仪式发生过程中每一个环节所起的作用,因而将仪式与仪式音声放在辩证的关系中进行考量。一方面有了仪式本事,才有相应的仪式音声产生,音声是仪式的附属产品;而要考察仪式音声,必须清楚地展示仪式程式,了解仪式内容,分析仪式功能。另一方面,仪式音声支撑着仪式的进行,没有音声的羌族仪式几乎不存在,在羌族看来,音声是仪式的灵魂。音声在仪式进行的过程中,使仪式变得更加庄重、生动、有趣,更富有生命力。因此,要研究羌族仪式,就必须考察音声,包括音声的内容、形式、使用节点、使用功效等,分析音声的音乐形态和表现特征等,最终将仪式与音声作为一个整体的文化事象进行综合研究,才能充分体现出羌族仪式的文化属性,客观分析仪式音声在文化传承中的地位和作用,从而通过羌族仪式音声这一重要的文化载体,来分析、阐述羌族民间信仰与民俗文化的本质特征。

第一节 人类学视野下的仪式研究

本书研究羌族仪式音声中的民间信仰与民俗文化,属于跨学科研究项目,所涉及的学科领域主要有人类学、民族音乐学、民俗学、宗教学、语言学和文学等。仪式音声是构成仪式的诸要素之一,要解读出仪式音声中包含的民间信仰和民俗文化内涵,必须要清楚仪式定义、分类及特点等。在人类学家的视野中,"仪式可以或可能包容上至宇宙观的认知,下至具体的实践行为,因而具有多维解读的可能性——无论是主观、客观抑或是主观—客观"。[①] 仪式理论研究在人类学诞生的一百多年时间里,几乎都是讨论的热门话题,既有宏观、博大的理论阐述,亦有细致入微的实践描写,其研究理论自成体系,成果卓著。"从表述和内容方面来看,从早期的神话—仪式学派到后来的功能主义、结构主义、解释主义,有一个明显的从宗教到社会的内在变化印记,并形成了一套可供理解、学习和实践的知识谱系。"[②]

早期的神话—仪式研究产生于 18 世纪末至 19 世纪初,欧洲"剑桥学派"代表人物泰勒(Edward Tylor)、斯宾塞(Herberl Spencer)、弗雷泽(James Frazer)等学者,将仪式与古典神话之间互文、互动、互疏作为交叉重叠的学术关系,产出了一系列重要的关于仪式—神话的著作。如弗雷泽的《金枝》(The Golden Bough),第一版出版于 1890 年,是关于人类早期巫术、宗教、神话、仪式和习俗的百科全书,是 19 世纪最具影响力的文化人类学著作,对西方的社会学、文学、宗教学、哲学、思想史等领域都产生了不可磨灭的影响。[③] 但这些早期的仪式研究主要局限在宗教范畴。后来古兰吉斯(Fustel de Coulanges)、史密斯(Robertson Smith)、涂尔干(Emile Durkheim)等,逐渐将仪式研究扩大到了世俗社会的领域。如涂尔干的著述《宗教生活的基本形式》中,仪式甚至成

---

① 彭兆荣:《人类学仪式理论与实践》,陕西师范大学出版社 2019 年版,第 3 页。
② 彭兆荣:《人类学仪式理论与实践》,陕西师范大学出版社 2019 年版,第 4 页。
③ [英] J.G.弗雷泽:《金枝——巫术与宗教之研究》,耿丽编译,重庆出版社 2017 年版,第 2 页。

为区分神圣(宗教生活)、世俗(世俗生活)的理念与形式。这为仪式进而走进社会结构奠定了基础。再往后,在特纳(Victor Turner)、格尔兹(Cliffod Geetz)、利奇(Edmund Leach)、萨林斯(Marshall Sahlins)、道格拉斯(Mary Douglas)等人那里,仪式已经扩大到一个几乎无所不涉的领域和研究空间,而功能—结构的研究方法也已成功地获得了所谓范式的意义。① 随着仪式研究的发展,对仪式的定义将更为宽泛,分类也会更加复杂。

一、仪式的定义

"仪式"作为专用名词出现在 18 世纪末,《不列颠全书》(出版于 1771 年)将"仪式"定义为在教会、教区或类似场所举行的庆典和礼拜,是一种学习宗教经典和实践宗教教义的行为,此时的"仪式"限定在纯宗教性质的范围。随着仪式理论研究的发展和深入,不同学科的学者站在不同的视角对"仪式"给出了不同的定义,总体来看,具有从狭小到宽泛、从神圣到世俗的发展逻辑。根据本书的研究需要,先引用几例中外词典对仪式的解释,借此作为仪式定义的参考值。

《辞海》中"仪式"指礼之秩序形式等,礼节规范。《现代汉语词典》解释"仪式"为举行典礼的形式。② 此两种解释都是广义的仪式范畴。伦敦企鹅图书考古学词典释义中,"仪式是指与巫术或宗教实践联系在一起的那些行为,仅从考古材料来看,它们属于一些近乎无法使人理解的信仰,这一用语间或也可以用于指称一些遗址或器物所传达的非功能性解释。'诚实才是上策'(honesty is the best policy)这样的用法显然不适宜"。③ 这里的仪式主要指宗教性仪式,包括礼拜、祭祀、消灾等仪式,但也可以扩展到与这些实践行为有关联的节日、庙会等。

牛津布莱克威尔出版社出版的人类学词典从狭义和广义两方面对"仪

---

① 参见彭兆荣:《人类学仪式研究评述》,《民族研究》2002 年第 2 期。

② 中国社会科学院语言研究所词典编辑室:《现代汉语词典》,商务印书馆 1992 年版,第 1036 页。

③ W.Bray & D.Trump, *The Penguin Dictionary of Archaeology*, London: Penguin Books, 1982, p.209.

式"进行了释义。仪式的狭义范畴指,宗教背景中所进行的正式行动,如基督教的仪式活动或祭祀祖先灵魂的活动;广义的仪式指那些正式的、高层次的和一个无功利目的的活动。它不仅包括宗教中的那些活动,也指诸如节日庆典、游行集会、入会仪式、运动会以及正式的问候等。① 这里对仪式的解释既有神圣的范畴,也扩展到了世俗意义上正式的社交活动,但仍然不能囊括仪式所有的类型。由于仪式涵盖人们的信仰、观念、行为等社会生活的各个方面,从社会的不同领域会产生出不同的概念阐述,但都无形地遵循着仪式意义和形式的辩证关系,无论如何定义仪式,都自觉地被限定在仪式的意义和形式的辩证逻辑之间。"仪式不仅属于一种历史形貌的展现形式,也是一种人们参与和认识的内容。它既集结了某种人们对宗教生活的信仰,同时又提供了一种可观察的活动。这样,符号的意义和符号的形式之间呈现出一个巨大的理解和解释空间。"②

二、仪式的分类

仪式的种类繁多,对其进行归类并无统一的视角或方法,且不同历史时期有着不同的侧重和认知,不同学科又可以基于不同的研究视角而产生不同的类别体系。人类学对仪式的研究在最近数十年来取得了新的进展,将仪式与社会文化背景结合起来进行诠释,是一种新的思路和趋势,对仪式的分类也就出现了更为细化的界定,对仪式类别的划分逐渐超越了传统的神圣与世俗、宗教与非宗教的单一界限。

英国人类学家特纳(Victor Turner)认为仪式属于概述类行为,专指那些随着社会变迁、具有典礼的形式,并发生于确定特殊的社会分层之中。③ 他将仪式概括性地分为"生命危机和减灾仪式"(Life crises rituals and rituals of affliction),前者指生命的过渡仪式,而后者则是旨在减少神灵降灾影响的仪式。④

---

① T. Barfield, *The Dictionary of Anthropology*, Oxford: Blackwell Publishing, 1997, p.410.
② 彭兆荣:《人类学仪式研究评述》,《民族研究》2002 年第 2 期。
③ 参见彭兆荣:《人类学仪式研究评述》,《民族研究》2002 年第 2 期。
④ 参见彭文斌:《人类学视野下的仪式分类》,《民族学刊》2011 年第 2 期。

这样的分类虽然单一,但也将仪式的社会属性和典礼性质概括其中,并将神圣范畴的祭祀、消灾等仪式活动归纳到减灾仪式中,世俗范畴的归纳到过渡仪式中。

加拿大仪式学研究者格雷姆斯(Ronald L. Grimes)将仪式划分为六类:仪式化(ritualization)、惯俗(decorum)、仪礼(ceremony)、崇拜仪式(liturgy)、巫术(magic)和大型庆典(celebration)。① 瑞斯(Even M. Zuesse)引用华莱士(F.C. Wallace)的例子,对仪式进行了另一种分类:以控制非人类自然现象为目的的技术性仪式、以影响人自身为目的的治病或其他非祀神仪式、以直接控制群体和价值观为目的的观念性仪式、以解决隐私障碍和维护个体利益为目的的拯救仪式和解决社会障碍和身份危机的复兴(再生)仪式(如千禧年运动)等。② 美国纽约大学戏剧系著名教授、当今世界最有影响的戏剧导演兼理论家谢克纳(Richard Schechner)将人类仪式分为三个大类:社会仪式(日常生活、体育运动仪式、政治仪式);宗教仪式(宗教仪式、通过仪式);美学仪式(整编仪式、传袭仪式)。③ 这一分类将通过仪式纳入神圣的宗教仪式范畴,而其余各类仪式更侧重世俗仪式。

我国人类学家彭兆荣对仪式的理论和实践进行了深入研究,将原始仪式分为三个大类:一是时序仪式,即在自然的节律之中体验生命的律动,而这一切都与四季变迁、生命变化直接发生关系。二是生命礼仪,即根纳普所谓的"通过仪式",指一个阶段向另一个阶段过渡时举行的仪式。三是宗教庆典,指在一个宗教或宗教团体内所举行的仪式,以彰显、彰扬和彰示宗教信仰、教义、事件、人物等灵迹和神圣。④ 这样的概括性分类几乎将各种仪式都包含其中,并解决了仪式性质的归类问题。

---

① Ronald L. Grimes, *Beginnings in Ritual Studies*, Washington, D.C.: University Press of America, 1982, pp.35-51.

② Even M. Zuesse, "Ritual", in The Encyclopedia of Religion Vol.12, New York: Macmillan Publishing Company, 1987, pp.405-421.

③ Richard Schecher, *The Future of Ritual*; *Writing on Culture and Performance*, London & New York: Routledge, 1995, pp.228-229.

④ 彭兆荣:《文学与仪式——酒神及其祭祀仪式的发生学原理》,陕西师范大学出版社2019年版,第24页。

鉴于本书所研究的羌族仪式有着多样的类型特征,而能够展示丰富仪式音声内涵的羌族仪式也需要一个较为贴切的分类,因此重点介绍凯瑟琳·贝尔(Catherine Bell)的仪式分类方法及类别特征。凯瑟琳·贝尔支持仪式具有两翼理论,即实践和理论,将她的仪式研究集成性著作取名为《仪式理论与实践》。她的研究将仪式行为与人类信仰、习俗、政治和经济(理论)结合起来,其类别所涵盖内容较为全面。她首先将仪式分为两大类:其一是体现社会——宇宙秩序(social-cosmic order)的仪式,这里包含着一些信仰行为;其二是日常生活中近似仪式(ritual-like)或"仪式化"(ritualized)的行为。进而又将传统仪式按功能分为六类:过渡仪式,历法仪式,交换和共享仪式,减灾仪式,宴会、禁食与节日仪式,政治仪式。① 这是本书对羌族仪式进行分类的主要参考依据。

三、仪式的基本功能

自 19 世纪仪式研究的兴起,仪式最初的定义便指向宗教仪式,其功能明显围绕传统的宗教进行,仪式一度被看作是宗教的实践和行为。随着研究深入,宗教意义的仪式研究脉络继续延伸和发展,而对于仪式的社会功能也开始加以关注和研究。以涂尔干(Durkheim, E.)、莫斯(Mauss, M.)为代表的西方人类学家趋向于把带有明确的宗教意义和喻指的仪式作为具体的社会行为来分析,进而考察其在整个社会结构当中的位置、作用和地位②。而以马林诺夫斯基(Malinowsk)为代表的"功能学派"更加强调仪式的实用功能:"所有那些制度性的、神秘的、不可见的、超自然的、经验的文化现象(包括巫术、神话、仪式等)的表述、表示、表演,都具有直接的、根本的和功利性的理由,也就是说,所有的巫术和仪式等,都是为了满足人们的基本需求。"③这种功能主义的观点对后来仪式研究产生了重要影响。

---

① Catherine Bell, *Ritual: Perspectives and Dimensions*, New Yoke & Oxford: Oxford University Press, 1997.

② 参见彭兆荣:《人类学仪式理论的知识谱系》,《民俗研究》2003 年第 2 期。

③ 参见[英]马林诺夫斯基:《巫术与宗教的作用》,金泽等译,载史宗主编:《20 世纪西方宗教人类学文选》,上海三联书店 1995 年版,第 91 页。

仪式在传统社会生活中具有全方位的表现形式和社会结构的整合能力，是维护传统文化的一种社会行为。仪式通过实践活动，将历史和传统进行发明、创造、选择、遗弃、调节和平衡，最终使传统被保存在仪式环节中，因此仪式成了传统的"储存器"。"仪式之于社会宛若骨肉，无法分离。社会依靠特殊的秩序维持，仪式是参与和协助维持社会秩序中最稳定的机制与模型。'传统'无疑是社会价值的重要说明，特别像中国这样具有悠久农耕文明的国家，传统的继承离不开仪式的延续，仪式本身也成了传统的景观。"①通过仪式展演，不仅能够帮助族群强化历史记忆，增强凝聚力，维护传统社会秩序（包括信仰、习俗和行为等），促进族群的延续和发展；还能够将不同的族群集结在一起，当大家共享一个共同的仪式时，便产生了文化交流、交融和涵化，因此，仪式又成为一种公共社交平台，既有社会群体的凝聚功能，又能够展示文化交融后的社会变迁。

仪式中包含有信仰的特质，甚至一度被认为仅仅为了信仰，"仪式不是日记，也不是备忘录。它的支配性话语并不仅仅是讲故事和加以回味，它是对崇拜对象的扮演"。② 这里的仪式便是为信仰而存在；同时仪式也是一种民俗，世界上绝大多数仪式都在民间产生、延续和传承，是族群文化和民间智慧的展示和记忆空间，地域与族群便是构成民俗的两个重要标志。

仪式也是满足人们心理层面需求的一种实践行为。基于早期人类对大自然认知能力的局限性，在面对大自然威胁、疾病、灾害等情况下，仪式能够缓解人类的恐惧心理，无论是巫术、祭祀还是消灾仪式，大都具有心理安慰的原初功能，很多仪式被认为具有缓解、转移、消除灾害的作用，这不仅是"功能学派"的主要学说，也是仪式存在的心理依据。

仪式除了外在的、物质的、分析性的功能之外，还有整体性的内在功能，即仪式"话语"性质。彭兆荣认为："仪式表述除了强调仪式的整体性表述功能外，更为重要的是，强调仪式'表述之外的表述'；这种表述是借助仪式的整体

---

① 彭兆荣：《人类学仪式理论与实践》，陕西师范大学出版社 2019 年版，第 2 页。
② ［美］保罗·康纳顿：《社会如何记忆》，纳日碧力戈译，上海人民出版社 2000 年版，第 81 页。

形式获得了超越日常生活各项表述以外的超常表述。这种表述一方面利用了参加仪式的人和社会关系、各种符号组合、各种象征意义等的整合能力和能量,另一方面,最大限度地借助神圣,包括神灵、族源、祖先、巫术、方技等超自然能力所产生的权力和权威——一种无与伦比、无以抗争、不容置疑的'话语'和'势力'。"①正是仪式的"话语"功能使仪式在确定的时间、固定的场所、规定的程序、稳定的人群和特定的氛围之中,得到一遍又一遍的重复和展演,然后仪式便被赋予了特殊的社会功能,成为不同领域学者研究的社会文本。

第二节 羌族仪式概述

一、羌族仪式产生的自然条件和人文背景

羌族仪式是羌族文明历史的"储存器",从最早的巫术到当下传统与现代相结合的各种仪式,展示出清晰的历史记忆。古代羌族是我国西北地区最重要的民族。传说我国第一个奴隶制王朝夏朝的主要人口便是羌人,甚至第一个夏朝建立者禹也是羌人,且出生在四川西北,这里也是目前羌族聚居地的核心区域。战国《竹书纪年》记载:"帝禹夏后氏,母曰修已,修已背剖而生于石纽"。司马迁在《史记·六国年表》中提及:"禹兴于西羌"。《蜀本纪》记载:"禹本汶山广柔县人也,生于石纽,其地名刳儿坪。"各朝代史学家、文人对此都有过不同的见解和描述。学者更多认为大禹生于"石纽",而石纽在何地现今主要有两种说法,一是认为石纽是四川汶川县绵虒镇石纽山,另一种则认为石纽在绵阳市北川县。两种说法都有着丰富的文献记载,但大禹时期并无文字可考,现今在汶川县境内仍然保存着与文献相关的地名,如刳儿坪、禹碑岭、涂禹山、禹迹石纹、禹王庙、禹王宫等。而北川也有禹里乡、擂禹路、石纽村、石纽山、禹穴沟等遗迹。众多传说和文献都将大禹与当今四川岷江、涪江上游羌人联系在一起。

---

① 彭兆荣:《人类学仪式理论与实践》,陕西师范大学出版社 2019 年版,第 27 页。

羌族的文明历史十分复杂,其主要贡献在于为中华文明的进程提供了重要的人口资源和文化资源。"我们认为羌族的先民主要包括三大部分:一是历史上不同时期由西北南迁和由邛崃山地区东迁的羌人,二是岷江上游地区古代氐羌系统的本土古蜀人支系冉氏,三是历史上不同时期尤其是明清至20世纪60年代由内地迁入今羌族地区的汉人,此外还融合有少量历史上的鲜卑、匈奴、吐蕃等其他族群的人口,是以羌、氐、汉三大族群人口为主体融合形成的多元融合型民族。"①如今的羌族虽然继承了部分古羌人血脉,但却有所区别。古羌人以游牧部落的形式居住在我国西北地区,在为生存、发展而进行战争及与各种自然灾害进行斗争的历史进程中,许多部落和分支都逐渐演变、融入到其他民族中,壮大了包括汉族、藏族、彝族等多个民族,部分人口忽略了原本的民族意识而成为其他民族人群。而另一些古羌民族的分支,却通过迁徙和融合,使族群的血脉和文化得以保存,这部分人群,便是至今传承着羌族语言、服饰、民俗、文化等传统的羌族。在2008年汶川地震以前,这部分羌族人群主要以村落的形式,居住在岷江、涪江中上游及其支流的两岸的峡谷之中,通过农业种植、畜牧业、狩猎及采集名贵中药材为生,村落海拔较高,交通不便,也被俗称为"云朵上的羌寨"。

"5·12"地震以后,羌寨在政府支持下,很多都搬迁到河岸较为宽阔的河滩或平坝上,交通比较便利,能够有较多的机会外出打工,与外界的交流得到很大改善,也因此加速了文化的融合进程。此前受居住环境限制,周边汉、藏、回文化的影响有限,尤其是妇女,较少走出村寨,也没有机会进入学校学习汉族文化,因此将羌语中的古老词汇保存较好。羌族历代传承的以信仰体系为基础的各种仪式,包括祭山会、还愿、太平保福、喊魂招魂、释比治疗、羌年、瓦尔俄足节、基勒俄足节、跳甲、婚丧、成人礼等各种仪式,在羌族漫长的文明历史中,被创造、延续、改编,最后发展存留至今。这些仪式与其丰富的仪式音声,不仅记录了羌族的文明进程,也将羌族信仰体系的发展脉络、羌族民俗的

---

① 徐学书等:《羌族特色文化资源体系及其保护与利用研究》,民族出版社2015年版,第35页。

传统与变迁都客观地反映出来。

二、羌族仪式的分类

羌族"神灵信仰"与"白石崇拜"传统,使仪式本身已经非常丰富,苯教、道教、佛教及汉族民间信仰对羌族文化的影响,又增加了更多的仪式形式。但是随着羌族与周边汉族、藏族、回族等多个民族的交往,以及不同时代强势文化的压制和侵袭,羌族传统仪式也展示出新的特征,发生着调整和变化。原有的仪式形式和内容在传承中不断革新,而部分仪式不再适应羌民的社会和文化心理需要逐渐淡化或消亡,如减灾仪式中的除疫、求雨、祈晴等部分仪式,已经淡出羌民的精神世界,这是随着科学技术的发展,羌民认知能力的提高而产生的必然反应。本书所研究的羌族仪式是当下仍然在羌族地区活态传承,且传承人群广泛、影响较大的传统仪式。在分类上,借用凯瑟琳·贝尔将仪式分成六类的基本框架,并参照目前国内对少数民族仪式研究的成果进行分类。贝尔分类的仪式类别包括:过渡仪式,历法仪式,交换和共享仪式,减灾仪式,宴会、禁食与节日仪式,政治仪式。

过渡仪式指为人生中的重大事件举行的仪式,也称为"生命危机仪式"、"生命周期仪式"或"人生仪式"。仪式的举行标志着一个人从社会生活的一个阶段向另一个阶段的转变。[1] 羌族类似的仪式有冠名仪式、冠礼仪式(成人礼仪式)、婚俗仪式、丧葬仪式等,本书最终将这类仪式称为"人生仪式"。

历法仪式是与历法相关的周期性变化的社会活动仪式。历法仪式定期出现,伴随气候、农业和其他社会活动的周期性变化,可分为季节性和纪念性两类仪式。[2] 羌族历法仪式有祭青苗神、祭种子青稞神、驱农害等仪式。因这类仪式在现阶段羌族地区极少举行,仪式音声也不够丰富,故本书较少涉及这类仪式音声的研究。

交换和共享仪式体现的是人、神、鬼、祖先与动物之间相互依存的宇宙观,

---

① 彭文斌:《人类学视野下的仪式分类》,《民族学刊》2011 年第 1 期。
② 彭文斌:《人类学视野下的仪式分类》,《民族学刊》2011 年第 1 期。

人们对神的供奉目的在于回报,因此供奉与回报之间形成了一种交换关系。这类仪式既体现出信仰的意义,也表达着实用的原则。羌族类似的仪式很多,有还寨愿、还家愿、还羊愿、祭山会、转山会、祭祀女神塔子等,与贝尔对这类仪式的表述非常吻合,但基于目前学界的习惯称谓,本书将这类仪式命名为"祭祀仪式"。

减灾仪式是指通过一些特殊的行为减少或消除厄运的仪式。其主要功能是通过恢复被扰乱的宇宙或现实秩序来减轻大自然对人的伤害。减灾的对象主要有气象性的(祈雨、祈晴)和生理性的(引入超自然力量进行的治疗仪式)。减灾仪式打破了个人与社区、身体与心灵,或物质与精神的界限。① 羌族这类仪式很多,如太平保福、喊魂招魂、释比治疗等。由于执行减灾仪式的主角是羌族释比,执行过程中对仪式的性质具有夸大或强调作用,习惯称之为"消灾",本书称这类仪式为"消灾仪式"。

宴会、禁食与节日仪式或被称为"文化演示"、"社会戏剧"或"逆转性仪式",它强调宗教情感的公共展示。仪式参与者关注的是对自己或他者表述他们对宗教基本价值的虔敬,既可以打破人为界限,也可以塑造群体或个人的等级。② 宴会中的分享不仅具有沟通人神的作用,也能够使参与人群超越贫富界限。禁食更多的是强调人的精神世界和物质世界的根本差别,在仪式中对世俗生活是克制的。节日仪式最初仅仅指宗教节日,如狂欢节、圣诞节等,但随着时间的推移,节日仪式的外延被不断拓宽,后来演变为一种文化演示,并通过节日对现实的、有序的生活进行调侃。羌族多数由社区(寨子)参与的仪式都有宴会,但没有禁食仪式,节日仪式有羌年、庙会、瓦尔俄足、基勒俄足等,本书主要研究这类仪式,最终归"节日仪式"类别。

政治仪式包括一些旨在建构、演示和促进政治机构权力、满足不同群团利益的仪式。这类仪式的进行,往往能够强化社会的集体观念、道德感和团结精神。仪式中的宣誓、接受信仰信物(圣经)等,体现出服从法则和社会道德规

---

① 参见彭文斌:《人类学视野下的仪式分类》,《民族学刊》2011 年第 1 期。
② 参见彭文斌:《人类学视野下的仪式分类》,《民族学刊》2011 年第 1 期。

范;仪式过程中媒体的聚焦、群众的观礼、家庭聚会等,又能够促进社会和谐,减少社会冲突。如羌族开城门、迎宾、羌年庆典以及羌族一切公共社会活动。但活动内容往往还伴随着烤羊、吃月亮馍馍、太阳馍馍、坝坝宴等传统,这与宴会、禁食与节日仪式有相互交叉和渗透的特点,其仪式音声也比较庞杂,族性特点不鲜明,本书不专门研究这类仪式音声。

随着羌族地区物质和精神生活的改善,一些传统的仪式经过演变,延伸出一些新的仪式。这些新兴仪式主要由政府或民间组织牵头组办,其目的一方面是为了弘扬传统文化,另一方面是为了带动地方旅游经济的发展。如理县大寨子乡的"夬儒节",便是将传统的祭山会和羌戏进行结合而产生的新兴节日仪式。也有些村寨将每年的祭山还愿与羌民喜爱的歌舞活动或民俗活动结合起来,创造了新的节日,如"小寨子沟情歌节"、松潘小姓乡"毕曼歌节"、理县桃坪羌寨"花儿纳吉赛歌节"、汶川绵虒"大禹节"等。这些仪式依赖于羌族传统信仰和民俗而产生,并适应了新时代的文化产业要求,不仅受到羌族群众的欢迎,也吸引了周边城镇游客的关注,提升了羌族村寨文化的知名度,推动了羌族文化产业的发展,本书将选择其中的部分仪式进行介绍。

中国文化在悠久的历史演变进程中,各种形式的表演艺术和视觉艺术,以及与此相关的文学、建筑等,都曾以信仰作为其文化生命的活力和源泉,以仪式这种生动的实践活动作为其储存和传播的土壤。羌族在以神灵信仰为中心,儒、释、道、苯信仰均有渗透的信仰体系中,仪式作为人们信仰和宇宙观的行为表达,对羌族文化的传统形成起到了引导作用,而仪式音声在其中展示出的特殊地位,是仪式中其他任何内容均无法取代的。根据上述对仪式的分类来看,羌族的仪式具有特殊的功用和形式,往往一个大型的仪式包含众多的小型仪式,如"羌年"作为一个民俗仪式,它包含一个大型的交换和共享仪式——还寨愿仪式,还通常有一个政治仪式——羌年庆典,然后是一个宴会仪式——吃月亮馍馍、吃献祭过的羊肉,以及全民参与的坝坝宴。如果按照凯瑟琳·贝尔的仪式分类法,"羌年"便很难归结到某个具体类别中。因此,笔者根据多年来在羌族地区田野调查的经验,综合了《羌族释比经典》(四川省少数民族古籍整理办公室主编)、《羌族释比文化研究》(陈兴龙)以及学界众多学者的学术观点,并参考了仪式音声内容和相关仪式特点,最后将本书研究的羌族仪式划分为四大类别:祭祀仪式、消灾仪式、节日仪式、人生仪式。

(一)祭祀仪式

古代先民由于生产力水平低下,认知能力有限,对自然界力量难以理解和驾驭,因此产生了对自然的崇拜和"万物有灵"的观念,无论哪一个民族皆是如此,羌族亦不例外。随着认知能力的提高,人们将神和鬼区分开来,对神祇进行膜拜,是交换与共享仪式的特点。羌族民众通过众多的类似仪式,将农作物收获(青稞、麦子、玉米)、猪、羊等牺牲献祭给神灵,换来神灵的保护和庇佑,这也是一种获取的方式,是一种创造美好生活的实践活动。表现在行为上便是通过敬神、拜神、娱神等方式,与神灵和不可控的大自然达成和谐共享的关系,在这样的实践活动中,逐渐形成了羌族民间信仰的基础,即以白石崇拜为表征的神灵信仰,白石是贯穿羌族民间信仰的一根红线。[①] 羌族信仰和崇拜的神祇有数十种,目前依然活态传承的祭祀仪式包括祭天神、祭山还愿仪式(又称山王会、山神会、转山会、塔子会、祭天会、还愿会等)、祭羊神、祭火神、祭水神、酒祭仪式等。凡是羌族信仰的神灵都有相关的祭祀仪式,但很多时候一个仪式会将各种神灵和祖先全部请到、敬到,比如羌年还寨愿仪式,便会对天神、太阳神、地神(土主、地盘业主)、家神、白石神等众多神灵及祖先的祭祀还愿。邓宏烈指出:"羌族民间祭祀是信仰者与信仰对象、人与神进行交际和沟通的行为方式,表现了人对神的感情和态度。神灵作为支配人们日常生活的异己力量的人格化,必然在人们的内心世界引起对它的依赖感和敬畏感。有所依赖就有所祈求,有所敬畏就渴望得到神灵福佑的赞美和祷告。"[②]

(二)消灾仪式

消灾仪式起源于部落文化中对生存障碍的克服与控制之法。原始部落通常希望通过念诵咒语、实施法术来控制疾病、自然灾害对人类的负面影响,这

---

① 参见邓宏烈主编:《羌族民间信仰》,载《中华羌族历史文化集成》编辑委员会:《中华羌族历史文化集成》,四川民族出版社 2021 年版,第 54 页。

② 邓宏烈主编:《羌族民间信仰》,载《中华羌族历史文化集成》编辑委员会:《中华羌族历史文化集成》,四川民族出版社 2021 年版,第 225 页。

是巫术产生的原因。巫术的执行者被称为巫师："巫师原意是指能够经由祭祀或象征的仪式去改变他人命运的人,以免其受到自然灾害、外来者和敌人的伤害,他们也负责改正错误,衡量对错,操控大自然和解释恐怖的现象等。"①羌族巫师后来有一部分与宗教祭师合二为一,被称为释比,主管祭祀和巫术活动,但在掌握相关活动内容时,仍有区别。一些地方称主持祭祀的人为上坛释比或白释比,负责消灾的为下坛释比或黑释比。也有许多释比是上、中、下坛法术都通达,有的则侧重一个方向。羌民对付自然灾害最主要的方式就是祈福禳灾,祈福主要靠祭祀仪式,禳灾则主要通过消灾仪式,很多地方也称其为法事,执行消灾仪式的技术被称为法术。羌民相信对待一些鬼怪事件是祈求神祇保佑也不能解决的,或者这些法术原本在神灵信仰之前便产生了,因此其独特的仪式及音声有着较为广泛的群众基础,世世代代都信奉这样的法术。迄今为止,羌族聚居区仍然流行着诸多消灾法事,这是羌人积极应对灾害的措施,通过这些消灾仪式,达到治病、防病、驱邪、减灾等作用。此类法事主要有太平保福、打扫房子、驱邪、喊魂招魂、除疫、求雨、祈晴、释比治疗等。

(三)节日仪式

节日是民众生产生活、精神生活与文化实践的记忆活动,具有悠久的历史和丰富的内容。羌族传统节日整体较周边汉族节日保留得更为完整,形式和内容也更多样,节日中复杂的音声内容使节日更加生动、鲜活,民众的积极参与也体现出节日仪式在羌族文化传承、民族文化认同方面所起的积极作用。有学者指出:"传统节日起源于民众集体性的仪式活动,这些活动将生活固化在记忆里,并且年复一年地重复上演,所以,每次节日活动的传统就是对于节日起源及其相关人物、事件的文化记忆的'重复',由此,传统节日习俗获得活力,并强化与具有共同历史起源、共同生活传统的民众的联系。"②羌族众多传统节日的延续以及新兴节日的开展,都使羌族民间信仰和传统习俗得到巩固,

---

① [英]J.G.弗雷泽:《金枝——巫术与宗教研究》,耿丽编译,重庆出版社 2017 年版,第34 页。

② 王丹:《传统节日研究的三个维度——基于文化记忆理论的视角》,《中国人民大学学报》2020 年第 6 期。

形成了独一无二的羌族文化传统。羌族目前开展得较好的节日仪式有羌年、瓦尔俄足节、春节、玉皇会、黄龙庙会、龙灯会、花灯会、大端阳、跳甲等。羌族的节日活动有地域性和个性化特色，但基本都与民间信仰息息相关，节日中必然会有祭祀环节。

羌族民间信仰并不是羌族聚居区唯一的信仰，其他人文宗教的影响又促使羌族产生了另一类祭祀仪式。早在秦汉时期，道教就已经传入岷江上游地区。南北朝开始，道教、佛教对羌族的影响至深，以至明清时期，羌族聚居区修建的道教宫、观、庙和佛教寺院达数百座之多。而自唐以来，北部方言区的羌民又普遍信奉"苯教"。"苯教"是西藏原始宗教，其宗旨也是万物有灵，与羌族民间信仰有着交融关系，曾深得羌民认可。这三大宗教在羌族聚居区同时发展、并存了上千年，其中有过矛盾和斗争，最终却被羌民以宽容的态度接纳下来，融入到羌族民间信仰中，甚至有些较小的羌族寨子，更将佛教菩萨、道教神明、苯教护法神及民间神祇都塑造在一个寺庙里。

在道教、佛教、苯教进入羌族聚居区以后，各种庙会便逐渐兴盛起来，形成了新的节日仪式。庙会仪式千奇百怪，参加庙会的人群来自各个民族，几乎每一个羌族村寨都有自己的庙会，同时也会尽量参加相邻寨子的庙会，如此庙会便从单纯的宗教活动演变为民族交往、交流的重要场合。如松潘黄龙庙会，参会者就有藏族、汉族、羌族、回族等各族民众。三年一会的汶川黄龙会，也有相似的特点。而羌族各寨子举办的城隍会、玉皇会、娘娘会、牛王会等，都有不同的仪式特点和信仰主题，是羌族民众自觉参与的仪式活动，也是羌族的民俗节日。

在羌语北部方言区，由于受藏传佛教、苯教和道教的影响，削弱了羌族原始信仰习俗，释比文化没能得到有效传承，其节日文化也逐渐与信仰和习俗结合起来，带上了人文宗教烙印，如玉皇会、黄龙庙会等，既有祭祀的成分，也有节日特点，本书将其归纳到节日范畴进行研究。在羌语南部方言区，虽然受道教和汉族民间信仰的影响也较为深重，但原始民间信仰保存较好，释比文化得到有序传承，其节日也赋予了民间信仰的色彩，以祭祀自然神灵为节日宗旨，最后形成了祭祀和娱乐共同作为主题的节日仪式。如茂县曲谷乡瓦尔俄足节,汶川、理县的羌年、转山会,北川的龙灯会、小寨子沟情歌节等。由于羌年的还寨愿仪式是羌族保留最为完整的祭祀仪式,在本书研究中便将其纳入祭祀的范畴进行研究。瓦尔俄足节、庙会和小寨子沟情歌节虽然有祭祀环节,但是其民俗特征和娱乐特征更为明显,本书放在节日部分进行研究。

(四)人生仪式

人生仪式体现出一个民族对待生老病死的态度,是在族群生存发展历程中积累的人生经验。羌族重视人生仪式,从出生开始,便会在婴儿满月时请亲戚朋友喝满月酒,这与汉族和其他民族的仪式差别不大。羌族更有特色的人生仪式是成人礼、婚俗和丧葬。成人礼在全球多个国家和民族都曾盛行,其礼仪方式各有特色。我国汉族成人礼从西周至明朝一直有延续,男子满 20 岁时即行冠礼,行礼之后意味着族群承认其已经成年,可娶妻生子,继承家业。女子通常 15 岁后行笄礼,及笄之后方可嫁人。羌族的成人礼没有统一的年龄要求和仪式规范,不同村落都有各自的传统,其成人的年龄标志可能较汉族稍小一些,北部方言区为 13 岁,南部一些村落为 16 岁。羌族成人礼最大的特点是礼仪与仪式音乐相结合,创造了更加生动的仪式形式。

羌族婚俗仪式也有较强的地域特点,在程序和细节方面各不相同且与时俱进,但复杂的婚前礼仪、浓重的婚礼模式及丰富的婚礼音乐却是各地羌族婚礼的共同特征。羌族丧葬礼仪较婚俗保留了更为传统的习俗,其中的哭丧、丧葬舞蹈、盔甲唱赞、释比鼓舞、汉族灯调、吹打乐、释比打扫房子仪式等环节,几乎都延续了古老传统,其仪式的神圣和浓重,展示出羌人对待生命的极度尊重以及对待生死的从容态度。

第三节 羌族仪式音声概述

羌族仪式音声是本书重点研究的对象。要进行这项研究,我们首先要明确仪式音声的内涵和定义,并对羌族仪式音声进行合理分类。民族音乐学宗师阿兰·梅里亚姆(Alan P.Merriam)在 20 世纪六七十年代开始了研究作为文化的音乐,他认为对音乐的研究不应该局限于音乐本体,而应该将音乐视为动态的人类行为,于是音乐便与人的观念和行为三者互相影响,形成了"音乐文化"。"没有与音乐相关的概念,行为就无从发生;没有行为,音乐声音也就不可能产生。"①仪式便是将人类观念、行为和音声进行高度集中体现的实践行为,研究音乐文化最好的手段是去解读仪式音声。

一、仪式音声的内涵和定义

仪式是一个符号整体,由许多不同的因素和要件构成:仪式空间(ritual space),仪式对象(ritual object),仪式时间(ritual time),仪式音声和语言(ritual sound and language),仪式确认(ritual identity)和仪式行动(ritual action)。这里所谓的仪式音声便是本书主要的研究对象。"仪式音声"是近年来民族学、音乐人类学经常使用和讨论的一个话题,由早期的"仪式音乐"概念发展而来。我国较早正式界定"仪式音乐"概念的是1999年2月由香港中文大学举办的"中国传统仪式音乐研讨会"。讨论中大家认为:"中国传统仪式音乐概念有广义及狭义两种理解。前者是放在整个中国传统文化大背景中去认识的,为一个有声听觉的文化现象,它的范围很广,甚至包括一些非音乐的因素,如人们心灵世界中对仪式音乐所产生的冥想,后者则专指中国传统祭祀仪式中的特有文化现象,即在一定场合中展现出来的韵曲和器乐曲。"②这里的仪式音乐无论是广义的还是狭义的,都特指祭祀仪式中的音乐。至21世纪初,薛艺兵认为:"仪式音乐是在形式和风格上与特定仪式的环境、情绪、目的相吻合的,可对仪式参与者产生生理和心理效应的音乐。仪式音乐形成于特定的社会及其文化传统,并依存、归属和受制于其社会和文化传统。仪式环境中的各种声音都可能具有'音乐'的属性而成为仪式音乐研究的对象。"③他认为在音乐的物质基础、物理特性、形态样式、艺术效应、社会价值和文化归属六个属性层中,后三个属性层次,特别是社会价值和文化归属两个层

---

① Alan P. Merriam,*The Anthropology of Music*,Evanston,Ⅲ:North Western University Press,1964,p.32.

② 玮敏:《香港中文大学举办"中国传统仪式音乐研讨会"——主题:中国传统仪式音乐的概念与方法》,《上海艺术评论》1998年第3期。

③ 薛艺兵:《仪式音乐的概念界定》,《中央音乐学院学报》2003年第1期。

次乃是界定仪式音乐的主要依据。① 该文还在最后提及"仪式音境"、"音声"与"仪式音乐"等概念之间的关系问题。这里虽然定义的是"仪式音乐"概念,但其将仪式环境中的各种声音都归结在其中,认为很可能具有"音乐"的属性,因此他的定义实际上已经接近现在我们所谓的"仪式音声"概念。

2002 年,香港学者曹本冶提出一种以"信仰体系、仪式与仪式音乐"表述仪式音乐内外部关系的框架模式。曹氏认为:"'信仰体系'概括了属'思想'范畴的'信仰'和属'行为'范畴的'仪式'。就我们的研究对象'仪式中音声','信仰体系'是一个由'信仰'、'仪式'、'仪式中音声'组成的三合一整体。仪式的展现其中一个重要有机因素是仪式展现中的各种'音声'行为(其中包括一般用意的'音乐')。作为仪式行为的一部分,'音声'对仪式的参与者来说是一个增强、延续、扶植和辅助仪式行为及气氛的重要媒介和手段。对'仪式中音声'的研究,我们从'音声'切入,置'音声'于仪式和信仰的环境中探寻其在信仰体系中的内涵和意义。这个理念与'音乐学'属性的'民族音乐学'对'文化中音乐'的定位是一致的。"②其著作中明确指出,仪式的"音声境域"即"听得到"的"音声",主要包括"器声"和"人声"两大类音声。"器声"包含具有特定仪式含义的"法器声"和"物件声"(如炮仗声),以及与民俗活动共享的"乐器声"。"人声"则包括各种近似语言、近似音乐、似念似唱或似唱似念、连唱带哭或连哭带唱的音声。③ 这一观点使仪式音声研究的范围进一步扩大,这些"听得见"的复杂的声音构成了仪式文化的血肉,使仪式变得鲜活,最后形成了仪式文化。但本书研究的仪式音声,侧重点是仪式音乐和仪式文学,即"人声"中的音调和诵唱内容,以及仪式中的"器声"。

二、羌族仪式音声的类别

羌族多数仪式都有着丰富的音声内容,可以说正因为有了这些音声的伴

---

① 参见薛艺兵:《仪式音乐的概念界定》,《中央音乐学院学报》2003 年第 1 期。
② 曹本冶主编:《仪式音声研究的理论与实践》,上海音乐学院出版社 2010 年版,第 44 页。
③ 参见曹本冶主编:《仪式音声研究的理论与实践》,上海音乐学院出版社 2010 年版,第44 页。

随,羌族仪式才能得到很好的传承和发展。概括这些仪式音声的内容,不同学者根据自己的研究方向进行过不同的分类,参考这些分类,我们能够对羌族仪式音声的内容有一个相对全面的认识。

回顾我国早期的音乐学研究成果,最早对中国民间音乐进行学术分类的学者是吕骥。1942年他便在延安发表论文,将民间音乐分为民间劳动音乐、民间歌曲音乐、民间说唱音乐、民间戏剧音乐、民间风俗音乐、民间舞蹈音乐、民间宗教音乐和民间器乐音乐八类。这里没有将仪式音乐纳入到专门的类别中,但歌曲音乐、说唱音乐、风俗音乐、舞蹈音乐、宗教音乐中都包含有仪式音乐的内容。新中国成立初期,为了音乐专业教学需要,学界在民族音乐概论教材上将我国传统音乐分为歌曲、歌舞音乐、说唱音乐、戏曲和器乐五大类。至20世纪六七十年代后逐渐形成以民歌、器乐、说唱音乐、戏曲音乐四大类的通用分类法,并广泛运用于专业教科书中。黄银善、董方权根据这一中国民间音乐分类思路,将羌族音乐分为羌族民歌、羌族民间歌舞音乐、羌族民间乐器与器乐三大类,这一分类法将羌族音乐最具有文化价值的释比说唱内容归纳到了民歌类别中。杜亚雄将羌族民歌分为山歌、劳动歌、巫师歌(宗教仪式歌)、风俗歌四大类①,这里将释比说唱称为巫师歌,并补充为宗教仪式歌,这是与本书研究关系相对密切的一个分类法。杨羽健等将羌族民歌分为五大类:喔都惹木——山歌、直布勒惹木——劳动歌、西惹木——酒歌、祖惹木——风俗歌和萨朗——舞歌②,这里酒歌、风俗歌和舞歌都与羌族仪式音声有关。马宁等根据歌词表达的内容将羌族民歌分为劳动山歌、情歌、生活歌、仪式歌、时政歌、古歌、历史传说歌和儿歌③,这里正式将仪式歌单列为一类,并将其细化为酒歌、祭典歌、节令歌、诀术歌、婚礼歌、丧歌六类,将仪式歌曲归纳总结得非常清楚,但这只是仪式音声中的仪式歌曲类别,对仪式中的器声并未包含在内。杨民康对中国仪式音乐的类型有较为宏观的分类:"若将中国传统音乐视为

---

① 杜亚雄:《中国少数民族音乐概论》,上海音乐出版社2002年版,第7页。
② 杨羽健、汪静泉、曾令士(执笔):《四川羌族民间歌曲述略》,载亚欣主编:《中国民间歌曲集成·四川卷》,中国ISBN中心1997年版,第1357页。
③ 马宁等:《羌族歌谣的分类及其社会文化功能》,《阿坝师范学院学报》2006年第2期。

以仪式音乐为核心的社会音乐文化系统,则其中又存在下述两种基本类型:一种是以综合了人为宗教与世俗(上位)文化中的仪式音乐为主导运转的传统音乐文化系统,例如汉、满、蒙古、藏、傣等民族古代的传统社会音乐,这种类型本身又可再分为偏重于宗教性仪式和世俗性仪式的两种类型;另一种是以民间宗教(或民间信仰)及世俗的民间仪式或人生仪礼仪式音乐为核心的传统音乐文化系统,上述几个民族之外,大部分中国少数民族(南方少数民族为主)的情况均属此类。"①杨民康将中国传统仪式音乐总体上分为宗教仪式音乐和民间仪式音乐两大类;又从仪式化表演的类型和特征不同,将仪式音乐分为寺观仪式音乐,说唱仪式音乐,戏剧性仪式音乐,民歌、歌舞音乐,民族器乐五大类型。②其中寺观仪式音乐主要指在寺院或道观举办的人文宗教仪式中表演的音乐。后面四种音乐类型皆产生于中国各民族民间仪式过程中,是对民间风格借鉴而形成的仪式音乐表演。这个分类几乎适用于中国所有的仪式音乐研究视角,其类别涵盖了宗教性质和民间性质的仪式音乐。对仪式音声(音乐)最新的研究成果是 2021 年和云峰发表在《中国音乐学》的论文,他根据少数民族民间信仰仪式音乐存续方式与表达形式,将其分归为声乐、器乐、舞乐三大类。③

  上述分类主要是对仪式音乐或羌族音乐、羌族仪式音乐进行的分类,针对羌族仪式音声进行关联的分类有马宁,但其仪式歌也没有概括完整羌族仪式音乐中的歌曲和器乐曲内容,比如他分类中的历史传说歌,往往由释比在还寨愿仪式上演唱,也应该属于仪式歌的范畴。而其余学者的分类,或主要涉及羌族音乐,或主要涉及仪式音乐。研究羌族音乐者,虽未提及仪式音声或仪式音乐,但也在"风俗歌曲""酒歌""萨朗"等类别中包含了部分仪式音声的内容;研究仪式音乐者,又并未提及羌族仪式音乐或音声的特殊内容。和云峰的分类虽然概括的是中国传统仪式音乐的类别,但却较为准确地包含了羌族仪式音声的主要内容,只是未考虑羌族仪式中释比主导仪式及担任仪式音乐主唱

---

① 杨民康:《仪式音乐表演民族志研究》,人民音乐出版社 2021 年版,第 35 页。
② 参见杨民康:《仪式音乐表演民族志》,人民音乐出版社 2021 年版,第 86—96 页。
③ 和云峰:《少数民族民间信仰仪式音乐分类研究》,《中国音乐学》2021 年第 3 期。

者的情况,缺少说唱音乐这一类别。本书主要遵循和云峰的分类原则,并补充释比说唱音乐,最终认为羌族仪式音声主要以人声(唱声、诵声)、器声(法器声、乐器声)为主,而仪式中的唱声和诵声往往成为一体,由释比单独诵唱,或以群众集体歌唱的形式出现在仪式中,故本书从不同的表演形式再将仪式音声中的人声分为释比说唱构成的说唱音乐、群体歌唱构成的声乐和舞乐;器声中的法器声只能由释比展示,与释比说唱构成整体,而呐喊声、呼应声、爆竹声等,不属于音乐范畴,只作为仪式声音加以理解,因此从音乐的角度来看,器声便只有仪式中的乐器演奏声,如唢呐、吹打乐队、口弦、羌笛、羊皮鼓等演奏的器乐。现将羌族仪式音声按照表演形式的不同从音乐的角度将其分类如下(图1-1)。

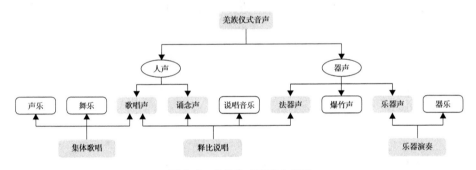

图1-1　羌族仪式音声分类图

(一)释比说唱——说唱音乐

释比说唱属于羌族民间音乐中说唱音乐的范畴,但从上述对羌族音乐的分类情况来看,尚未有学者专门提及。但随着对少数民族音乐文化研究的深入开展,很多学者已经关注到了少数民族音乐中说唱类音乐的存在。早年的教科书有相关的定义:"说唱艺术是中国特有的一种文学与音乐相结合的表演艺术的总称。它以带有表演动作的说、唱来叙述故事、塑造人物、表达思想感情、反映社会生活。"①但这里的说唱仪式主要指流传在我国各地的汉族说唱艺术。我国大致有300多个说唱曲种,分类也特别复杂。知名度较高的如

---

① 肖常纬:《中国民族音乐概论》,西南师范大学出版社1999年版,第141页。

鼓词类的"京韵大鼓"、弹词类的"苏州评弹"、牌子曲类的"四川清音"等。少数民族的说唱艺术有专门的定义和相关分类,但因民族文化的差异性,对其进行分类和专题研究起步较晚。21世纪初出版的《中国民间音乐概论》教材中"说唱音乐"章节对其分类时,专门针对的是"汉族的说唱音乐部分",也特别指出:"我国少数民族的说唱曲种,因为民族情况和历史渊源较复杂,还难以分类。"①崔玲玲对少数民族说唱音乐有过探索:"少数民族的说唱音乐具有各自民族的音乐特色,集民歌、器乐、文学、戏曲、道白等艺术构成一门特殊的曲艺艺术……说唱音乐唱词表现的内容极为丰富,有天文地理、民间传说、长篇史诗、佛经故事、民族历史、生产劳动知识、颂歌赞词以及艺人见景生情而即兴编唱的各种唱词。说唱音乐具有咏叙性质,因为强调语言的因素,所以旋律性较弱。为便于长时间演唱,说唱音乐的音域较窄,演唱音量适中,音乐段落也大多短小简练。便于反复咏唱。"②柯琳对少数民族说唱描述道:"中国少数民族说唱最本质的表现特征,是说与唱、歌与舞的紧密结合。从内容看,少数民族的很多曲种都在说唱本民族的历史故事,具有质朴凝重的色彩和酣畅鲜明的民族风格。一些曲种源于本民族民间祭祀仪式和巫师活动,同当地的民间信仰与民俗活动密切相关。演唱常常是边唱边舞,或边唱边走边表演;还有些曲种多由民歌发展而来,唱腔抒情优美、含蓄深情;而另一些曲种则为即兴式的赞词、祝词等,曲调活泼、流畅;还有的曲种幽默风趣,逗乐开心,它们都深受各民族群众的喜爱。"③杨民康对说唱性仪式音乐表演也有阐述:"在传统民间信仰仪式活动中,语言性较强的经腔诵唱有吟诵调、吟唱调等。其中,吟诵调往往与仪式中的祈祷、咒言有关,同仪式活动之间有紧密关系;吟唱调采用说唱方式,较多涉及宣讲、赞颂乃至表演性仪式活动,有时还伴随着体态、手势乃至舞蹈行为。"④这样的特征,虽未特指羌族说唱或少数民族说唱,但实际与羌族释比说唱的形式和内容都十分接近,甚至可以说这正是羌族释比说唱的真

---

① 周青青:《中国民间音乐概论》,人民音乐出版社2003年版,第75页。
② 崔玲玲:《中国少数民族音乐文化概论》,中央民族大学出版社2017年版,第5页。
③ 柯琳:《中国少数民族说唱述略》,《文艺报》2019年6月28日。
④ 杨民康:《仪式音乐表演民族志》,人民音乐出版社2021年版,第90页。

实写照。

少数民族说唱音乐的分类与汉族说唱音乐不同,第一级分类按照族别来分,称为藏族说唱、彝族说唱、维吾尔族说唱等,这是学界比较认可的一种简单分类;第二级分类按照说唱音乐的题材、体裁来分,可分为弹唱类、吹唱类、拉唱类、击唱类、干唱类、综合乐队类六种。① 这一分类法是作者按照云南少数民族说唱音乐进行的分类,也比较符合我国大多数少数民族说唱的实际情况。但学界对少数民族说唱艺术的研究还未得深入,此分类法采纳者也并不多,尚未引起学界的广泛关注。

以上研究对中国说唱音乐、中国少数民族说唱音乐的概念、内容和音乐形式均进行了详细论述,其中未专门列举羌族说唱音乐。羌族释比说唱由释比击鼓、摇铃唱诵,或鼓、舞伴随唱诵,或无器声伴奏清唱,主要以长篇史诗、民间传说、历史故事、生产劳动知识、文化传统、颂歌赞词、驱邪咒语等为唱诵内容,可将羌族释比说唱归纳为击唱类和清唱类说唱音乐。羌族释比说唱的表演主角为羌族释比。

1. 羌族释比

羌族释比是对羌族仪式中承担祭师、巫师职责人员的称谓,羌语称为"释比"。释比从羌语字面意思来看,"一是唱诵的意思;二是对从事口述文化传统的专业人士的尊称。在当地语境中,'释比'('比')有'唱诵'以及'从事口述文化传统的专业人士'两层含义。而与'释比'相关的文化现象通常被学者们称为'释比文化'。"②但也有研究者认为,释比的羌语称谓还有"主持公道""惩恶扬善"等意思。

关于释比概念,众多学者在其著作中都有过自己的阐述。如英国陶然士在1934年前后对释比有过介绍:"所有的祭祀都由祭师主持,必须由他进行正确的指导。普通人是不敢代表自己呈现血祭的,那是祭师专有的特权。他监管整个仪式,检查错误,端正礼仪,阐释其必要性和重要性,并在献祭后致以祈

---

① 李汉杰:《云南少数民族曲艺音乐及其类型》,《云岭歌声》2005年第2期。
② 陈安强:《汶川地震后羌族非物质文化遗产保护——以"释比"和"释比文化"为例》,《贵州民族研究》2011年第5期。

祷的开场白。"①这里陶然士主要从释比主持的祭祀仪式来阐述释比的职能,
析出释比概念。美国传教士葛维汉在1933—1948年期间对羌族传统习俗进
行了考察,其对释比的认知更为全面:"由于羌族历史上无文字,他们的诵经
就是经书,凭口头传承和记忆来父传子受、师徒代代相传。因此他们在表演和
诵经时必须正确无误,这就出现了特殊的巫师。巫师也是农耕者,可以娶妻生
子。他们在羌族社会中身份重要,地位崇高,为所有人尊敬……巫师在羌族生
活中占有重要地位的原因之一在于人们相信他可以控制邪魔,驱魔逐邪,为人
们消灾除疾。"②这一认识,显然已经触及释比主持的祭祀和消灾仪式,也涉及
了释比唱诵经典的行为,即本书所谓的释比说唱。经过数十年的研究,众多学
者对释比及其功能都进行了相关阐述,如阮宝娣、陈兴龙、赵曦、陈蜀玉、巫宇
军、张犇、陈安强等,综合这些观点和笔者的田野调查、访谈后认为,羌族释比
是能够与神灵进行沟通的特殊人物,其主持的祭祀和消灾仪式都依托这种力
量,释比主持的活动具有神圣和神秘的仪式感,并被羌人认为极具实用功效,
从而得以代代传承。本书引用《羌族释比经典》前言对释比的解释来概括总
结这一概念:"释比是从事宗教活动的神职人员,也是羌族传统社会中固有的
文化传承人、知识的拥有者。由于羌族地区存在羌语方言的差异,各地对释比
的称谓也有所不同。在汶川,释比自称为'比'或'诗卓',他称为'比'。'释
比'或'许',尊称为'阿巴比';在理县释比自称为'比',他称为'诗谷',尊称
为'比布';在茂县,释比自称为'比'或'许',他称为'释比'或'比',尊称为
'阿巴许'。但无论是自称、他称或尊称,都有一个共同点,那就是在羌族社会
中,释比对文化传承一直起着承前启后的重要桥梁作用。"③

　　释比是羌族民间信仰活动中的神职人员,但是并非专职的,他们本身就是
普通劳动者,在掌握释比技能后,逐渐成为不脱产的神职人员,而生产劳动仍

---

①　陶然士:《羌族宗教的基本精神概念》,在华西边疆研究学会的讲座发言,1934年5月
12日。
②　李绍明等:《民族学考古学论著》,巴蜀书社2004年版,第54页。
③　谷运龙:《序言》,载四川省少数民族古籍整理办公室:《羌族释比经典》,巴蜀书社2008
年版,第2页。

然是其工作的核心。目前了解的羌族释比均为男性,他们可以娶妻生子,成家立业,生产生活。但从更早的口述史料和少量的文字记载以及社会历史发展的角度看,"释比"有着更为古老的文化意义。比如赵曦认为:"释比是原始宗教向人文宗教转换过程中的产物,是原始社会中专门行巫术、占卜、祭祀等活动中有很高文化的人逐步专业化发展的结果,是由女性巫者向男性巫者转化而来的。"①

释比发展到后来,有了一定的分工,但学界对释比及其法事和经典的分类至今存在争议。一些学者支持将释比经典分为上坛、中坛和下坛经,如钱安靖等,这种分类与道教有关。据来自1983年汶川县绵虒镇乡释比王治国等口述:端工(释比)到人间做法事分为上、中、下三坛。上坛是神事,如庄稼丰收后谢天还愿,还有希儿少女、爹娘生病、修房造屋等,许愿还愿均为上坛;中坛是人事,如打太平保福以及解秽、驱邪、招财进宝,婚丧嫁娶敬神还愿等;下坛是鬼事,即赶鬼逐鬼,如对凶死者招魂出黑,为下坛法事。②而三坛经使用的法器有所区别,最明显的是羊皮鼓的颜色,释比普遍认为上坛神事用白色羊皮绷面,中坛采用黄色,下坛则采用黑色。这个分类由于提出较早,影响比较深刻。笔者在对释比进行访谈的过程中,也听到释比按照这个分类在介绍法事活动,但对具体法事的分类比较混乱。在落实到释比的专长和分工时,又发现一些释比擅长做上坛神事,一些释比专门做下坛鬼事,也有一些释比上中坛法事都精通,如原住汶川县龙溪乡跨坡村的释比杨贵生,便声称三坛法事都能够做。此外也有学者按照羌族对善恶好坏用颜色区分的特点,将释比分为白释比、黑释比和黄释比,其主要支持者是羌族文化研究者赵曦,依据是羌族释比经典《德维》中讲述了三种颜色羊皮鼓的不同功能,因此按照鼓的功能将释比分为白、黑、黄。赵曦调研了袁正祺释比传承的《德维》后提出:"《德维》经典对白、黑、黄三种不同性质的仪式做了规范:白鼓德撒做'刮硪'祭祀众神灵,汉语意为还天愿,还寨愿、牦牛愿、羊愿等,由全寨或者多个寨子共同举行;黑

---

① 赵曦:《神圣与亲和——中国羌族释比文化研究》,民族出版社2010年版,第31页。

② 《中国少数民族社会历史调查资料丛刊》修订编辑委员会四川省编辑组:《羌族社会历史调查》,民族出版社2009年版,第189页。

鼓德妮做'叔碱'、'萨碱',一般是寨子、家庭做太平保护,或者招牛羊财,青苗稼穑财运;黄鼓德哈做'依比'、'得居'等,驱血光鬼、凶杀鬼,送魑魅魍魉。"[①] 这两种对比的分类显然不是按照同一种法则在进行,相同的是,都指出了法鼓颜色不同而功能不同的问题,白色羊皮鼓用于神事无可争议,羌人崇尚白色,以白为美、为善的思想在释比分类和分工中体现出来。但黑色和黄色在两种说法中出现相反的意见。在笔者对释比的访谈中还发现另一种说法:羊皮鼓的鼓面可以用羊皮,也可以用牛皮,鼓圈是杉木板做成,用来固定鼓面鼓身的是牛皮带子和铁质铆钉。刚做好不久的鼓都是白色,年代稍久一些逐渐泛黄变成黄鼓,而传承上百年的鼓经过长期摩挲和氧化,逐渐变成黑色。[②] 笔者赞同这种说法,并观察过释比法鼓,颜色与使用年限相关,但从来没有染色现象,黄鼓、黑鼓兼自然氧化形成。鉴于羌族释比自身对释比分类的不明确性,本书在此后的叙述中,均按照不同村寨释比自己的意愿和说法进行叙述。

2. 释比法器

法器是释比主持仪式活动的重要载体,也是仪式音声研究的对象之一。法器是释比沟通神灵、驱邪除魔的信物、工具、媒介、道具。由于释比工作性质的分工和释比活动类型的不同,释比法器曾有非常严格的分类,但在释比文化日渐衰落之时,法器的神秘性和神圣感逐渐淡化,其分工也变得模糊起来。

按照多数释比使用法器的现状及参照现有资料来看,释比法器仍可按照神事、人事和鬼事进行划分。神事法器主要有:祖师爷(金丝猴头骨)、金丝猴皮帽、羊皮鼓、法铃、磬、法刀、法袋、旗旗以及鹰爪、海螺等。人事法器主要有:法冠、神仗、羊皮鼓、拨浪鼓、法铃、响盘、神棍、刷勒日、法印、符板、铜钱卦、索卦、鸡嘴卦、羊角卦等。鬼事法器主要有:发帽、羊皮鼓或牛皮鼓、拨浪鼓、法刀、野猪牙、释比链等。由于释比法器甚多,根据本书研究内容的需要,我们着重介绍与仪式音声关系紧密的法器。

---

① 赵曦:《神圣与亲和——中国羌族释比文化研究》,民族出版社 2010 年版,第 62 页。

② 2022 年 1 月 22 日,笔者在茂县古羌城调研时,观看了茂县杨芝德(阿坝州州级传承人)释比家传承 200 多年的鼓,询问后得知这面黝黑的法鼓用牛皮制作,鼓面直径 40 厘米,鼓深 12 厘米。

金丝猴头骨是释比祖师爷的象征，也可以说是护法神，具有神圣与神秘的尊贵地位，是羌族民间信仰的"教主"，羌语称其为"释比菩萨"或"林主"，是释比活动最尊贵的象征物。释比将金丝猴头骨内填装了少许金屑、木屑、水银、柴火灰、泥土，用以象征金、木、水、火、土，以此代表万物。填装好的金丝猴头骨需用白纸层层包裹，再用绳子捆扎成圆柱状，便作为祖师爷的象征供奉在释比家中的神龛一侧。待有神事时，由释比焚香请出，进行祭祀活动，且每次活动都需要给祖师爷"换衣服"，即更换包裹的外层白纸，并唱诵经文，体现出金丝猴头骨在释比活动中的重要意义，它使得释比主持的神事仪式具有了神圣的地位和合法的传承。

与仪式音声关联紧密的释比法器主要有羊皮鼓、法铃、拨浪鼓、响盘等。"羊皮鼓是释比做法事时最为重要的伴同物之一，又称为'布''日布''日博''日卜'等，基本传承于上辈师傅。如今，源于释比在法事仪式中表演的羊皮鼓舞通过改编、加工，已世俗化为具有羌族文化特色的羊皮鼓舞，被广泛展示在各类节日、民俗活动之中。"[1]释比使用的羊皮鼓有较为规范的制作工艺：单面绷皮，圆形，鼓架采用结实、韧性强的杉木板弯曲成圆圈固定而成，直径一般为40—50厘米，鼓深10—20厘米。鼓头挂有白色或白、红相间的纸条作为鼓须，鼓腔内用牛筋、牛皮条、藤条或麻绳盘结固定，鼓内横一木棍用于抓握，鼓内还系着两枚铜铃，一公一母，音色不同，此铃也称为法铃。鼓槌长30厘米，槌头用兽皮包裹，用以降低击鼓噪音，使鼓声更柔和。在请神、解秽等环节中，一些释比会解下鼓内法铃，单独摇动法铃伴随诵唱。响盘为铜制，其外形类似法铃，但较法铃器型更扁平，类似小型铜盘，因此被称为响盘。其盘内有一铜圈，用以固定盘芯，盘芯用牛角尖或者质地坚硬的木块做成，摇动响盘时，盘芯撞击铜盘发出声响，其声音较法铃更雄浑，音量也更大。拨浪鼓是茂县沟口和永和乡等地释比常用的法器，做法事时与羊皮鼓交换使用。其外形与平常孩童玩耍的拨浪鼓相似，但器型更大，更扁平，直径15厘米左右，双面用白色羊皮绷鼓面，两边用细绳悬挂两枚木钉充当鼓槌，摇动拨浪鼓时双面敲击形成较

---

[1]　张犇：《羌族释比法器风格研究》，科学出版社2018年版，第64页。

为柔和的音响。释比在使用拨浪鼓时,也通常与响盘搭配,一手执一件法器,还时常伴随舞蹈。

3. 释比说唱

释比击鼓、摇铃、摇动响盘伴随唱诵,并辅以舞蹈,按其表演形式称之为"释比说唱"。其基本表演方式可归纳为说、唱、鼓、舞,即诵经、唱经、击鼓、跳神,与民间说唱形式不谋而合。释比说唱的经文和咒语被统称为释比经典,其内容十分丰富。按照目前最权威的古籍整理著作《羌族释比经典》的分类来看,释比说唱的文本内容可分为 22 类:史诗、创世纪、敬神、解秽、祭祀还愿、婚姻、丧葬、驱害、符咒、禁忌、法具、驱邪治病保太平、哲学伦理、战争、天文历算占卜、科技工艺、建筑、农牧、祝福词、乡规民约、释比戏、医药。其内容包罗万象,将羌族信仰、民俗、生产、生活等基本法则,通过释比说唱的方式得以巩固和传承,也可以说,释比经典便是羌族传统文化的百科全书。

在释比说唱的具体实施过程中,一个仪式往往会唱诵十余部经,甚至二十到三十部,唱诵时间最多达到一周左右,每天唱诵七八个小时(有些经文反复唱)。笔者在近年的田野调查中发现,大法事为消灾仪式中的一种,释比需唱诵两天经文,包括请神、解秽、安神等所有仪式共有的经,歌颂始祖神和民间英雄的经《白耶来历》《唱魂根》《量茅人》《说凤凰》等,招魂、安魂的经《喊魂魄》《拴魂魄》,以及驱害的经《除楚》《毒药猫》《撵妖魔》《埋葬邪气》《打面火》等共 19 部之多,其中《唱魂根》经文很长,是一个精彩的励志故事,在仪式中需要唱诵三遍。仪式通过释比说唱的这些经典,既强化了信仰的传统,又塑造了英雄榜样,也歌颂了人民团结的力量。如此丰富的经文内容及唱诵形式,将羌族传统文化进行了全面的展示和演绎。在羌年还寨愿仪式中,释比通常也要唱诵 20 部左右的经典,除《请神》《解秽》《还愿经》外,还包括《木姐珠》《羌戈大战》《祖师爷》《朝祖》等历史内容,以及《接五谷》《幺猪》《接铁》等工业、农事经典。一个释比唱诵的经典加起来就有一万多行,间歇唱诵一日一夜大致 10 小时才能完成。因此释比经典的内容,对羌族历史、宗教、民俗、音乐、文学等研究具有重要价值,释比也被尊为羌族最有文化、知识、才能,且德高望重的人。

羌族有自己的口头语言,羌语属藏缅语族羌语支,但未留存文字。1989—1992 年间政府组织创制了羌语文字,未进行很好的推广、运用。因此,羌族传统文化几千年来均通过民间传说、口头文学、释比说唱、民间音乐等进行传承,而掌握着这部分口头文化的核心人物便是释比。释比通过各种仪式,以说唱的形式不断重复演绎这些文化遗产,因而成了羌族民间信仰和民俗仪式的核心人物,也是羌族口头文化的主要传承人。释比通过说唱,将经文、咒语作为仪式活动的媒介,将释比法器作为完成仪式的道具,在羌族各种信仰和民俗活动中主持仪式的进行,诠释羌族文化,达成人神沟通,传递羌人诉求,获取神灵护佑。正如学者赵曦所见:"沟通、谦让、神圣、亲和,成为释比文化形式、内容的重要特征。在漫长的历史生活中,释比文化演绎着羌族社会处理人与自然、人与社会、人与人自身各种复杂关系中亲和使者的角色,控制和主导着整个社会生活的主流意识形态,使得这支从黄河源头走到长江上游定居的古羌民族穿越数千年而存在。释比文化作为其核心的精神文化,承载与阐释了这个民族生存发展的核心要义,规约并引导民族的族群生命延续、发展。"[1]

(二)群体歌唱——声乐、舞乐

羌族仪式活动中的祭祀、婚礼、葬礼、成人礼、节日等参与者众多,但仪式中除释比说唱外,很少采用单独演唱或演奏,多数时候都是参与群众在仪式中进行集体诵唱(庙会诵经、成人礼尼萨)、对唱(婚礼盘歌)或边舞边唱(瓦尔俄足节、萨朗歌舞)。集体诵唱的内容包括祭祀歌、节日歌、酒歌、舞歌甚至劳动歌等。比如羌年还寨愿仪式中,主要是释比唱诵,但在一些环节中也有释比发问、群众回应的环节,还有释比领唱、群众跟唱的环节。成都木梯羌寨还寨愿中集体歌唱《五谷丰收》便是释比领唱集体跟唱;而在羌语北部方言区的一些庙会上,羌民会在释比带领下一边诵经一边礼拜,有时释比和群众一领一和,有时是男领女和,唱诵的经文依据不同的仪式变换相应的内容,而唱诵的音调是羌族民歌音调,有的简洁质朴,有的跌宕起伏,还有的节奏复杂多变;在北部方言区的成人礼上,长老主持仪式,群众会在仪式中唱尼萨(用多声部民歌旋

---

[1]　赵曦:《神圣与亲和——中国羌族释比文化研究》,民族出版社 2010 年版,第 20 页。

律唱诵史诗);在羌族婚礼上,有新娘与家人对唱的《哭嫁歌》,有亲戚、朋友唱的《赞新娘》《赞新郎》《盘歌》,有长老唱的《历史歌》《祝福歌》;在羌族葬礼上,有众盔甲唱诵的《接亲戚》《吉祥经》《还魂归祖地》《大葬歌》等;祭山会有群众唱诵的《耍山调》《出征歌》;求雨仪式有《雨神来》;造房仪式有《修房歌》。尽管这类唱诵中也有单独一个人或两个人的唱诵,但由于其不具备独唱的表演功能和艺术效果,本书将其整体归纳到群体歌唱类别之中。羌族群众的歌唱普遍具有较高的音乐水准,展示出羌人良好的音乐素质。群体歌唱的形式多姿多彩,其中一部分是只歌不舞,我们称之为"声乐"。

"舞乐"是仪式音声中集体诵唱的形式之一。羌族大大小小的仪式,除消灾仪式外,通常都伴随着集体歌舞环节。羌年还寨愿结束后会有羌年庆典,庆典上歌舞内容不可或缺;羌族的各种节日均以歌舞内容为主要庆祝方式,瓦尔俄足节、基勒俄足节、情歌节、毕曼歌节、大端阳、过大年等,都会进行集体聚会、聚餐、歌舞、游戏等;羌族婚礼和葬礼,也有大量歌舞的存在。这些舞蹈在电声乐队普及之前,都采用人声、鼓声、踏地声、呼喊声、击掌声协调表演,演唱和伴奏均属于仪式音声的范畴,其中既有人声,也有器声,成分复杂,载歌载舞是其主要特征,"舞乐"内容也就丰富起来。

(三)乐器演奏——器乐

羌族仪式音声中也包含了诸多的器声,在很多仪式过程中,器声往往是调度仪式进行的信号。羌族最有特色的乐器是羌笛和口弦,但这两种乐器都主要用于抒发个人情感,是休闲娱乐的乐器,较少用于仪式中,只是近年来在各种庆典仪式中会设计这两种乐器的独奏或合奏。我们所说的仪式音声中的器声,主要指在仪式中使用的有明确功能的乐器音乐及响器声音,包括羊皮鼓、唢呐、吹打乐队演奏,以及法铃、响盘、海螺等法器使用中发出的声音。爆竹声、呐喊声、呼应声、跺脚声等也属于仪式音声,在仪式展演过程中也有着一定的作用,但在音乐范畴一般不做单独分析,仅在记录仪式程序时提及,用以帮助读者理解仪式场景。

羌族羊皮鼓是单面鼓,鼓柄置于鼓身背面或者旁边,左手持鼓,右手敲击。鼓身由羽毛、彩带等各种鼓须装饰,制作比较个性化,形制多样。羌族羊皮鼓原本是释比法器,在祭祀和法事过程中,释比敲击羊皮鼓一方面用以娱神或沟通神灵,另一方面通过鼓声和鼓舞用以驱邪、降魔,因此释比的羊皮鼓习惯被称为"法鼓"。由于羊皮鼓的演奏方式灵活,并能够伴随舞蹈,具有很强的表演效果,后来逐渐演变为舞台上使用的节奏性乐器,被称为"吉祥鼓"。羊皮鼓的丰富节奏加上舞蹈形式,产生了表演功能,形成了集乐器与舞蹈于一体的羌族羊皮鼓舞。

唢呐是羌族多种仪式中都需要使用的乐器,羌族俗称为"吹吹"。唢呐有时单独在仪式中呈现,指挥仪式进行,如婚礼中吹奏《上席调》《下席调》《离娘调》《将军调》等,仪式便听从唢呐指挥而进行。唢呐也同吹打小乐队一起组成器乐合奏,在节日、婚丧仪式中发挥作用。羌族的图腾、信仰比较复杂,龙图腾是羌汉等各民族共有的习俗,羌族至今保留着正月耍龙灯的仪式,各寨子会定期举办龙灯会。此外,节日中还有舞狮子灯、猪灯、马马灯等活动,这种节日中产生的民俗仪式,用各种吉祥彩灯和服饰作为道具,编配了简单粗犷的灯舞,并由吹打小乐队伴奏,指挥仪式进行。羌族吹打乐队的主要乐器有唢呐、小鼓、大钹、大锣、铛铛等。在仪式中根据不同的需要演奏不同的曲目,其旋律风格比较委婉、曲折,与北方民间唢呐音乐大不相同。而锣鼓的节奏则较为复杂,也比较随意,各种打击乐器错落有致,弱起的节奏型较多,展示出羌人与生俱来的音乐天赋。

羌笛是羌族独特的代表性乐器,在羌族节日仪式中,多作为特色节目进行表演。羌笛是由两根竹管并在一起的竖吹乐器,用丝线缠绕,管头插着竹簧,长约15—20厘米。羌笛最早为双管双簧,面上开4孔,背面无音孔。后发展为面上开5孔、6孔。20世纪80年代,羌笛演奏家陈海元在羌笛背面增加了一个音孔,丰富了羌笛的音乐表现力。羌笛制作的历史可以追溯到汉代。东汉马融在《长笛赋》中曾描述道:近世双笛从羌起,羌人伐竹未及已。龙鸣水中不见已,截竹吹之声相似。剡其上孔通洞之,裁以当籥便易持,易京君明识音律,故本四孔加以一,君明所加孔后出,是谓高声五音毕。这里"双笛"就是双管双簧的羌笛,文中清晰描述了汉代羌笛制作、吹奏、音色、音律等内容。羌笛声音嘹亮,个性色彩很强,表演形式一般是独奏,近年来才与口弦一起形成合奏。吹奏主要采用鼓腮换气法，一口气可吹奏几分钟，即使是一首简单曲调，其技艺要求也很高。另外，羌笛在吹奏中还有喉头颤音、手指的上下滑音等技巧，加之双管制作的律差、双簧共振的音响，其旋律和音质独具特色，常给人以虚幻迷离、动人心魄的感觉，羌族人民常用它来抒发自己的喜怒哀乐、悲欢离合等情感。羌笛有部分传统的曲牌，如《折柳》《思乡曲》等，其独特的音色及较强的艺术表现力受到广大人民喜爱。现在在羌族聚居区各地的庆典仪式中，羌笛独奏都会作为保留节目登台表演，而羌笛的传承也受到高度重视，被收录到第一批国家级非物质文化遗产目录中。

口弦又称为口弦琴、响篾、吹篾或弹篾，在羌族节日仪式中常以独奏、齐奏、合奏形式出现，也可以为歌舞伴奏，边弹口弦边跳舞，或与羌笛合奏展示在舞台上。口弦历史悠久，相传在原始社会的母系氏族时期便已经产生。口弦形制多样，在我国的大部分地区都曾使用，但目前仍在流传的便是羌族、彝族、傈僳族等南方少数民族。口弦音域狭窄，至多能够演奏四声音阶的曲调，更多口弦演奏都只有清晰的节奏，音高不很明确，只能够演奏二音或三音音阶。在理县大寨子乡羌族村落的中老年人群中，至今仍流传着一些传统口弦曲目，如《打猎》，只有 la dol 两个不同音高的音，但是通过口型变换奏出了不同的音色，更通过生动的节奏变换，表现放狗、打猎的热闹场景。能够奏出 4 个不同音高的音是口弦演奏的极限，如茂县口弦传承人杨子满弹奏的《薅草歌》便采用 la dol re mi 四声音阶，音高关系明显，并以 dol 为主音，旋律虽然简单，但节奏明快、可听性较强。

第二章　羌族祭祀仪式音声

羌族祭祀仪式音声是指羌族祭祀仪式活动中伴随仪式进行的人声、器声等各种音声。其中有些是音乐范畴的,有些只是物理声音。羌族祭祀仪式由释比主持,并由释比主唱,音声中的主要类别是释比说唱音乐。释比说唱由说、唱、舞、击奏法器等各种音声组合而成,有时还有吹打乐队的助力及群众的呼应、合唱等,但祭祀仪式音声中主要的音乐形式是释比说唱,仪式表演者以释比为主,群众为辅。

第一节　羌族祭祀仪式及其类型

羌族传统村落在春播和秋收之后的农闲时间,通常都有各种祭祀仪式,在不同村落传承着不同的祭祀习俗,但各地祭祀的基本内容和方式是相似的。这样的祭祀世代传承,并因为仪式活动规模庞大,历史上有多个村落联合举办的习俗。新中国成立初期羌族祭祀仪式还保持了十余年时间,直到"文化大革命"期间,所有祭祀、庙会等都作为封建迷信被迫停止。直到 1986 年,羌族地区各级政府和羌族同胞共同提议要求恢复"羌年"祭山还愿活动,得到国家民委的支持,并确定将农历十月初一统一定为羌族地区的"羌年"。次年十月初一,四川省民委在成都举行了"文革"以后首次羌年庆祝大会。此后每逢"羌年",羌族地区都会开展庆祝活动,而羌族部分村落则将祭祀还愿、节日庆典都融入"羌年"活动中,使"羌年"成为羌族民间信仰、民俗文化传承的主要载体,促进了羌族传统文化的保护、传承和发展。其余传统的祭祀活动,也陆续得到恢复。按照祭祀对象的不同,羌族祭祀仪式可分为祭天仪式、祭山还愿仪式、祭神仪式、祈雨求晴仪式、祭酒仪式等。祭祀仪式的神坛被称为"纳萨",要了解羌族祭祀仪式,必须了解"纳萨"。

一、祭祀塔——纳萨

纳萨是羌语音译(羌语 lese),也被汉语翻译成"祭祀塔",是释比主持祭祀活动的中心,也是羌人祭神、祭祖、还愿的神坛。纳萨用石块和泥土修建,有的建造在神山顶或神树林里,也有的建造在平坝、田埂边,还有的建在房顶和碉楼顶上;其高度和形状各不相同。高度从 80 厘米到十多米,形状以三级台子的塔状为主,也有长方体、圆柱体和圆锥体等形状存在。

纳萨的建造有着不同的功能用途,并因地理条件的限制呈现出多种形状和装饰特点。建造在房顶和山顶的纳萨主要用于祭祀天神;神树林的纳萨则用来祭祀山神;村口的纳萨主要用于祭祀地方神;田间、地头的纳萨用于祭祀青苗神、田界神。纳萨建造好之后还需要对其进行装饰,最主要的装饰是在台子上放置白石、牛头、馍馍、粮食、羌红等吉祥物。陈兴龙对纳萨的安装有深入的调查:"如位于房顶和碉楼顶上后背面的正中间的纳萨,大小和宽窄要与整个建筑协调,也要考虑美观。在修建纳萨时,在墙体内安放一个内装有五谷、金、银、珊瑚、玛瑙、铧尖、箭头、匕首、羊毛线、五色彩条布和麻线的小坛子,下台较宽,便于放置供品,中台外部设一个方形凹口,用于供放柏枝香火,上台顶部供置天然白石,白石一般放 3～5 块,中间一块如羊头大小,周围几块略小。纳萨的背面镶有三片突出墙面 20 厘米、凿有 10 厘米直径圆洞的青石板,主要用于插杉枝或神旗,在最下面的那块青石板上供放带角的羊头骨或牛头骨。"①纳萨里安放的这些物品既有贵重的珠宝,又有珍贵的粮食、牲畜头骨,还有手工业产品,这些代表着羌族农耕文明、手工业和养殖业带来的丰硕收获,用此献祭给神,获得神的护佑。

二、祭天神仪式

羌族的祭祀活动中,祭祀天神是最重要的仪式。在中华民族古老的文明

---

① 陈兴龙:《羌族释比文化研究》,四川民族出版社 2007 年版,第 81 页。

史上,祭祀天神的活动从原始社会便已开展。"早期天神崇拜,是稳固性村社部落联盟长和至高天神及其下属神的结合崇拜形式,一般认为出现于我国的所谓'五帝'(黄帝、颛顼、帝喾、尧、舜)时期(前约 26 世纪至前 22 世纪)。"[1]史料记载的羌族祭天仪式也很早。《北史·宕昌传》记载:"宕人国无常法……唯征伐之时,乃相屯聚,不然则各事生业,不相往来。……俗无文字,但候草木荣落,记其岁时。三年一相聚,杀牛、羊以祭天。"[2]表明羌人早在公元五六世纪以前便形成了祭天习俗。此时的羌族还处于部落联盟阶段,各部落之间有合作也有纷争,联盟的首领尚没有绝对的统治权威,因此通过祭天仪式塑造一个至高无上的"天神"作为最高的精神领袖。人们通过祭祀天神的活动,形成共同利益链,增进部落联盟,巩固政权统治。这个天神被羌人称为"木比"。天神的儿子们都在放牧,天神的三女儿叫作"木姐",下凡与人间的猴子斗安珠成婚,并从天上带回种植、养殖和纺织技术,使羌民得以繁衍生息。天神一家的生活方式如同羌民,人格化的神带给了羌人心灵的安慰和无限的信任,祭祀天神便是感恩天神的帮助和护佑,其实也是歌唱羌族历史、奋斗历程的一种活动,这些祭祀内容在羌年还寨愿仪式的唱经中都将一一展现。

祭天神仪式是羌年大还愿仪式中必有的环节,释比请神、敬神都是从天神开始,天神作为一切神的最高领袖受到特别的尊重。除此之外,释比和一些虔诚的人家每天早上要去房顶祭祀天神,通过烧柏枝升起熏烟,意味着熏烟升到天上,达到敬天神的目的;在节日或是家里有喜事时,全家人都会去房顶参加祭祀,祈求天神保佑;如遭遇病痛和灾难也会到房顶祭祀天神,期望得到天神的帮助,逢凶化吉。祭天神仪式在羌族聚居区是比较普遍和频繁进行的祭祀仪式,仪式形式有大有小,有浓重的也有简约的,仪式代表了羌族民间信仰的基本方式,并展示了羌族世世代代在与大自然相处过程中遵循和维护的信仰习俗。

三、祭山还愿仪式

羌族依山而居,生存过程中对山的依赖程度最强,祭山还愿仪式也称为羌

---

① 色音:《中国萨满文化研究》,民族出版社 2011 年版,第 72 页。
② (唐)李延寿:《北史·宕昌传》卷九十六,中华书局 1974 年版,第 319 页。

族聚居区最隆重的祭祀仪式。祭山还愿仪式一般由全寨子的人参与并集资主办,羌语称"欻刮喔"(tʂhua gua wo),"刮喔"是祭祀还愿,"欻"是寨子的意思,表明全寨子一起进行的祭山还愿仪式,有些地方用汉语简称为还愿会、大还愿、塔子会、转山会、祭天会、山神会、山王会等。祭山仪式首先要祭祀天神,所以也包含祭天仪式。然后是太阳神、地盘神、山神等各路神祇,通过祭祀活动,将丰收的粮食、牲畜献祭给神祇,兑现人们对祈求神祇保佑后的承诺,再许下新的愿景,因此叫作祭山还愿仪式。祭山还愿仪式的举办时间各地有所不同,大致都在春耕和秋收后的农闲时间进行,目前最隆重的祭山还愿仪式举办时间是农历十月初一,即羌年过年期间,地点在各寨子附近的神树林。此时秋收已经完成,羌民杀猪宰羊、储存粮食准备过冬,通过祭山还愿仪式的举办,沟通神灵、凝聚人心,期望来年丰收。

四、祭祀各种神灵仪式

羌族民间信仰的基础是万物有灵,羌族信仰的神灵非常多,主要包括自然神、地方神、家神、工艺神几大类。人们会在不同的时间段、不同的场合祭祀不同的神。比如祭祀火神、水神、种子神、青苗神等。羌族民间认为任何一种事物都有专门的神祇管辖,除与自然现象相关的太阳神、云神、雷神、火神、水神等,门口有门神,灶塘里有灶神,屋角有角角神,水缸里有水缸神,每个地方都有地界神。羌族会在一个仪式里祭祀很多神,释比或长老通过点神名的方式把各路神祇都请到,统一进行祭祀。对一些重要的神需要有专门的仪式,比如火神。火是人类文明的重要标志,人们对火的崇拜和恭敬形成了祭火神仪式。羌族的火神有始祖神炎帝,还有从天宫取来火种的羌族青年热比娃,人们会在祭山仪式里祭祀炎帝,会在男子节里祭祀火神。水是人们赖以生存的最重要物质,在靠天吃饭的古代,对自然水源的依赖更强。大禹是中国历史上治理水患的英雄,传说是羌族人,被羌族封为水神。羌族地区不仅有众多的大禹遗址,在各种大型祭祀活动中都要恭请大禹,在释比唱诵的经典中还有《禹神颂》。羌族地区还有龙池求雨的习俗,如果天干久不下雨,人们便要去祭祀龙王,祈求龙王下雨;禾苗生长的季节,羌人要祭祀青苗天界神;种子收获的季节还要祭祀青稞神;春播结束有祭山仪式,收秋过后也要祭祀还愿。祭神仪式有时候很简单,燃点柏香,奉上供品,祷告一番即可;有时又很隆重,多个寨子集体进行大型祭祀,将各方神都请到位,以最好的收获作为祭祀品献祭给神,以最美的音乐、舞蹈献祭给神,表达人们的感恩之心,期望得到神的保佑。

五、祭酒仪式

酒是农耕文明的成果,酒与国之大典、家之大事的祭祀仪式密切关联,祭祀仪式中必先将美酒献祭给神和祖先,然后才可分享。在羌族各种祭祀、节日、礼仪活动中,都必然有祭酒、饮酒的环节。羌族的祭酒通常叫作“开咂酒坛”,释比或长老打开酒坛后,用空心的竹管沾上一些酒水洒向天地,告知众神,先用酒来祭祀神,然后大家才开始用竹管咂酒。羌族的祭酒仪式起源于神话《木姐珠》。天神木比的三女儿木姐下凡嫁给了人间的猴子斗安珠,天神将五谷的种子作为嫁妆给了女儿,木姐珠将种子带到人间,人们通过种植获得了青稞、麦子、玉米等农作物之后,便利用这些粮食酿造了各种美酒,羌人称之为“昔”(羌语 $çi$)。为了感谢天神恩德,人们便在饮酒之前将酒洒向天空,洒向四方,感谢天神赐予种子,感谢众多神灵的保佑,获得了丰收。饮酒的时候人们会唱酒歌,跳萨朗舞,这既是一种祭酒仪式,也是人们尊重祖先、尊重劳动、欢迎宾客的一种礼仪习俗。

第二节　羌族祭祀仪式过程及音声实录

羌族祭祀仪式包括祭天神、祭山还愿(还寨愿和还家愿)、祭祀各种神(山神、水神、火神、羊神、水缸神、青苗天界神、酒神等)、祭祀祖先等。由于祭祀仪式过程复杂,各村寨都有不同的祭祀习俗,并往往将多种祭祀放在同一仪式中进行,比如羌年还寨愿仪式,既有祭天环节,也有祭祀山神、地方神和家神环节,因此本书对祭祀仪式的记录和分析,便选取羌族最隆重的“羌年”还寨愿仪式作为调查对象,通过对两个不同村寨的“羌年”还寨愿祭祀仪式过程和音声的客观记录与分析,找出祭祀仪式音声所包含的羌族民间信仰与民俗文化内涵。

"羌年"作为民俗项目于 2006 年被四川省政府列入第一批非物质文化遗产名录,2008 年被列入第二批国家级非物质文化遗产目录,2009 年进入联合国教科文组织"急需保护的非物质文化遗产名录"中。作为履行《公约》缔约国义务的重要内容之一,中国积极推进向联合国教科文组织申报非物质文化遗产名录(名册)项目的相关工作,以促进国际一级保护工作,提高相关非物质文化遗产的可见度。截至 2018 年 12 月,中国列入联合国教科文组织非物质文化遗产名录(名册)项目共计 40 项,总数位居世界第一。其中,急需保护的非物质文化遗产名录只有 7 项,"羌年"便是其中一项,客观体现了其濒危程度及文化价值。"40 个项目的入选,体现了中国日益提高的履约能力和非物质文化遗产保护水平,对于增强遗产实践社区、群体和个人的认同感和自豪感,激发传承保护的自觉性和积极性,在国际层面宣传和弘扬博大精深的中华文化、中国精神和中国智慧,都具有重要意义。"①

从对羌族多个村落的羌年活动调查来看,主要包括还寨愿祭祀、羌年庆典和宴飨。羌族通常将羌年当作一年中最重要的节日来庆贺,也将羌年还愿当作自己及家人幸福生活的保障来坚持和坚守,而羌年节日活动中丰富的仪式环节和音声内容是活动的推手。鉴于本章节的研究重点,羌年作为节日活动仅作一般性描述,其中的还寨愿仪式才是研究的重点。还寨愿祭祀仪式主要包括请神、解秽、敬神、唱诵史诗、祭祖、还愿等仪式环节,每个环节都由释比唱诵相应的经文作为仪式核心内容,羌族传统文化中的民间信仰、民俗文化,以及羌族历史、文学、艺术、审美、道德观念、乡规民约等,都在仪式音声中得以展现。

一、邛崃市南宝乡木梯羌寨还寨愿仪式

2019 年 10 月 24 日,课题组来到成都市邛崃市南宝乡镇木梯羌寨,调查

---

① 中国非物质文化遗产网:《联合国教科文组织非物质文化遗产名录(名册)》,见 ht-tp://www.ihchina.cn/directory_list.html#target1。

当年的羌年还寨愿活动。木梯羌寨由南宝乡秋园村、金花村组合而成,门口写着"木梯羌寨"的牌匾,习惯上也称其为木梯羌寨。这是"5·12"地震后,四川省委、省政府贯彻落实灾后重建精神,将汶川县龙溪乡垮坡村夕格组地震失地群众整体搬迁至此,形成的异地安置村落。地处邛崃西南的南宝乡,距离邛崃市50公里,海拔1400米,辖区面积1.2平方公里,2022年最新统计现居人口64户,266人。地震前的夕格羌寨被誉为"天上的云朵",海拔2800米,交通不便,地震前不通公路,是羌族传统文化保留最好的村落之一。搬迁至南宝乡后,他们将世代传承的信仰习俗、节日文化带到了新的聚居地,继续成为羌族文化的坚守人。

木梯羌寨现有成都市级非遗项目"羌年"及代表性传承人杨贵生释比,还有"羌笛演奏及制作技艺""羌族沙朗""羌族羊皮鼓舞""羌族刺绣"等邛崃市(县级市)级非遗代表性项目及代表性传承人队伍。虽然这些项目都已经先后被列入国家级非遗目录,但作为从阿坝州搬迁而入的羌族人群,已经脱离阿坝州的辖区范围,以阿坝州申报的非遗目录和代表性传承人均与他们没有了直接关系,只能重新通过市级非遗立项获得传承平台。借助这一平台,邛崃市委、市政府出面组织了本年度羌年节日活动,木梯羌寨与邻近的直台羌寨(另一个地震后整体搬迁至南宝乡的羌族村落)一起,在木梯羌寨举办羌年还寨愿和庆典活动。整个还寨愿仪式由木梯羌寨杨贵生释比主持。

杨贵生出生释比世家,家族中五代均有释比。1960年起,杨贵生便跟随舅舅陈清喜学习释比技能,由于记忆力超群,又从小受到爷爷、父亲等祖传释比的熏陶,各种释比技能掌握得很快,但刚学习一年舅舅便去世了。释比文化除了口耳相传外,传说还有"梦传",杨贵生释比在学习期间,便得到过已故的祖祖(曾祖父)、爷爷等人的梦传。阮宝娣2006年采访杨贵生时,他曾介绍了梦传的经过:

家传嘛。祖祖在梦中,你或者左转嘛右转,就教我了。他喊我左转,我就左转;他喊我右转,我就右转。昨晚上我们做了这些法事嘛,今晚上你好比(比如)睡了觉,(他)也要来梦,说"你昨晚上是整得好",就是这样,他教的意思就是这样……我舅舅这个没有说完,九十(岁)了已经,我才学了一年,我舅舅就去世了。后面我就做了梦,爷爷啊这些(人),就来给我梦,梦中学的。①

通过舅舅的亲自指导及家族先辈的梦传,杨贵生很快便掌握了释比全套技能。1961 年,杨贵生与师傅的另一个徒弟杨继清一起,跪在神龛前,点起香、蜡,在师傅过世的情况下,自己通过"解挂"正式成为释比。但之后释比活动被作为封建迷信禁止,直到 20 世纪 80 年代后,才重新有了一些小型的祭祀和法事活动。2001 年起,垮坡村一年一度(中间有几年间断)的还寨愿仪式都由杨贵生释比主持。2003 年他受邀接受阿坝师范专科学校的羌族释比说唱调查。2005 年被邀请至茂县主持羌年还寨愿仪式。地震过后,杨贵生释比随垮坡村夕格组搬迁至邛崃南宝乡木梯羌寨,继续主持隔年一次的羌年还寨愿仪式(与直台村轮流举办)。杨贵生释比不仅精通各种祭祀仪式,对消灾仪式也很熟练,但更擅长祭祀仪式。其兄长杨水生也是经过梦传成为释比的,对消灾仪式中的驱邪、治疗等功能性仪式更为精通。

羌族的还愿有"还家愿"和"还寨愿"的区别。还家愿是指一家人出钱聘请释比主持的还愿仪式;还寨愿则是全寨子人共同出资、共同参与的还愿仪式。"还寨愿"的羌语方言各村寨差异很大,木梯羌寨叫作"欶刮喔"(tʂhua kua o),而离木梯羌寨未搬迁之前较近的村子龙溪乡白家朵小寨却称为"刮巴尔"(kua pa ɚ),但其意义和举办方式大体相同,都是羌族最隆重的祭祀还愿仪式。"刮巴尔"主持仪式的是羌族村寨的首席释比,届时释比击鼓舞蹈唱经,并带领全体民众通过向天和诸神献祭和与神灵沟通,达成美好心愿。"'刮',羌语给天、神说话,鼓舞唱歌,给天、神送愿物,请神灵到村寨的神树林中,与代表天的神、天的灵交涉说话。'巴尔',大、最大的意思。'刮巴尔'就是给天、神说话、交接的最大的仪式。"②"刮巴尔"仪式会集中村寨的财力置办献祭牺牲和集体宴会(坝坝宴),场面宏大,耗费较高,只能在每年最重要的日子"羌年"中举行,其仪式表达着整个村落人群的共同心愿,因此被称为还寨愿。2019 年木梯羌寨还寨愿仪式过程如下:

---

① 阮宝娣编著:《羌族释比口述史》,民族出版社 2011 年版,第 91 页。
② 赵洋等:《羌族祭祀仪式中"直得国拉"的符号意义解读》,《宗教学研究》2013 年第 4 期。

（一）请神——齐瓦谐（tɕhi wa ɕie）

羌年也被称为"小年"或"牛王会"，农历十月初一是正过年。传统的羌年还寨愿仪式会在农历九月三十至十月初一举行，今年由政府安排在农历九月二十七（阳历 10 月 25 日）至二十八举行仪式。上午 9 点过，羌民从山上牵回作为牺牲的 5 只羊，并准备了吉祥树和其他贡品。杨贵生释比来到祭祀塔（纳萨）前，双手抱握，口中念念有词，意为通告神灵，今年风调雨顺，将要举行还寨愿活动来答谢神灵，并请神灵继续保佑羌民。每请一尊神，便弯腰作揖，恭敬有礼。通过我们事后的访谈得知，木梯羌寨羌年祭祀的神主要有 5 尊：天神——日库里吉呢木比（ʐikhulitɕinemapi）、太阳神——木比哒（mupita）、山神——日—啊配琪（ʐaphetɕhi）、川主——日—啊乌琪（ʐawutɕhi）、土主——栩尼琪（ɕynitɕhi）。释比在祭祀塔拜请神灵后，来到室内的白石神前，点上香、蜡、纸钱，开始念诵和礼拜。代表白石神的是一块巨大的白石，是由垮坡村的老家搬迁而来，赋予了祖祖辈辈供奉的家神神灵。羌年还寨愿祭祀各种神灵，也包括家神，仪式之前恭请、通告白石神，是对祖先的答谢和恭敬。

（二）解秽——绰切（tʂho tɕhə）（一）

释比请神完成后，戴上法器，来替献祭的羊解秽。解秽是羌族所有祭祀活动中最重要的环节。羌族人将一切不利的、有害的因素都称为"秽"，人们相信，只有用洁净的水洗，并通过释比作法，才能解除秽气。释比（图 2-1）身穿羌族传统蓝色长袍，扎青色腰带，缠黑色头帕，头戴金丝猴皮帽，身背法鼓，左手抱着祖师爷（包装好的金丝猴头骨），右手执法铃，开始唱解秽经。释比替羊解秽的过程也称为"抖公羊"或"抖水"。

木梯羌寨的还寨愿仪式中，解秽经共有三段不同的经文和唱腔，分别在三个不同的时段进行。第一阶段的解秽是在 10 月 25 日上午进行，当刮斯木[①]将羊牵到广场，释比便开始唱解秽经第一个旋律。面对五只公羊需要唱诵五段经文，分别献给五位神。第一段经唱给天神"木比"，经文大意是：天神木比

---

① 刮斯木：祭山、还愿等仪式中协助释比完成活动任务的人，其责任包括采伐神树、运送神树、举神树、选羊、牵羊、替羊洒水、杀羊、佩戴"尼嚓"、用面团做驱邪的猫和害虫、点香蜡纸钱、献贡品、埋葬秽物等。此次还寨愿仪式的刮斯木为杨贵生的徒弟，也是他的侄子杨永富。

图 2-1　杨贵生释比替羊解秽

请领受,这头羊子献给你。释比我和徒弟们,雪隆坡上取金水,罗罗山上取银水,用柏树丫丫来洒水,羊子羊子快抖水,羊子抖水天神喜,我将羊子献给你。

　　刮斯木则用柏树丫将水不断地浇在羊身上,直到羊全身发抖,将身上的水抖掉才结束。这一过程被称为"抖水",其包含有多种意义:一是认为羊开始发抖,意味着释比已经与神灵沟通,神灵接受了牺牲品;二是认为抖水是通过念解秽经,羊已经解除了污秽;第三种意思可能还有预卜未来的作用。此次解秽历时半小时左右,音调反复唱诵,内容大体相同,只是变换了对神的称谓。《解秽(一)》(谱例2-1)①旋律是由一个一小节的单乐句旋律变化重复发展而成,采用 la dol mi 三声音阶,以 la 和 dol 两个音符为主干,mi 音只是偶尔出现,旋律单调沉闷。节拍为 4/4 拍,节奏中只有简单的四分音符和八分音符。这样的唱诵更多偏向"诵",而"唱"的作用还未能真正成型,是早期古老音乐

────────────

　　① 杨贵生演唱,华明玲记谱。如果没有专门标注和说明,全书在田野过程中收录的乐谱均由传承人演唱,华明玲记谱,此后不再加以说明。

的样式,也是说唱音乐的开端。

谱例2-1

（三）接五谷——粒粒维（li li wei）

替羊解秽结束后,释比带着徒弟和助手来到村委会释比专用房间,裁制神旗,制作"尼嚓"①。神旗分为公母,是众神光临的座位。为首最大的一杆白旗是天神的,顶端佩挂一张小弓,象征天神权威。② 下午四时左右,释比、刮斯木与信众一起去往寨子后山的神树林进行祭神仪式。刮斯木端着装满祭品的升斗,斗里插着神旗,牵着解秽后的羊,释比将圣鼓背在身前,走在队伍中间。在去往神树林的行进中由寨子的吹打乐队奏乐,渲染仪式气氛。木梯羌寨的吹打乐队主要乐器有唢呐、小鼓、钹、锣、铛铛五件乐器,祭祀之前不吹奏唢呐,只有锣鼓伴随,其节奏简单而热烈,所有乐器形成齐奏,整齐划一,节奏型为:

X̲X̲X XX ｜X̲X̲X XX ：‖ 。

当祭祀人群到达神树林后,释比、刮斯木、释比徒弟及村里一些帮手一起

---

① 尼嚓:还寨愿时祭祀的一个器物。用白纸包上一点青稞和猪肉,做成领结的样式,戴在刮斯木脖子上,成为接引神灵的媒介。待祭祀仪式结束,要将尼嚓烧掉。赵洋、赵曦在《羌族祭祀仪式中"直得国拉"的符号意义解读》论文中,由于村落方言不同,称其为"值得国拉",对其制作与功能有详尽的描述。

② 参见陈安强:《羌族史诗说唱传统研究》,四川民族出版社2022年版,第172页。

摆放好祭祀用品,并在火堆上烧掉了一些玉米,撒了一些青稞和肉粒,点上香蜡钱纸,献祭给诸神。陈安强经过详细调研访谈后认为:"当释比在吟唱之时,众神、英雄、祖师、精灵都要光临现场,享用美酒,帮助释比唱诗。释比祈祷:众神不先饮,凡民不敢喝;众神不先尝,凡人不敢尝;众神不敢唱,凡人不敢唱。因而,参加说唱仪式的信众必带着极大的虔诚对待众神、英雄和精灵。"①通过与神的沟通,释比开始唱诵《接五谷》。这一环节共有5首不同旋律的唱腔,每一首节拍、节奏、调性和音乐风格都大不相同,对比鲜明,整体保持明显的说唱风格。

1. 献青稞——日吉爵(zi tɕi tɕue)

接五谷首先接的是青稞,释比一开始便唱诵《献青稞》。释比先向火堆撒上一些青稞籽,祭祀天神及其他四尊神,每一尊神唱诵一段,旋律仍采用段落重复,歌词中只是对神的称谓有变化。此时为清唱,表示羌人接到青稞之前羊皮鼓尚未产生。歌词大意:

天神木比请领受,众人今天来还愿。你给众人送福来,生产生活更加好。一切病痛都解除,是非口角全除掉。出门在外保平安,五官身体都安全……一年就有十二月,一月又有三十天。神农皇帝造五谷,伏羲皇帝制人烟。轩辕黄帝造衣襟,木姐带来羌人繁衍,一切都是天神造,今天众人来还愿……

《献青稞》(谱例2-2)旋律采用强弱分明的2/4拍子,由 sol la dol re mi 构成的五声音阶徵调式,唱腔的旋律性较强,节奏变化开始丰富起来。

谱例2-2

---

① 陈安强:《羌族史诗说唱传统研究》,四川民族出版社2022年版,第182页。

ma mi jie he sa wu ji.

2. 羊皮鼓——嘎博(ka po)

《接五谷》的第二段旋律是释比唱诵《羊皮鼓的制作》(谱例2-3)。此段经文的曲调较前两段明显更富有旋律性,节奏伸缩自如,音乐色彩丰富,旋律为五声音阶羽调式。节拍采用了4/4和5/4的变换拍子。开始有一个2小节的引子,唱腔高亢,唱词就是一句"羊皮鼓"(拼音 ga bo),此后进入单乐句不断重复的主题旋律。唱词为四字诗句,除诗句实词外,也会根据唱腔旋律的变化,比较随意地加上语气词作为衬词,如"e""yo""ho""hei""o"(乐谱中有括号的词)等,衬词的字数较多,甚至与实词数量接近。旋律在重复时总是出现一些细微的变化,使唱腔更贴合唱词的发音,这种旋律的变化重复和衬词使用手法,是释比在说唱时常用的,但每个释比在润腔时都有自己独到之处,听众很容易辨识运腔特点。

谱例2-3

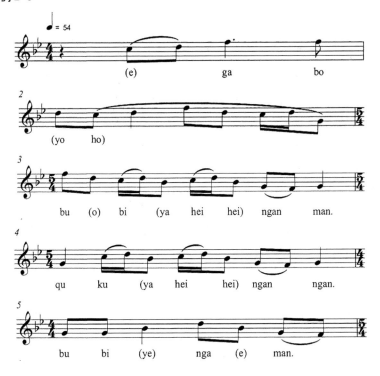

(e) ga bo

(yo ho)

bu (o) bi (ya hei hei) ngan man.

qu ku (ya hei hei) ngan ngan.

bu bi (ye) nga (e) man.

qu   xia (ya hei hei)   ngan   nan.

　　此段经文唱述羊皮鼓的来历及制作方法。前部分唱词大意为：杉木木板做鼓圈，金刚藤藤做内圈。培乌山上拿金水，罗罗山上拿银水。金水银水泡羊皮，铁锤用来钻孔洞。拿出皮筋来绷鼓，一股不够用三股，三股不够用六股，六股不够用九股，九股绷成羊皮鼓。击鼓一声神来听，击鼓二声人来听，击鼓三声人神听……

　　还寨愿仪式结束后我们采访了杨贵生释比，他将每一段经文都做了详细的讲解，并讲述了关于羊皮鼓来历的传说：

　　阿巴锡拉背着经文从天上下来，到雪龙坡睡了一觉，醒来发现经文不见了。这个时候，一只猴子就在树上说："阿巴锡拉你还找什么经文呀，都被羊吃了。不信你看羊的嘴巴还在嚼呢。"这下阿巴锡拉没办法了，猴子继续说："你的经文既然被羊吃了，你就把羊杀了，把羊皮剥下来，然后找根木头棍子，弯成一个圈圈，接着用羊的皮把木圈包起来，就成了一个羊皮鼓。然后拿着这个羊皮鼓放在心口处敲打，你这一敲，就能想起经文来。"阿巴锡拉就照做了，他拿着这个鼓一敲，还真想起来了。阿巴锡拉心想：这猴子的办法这么好，那我就把猴子的皮剥下来，做成一个帽子戴在头上，更能记忆深刻，再把猴子的头骨当祖师爷一样供起来，于是就有了羊皮鼓、金丝猴皮帽和祖师爷。

　　敲鼓也是为了让远处的人晓得要还愿了，在搞祭祀了。鼓敲完就开始边敲边唱，唱的是房子周围有好宽好大嘛，还要把它解个遇（解秽）。解遇是啥子呢？整个四周的墙壁、大门、高头的梁，这些都要给它解个遇，因为这个遇不解，神要到位了，还寨愿神要到人间的房子上来了，他骑在高头那个"纳萨"菩萨那里，庙子上他有神位的嘛，他要从那里来。遇跟他不解，他是神仙国，我们是人间国，他就来不到。他就是在给房子解遇，以便神仙到位。[①]

　　阿巴锡拉便是羌族释比的祖师。杨贵生释比在唱诵这段经文时，耳朵紧

_____

① 杨贵生口述，李月记录。华明玲访谈于 2019 年 10 月 26 日晚。

贴羊皮鼓,神情庄重,用情至深。感觉此时释比正在接受来自天籁的经文唱腔,非释比本人在唱,而是敲击羊皮鼓时自然流露而出。这样的唱诵使整个祭祀仪式笼罩在神圣、神秘的氛围中,周围参加祭祀的族人和来自全国各地的学者、游客,都非常投入地观看。

3. 尼嚓(ni tʂha)和巫师——德嘛德瓦(te ma te wa)

第三段是利用羊皮鼓敲响的声音,替祭祀的场所、房子解秽。因羊皮鼓已经产生,这一段便有了羊皮鼓的参与,唱诵之前羊皮鼓便率先敲响。此段音乐分为两个部分,前一部分唱诵《尼嚓》,共 15 个小节,6/8 拍子,节奏比较急促。羊皮鼓引子共 2 小节,接着是唱腔,唱的时候不击鼓,击鼓时候不唱诵,鼓点和人声错落有致,唱腔高亢。6/8 拍子部分连同唱腔引子一共只有 7 个小节。接着变为 2/4 拍子,节奏较自由,共 8 小节。《尼嚓》(谱例 2-4 之 1—15 小节)经文大意是:一张白纸做尼嚓,青稞猪肉包里面。搭起天地之桥梁,接引诸神到人间。尼嚓戴在颈项上,供奉诸神在上边。

谱例 2-4

第二部分音乐从第16小节开始,用工整的节奏唱诵《巫师》(谱例2-4之16—51小节)。这段音乐与《尼嚓》音乐紧密连接,构成一个风格迥异的二段结构,第二段旋律不断重复,唱诵多段唱词。这一部分是结构工整的2/4拍子,类似中国传统音乐的数板,边击鼓边唱,鼓点都敲击在强拍上,节奏鲜明,旋律朗朗上口,但构成旋律的音阶已经变为五声音阶羽调式,且在第三级音dol的运用上很有特色,有时会将三级音唱为还原的dol,有时又唱为升dol,在记谱上很难把握,但是我们不应该理解为歌唱者音准不好,而是羌族古老民歌中音高游移现象的体现。

释比口中的"巫师"是来自天上的,叫作协祖比弥(çie tsu pi mi),他并不是指释比祖先或者释比本人,而是一位来自天上的。祭祀仪式是由释比请来这位天上的主持,释比在祭祀环节中的唱诵,很多时候是作为协祖比弥的替身在进行。祭祀的过程是带领信众将牺牲和祭品送到天上,献祭给神,这样的形式只能由协祖比弥来完成。《唱巫师》经文内容大意:巫师从天上走来,背着圣洁的白鼓,穿过雪隆坡,跨过罗罗神山,下凡来到人世间……

此段唱腔结束后,还有一段带鼓点的诵经,几乎没有旋律,穿插羊皮鼓的舞蹈。这段诵念经文大意是通告诸神,已经完成"解遇"(解秽),四周的物件都干净整洁,要开始还愿了,请诸神到位。此时在神树林的《接五谷》仪式结束,祭祀队伍准备下山。

4. 五谷丰收——西迪恰呐西迪哒(çi di tçha na çi di ta)

吹打乐队即刻奏起了此前相同的节奏,唢呐也响起来,吹奏的曲牌为《三吹三打》。短暂的唢呐吹奏之后,年轻的释比传承人杨永顺领唱了《五谷丰收》(谱例2-5)。此旋律唱腔非常高亢嘹亮,采用4/4拍子,用大量的附点八分、后附点音符节奏,将唱词重音凸显出来,有些音符唱得很自由,被拖得很长,余音缭绕在整个村落,伴随着鼓声和所有参与祭祀人群的合唱,神圣的祭祀队伍边唱边走下山去。歌词大意是:神给了我们粮食,我们将五谷带回家。五谷丰收了! 五谷丰收了!

谱例2-5

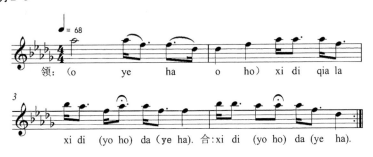

5. 说吉祥——德-瓦(tua)

祭祀人群将祖师爷神位及神旗等归还至白石神香案上,敬香、祈祷后,寨子里的长老和青壮年男子信众围着火塘坐成圆圈。释比和刮斯木上座,释比唱诵了一段《说吉祥》(谱例2-6)。这是在粮食丰收之后,为了给诸神还愿必须唱的经,表示粮食丰收是老天赐予,吉祥都来自天上,大家把粮食收入粮仓,便是接到了天上送来的吉祥。唱词大意是:吉祥本是天上有,如今众人去迎接。吉祥不来怎样接,说了好话去迎接。有了吉祥人如意,事事平安显吉祥。

谱例2-6

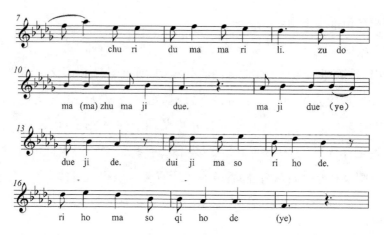

这段唱腔采用6/8拍子，由带引子的四乐句构成单乐段重复结构。五声音阶角调式，旋律整体进行平稳，以大二度、小三度、纯四度进行为主，鼓点只在前奏、间奏、尾奏中出现，鼓点的节拍非常规范，标准的6/8拍子，这种情况比较少见，唱诵时不用鼓声伴奏。整部唱腔听起来并无太多喜悦的情绪，更像是一位长者的谆谆教导，带有沧桑和古朴的风格。

（四）木姐（mu tçi）

晚饭过后，释比和信众仍然围着火塘落座，妇女、青年、孩童们围着另一个火塘烤火聊天，节日气氛浓烈。晚上八点左右，释比开始唱诵羌族史诗《木姐》（谱例2-7）。这部史诗在羌族地区流传很广，尤其南部方言区。虽然不同传承脉络所唱音调各不相同，诗句结构也有较大差异，但史诗内容大体一致。史诗唱诵天神木比的女儿木姐（或称为木吉珠）来到人间创世纪的过程。木姐与凡人（也被称为"人猴"）[1]相恋，结合后创造了人间万物。由于天人与凡人地位悬殊，天神木比不同意他们在一起，想尽各种办法阻止他们的爱情。斗安珠在木姐的帮助下，通过了重重考验，终于得到了木比的认可，木姐与斗安珠终成眷属。从此，他们辛勤劳动，建立了美好的家园，获得了幸福的生活。他们的后代不忘天神的成全，每年都会在固定时间祭天还愿，祈求国泰民安。

---

① 参见陈安强：《羌族史诗说唱传统研究》，四川民族出版社2022年版，第215页。

谱例 2-7

这是一段很长的史诗,由老释比唱诵前半部,年轻的传承人杨永顺唱诵后半部,不间断持续 168 分钟,才完成全部唱诵。史诗的旋律为单乐段重复的结构,乐段共三个乐句,4/4 拍子;鼓点采用单一的四分音符节奏,除前奏和间奏外,还必须在唱诵的过程中始终击打在强拍上。一段旋律加上间奏共 16 小节,每一段结束都会用鼓点做间奏,间奏一般为两小节,有时又会延长几拍,帮助释比回忆唱词,以便顺利完成冗长的经文唱诵,如此循环。

这段旋律为五声音阶羽调式,除了羽、宫、商、角、徵五个音级外,曲中还用到了一个降 mi 音,并在第二小节马上回到还原 mi,听觉上有离调的效果;在音值组合上以四分音符和八分音符为主,节奏工整;旋律进行采用平稳与跳进的结合,展示出跌宕的情绪波动。如开始两个小节以级进和小跳唱出一句流畅的旋律,第三小节却通过下行小三度跳进后紧跟一个纯五度的下行大跳和下行的大二度,造成连续下行八度,即高音为 dol—la—re—dol 的连续下行,这在歌曲中非常少见,民歌中更为稀有。这样的旋律进行,能够增强歌曲的感染力,在接近三个小时的唱诵中,此旋律一直重复,正因为有了这样特殊的旋律进行方式,唱诵才不至于过分单调。

唱诵完《木姐》,刮斯木来到火塘一侧的空地上,点燃香蜡钱纸。释比敲击着羊皮鼓,跳着舞步来到场地一角,开始念诵经文祭祀"太阳神"。此段经文时而高声,时而低吟,时而鼓点,时而清诵,但基本无唱腔,有神秘、神圣的仪式氛围。

(五)给祖师爷换衣服——吉祖吉噻古(tɕi tsu tɕi pho qu)

祭祀太阳神后,释比抱着祖师爷(包扎好的金丝猴头骨,也称"猴童祖师"),将外面包裹的白纸取下,换上新的白纸,意思是替祖师爷换上新的衣服。这段经文以说为主,不用鼓点,旋律性不强。也有传说金丝猴道破敲击羊皮鼓便能够唱出经文的天机后,帮助羌族释比记住了经文。金丝猴长大后被狗追咬,最后投奔到释比门下,受到释比的保护和尊敬,金丝猴施展才能让释比具有法力,因此被释比尊为"祖师爷"。陈安强认为:"猴童是释比忠诚的护法精灵。它对释比至少有四种重要的仪式作用:其一是帮助释比穿越神异世界,其二是提醒释比顺利吟唱诗句,其三是帮助释比跳舞,其四是帮助释比驯服祭牲。"[1]释比和刮斯木一起给祖师爷换好衣服,并为祖师爷插上两面神旗,释比双手抱着换好衣服的"祖师爷",一边晃动一边唱诵《给祖师爷换衣服》(谱例2-8)。唱词大意是:祖师爷没穿好衣服,不要上山去玩耍。不要手痒脚痒去肇事,不要放火烧山去。

谱例2-8

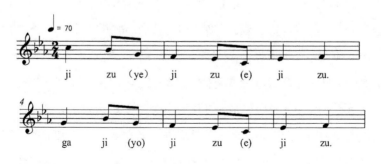

---

① 陈安强:《羌族史诗说唱传统研究》,四川民族出版社2022年版,第91页。

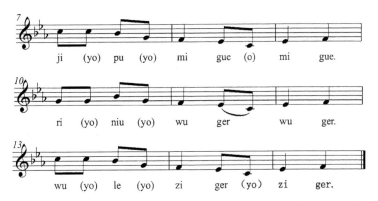

经文仍然采用旋律段落不断反复完成唱诵。段落为单乐句变化重复的方式构成,2/4拍子,采用五声音阶商调式,结构简洁工整。每一个乐句三个小节,第一小节略有不同,后面两个小节完全一样,这样在听觉上感觉絮絮叨叨反反复复,乐句基本采用音阶下行的方式,虽为唱诵,实则有明显的诵念风格。

(六)驱除病害——日尼-哦(zi ɳio)

给祖师爷换好衣服后,一群成年男子围坐一起,进行了一次类似戏剧的表演。刮斯木用面粉团做成一只猫的形状,立在释比面前,再做成老鼠和各种害虫的形状,让男子们各拿一件,大家一起进行猫捉老鼠的"游戏"。释比击鼓唱诵《驱除病害》(谱例2-9),刮斯木手执树枝做成的一双筷子,扮演猫的角色,用筷子从大家手里将害虫一只一只夹住,众人做躲闪状,每夹住一只"害虫",大家都欢呼雀跃,表演得很尽兴。待害虫被捉完,刮斯木将其揉成一个大面团,在信众的簇拥中,释比唱着经,将"害虫"带到房屋后面的草地上埋掉,意味着以猫为代表的正气的力量,将害虫全部抓住,又借助神灵的法力将病害全部埋葬,以免庄稼、牲畜受到侵袭,来年才能丰收。唱词大意是:猫猫猫猫能耐大,捉了老鼠捉害虫。抓住一切病虫害,保住庄稼和牲畜。诸位神灵来帮助,收走病害保丰收。

谱例2-9

这段唱经的旋律结构相对复杂,引子是 3 个小节但没有鼓点伴奏的清唱,加上两个小节单纯的鼓点间奏构成,采用六声音阶羽调式,节奏变化丰富,音值组合形态多样。主题出现时产生了转调,从调号上看,仍采用 C 调记谱,但

多次出现偏音 fa,且出现在强拍强位,因此不能判断此旋律为六声音阶 d 商调式,而应该推断为六声音阶 d 羽调式,即采用非本调记谱,这样产生的偏音 xi 便只在弱拍弱位置上出现两次,比较合理。在节奏上,多数采用四分音符,一音一拍,一音一字,一音一鼓点,其意图非常明显,便是要制造一种力量和威严,来震慑病害。但由于中国民族调式本身的缺陷,没有强烈的和声力度,以及大小调式中半音形成的倾向性,单单依靠五声性调式音阶旋律和整齐的节奏,很难表现出紧张度和力量感。但这部唱经旋律的创作,已经在尝试采用六声音阶来扩充民族调式的表现力,这是羌族民间音乐由简单音阶向复杂音阶过渡的发展痕迹。

(七)开酒坛——夕阙(çi tçhue)

埋葬了害虫,众人来到火塘前围坐,刮斯木搬出咂酒坛,插上一把咂酒吸管。释比用一根吸管蘸着咂酒洒向天地,祭祀神灵,用羌语念诵"开酒坛经"。大意是:"神赐予了羌民粮食,衣物等,使大家过上了幸福生活。为了感恩,将用粮食酿造的酒敬献给神灵,代表我们的心意,请诸神领受"。念完经,寨子里的长老轮流上前咂酒,释比唱起了民歌《开酒坛》(谱例 2-10)。宾客也随意唱起了"酒歌"。这些歌并非还寨愿仪式规定的内容,可以省略,也可以自由发挥。

谱例 2-10

（尔　吉　呢　　哟）　　　擎　天（哟）
（尔　吉　呢　　哟）　　　皆　低（哟）
（尔　吉　呢　　哟）　　　水　倒（哟）
（尔　吉　呢　　哟）　　　流　不（哟）
（尔　吉　呢　　哟）　　　喝　不（哟）

柱　（哟）　　　吉　吉　尔　　呢）。
头　（哟）　　　吉　吉　尔　　呢）。
流　（哟）　　　吉　吉　尔　　呢）。
尽　（哟）　　　吉　吉　尔　　呢）。
尽　（哟）　　　吉　吉　尔　　呢）。

　　这首《开酒坛》采用"花儿纳吉"的音调创作而成。"花儿纳吉"属于中国少数民族传统声乐曲牌，目前主要以汉语唱词的形式流传于羌族南部方言区的村落中，但羌语唱词仍然有所留存。杨贵生释比便会用羌语唱词和"花儿纳吉"音调唱一些节日和历史歌曲。"花儿纳吉"曲调有明显的羌族民歌风格，汉语唱词的"花儿纳吉"歌词采用汉语七言诗句加上羌语衬词"花儿纳吉""吉吉尔吉"等构成，歌词内容丰富，包含有生活常识、历史、民俗、爱情等多方面内容。汉语唱词明显带有文人创作的工整格式，有较为华美的辞藻，类似于汉族民歌中的小调，是羌族民歌歌词从羌语向汉语过渡的一种新的尝试。这一曲牌的旋律在不同村落有一些变化，但基本结构保持一致。"花儿纳吉"旋律采用五声音阶徵调式，曲风婉转、柔美；3/4拍子在实际演唱时，往往在某些小节比较随意地增减一拍，但整体应视为3/4拍；节奏上附点和切分节奏都用得较多，具有明显的羌族短—长、长—短相结合的节奏特点。这首《开酒坛》以风趣的口吻和生动的比喻，描绘酿酒、咂酒的情景。释比唱诵《开酒坛》虽并非还寨愿正式唱经内容，但对村落人群有教育、启示的意义。在释比歌唱后，人们可以自由唱歌、舞蹈、娱乐，如同汉族春节的守岁，用娱乐方式等待新年的到来。

（八）解秽（二）

人们守岁至次日凌晨 1 点，意味着羌历年到来。释比右手持刺龙包①杆子所做的神棍剁地发声，左手执铃，同时发出节奏声音，开始唱诵《解秽经（三）》（谱例 2-11），刮斯木牵来献祭的公羊准备宰杀。在杀羊之前要再次解秽，用最洁净的牺牲供奉神灵。解秽时刮斯木同样用柏树枝将清水洒在羊身上，让羊抖水。解秽经唱完时，释比将刺龙包杆子劈成几段，扔向待宰的羊，口中念念有词。经文大意与解秽（一）大体相同，皆是替羊解秽，请诸神领受洁净的牺牲品。

谱例 2-11

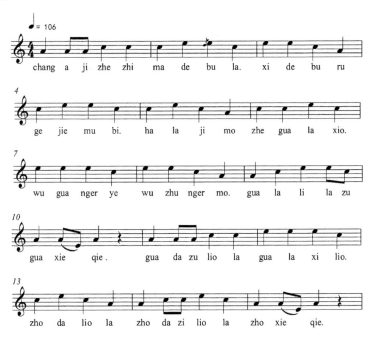

这段唱经重新回到古老的三声音阶羽调式，4/4 拍子，节奏规范，一音一字，与《解秽（一）》的调式、节拍、节奏等均相同，但旋律风格不同。此段旋律进行也主要以大、小三度为主，但有了 la—mi 的四度进行，明显歌唱性更强，旋律起伏更大，唱腔更嘹亮。

---

　　① 刺龙包：一种全身长满刺的灌木。其枝干在剔除刺以后，非常光滑、结实，羌人常用之做拐杖，也有释比用之做神棍。

（九）唱历史

解秽之后，羊被牵到了一边，信众再次围住火塘，听释比唱诵历史故事。杨永顺释比清唱了两段与历史相关的内容：《吆猪》——比瓦格（pi wa qe）、《接铁》——夕瓦格（çi wa qe）。

猪是羌人来到川西北后主要的畜牧业支柱产业。羌人曾经是游牧民族，以养羊为其主要的生产生活方式。在定居至岷江上游后，由于地理条件限制，不具备大规模养羊的条件，但圈养猪却不仅能够为羌人提供一年的肉食资源，也能够创造一定的经济价值。直到现在，寨子里的羌民多数都会圈养几头猪，而只有部分羌人会养羊、鸡、牛等其他牲畜。《吆猪》（谱例 2-12）以神话的方式，唱诵羌人养猪的历史，并借助天神的力量，希望猪种能够繁衍下去。经文大意是：大山上有野猪窝，暴雨造成山体崩塌，打坏猪窝猪跑掉。从都江堰跑到成都，又从成都跑到北京。阿巴木比显神力，从北京将猪吆回来。小猪用来做猪种，大猪用来献给神。

谱例 2-12

铁作为生产生活必需品，体现出早期农耕文明的先进技术，释比通过唱诵

的方式,将找铁、冶炼、运输、打铁等技术手段传承下去,是羌人繁衍生息的重要内容。还寨愿时唱《接铁》(谱例2-13)来表达羌人对铁的崇拜与感激,以及对神的感恩之情。歌词大意是:铁从天上掉下来,长在山里岩石中。遇见暴雨山崩裂,铁就跑得无影踪。天神木比来帮助,接回铁来羌人用。用铁打成铁农具,镰刀斧头铁锯子,大针小针铁锥子。有铁就有好生活,今天还愿谢诸神。

谱例2-13

《吆猪》和《接铁》的音调基本相同,采用五声音阶商调式,2/4拍子。旋律发展采用单乐句变化重复构成段落,段落再不断反复,完成唱诵;在节奏上,较少采用均分节奏,多以附点、后附点和切分节奏构成多变的节奏组合,这种方式是古老羌族民歌特有的节奏使用法则。《吆猪》和《接铁》以历史故事的形式先后娓娓道出,参加祭祀活动的人群便能够通过年复一年重复的故事,了解羌人养殖牲畜、生产铁器的历史,从而传承祖辈留下的生活习俗。

(十)羌戈大战——日嘎布尼轨嘎布(z̢i qa pu ɳi kui qa pu)

《羌戈大战》是羌族最著名的史诗之一,很多羌寨的释比都在传承其主要内容,只是在唱词结构和唱腔上有所不同。这部史诗唱诵了古羌民族的一个分支白狗羌,迫于生存压力被迫迁徙至岷江上游,与戈基人展开战争,在天神木比的帮助下最终取得胜利,得以在岷江两岸高山峡谷地带定居的历程,故事的主角是羌族领袖阿巴白构①。多数故事由如下情节构成:"一、序源;二、释比诵唱羊皮鼓;三、天降白石变雪山;四、羌戈相遇日补坝②;五、长子四处查神牛;六、木比授计羌胜戈;七、竞赛场上羌赢戈;八、木比施法戈人亡;九、羌人格溜③建家园;十、霍巴④买猪庆功宴。"⑤

木梯羌寨的《羌戈大战》(谱例2-14)采用清唱形式。旋律为五声音阶角调式,2/4拍子,节奏性较强,重音突出,后附点八分音符、附点八分音符和切分节奏的频繁使用,使节奏重音后移,整体形成短—长型节奏。音乐为多段体,唱词不断反复,构成段落的旋律共四个乐句,但并不是起承转合的音乐发展手法,而是采用部分乐汇重复或变化重复发展的方式,其中最主要的乐汇是dol la la,作为前三个乐句的核心乐汇完全重复出现,第四个乐句在此基础上

---

① 阿巴白构:阿巴是羌人对祖辈或地位显赫的人的尊称;白构,人名,羌人祖先,即史称为"白狗羌"的领袖。

② 日补坝:羌语地名,今四川茂县。

③ 羌语地名:今茂县县城。

④ 羌语人名:阿巴白构的长子。

⑤ 四川省少数民族古籍整理办公室主编:《羌族释比经典》(上卷),四川民族出版社2008年版,第2页。

稍有变化,单乐段共 22 小节,是释比说唱中主题段落旋律较长的一首,有较强的叙事性。唱词内容为"羌戈大战",创作者有意识地想让旋律有更大的起伏,表现大战的激越,但整体听觉上旋律进行仍比较平稳,两次八度跳进(第 2 至第 3 小节 la 至高八度 la;乐段重复时 mi 至高八度 mi),却也增添了音乐的紧张度,加强了与唱词主题的切合效果。

谱例 2-14

（十一）朝祖——哇巴西吉(wa pa ɕi tɕi)

凌晨 2 时 30 分,杨永顺释比唱起了《朝祖》(谱例 2-15)。这段音乐风格比较独特,五声音阶羽调式,3/4 与 4/4 变换拍子。主题前有 5 小节引子,唱词均为语气词,旋律宽广、自由,有北方游牧民族蒙古族"长调"歌头风格;主题旋律节奏鲜明,切分和附点音符的交替使用,也与"长调"风格类似;旋律进行中较少使用级进,三度、四度跳进较多,甚至有八度跳进,这样形成了较大的旋律起伏;在调式运用方面,羽调式的风格非常明显,但引子和主题结束音均为 mi,是用语气词唱出的一个类似叹息的音调,在演唱时其音高也不太固定,是从主音 la 向下滑落到接近 mi 的音高,因此笔者仍然判断该旋律为羽调式;在演唱风格上,《朝祖》的音调比较自由奔放,引子之后是三个乐句构成的乐段,有较多的装饰音和自由延长号,呈现出历史的沧桑感。

谱例 2-15

《朝祖》的唱词主要是请出先祖来领受还愿。歌词大意是:始祖(wa ba)①啊!今天你的儿子儿孙、子子孙孙、孙孙末末,都来给你还愿来了,祖老先人,你们来领愿。

---

① 五段歌词内容相同,是唱给不同的五代人(始祖 wa ba、起祖 wa da、祖祖 wa ji、爷爷 wa bu、老辈子 wa bo)。

（十二）还愿——刮喔（kua wo）

朝祖之后,进行到仪式的中心环节"还愿"。此部分仪式环节复杂、唱腔多变。刮斯木、长老、释比助手等都来帮忙,完成还愿仪式。

1. 请神

还愿开始前,仍需要再次请神和解秽。《请神》经文分为诵念和诵唱。诵念的内容以诵为主,句尾带一点唱腔;诵唱的以唱为主,中间夹杂一些诵念;羊皮鼓伴奏使用较多,有时只是在间奏时用鼓点,有时也用鼓点伴随诵唱;诵唱的速度时急时缓,音调有平缓悠长的,也有激越高亢的;诵唱的形式也比较丰富:有击鼓坐唱、边跳羊皮鼓舞边唱,有时还将鼓槌立在鼓身上,边摇动鼓身边唱,在最激烈的地方,释比、刮斯木、长老和信众一起唱,氛围紧张,唱腔激烈。释比杨贵生说,请神的段落大家最好不要去唱诵,也不要去记录,恐怕会有不好的影响力,只有释比在还愿过程中才能够唱,仪式结束都不能乱请神。同时由于这一部分本身的旋律性也不强,因此本书未做详细记录和分析。

2. 解秽(三)

这是唱还愿经之前最后一次解秽。释比请神完成,跳完羊皮鼓舞,双膝跪下,击鼓作为间奏,唱诵时,将鼓槌立于鼓身之上,摇动鼓身,让鼓内侧的法铃发响作为伴奏。释比唱诵时,刮斯木再次用柏树丫给羊洒水,进行解秽。

《解秽(三)》(谱例2-16)的旋律较之前两次解秽,变化更为丰富一些,已由三声音阶变为五声音阶徵调式,旋律进行以级进、三度小跳为主,也有四度跳动,但整体比较平稳;采用2/4拍子,节奏明快,四分音符加八分音符的音值组合方式,简易上口,但感觉此次解秽言辞更加恳切,情绪更加激烈,音乐逐渐加快,最后以激越的唱腔唱到"羊子你快抖水,天神你快收下",然后结束这一段唱诵。这段解秽经同样要唱诵给五位神灵。唱词大意是:天神木比啊! 祭祀的羊准备好了。羊子还有些瘦弱,羊子还没有养肥,我们用培喔山的金水,用罗罗山的银水,给你洗干净了。我们诚心诚意来还愿,请天神一定收下……

谱例 2—16

3. 还愿

《还愿》是整个还寨愿仪式最核心的环节,其经文复杂考究,唱腔丰富,不仅有羊皮鼓伴奏,还有大量的羊皮鼓舞伴随。这部分经文本身自成一体,但因为有唱腔变化,故本书按照唱腔将其分为五个不同的段落。

①要还愿了——毒-啊西(tua çi)

唱完《解秽(四)》,众人再次围住火塘,杨永顺释比开始唱诵《要还愿了》。鼓声只在前奏和间奏时敲击。这是还愿前的准备,意思是要开始还愿了,大家准备好。《要还愿了》(谱例2-17)唱腔采用3/8拍子,旋律舒缓,唱腔优美,切分节奏采用较多。这段唱腔与头一天上午杨贵生释比唱诵的《说吉祥》旋律相似。唱腔之后是一段快速的念诵,意思是通告各方神灵还愿仪式要开始了。

谱例 2-17

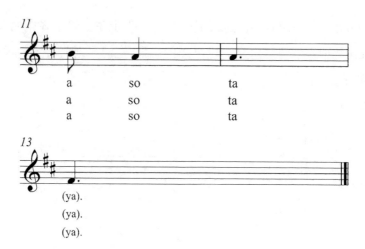

②说白旗——尼白吉吉呐(ni pe tɕi tɕi na)

紧接着《要还愿了》的念诵,用鼓点连接唱诵了《说白旗》。这部分旋律为单乐段反复,共唱诵十段,说十展白旗的功用。羌人崇拜白色,还愿仪式中的白旗作为众神的尊位,说白旗即请神落座,要进行还愿了。唱词开始部分唱诵"协祖比弥"已经准备就绪,诸神请就位。《说白旗》(谱例2-18)的旋律为四声音阶徵调式,规整的2/4拍子,节奏为均匀的十六分音符,唱诵速度较快,有诵念的特征,但是音高关系比较明显,超越了诵念的效果。

谱例2-18

③修神路——硕楚（ṣo tṣhu）

唱完白旗,意味着要还愿了,人们需要把通往天上的路修好,协祖比弥才能带领诸神和信众登天还愿。唱词大意是:我们要登天还愿,神路要畅通无阻。我们一起来修神路,用斧头砍开荆棘,用锯子锯掉杂木,用锉子锉掉乱石,我们修好了神路。带着狗去雪隆坡上打猎,猎物翻动了石头,滚石掉到了井里,响声惊动了公鸡,公鸡开始打鸣。公鸡叫了还愿开始了。

《修神路》（谱例2-19）采用五声音阶徵调式,节奏明快,有劳动歌的风格。用简洁、规整的羊皮鼓前奏开始,唱诵中鼓点停止,间奏和尾奏又加上鼓点整体节奏稳健,从头至尾保持速度。

谱例2-19

④还愿路——刮搓（kua tsho）

唱完《修神路》段落,不加停顿,直接变换了鼓点作为前奏,唱起了《还愿路》(谱例2-20)。开始为坐唱,鼓点用作间奏和伴奏,唱诵时,每一拍都会敲击羊皮鼓,打出的节奏并不是十分明确的3/4拍子,稍微有些自由,时有延长或紧缩。在旋律进行上很有特色,多数采用级进,却间插了一些四度跳进后的反向五度跳进 re—sol—dol,形成起伏;音值组合方面几乎全部采用切分节奏,将重音后置,形成长长的拖腔。唱经大意:天路修好了,我已经坐下来,要唱还愿经了。

谱例2-20

坐唱了短暂的一个段落后,释比起身跳起了羊皮鼓舞,并继续按节奏击鼓歌唱,边跳边击鼓边唱,所唱旋律与《还愿路》基本相同,但也有细微区别,我们称其为《还愿路(二)》(谱例2-21),旋律基本相同,经文大意是:风也来了,天要亮了,时辰到了,要还愿了。

谱例 2-21

⑤ 还愿经——刮喔(kua wo)

　　羌年凌晨 3 点 30 分,还愿时辰到了。刮斯木将两杆白旗绑在羊角上,双手按节奏摇动羊头。杨贵生释比跪在祭祀塔前,唱起了《还愿经》(谱例 2-22)。释比将鼓立放在地上,鼓槌立于鼓身之上,边摇动鼓身边唱,鼓上的铃声随节奏响起,间奏部分则取下鼓槌敲击鼓点。

　　《还愿经》采用五声音阶羽调式,3/4 拍子。旋律进行中四度及五度跳进使用较多,旋律悠长、高亢。全篇使用连续切分节奏,重音均在强拍弱位或弱拍上,形成明显的短——长节奏型,拖腔明显,有呼喊的风格,与羌汉地区哭嫁、哭丧的音调节奏相似。段落结尾音有音高游移现象,在比主音"羽音"略高的位置做颤音结束该段唱经。

谱例 2-22

释比唱诵还愿经时，释比和信众均显得非常庄重、虔诚，释比摇动鼓身时，常常将耳朵贴近羊皮鼓，表现出恭敬，也有与神灵沟通的意思（图 2-3）。《还愿经》开始部分大意是：去年是啥年？去年是狗年。今年是啥年？今年是猪年。过去月份是几月？过去月份是九月。过去日子是啥日？过去的是九月二十九。今天又是啥日子？今天正是初一日。今天便是羌历年，众人前来还寨愿！

⑥还愿成——协祖比弥（çie ʤu pi mi）

唱完《还愿经》，鼓点速度逐渐加快，唱腔变得急促。用快板速度唱诵了《还愿成》（谱例 2-23）。此段旋律与《还愿经》相似，但因为速度太快，没有再用过多的后附点音符，许多地方都以八分音符时值演唱，拍子也时不时变为2/4拍，拖腔变得不再明显，整体风格表现出还愿礼成的喜悦。唱词大意是：协祖比弥带领信众还愿礼成。该说的话都说了，该还的愿都还了。还愿成了，还愿成了，还愿得福了。

谱例 2-23

唱完这部经，便将献祭的羊宰杀掉。随即释比再次领唱了《五谷丰收》，助手及信众一起合唱。祭祀仪式在热烈的气氛中宣告结束。

(十三)羌年庆典

羌年庆典属于政治仪式的范畴,但因与羌族祭祀仪式紧密结合,庆典中也包含祭祀展示,因此本书将其与羌年还寨愿仪式放在一起进行介绍。新年当日上午,在村支书带领下,木梯羌寨及毗邻的直台村①都集中到了祭祀塔前的广场上,举行庆祝活动,欢庆新年的到来。庆祝活动主要由简化的还愿仪式和大量歌舞构成,木梯羌寨和直台村表演的传统节目内容包括:女子群舞《夯出幸福来》、女子群舞《惹红特》、开呷酒仪式《开坛祈福》、羌笛演奏《阿娜冬梅》、女子群舞《沙拉儿泽》、羊皮鼓舞《五谷丰登》、男女群舞《萨德尔》等;来自邛崃市文化馆、成都市民俗博物馆的演员表演了男声独唱《云上南宝》、女声独唱《云朵上的羌寨》、男声独唱《我和成都在一起》等创作歌曲。庆祝活动开始,木梯羌寨的释比和刮斯木等人,便将村子在头一天还寨愿仪式的请神、还愿等环节,通过浓缩的方式搬上了舞台,成为一种表演性的展示;《开坛祈福》的开呷酒仪式,也变成了舞台展演。在歌舞内容中,以萨朗歌舞、劳动歌舞和羊皮鼓舞为主,穿插一些羌笛独奏和歌曲独唱。邛崃市政府领导还为市级非遗传承人颁发了证书,激励羌族同胞在脱离地震前的生活环境后,承担好传承和保护羌族传统文化的重任。

此次庆典中表演的羊皮鼓舞和萨朗歌舞,是木梯、直台羌人历代传承的表演方式。舞台所用的羊皮鼓形制较小,比较轻便,便于动作表演,被称为"吉祥鼓"。庆典中的羊皮鼓舞,为直台村的男性集体表演。道具除了羊皮鼓外,还加上了法杖和法铃等祭祀法器,整个舞蹈与祭祀中的羊皮鼓舞有较为接近的形态,但舞蹈动作幅度大,节奏鲜明有力。击鼓动作变换丰富,与以往在北川萨朗节和茂县古羌城观看的羊皮鼓舞不同,祭祀特征较为明显,舞台特征还不是很强。

木梯羌寨表演的《萨德尔》是以手拉手跳圆圈舞的形式展示的传统萨朗歌舞,舞歌以男领女和的形式演唱,但并非本村传统的音乐。而舞蹈动作以手

---

① 直台村:位于四川省邛崃市西部油榨乡,海拔 1200 米,距离邛崃市区 45 公里,与木梯羌寨相距不过 5 公里,且均是"5·12"汶川地震后由汶川县龙溪乡整村搬迁至此永久性居住。全村 100 多户共 400 多人口均为羌族,其羌族语言和民俗与木梯羌寨较为相似。

拉手弯腰、起身后仰、摆胯,以及顺边的手脚舞动为主,幅度较大,显现出豪迈气势。我们在庆典过后采访释比传承人杨永顺,问《萨德尔》是不是本地的萨朗舞,他介绍说:这是本地的舞,没有任何一个老师教过。男工妇女在日常生活中、劳动后、逢年过节或者哪家请工,都会跳这个舞。比如说:有人家要背柴,会请十几个人帮忙。给主人家的活儿干完了,饭吃了,大家就在一起跳萨朗,放松一下。我们村里的萨朗歌多得很,外面基本上都没有传过,就是我们自己边唱边跳。①

根据杨永顺的建议,我们在庆典结束后的傍晚,找到了村里的萨朗表演队伍,为我们演唱村里传统的萨朗歌。他们是邛崃市的萨朗非遗传承人群,不仅在村里祭祀、节日活动时要组织跳萨朗,还会在旅游季节为游客跳舞,促进村子旅游业的发展。此次收录了萨朗歌曲8首,木王号子一首。希望通过我们团队力量对音乐进行改编、加工,使其更好地为羌族村落文化旅游业服务。

(十四)坝坝宴

庆典仪式之后,参加祭祀、庆典的所有村民和外来游客都参加了羌族特有的坝坝宴。坝坝宴以羊肉汤和月亮馍馍为主食,配以各种羌寨传统美食,意味着分享丰收的成果。宴席开始前,释比杨贵生念诵了"开酒坛",与头晚杨永顺念诵的内容相近,参加坝坝宴的领导、嘉宾轮流品尝咂酒。宴会过程中有村里的老人、妇女,甚至直台村的村主任,以及到场宾客都主动献上了歌舞,表达喜悦之情,羌族善歌舞的传统得以展现。坝坝宴过后,本年度的羌年庆祝活动正式结束。

二、汶川县绵虒镇羌锋村还寨愿仪式

2019年的羌年庆祝活动在政府的统筹协调下,除安排成都市木梯羌寨的还寨愿仪式和庆典活动外,在汶川县绵虒镇羌锋村也举行了还寨愿仪式和庆典活动。为了方便组织管理和群众参与,两地活动错开两天举行。绵虒镇羌锋村是距离成都市都江堰市最近的一个羌族村落。村子地处都江堰至汶川高速公路

---

① 杨永顺口述,华明玲访谈,李月记录。2019年10月26日采访于成都邛崃南宝乡木梯羌寨。

旁,距离都江堰市仅 58 公里。人类学家费孝通 1997 年为村子提名"西羌第一村"。传说的大禹出生地石纽山便在附近。石纽山垮儿坪位于汶川县城威州南 20 余公里的石纽山半山腰一块缓坡台地。"垮"意为刮开,为禹母剖腹生禹之地,因此命名为"垮儿坪"。关于大禹的出生地,一直存在诸多争议,各地均找出一些以大禹命名的遗址来进行证明。四川省阿坝州有 107 处大禹遗迹,其中汶川县有 69 处,绵虒附近相对集中,目前是比较公认的大禹故里所在地。

羌锋村有 219 户人家,800 多人口,其中羌族人口占 90%。村子位于岷江河畔,全村辖四个小组,是汶川县的贫困村之一。2019 年羌年期间我们来到村子时,还能看到村委会"脱贫不等不靠、幸福自己创造"的标语。汶川"8·20"(2019 年 8 月 20 日)强降雨特大山洪泥石流贯穿羌锋村,有 71 户受灾。当年 11 月还有大堆泥石堆积在村委会旁,村子虽然还未完全修复,但羌历年庆祝活动照常举行。

由于交通条件的改善,不少村民都长期在成都、都江堰或汶川打工,因此村里的传统习俗有加速汉化的趋势。目前村里仍然以羌语口语作为交流语言,保留了大部分羌族祭祀和节日习俗。羌年还寨愿以及舞狮子、耍龙灯等仪式都开展得很好。尤其是 2008 年以后,羌年被收录到国家级非物质文化遗产项目中,村里就更注重传统民俗活动的保护与开展。据村民王小荣介绍,以前的羌年庆祝活动都是由"会首"轮流组织操办,包括向各家各户收取活动费用,购买猪、羊、鸡、咂酒及一些祭祀用品,安排活动的人员调动、仪式流程等。近年来已改为由村委会负责组织,统一收取费用,统一开支,还寨愿仪式则一直由王治升释比主持。

羌锋村的释比叫王治升(1934—2022),2009 年被公布为第三批国家级非物质文化遗产代表性项目"羌年"(项目编号:Ⅹ-82)的代表性传承人。王治升出生于释比世家,10 岁开始跟随父亲学习释比技能,很快掌握了祭祀、消灾等仪式过程及说唱内容,此后跟随父亲做过几年释比助手,1952 年父亲去世,相关活动减少,至"文革"期间活动被禁止。1983 年钱安靖、汪有伦等人到汶川绵虒镇调查王治国的释比说唱,王治升也到场唱了一部分,此后跟随其堂兄王治国继续学习释比技能,也逐渐开始承担一些仪式的主持和唱诵。1983 年以后,各种祭祀、消灾活动逐渐兴盛起来,王治升成了羌锋村的释比,主要主持羌年还愿、招财、太平保福、求雨、安神、招魂仪式等。

羌锋村的羌年还寨愿仪式直至 20 世纪 90 年代才间断性开展,最初是村委会为了发展旅游业组织开展过两次。仪式过程并不完善,唱经也只是选择性唱诵一些段落。2006 年 7 月 20 日,为了配合阮宝娣一行参加的"中央民族大学'985 工程'中国少数民族语言文化教育与边疆史地研究创新基地文库"工作,王治升在自己家里做了还家愿仪式。阮宝娣以神事仪式、人事仪式的唱经分类法,将王治升释比唱诵的经文录制整理出版了《羌族释比唱经》(民族出版社 2011 年)。2006 年"羌年"被四川省政府列入第一批非物质文化遗产名录之后,羌锋村的"羌年"还寨愿仪式才在政府的组织调配下,每年如期举行。王治升释比在接受"古羌寻迹——纪录片"采访时说:

羌历年是一年一度。现在想搞这个的我看都莫得人了,就是我们这个羌锋大寨子在搞。这都是一个寨子一个神树坪,或者神树林,就是还愿的塔塔(地方)。这个羌历年的话历史最悠久,意思就是过年,民族人过年,一个寨子一起过年。我们农历的过年是各家各户过年,这个好像就是一个寨子一起过年。过年的话释比上坛经典的话就是说历史。有天有地的时候,历史是咋个过来的?好像习主席说,我们不能够忘掉过去。一年一度的羌年,我们就拜一次玉皇(天神木比),一段一段地我们咋个过来,我们没有忘记历史,都要把它清理完一段,然后呢,杀鸡、宰羊、还愿嘛,意思是今年子吗我们又过了一年了,历史上的这些我们没有忘,玉皇大帝,今天我们还愿的时候给你杀鸡、杀羊,这个就是还愿,还愿还是大愿、喜愿、财喜愿。这个愿还了下来,神树上分的东西都是各家各户的,你的不拿给我吃,我的不拿给你吃,这个财愿是返财的意思。……我们羌族的释比有正经典、上经典,这个就是四十二段。中坛经典正规有七十几段。这个我们古羌文化啊,逢年过节啊,接亲、老人去世、结婚嫁女,我们这个羌族这个东西深得很啊。这个弄下来的话,有 130 个目录。这个要弄下来就很不容易,现在嘛这个都莫得了,失传了。①

---

① 张颖(制片人):《古羌寻迹》(纪录片),成都理工大学传播科学与艺术学院,2020 年。

2019 年 10 月 27 日(农历九月二十九),课题组一行离开成都木梯羌寨,驱车来到汶川县绵虒镇羌锋村,参加"羌年"系列活动。下午我们拜访了释比王治升大爷,发现老人家里有神龛,神龛上供奉着 13 尊神位,并有手工绘制的花鬘挂在神位下方(图 2-2),后来参观村子的其他民居,也都供奉着神位,只是花鬘图形和色彩略有不同,都是自家亲自绘画剪裁而成。

图 2-2　王治升释比家的神龛

我们一行三人与成都大学范雨涛教授一行三人会合后,一边观看王大爷制作神旗(图 2-3),一边了解还寨愿仪式概况。旗帜分为大旗和小旗,用白纸剪裁成旗帜形状,并有锯齿形的旗尾,供神落座。王大爷介绍说,以前羌年要做很多神旗,大旗给每家每户插在房子上,辟邪祈福。但近几年大家都不再兴起插神旗了。现在做的神旗,只用于插在祭祀的纳萨台上,祭祀地点在后山的神树林前。

当日晚上七点,村里组织羌年活动的村主任、释比王治升、释比徒弟汪清发、刮斯木、信众和一些研究者,打着电筒爬上后山,来到神树林。刮斯木等人带着香、蜡、纸钱,一斗玉米和一个太阳馍馍,放置在神树林旁的纳萨(图 2-

图 2-3 王治升释比制作神旗

4）上。刮斯木上香、烧纸钱，王治升释比开始顶礼请神，随即还寨愿仪式开始。由于王治升释比年岁已高，无法完成全部仪式过程，因此在唱诵之前便解释道，只唱诵还寨愿仪式中最重要的几部经，且所有唱经均只是示范性唱诵部分段落。我们的记录也以现场录音为准，可能不够全面，但基本环节和唱腔均为实地采录。

（一）解秽——绰学（tʂho çio）

仪式开始，王治升释比手持铜铃，站在纳萨前开始唱《解秽》（参见附录）。同样是汶川的羌族村寨，木梯羌寨解秽羌语为 tʂho tçhə，羌锋村羌语为 tʂho çio，发音有所区别。此后涉及的很多相似内容的经文和神名、地名、人名等，也有羌语口语方言的区别。《解秽》唱腔由慢开始，逐渐加快，最先的节奏也比较自由，在句尾有一定自由延长的休止。之后节奏逐渐稳定，呈现典型的 3/4 拍子特点，旋律采用三声音阶，只有 dol、re、mi 三个音级，dol 为主音，可视为宫调式。此曲调不仅调式音阶为古老的三声音阶，其节奏也以四分音符为主，未出现复杂的节奏变换。唱词采用一音一字，为了配合唱腔格式，释比在

图 2-4　羌锋村神树林的纳萨

唱词中加入了大量的衬词"lo ho""yo ho""e"等,使唱腔变得更顺畅。

《解秽》是羌族祭祀仪式中最重要的环节,在木梯羌寨的还寨愿仪式中,《解秽》共四次,且每次唱诵的旋律都不相同。由于此次羌锋村还寨愿仪式过程不完整,我们记录的《解秽》唱腔只此一段,唱词大意为:"芸芸众生来敬天/众位神灵住上边/敬奉神灵人之本/敬了神灵有吃穿/如若要来见神灵/释比理应来领先/看见圣洁水一潭/翻腾海水永无边/看见海水多喜欢/看见圣洁水一潭/要有河水永不断/见了圣水多喜欢/一潭圣水流向前……"①

(二)开场经——迪雪尔琵(tie çye ʑ phze)

解秽过后,唱诵的第一部经为《开场经》(参见附录),羌语谐音"迪雪尔琵"。经文讲述了木姐珠造福人类以及人们恭敬还愿的意义。唱腔旋律为四声音阶商调式,3/8 拍子。主题材料为 7 个小节的单乐句段落,通过不断的段

---

①　四川省少数民族古籍整理办公室主编:《羌族释比经典》(上卷),四川民族出版社 2008年版,第 508 页。

落重复完成唱词。主题之前有 6 个小节的鼓点和 6 个小节的唱腔作为引子,唱诵中自始至终由羊皮鼓伴奏,而每一个唱诵段落中间,都由羊皮鼓单独奏出 4 个小节的间奏,节拍都敲击得很准确。一般来说,民间歌曲的节奏,较少使用规范的 3/8 拍子,且唱诵中也很难准确掌握好节奏重音。但王治升释比的唱诵音准很好,节拍准确。音值的组合既有强化节拍特点的“强弱弱”,也有很多由切分音形成的“短—长”节奏,形成“弱强弱”的节拍特点,两者交替进行,显示出音乐旋律的节奏美感。唱词中多以“ye”做句尾词,非常押韵,其本义是语气词“了”,听觉上增添了韵律感。在旋律风格上,五声音阶商调式通常较为柔美、忧伤,但此旋律通过音区、音色、音程的跳跃和节奏的对比,加上紧密的羊皮鼓鼓点伴奏,增加了戏剧性冲突,形成高亢、跌宕的唱腔,具有英雄性和史诗性风格特征。唱词大意为:迪雪尔琵(开场了),木姐珠/有了木姐珠才有了人类/有了木姐珠才有了语言/有了木姐珠才有了天地山川/我们感恩便要烧香还愿/烧香还愿人来人往/天神开恩不要射箭/不要射伤还愿的人们/还愿三天三夜有财喜/结婚还愿财喜到来/葬老还愿财喜到来/只有清官才会判案/只有释比才会七十段经典……

(三)木姐珠(mu tɕi tʂu)

接着王治升释比唱诵了《木姐珠》(参见附录)开始部分。《木姐珠》是著名的羌族史诗,几乎每一个羌族村寨在还寨愿时都会唱诵这部经典,但每个寨子唱诵的音调和唱词都不相同,只是情节相近。木梯羌寨杨贵生父子唱诵此经典当地方言名为“木姐”,用时 168 分钟。王治升释比只唱诵了其中一小部分,唱诵仅 3 分钟。此部唱经旋律的调式调性、节拍节奏与“迪雪尔琵”均完全相同,引子部分的羊皮鼓点和唱词旋律也完全相同,也就是说两部经用了同样的歌头。进入主题部分之后,由于唱词内容的变化,唱腔略有不同,但仍然采用 7 个小节构成的单乐句变化重复的方式构成段落,再通过主题段落反复唱诵的方式完成唱词内容。唱经开始部分歌词大意为:我来唱诵木姐珠这部经典。木姐珠从天上起身来到人间,走到雪隆包上还能回望天界。从山顶一路走下雪山,跨过山沟和平滩,木姐珠来到人世间。她到水边洗麻线,她脱下所有贵重首饰,放在一块石头上面……

（四）桦树丫和旗旗——博淮（ʂpo χue）

还愿仪式中要用到杉树、桦树丫、旗旗和桦树枝条等,这些被认为是驱邪、辟邪的物品。此经描述桦树的播种、生长、砍伐,以及还愿时应该在哪些神位前插上桦树丫,哪些地方插上旗旗。《桦树丫和旗旗》(参见附录)旋律采用五声音阶宫调式。节拍使用比较特殊,引子是 9 个小节的鼓点加上 5 小节带鼓点的唱腔,唱词只是语气词,是典型的 2/4 拍子。主题音调自 16 小节开始,采用极为稀少的 5/8(2/8+3/8)混合拍子,唱诵时不用鼓点伴奏,待间奏时又变为 2/4 拍子的鼓点加上带鼓点伴奏的语气词唱腔。主题旋律是以 4 小节构成的单乐句变化重复而成,与《开场经》和《木姐珠》的旋律构成方式相似。这一主题从高位或次高位开始,音位通过级进、小跳至五度跳进,下行至最低位置终止,第二句又从高位开始,两句之间形成六度、九度等较大幅度的向上跳进,然后再持续向下进行,形成先扬后抑的行腔特点。经文开始段落大意为:掐算今年属啥年,今年便是属猪年。掐算月份是几月,此时已是到九月。掐算今日啥日子,今日便是廿九日。今日村寨要还愿,我为树丫来取名,我为旗旗来取名。冬天树根要发芽,来年桦树要长大。一年长大一个轮,两年长大两个轮,直到长了十四年,长成参天大树干。如今桦树已长成,砍下树丫来祭神……

（五）羌戈大战——噶阿涧（qa a dio）

《羌戈大战》作为著名羌族史诗,一般在祭祀的时候会完整唱诵,时长大约 80 分钟。今年王治升释比也只演唱了较短的前面部分,时长仅 4 分钟,但音乐旋律的框架已经完整展现,只是唱词省略了后面的若干段落。其故事主要描述羌人"热"[①]在天神木比三儿子的帮助下,用智慧战胜戈基人的故事。史诗借助天神三儿子的各种考验,展示了羌人对待神灵、祖先、亲人的恭敬态度,以及勇敢、智慧的生存法则。

这部唱经旋律采用五声音阶宫调式,变换拍子。旋律结构比较复杂,有一个将鼓点、助唱词、经文内容结合在一起的冗长的引子(参见附录)共 22 个小节。引子部分采用 2/4 和 5/8 变换拍子,5/8 拍子部分与此前唱诵的《开场

---

① 热:指羌族男始祖神热比瓦的后代。

经》《木姐珠》旋律相似,类似唱诵的一个歌头;2/4 拍子部分又与此段唱诵的主题节拍相同,因此引子部分出现两种风格的交替。自 23 小节开始,《羌戈大战》主题才正式开始,主题段落的旋律由三个变化重复的乐句构成,此段落通过反复唱诵完成唱经内容,其旋律风格变为规范的 2/4 拍子,节奏重音明显,节拍特点分明,配合鼓点演唱,比较有力度,能够展示出羌戈大战的战争场景。唱词开始部分大意:敬神就要用盘香,敬神就要油渣子,用此敬神才干净,用此敬神有财喜。农历正月初一、二,春天要来凡世间。农历七月十四五,雪隆包上雪花飘。四季更迭冬天到,玉皇的三儿子凡间耍……我们热敬神朝上敬,敬祖先就朝下敬。杉木丫、桦树丫,敬奉菩萨朝上插。松树丫、香棍子丫,送邪时候采用它……

　　唱诵完这一段经,当天的祭祀活动告一段落。王治升释比解释道,以前羌年还寨愿会通宵唱经,直到天亮杀羊、还愿后才结束。现在释比身体不是很好,无法完成完整仪式,明天早上再继续唱。阮宝娣 2006 年收录了王治升释比唱诵的全部唱词内容,但没有记谱。王治升回答她当时的采访时说:还寨愿要唱几十段经,三四十段。今天白天的 12 点,12 点开始以后,就两个鼓鼓不歇气,唱到明天天亮。①

(六)还愿经——乖赫莱(kue χɨe)

　　第二天早上七点,信众带着香蜡钱纸、粮食酒、太阳馍馍、鞭炮等来到神树林,将祭祀品供奉在纳萨台上,并跪下燃香、烧钱纸、放鞭炮,口中念念有词,感恩诸神庇佑,以丰收的成果祭祀神灵,祈求来年风调雨顺、人畜平安等。释比助手牵来一只羊,逮来一只鸡,作为祭祀的牺牲。王治升释比和徒弟汪清发一起坐在纳萨前开始唱《还愿经》。

　　《还愿经》有两段不同风格的旋律,《还愿(一)》(参见附录)风格与此前所有唱经均不相似,采用四声音阶宫调式,有八个小节的羊皮鼓前奏,主题为 6 个小节构成的单乐句重复形成的段落,乐句有长长的拖腔,句尾音虽落在宫音上,但已经缺乏旋律感,更像是说白。节奏比较单一和自由,唱腔高亢有力。

---

① 阮宝娣:《王治升口述》,载《羌族释比口述史》,民族出版社 2011 年版,第 134 页。

这一旋律持续了6分钟左右。唱词大意为:天若一亮云就会亮,云彩一亮山顶上亮,山顶上亮雄鸡叫响,雄鸡叫响释比听到。鸡叫时分房间未亮,释比准备去还愿了。恭请师祖师爷师傅,助我神力完成还愿。家神、火神、文昌帝君,三旦娘娘、牛马二尊,我们一起去房背给天神还愿。木姐珠和热比娃、角角神,我们一起去房背给天神还愿。把门将军快开门,释比我穿戴很齐整。头戴猴皮帽,怀抱白皮鼓,手里拿鼓槌,围腰装着青稞籽,脚上穿着新布鞋。开门让我去还愿,我先来踩还愿门。左脚踩完右脚踩,左脚踩,愿要还好,右脚踩箭愿要还。我就踩了还愿门。独木梯子十二步,我从角角踩上顶。天神木比来领受,释比给你来还愿……

还愿经文很长,中间有许多变化。唱完《还愿(一)》的音调后,并不停歇,鼓点变得急促,两位释比起身跳起了羊皮鼓舞。王治升释比边跳边唱,汪清发只是击鼓跳舞,舞蹈动作不算复杂,但是要对着神树的各个方向跳舞(图2-5)。

图2-5 王治升、汪清发跳羊皮鼓舞,助手杀鸡宰羊

跳舞结束后,有一段问答。(释比问)愿还上去没有?(群众答)还上去了。(释比问)箭愿还上去没有?(群众答)还上去了。(释比问)财喜下来没有?(群众答)下来了。此时的唱腔几乎没有什么音调,以节奏型的念诵为主。接着释比换了一个音调《还愿(二)》(参见附录),唱诵后面的经文。此段旋律又回到《开场经》《木姐珠》的旋律风格上,节拍和节奏都几乎相似,但旋律音出现了一些变化,调式也变为羽调式,并有转调。经文大意为:释比来到雪隆包,愿就还到雪隆包。释比来到杉树林,愿就还到杉树林。释比来到深沟里,愿就还到深沟里。释比来到大路上,愿就还到大路上。释比来到神树林,愿就还到神树林。天神请来领受愿,雪隆包神、山神、地盘神,快来领愿了。纳萨神、四角神,所有的神,都来领愿了。天神将愿领受了,安驻天空保太平。所有神灵领了愿,各自安驻保平安。

(七)招财喜——黛呃巍(de ʁue)

唱完《还愿经》,助手们杀掉了用来祭祀的羊和鸡。释比继续跳羊皮鼓舞,然后唱起了《招财喜》,鼓声越来越急促,最后以鼓声结束整个还愿仪式。《招财喜》的音调与《开场经》相似,只是多了一些诵的段落。经文大意为:我们招财回去了。我们带回天上的喜,喜从山上招回来。盘香林里召回喜,雪隆包的财喜招回来。所有财喜都招回。皇城墙的财喜招回来,大家一起招财回。村寨的财富招回来,母舅的财富招回来。招财旗旗、铺盘(馍馍)、刀头、升斗、一只鸡,所有招财回来的人穿着衣服,所有财喜都招回了。老远的财喜招回来,城外的财喜招进城,水那边水这边的喜,我都把它招回来了……

第三节　羌族祭祀仪式音声的形态特征

羌族祭祀仪式音声包含两个方面的形态特征:其一是仪式化行为(仪式表演)特征;其二是音乐特征。这两者之间既有独立的表象,又在深层结构中相互关联。仪式音声是"文化语境"中的音乐和声音,是通过仪式行动展示出来的音乐文化;"文化语境"则是指基勒俄足行为方式及过程,涉及表演场域层面。仪式中的"音乐"也不是静态的乐谱文本,而是从音乐观念(模式)到表演展示的音乐(模式变体)之间的互动关系。在运用"音乐文化本位模式分析法"的方法论中,这一过程是"构建模型"的关键步骤。羌族祭祀仪式音声从音乐观念(模式)通过仪式表演(行为)成为音声(模式变体)的过程及最终呈现的音乐形态,均是"构建模型"的内容。因此,仪式表演是整个仪式音乐创造过程中的经纬,也是此后考察仪式音声中深层结构的桥梁。

一、祭祀仪式音声的表演模式

羌族祭祀仪式的表演是以释比说唱为主要表演方式,并通过长老、助手、信众的协助和参与,完成仪式化过程。对仪式表演的性质而言,它区别于戏剧和舞台剧,更趋向于"文化表演"。"文化表演"的学理依据是法国人类学家涂尔干在其著作《宗教生活的基本形式》所阐述的思想框架。他认为社会关系是无形的、抽象的,但人们通过仪式聚集在一起的时候,便能够采用一系列象征性符号和象征性行为,通过仪式化这一形式,达到对社会关系的理解。① 这里的象征性符号主要包含在仪式表演文本里,象征性行为则是表演者的角色身份和具体的身体动作,而仪式化形式便是仪式文化表演过程。由此,笔者将尝试通过仪式中的角色、身体动作和仪式表演方式等特征来描述羌族祭祀仪式的表演模式。

(一)仪式中的角色

在羌族祭祀仪式中,主事者包括会首、长老及担任仪式主持的羌族释比等,辅助仪式开展的还有释比助手(刮斯木)等,而参与仪式的信众,甚至包括村支书和村主任,均服从于释比对工作的需要,负责宣传策划、组织群众、置办仪式物品、维持仪式秩序等。仪式赋予了释比最高的权力和声望,释比通过各种表演达到沟通神灵、传达信众愿望的目的,因此释比在祭祀仪式中享有至高无上的权威性。正因为有了这样的角色主持仪式,才使得仪式的主题——祭祀还愿得到高度的认可和效力。在这一环节中,释比担当神与人的中间角色。

特纳(Victor Turner)认为,在原始的巫术活动里,通常会有巫师或在场。如果巫师或缺席,则必须有相应的主持或主事等替代人物,否则那些巫术活动和祭仪便无法进行。无论仪式的主持或主事是否必须出现在仪式现场,这一个或几个仪式性主角都是存在的,根本原因在于他(们)是这些纪念或祭祀仪式与神灵交流、交通的关键。所以,巫师的权力是一种特殊的制度性传承——或来自身体的某些特别的"奇异功能",或被特定群体认同的标准化仪式知识

---

① 参见彭文斌:《人类学视野下的仪式分类》,《民族学刊》2011 年第 1 期。

并在限定的群体内部继承。① 这些仪式中的角色特性,在羌族祭祀仪式中表现得十分显著。羌族祭祀仪式均在相对固定的时间范围内举行,仪式的筹备时间较长,包括商议费用摊派、确定具体时间、敲定释比人选、协商包括祭祀品、烹饪、接待、安置等一系列仪式事项。而组织策划这一活动的主事以前往往由会首担任。会首由村寨里比较有能力的人家轮流担当。在非遗保护政策驱动下,目前基本上由村支书等村委会成员集体担纲。而作为祭祀仪式最核心的表演角色——释比,一般都是由本村最优秀的释比担任,其余释比会承担助手角色。

释比在日常生活中只是羌族村寨的一个普通劳动者,只有在仪式活动中才能被仪式赋予特殊的使命,即与神灵交流、交通。而这样的能力是释比通过祖传、师徒传承,甚至“梦传”来实现的,是在特殊的释比制度下经过长时间学习获得的特殊技巧。释比表演的内容是被羌族群体认可的标准化仪式知识,并仅限于在群体内部继承。木梯羌寨杨贵生释比和羌锋村王治升释比均出自释比世家,除祖传的释比技能外,都分别跟随释比师傅进行了系统学习。通过课题组对以往仪式表演环节和内容的比对发现,释比主持的祭祀仪式无论从形式到内容,都比较严格地遵从世代相传的模式进行,极少出现更新和拓展的环节,其主题、主要环节、表演形式和表演内容均非常稳定。但是,释比表演的具体内容也具有一定的灵活性和变通性,甚至可以有一定的即兴性。比如2019年王治升释比主持的还寨愿仪式,便因为释比本人年岁已高无法唱诵完整内容而删减了大部分唱诵。此外,释比在具体唱诵的过程中,唱词和唱腔也有一些即兴发挥的空间,这是无乐谱表演的民间音乐普遍存在的现象,说唱音乐则表现得更为充分。

杨贵生释比在唱诵史诗《木姐》之前有一段130行的念诵,其中便有请祖师及释比传承的诵词:众神聚集光临,众神济济一堂,今天,木姐这一段诗章,要唱它呀。释比我忘记了,请祖师在我梦中提醒我吧。到我心里,请提醒我吧。用眼睛示意,前来指点我,前来指点啊,祖师,十七寨的祖师,惹多过去那

---

① 参见彭文斌:《人类学视野下的仪式分类》,《民族学刊》2011年第1期。

方,有阴阳十寨。众神聚集光临,济济一堂啊,释比我也有不知,那些我不知道的神灵啊,释比我也有不知,那些我不清楚的众神啊,今天,木姐这一段诗章,请祖师提醒我吧。从天宫而降的是木比祖师,从大地而来的是布比祖师,像铁样坚硬能飞的拉比祖师,尊敬的豁比祖师,忽比祖师,拉比祖师呀,今天,你的徒弟释比,恭请你们呀。在这里,要唱这段,要唱木姐这段诗章啊。释比我心里的诗如果忘记了,请祖师在我梦中前来,提醒我呀,在我眼睛里,前来示意我呀。我的爷爷来了,我的爷爷阿巴协拉释比呀,你是我的三爷爷呀,千传师傅,万传师傅。师傅幺爷爷,师傅杨万才,师傅王医生,师傅余文早,师傅陈清喜,师傅王喜常,天下所有的祖师,在今天,你的徒弟我,恭请你们呀。在这里,木姐这一段诗章,要唱它呀,如果忘记了,请祖师在我梦中前来,提醒我呀。在我心里指点我呀,在我眼睛里,示意我呀。请祖师一起前来给我鼓劲呀,如果释比我唱诗的劲不够呀,请众祖师前来给我鼓劲吧,就这样啊!①

在这一段念诵中,释比将师承关系全部交代清楚,并希望通过师父的加持力,通过"梦传"的形式提醒释比,帮助释比记忆,给予释比唱诵的力量。这种制度性传承的释比技能,被赋予了神秘的"特异功能",释比角色在祭祀仪式中被神圣化,释比的能力和权力得到充分认可。

(二)仪式中的器物

祭祀仪式中使用的器物主要是一些具有特殊功能意义的物件,并由释比专用,往往被称为法器。释比在祭祀仪式中使用的法器主要有金丝猴头骨、金丝猴皮帽、五彩旗、羊皮鼓、法铃、法杖、尼嚓等。这些器物在仪式表演中被赋予了特殊的"魔力"或"特异功能",是维护释比权力的"圣物",是被视为沟通人神的媒介,具有非仪式主事者不可触摸的"禁忌",因此也是仪式权力的象征物。除了作为象征物,释比法器中的部分响器(节奏乐器)在仪式中担任说唱的伴奏乐器使用。祭祀仪式表演中能作为响器的法器主要有羊皮鼓、响盘、拨浪鼓、法铃等。非响器类法器的功能和风格可以参考《羌族释比法器风格

---

① 杨贵生唱,陈安强记录翻译整理。

研究》①中的相关介绍和阐述,本书重点分析响器类释比法器的表演模式。

　　不同释比使用法器的风格大致相同,但也有一些区别。汶川绵虒镇羌锋村王治升释比在还寨愿仪式中,仅仅使用了羊皮鼓作为伴奏和伴舞的响器使用,法铃始终系在羊皮鼓圈内,与羊皮鼓共同发声,并未单独摘下来使用。羊皮鼓的使用有时是释比单独的击奏,出现在唱诵的前奏、间奏和尾奏中,丰富了唱腔的音响层次;有时是释比和助手一起击奏,出现在唱腔和舞蹈过程中,既有美化仪式表演的功能,也有助力仪式唱腔的效果。成都南宝乡木梯羌寨杨贵生释比在还寨愿仪式中羊皮鼓和法铃均有使用,法铃在一开始替羊解秽时便被释比从鼓圈上摘下来单独使用。释比解释说,这个时候羊皮鼓还没有产生,只能用法铃。法铃的节奏总是在强拍或次强拍摇响,声音高远、悠扬,对解秽经沉闷单调的唱诵旋律具有烘托作用。解秽以后释比及众人牵着作为牺牲的公羊来到神树林,行进过程中采用了打击乐队的节奏型伴奏,壮大声势,但这并非祭祀仪式的必然环节,使用时比较随意。紧接着在神树林里,释比进行献祭五谷的各种表演,首先唱诵的是《献青稞》。青稞是羌族农耕文明的产物,将其与玉米、麦子、腊肉、羊等一起献祭给神,并通过释比唱诵,讲述神农黄帝造五谷、轩辕黄帝制衣襟、伏羲皇帝制人烟等神话故事。接着专门唱诵了《羊皮鼓》的制作,将其与部落起源的神话放在一起唱诵,树立了作为释比法器的羊皮鼓在仪式中的特殊地位。自从羊皮鼓产生之后,释比的唱诵便几乎都伴随着羊皮鼓的击奏进行,其鼓点的变化非常丰富。

　　羊皮鼓作为唱腔的前奏,首先具有通告神灵的功能;其次是吸引观众注意,预示唱马上开始;最后是配合唱腔形成提示、对比、烘托等关系。一般在唱诵之前的击鼓需要根据唱腔的节拍、节奏进行提示性敲击,以便与唱腔的节奏融合为一体,此后唱腔出现时有可能继续羊皮鼓的伴奏,有可能只是在唱腔间歇时候才出现鼓点伴奏;而唱诵结束后的鼓点则由主题节奏逐渐加快变成自由节奏,然后用力重击几声,结束唱腔。如王治升释比在羌年还寨愿时唱诵的大部分唱段都由羊皮鼓伴奏,唱诵《还愿经》开始时,由王治升释比及徒弟同

---

①　张犇:《羌族释比法器风格研究》,科学出版社 2018 年版。

时敲击羊皮鼓,节奏急促、鼓点统一;在六个小节的前奏之后,王治升释比开始唱诵,每唱一句便有一至六小节的休止,但鼓点始终不停歇,羊皮鼓在唱《还愿经》的过程中作为唱腔的前奏、伴奏和尾奏贯穿全曲。

杨贵生释比在羌年还寨愿时大部分唱诵均需要羊皮鼓伴奏。其伴奏有两种形式:一种是伴奏鼓点与唱腔节拍吻合,从头敲击至结束,如《说吉祥》《木姐》等。另一种唱腔与鼓点有时同时出现,有时交错出现,进行多次风格变换,而鼓点变换起着明显的衔接和烘托作用,如接五谷中唱诵《尼嚓》和《巫师》(谱例2-4)的段落,开始部分采用6/8拍子唱尼嚓的制作、功能等,羊皮鼓的伴奏便是6/8的鼓点,与人声交错出现;第二段唱巫师时,唱腔变为2/4拍子,鼓点便随之变换与唱腔融合起来,形成更为规整、有力的节奏。

羊、咂酒、馍馍、五谷及各种祭祀用品等,也是羌族祭祀仪式不可或缺的仪式器物。羊是羌族重要的畜牧产品,还寨愿仪式一般要用五只公羊作为牺牲,当然也可以三只或一只,需为单数。在羌族节日、婚礼、冠名或成人礼仪式上也要用羊祭祀,羊的数量多寡意味着仪式规模的大小。羊作为牺牲可能还有着特殊的含义,"'牺牲'隐喻作用非常独特:它一方面以非常宗教化、虔诚的方式,即以人们生活中最为重要和神圣的物品为祭品奉献给神灵;另一方面,通过仪式的巧妙作为使这种残酷的暴力行为得到文化意义上的'宽恕'和'缓解'。祭献是共同体给予自身一个替代者——保护其免受自己暴力的伤害。而祭献仪式的目的在于恢复共同体内部的和睦,强化共同体内部的约束力。"①其他祭祀用品如香蜡钱纸等,是灵魂信仰的产物,五谷、咂酒是农耕文明的成果。这些仪式器物在祭祀仪式中对释比的表演都起着辅助作用。

(三)仪式中的身体表达

彭兆荣认为:"仪式的展演可以理解为一种特殊的身体表达,却又不是个体性的随意表达;仪式中的身体是被规定的,有规约的,群体性的。如果说有什么活动形式可以最具体、鲜活地表现一个民族、族群等群体性的身体表达,

---

① 彭兆荣:《仪式中的暴力与牺牲》,《中南民族大学学报》2006年第2期。

那只能是仪式了。"①羌族祭祀仪式中的身体表达主要由释比完成,但不仅仅限于释比,信众在祭祀仪式中都有各种身体动作,包括手势、舞蹈、歌唱、姿态、运动、游戏等,是一种综合性身体表达。与仪式文本相比,身体表达更为复杂,隐喻着更多的文化事象,对仪式中身体表达的研究,也应超越知识化的符号学范畴。曹本冶提出:"我们有必要重新审视身体为感觉的中枢,并作为完整的表达手段,去整合各种感觉关系,如同一个运作的综合体、一个完整的知觉体,并以此去进入和把握'仪式境域'。"②

羌族祭祀仪式中的身体表达有着许多特殊的方式和含义。比如释比头戴金丝猴皮帽,身背羊皮鼓,手执法铃站在献祭的公羊面前,摇铃唱诵《解秽》,这一身体表达便有着许多独特意义:第一,释比有传承,金丝猴皮帽是释比祖师曾经获得经文的见证。第二,释比有法力,羊皮鼓是见证。传说释比的羊皮鼓会飞,敲击羊皮鼓还能回忆出所唱的经文。第三,释比有技能,通过唱诵解秽经,便能够让祭祀的羊"抖水",显示与神灵沟通成功,已经被神所接受。释比的这些身体表达,是仪式传承最直接的方式,如果没有仪式性的身体展演和表达,许多羌族活态性文化遗产便无法传续。仪式中释比的特殊行为和技术,都是通过释比的身体行为来表达的,而在此过程中,释比助手、长老、信众的参与和身体表达,也有着积极的作用。比如释比唱诵《驱除病害》时,助手、长老和村里的一群青壮年男子,便做消灭"害虫"的游戏,在传递面团揉成的害虫时,大家哇哇大叫、做出各种害怕的动作,最后将害虫揉成面团被消灭之后,大家又开怀大笑。这样的身体表演非常生动有趣,不仅完成了仪式程序中的除害,而且达成了群体之间的和谐与团结。这一过程,也可被视为民间戏剧的萌芽,群体的身体表达使仪式主事者——释比同参与者之间达成了共同的利益关系,群体意识被加强,而每一个族群内部成员,都在身体表达的过程中得到精神上的满足感和参与感,获得群体利益的最大化。

---

① 彭兆荣:《重建中国仪式话语体系——一种人类学仪式视野》,《思想战线》2021年第1期。

② 曹本冶主编:《仪式音声研究的理论与实践》,上海音乐学院出版社2010年版,第319页。

羌族羊皮鼓舞是羌族特有的以羊皮鼓为道具，以敲击羊皮鼓的各种动作变化、体态变化和节奏变化而形成的舞蹈。木梯羌寨由杨贵生释比主持的羌年还寨愿仪式中，采用羊皮鼓舞蹈的环节共有三次。第一次是在"敬太阳神"的过程中。仪式进行到晚上十一点，连续近三个小时的《木姐》唱诵结束后，刮斯木将神旗、太阳馍馍、香蜡纸钱等祭祀用品安置在祭祀塔旁，释比左手执羊皮鼓，右手执鼓槌，用缓慢的节奏、神秘的动作击鼓舞蹈，从火塘边跳着舞步至祭祀塔旁。舞蹈脚下动作很小，身体基本都呈弯曲形态，显示出神圣、神秘、恭敬之感。舞蹈主要由踏步、吸腿、跳跃、转体等动作组成，两次击鼓转换一次身体方向。跳舞至供品摆放地点，便将鼓立放于地面，鼓槌立在鼓身上，右手扶住鼓槌，一边摇动鼓身使鼓内铜铃按节奏发响，一边轻声念诵经文。每一段经文结束，便取下鼓槌击鼓作为间奏，然后重复先前动作小声念诵，如此反复直至诵念完成。此时羊皮鼓不仅作为法器，用以沟通太阳神、敬奉太阳神，也作为乐器和响器为诵念伴奏，同时还作为道具伴随舞蹈的进行，成为释比身体表达中重要的器物。还寨愿仪式在此后还有两次羊皮鼓舞蹈，其舞蹈动作和击鼓方式又产生了变化，但功能意义基本相同。羊皮鼓舞蹈是释比传承下来的仪式身体表达方式之一，通过这样神秘、庄严的舞步，释比的身份更富有权威性，祭祀仪式更能得到族群认可。

在祭祀仪式中的羊皮鼓舞，具有显著的民间信仰的内涵，但就其舞蹈本身而言，处于较为简单的原始乐舞形态阶段，且"乐"只是羊皮鼓点伴奏下的唱诵，"舞"也是单调、重复的功能性舞蹈。随着羌族生活水平的提高，民俗活动得到快速发展，在传承和发展羌族传统文化的过程中，羊皮鼓舞的功能得到拓展，产生了舞台化的羊皮鼓舞，并逐渐成为羌族传统音乐文化的代表种类。舞台化的羊皮鼓形制缩小，方便变换敲击动作，展示更强的舞台美感。而舞台羊皮鼓舞的动作也随着演出场次的增多、演出规模的扩大以及专业舞蹈队伍的加入而变得丰富多彩。各种复杂的节奏、身体的转动、脚下动作的变换使得羊皮鼓舞的观赏性增强，弱化了其早先的通神、娱神、驱邪等功能，更多地表现出羌族民间艺术的形态，且逐渐成为羌族民俗文化的象征性符号。

释比的身体表达既有传承的固定样式，也有即兴发挥的空间，其唱诵的音调也可以在表演过程中灵活掌握。如木梯羌寨 2019 年还寨愿仪式中唱诵了羌族史诗《木姐》,时长达 168 分钟,由杨贵生释比和他的儿子杨永顺释比轮流唱诵。在课题组调研过的羌族释比中,这两位释比的演唱水平非常高,不仅唱腔流畅、连贯,唱词烂熟于心,而且音高稳定,节奏准确。但如此长篇幅的唱诵,在调高的把握上,仍然有一定的自由空间。此经唱诵采用单乐段反复,羊皮鼓伴奏,间奏时击奏羊皮鼓。杨贵生率先唱诵经文的前半部分,起音为 ^bB 调的 la 音,即 g 音,最高音为小字二组 ^bb 音,最低音为小字一组 g 音,用此调非常稳定地唱诵了 14 分钟,声音高亢,感染力强。当晚杨贵生释比因感冒嗓子发炎,唱诵高音变得较为困难,于是在羊皮鼓点的间奏之后,突然降低一个全音,变为 ^bA 调,即从 f 音开始唱,最高音变为小字二组 ^ba 音,最低音为小字一组 f 音,此时音区降低后唱诵稍显压抑,以此调高唱完了前半段经文,此后杨永顺接着用 ^bA 调唱完全曲。还寨愿仪式之后两个月,木梯羌寨有一场婚礼,课题组前往调研,顺便回访了杨贵生释比,请他清唱《木姐》以便去除鼓声的干扰,准确记录乐谱和唱词,杨贵生释比又用 ^bA 调唱了前面部分。由此可见,在没有音高乐器伴奏的前提下,释比有非常好的音准能力,在需要高亢的时候能够用较高的调演唱,在接受访谈或遭遇嗓音变故的情况下,也能够用稍低的音高进行演唱,调控自如得当,且音准保持得非常好,体现对身体表达的掌控自如。

木梯羌寨和羌锋村的还寨愿仪式,均有丰富的释比说唱表演,释比的身体表达除了诵念、诵唱之外,在唱还愿经时都加入了羊皮鼓舞蹈,形成歌唱、舞蹈、诵念、击鼓、摇铃相结合的综合表达艺术,这种身体表达有着特殊的文化象征和隐喻。如有羊皮鼓舞蹈的篇章《还愿经》,歌词大意是神路已经修好,我们要去天宫还愿了。释比扮演的祭司协祖比弥带领地方神和信众载歌载舞去往天宫向天神还愿。对天神而言,这是恭敬、虔诚的,具有娱神功能,对释比与神的沟通、交流也有着象征意义。释比通过身体表达促进了人与神和人与人之间的友好和谐,完成了祭祀仪式最直接的功能性主题。

二、祭祀仪式音声的文本模式

羌族祭祀仪式是以羌族释比(祭司)的祭祀行为和说唱音乐为主构成的

仪式表演行为。其中也有参与群众的互动性音声表演(合唱、吹打乐合奏、应答等),其文本模式包含唱词文本和音乐文本。唱词文本中能够表现出创作者文化构思的部分有唱诵内容和唱词格式,音乐文本则通过旋律进行、节拍节奏、调式调性、曲体结构等音乐形态来展示创作者和表演者所要表达的文化愿景。

(一)表演内容

课题组收录的木梯羌寨还寨愿仪式唱诵的旋律大致有 20 首,包括:请神(齐瓦谐)、解秽(绰切)、献青稞(日吉爵)、羊皮鼓(嘎博)、尼嚓和巫师(德嘛德瓦)、五谷丰收(西迪恰呐西迪哒)、说吉祥(德-瓦)、木姐(木姐珠)、给祖师爷换衣服(吉祖吉嘤古)、驱除病害(日尼-哦)、吆猪(比瓦格)、接铁(夕瓦格)、羌戈大战(日嘎布尼轨嘎布)、朝祖(哇巴西吉)、要还愿了(毒-啊西)、说白旗(尼白吉吉呐)、修神路(硕楚)、还愿路(刮搓)、还愿经(刮喔)、还愿成(协祖比弥)。

由于 2019 年羌年还寨愿时羌锋村王治升释比年事已高,其徒弟未能学会说唱内容,只能协助击鼓和跳羊皮鼓舞,因此当年只选唱了部分主要段落。为了弄清两个村寨的唱诵内容,通过资料查阅,我们参考了阮宝娣老师 2006 年采访王治升释比时收录的还寨愿经文名称和大意,再根据唱诵内容整理出全部唱段,包括:解秽(绰席-哦)、开场经(迪雪尔琶)、木姐珠(木姐珠)、白(好)与红(撇)(乖阿凋)、请神(木姐阿纽)、桦树丫和旗旗(博淮)、羌戈大战(噶阿凋)、说怪物经(歹阿凋)、说常识经(尔阿凋)、说还愿场所经(巴阿凋)、说月份(该阿凋)、说自然常识(翟)、还愿要朝上还(乖依德艾)、还愿常识(翟阿凋)、白神经(兑阿凋)、还愿鼓(布绰雪)、祖师爷(栽古拉)、罪经(罪阿凋)、取神名(赛国佐)、还箭愿经(赛阿凋)、接铁(哉阿凋)、还愿路(乖伊沙)、清点经典(乖朵萨)、天亮了(索阿凋)、要还愿了(穆阿凋)、还愿树丫丫(驳阿凋)、还愿经(乖赫莱)、招财喜(黛呃崴)、呷酒敬神、敬祖先(国国崴)。①

从两个不同羌寨祭祀仪式上唱诵的曲目上看,包括请神、解秽、敬神、法

_____

① 参见阮宝娣编著:《羌族释比口述史》,民族出版社 2011 年版。

具、史诗、历史和常识、祖师、祖先、驱农害、还愿等内容,其主要祭祀环节和音声内容相似度较高,见表 2-1。

表 2-1 木梯羌寨和羌锋村还寨愿仪式内容

仪式环节	木梯羌寨	羌锋村
请神	请神	请神、请门神、取神名
解秽	解秽(四次)	解秽
敬神	献青稞、说吉祥	还愿要朝上还、还愿常识、白神经
法具	羊皮鼓、尼嚓和巫师	桦树丫和旗旗、还愿鼓、取神名
史诗	木姐、羌戈大战	羌戈大战、木姐珠
唱历史、常识	吆猪、接铁	说怪物经、说常识经、说月份、说自然常识、接铁、罪经
唱祖师	给祖师爷换衣服	祖师爷
唱祖先	朝祖	咂酒敬神、敬祖先
驱农害	驱除病害	
还愿	要还愿了、说白旗、修神路、还愿路、还愿经、还愿成	还箭愿经、还愿路、清点经典、天亮了、要还愿了、还愿树丫丫、还愿经、招财喜

(二)唱词格式

虽然从音声内容上看,两个羌寨唱诵的主要内容均以请神、敬神、唱历史、还愿等为主,但唱词文本和音乐文本却完全不同。木梯羌寨在灾后整体搬迁以前,行政区划分属于汶川县龙溪乡,与汶川县绵虒镇羌锋村仅几十公里路程,并同属汶川县管辖。其羌年习俗和还寨愿、还家愿等传统民俗基本相同。两个村寨在还寨愿祭祀中所唱的史诗类型非常接近,但在唱诵同篇章时,会采用不同的唱词结构和押韵方式。如《木姐珠》,木梯羌寨称为《木姐》(mu tçe),羌锋村称为《木姐珠》(mu tçe tʂu),两部唱经唱词开始部分分别为:

木梯羌寨《木姐》:mu tɕie jəu dʐɹ(la Xei)mu(jəu)tɕie mə la(ja).la phe wu kə(la jo)phe(jəu)da qe si(ja Xei).tai ti wu qə dʐu(jo Xo)pe(jəu)zi tɕy si(ja).(仙女木姐珠哟,如山的白云那里,你驾着祥云而去。如山的黑云那里,你驾着祥云而去呀。你是创造万物的仙女呀,你是带释比到凡间的女神呀。你带来的万物,有十三个力士背着。天神的幺女呀,木姐珠呀木姐珠,从佩柔雪山

神路那里,仙女从神路走来了,要去凡人的路……)①

羌锋村《木姐珠》:die qe ǝu deu mu tɕie(a)deu wa(hæ). mu tɕie tɕie tʂu ze qǝ qe ku saχu(jeu)ȵi wu(ja). mu to ʁueku tiu de(ja)ǝ je. Phzʐe zʐu me tsɿ pi tɕi tio ȵia miatɕi tio tɕi tio ze(ja).(我来唱诵木姐珠这部经典。木姐珠从天上起身来到人间,走到雪隆包上还能回望天界。从山顶一路走下雪山,跨过山沟和平滩,木姐珠来到人世间。她到水边洗麻线,她脱下所有贵重首饰,放在一块石头上面……)②

通过两位释比唱诵的《木姐珠》比较,诗句没有固定的格式和字数限制,与中国古代文人诗歌中的七言、五言以及有意识变化的长短句均不相同,与词人创作的词牌也无关联。释比在唱诵中以比较稳定的七字句或八字句为核心,比较随意地增减语气词以便使唱腔圆润,语气词通常用在诗句结尾处,有时甚至会出现在强拍强位。语气词的使用主要由释比自身的唱诵习惯决定,有时比较固定,有时又有即兴性,有帮助押韵、烘托情绪、润滑唱腔等效果。对于非常冗长的经文如《木姐珠》,释比不可能一字不漏地记忆清楚,为了帮助自己回忆接下来的唱词内容,也可能是为了组织新的诗句,释比会多敲击几下间奏的羊皮鼓,甚至将唱过的诗句反复唱几句,直到回忆或编创好接下来的内容。因此,我们总结释比祭祀仪式说唱的唱词特点认为:释比说唱的经文以诗句的形式出现,诗句本身没有固定字数和押韵格式,在相对稳定的七字、八字句式之外,释比可以比较随意地增加语气词(助唱词),使唱腔圆润,唱词基本押韵。唱词的构造具有一定的即兴性。

羌族史诗《羌戈大战》被认为是羌族生存发展的重要历史见证,在羌语南部方言区的很多村落都传承着这部经典,故事情节大体相同。但不同传承脉络的文本不仅旋律不同,伴奏形式不同,就连唱词的构成方式也不同。如理县蒲溪乡王小刚释比唱诵的《羌戈大战》,采用2/4拍子,节奏鲜明,两个乐句构成的段落不断重复,其间穿插羊皮鼓和响盘的伴奏,非常热闹,情绪激越高亢。

---

① 杨贵生唱,陈安强记录翻译整理。

② 参见阮宝娣编著:《羌族释比唱经》,民族出版社2011年版,第643页。

唱词的基本句式为八个音节或九个音节,不完全规整,也有十个以上音节的句式,唱诵时会通过重复两拍旋律音完成一个乐句,如中段唱词:khuphzɹiapa zədə tədua ji. asəmani stie te hŋoxe pole. muta dzɹ i ɳi xsədzə kuinə zə. stiexe dʐə te muta wo dadu mina. aba çiela ta mity ko……此段经文音节数为9+10+9+11+8,几乎不押韵,其功能性超出了文学性。汶川羌锋村王治升释比唱诵的《羌戈大战》,主题旋律为2/4拍子的重复段落,羊皮鼓的伴奏自始至终,且有较长的羊皮鼓点作为引子,段落之间也由羊皮鼓敲击出8—10小节间奏。主题旋律出现之前,有一个带歌头的段落,采用2/4与5/8的混合节拍,主要唱诵经文的由来、解秽等环节,可视为引歌。正文开始后,此旋律便不再出现。主题材料的经文:muti kheti teti teje. deti kheti suti deje. suti kheti dzɹoti deje. dzɹoti kheti ɡpo ti de je……经文采用“鱼咬尾”的构词方式,多数句式都采用八个实词音节,加上一些语气词构成。句尾“je”(了)可视为实词,表示过去的一种状态,也可视为助唱词,是为了更好地押韵和唱腔流畅。这样的歌词创作体现出更高级的文学诗歌功底,兼顾了功能性与文学性。

(三)音乐形态

木梯羌寨和羌锋村在唱诵内容、经文名称上都有诸多相同或相似之处,但通过现场调研,两个村寨的旋律唱腔完全不同。现将两个村寨的唱段从表演形式到曲体结构、调式调性、节拍使用等进行列表说明。

表 2-2　木梯羌寨和羌锋村还寨愿仪式音乐模式

表演者	表演形式	唱诵内容	音乐结构	调性	节拍
木梯羌寨					
杨贵生	说	请神	无	无	无
杨贵生	摇铃唱	解秽(一)	单句体	三声 D 羽调式	4/4
乐队成员	吹打乐合奏	三吹三打	三句体	五声 F 徵调式	4/4
杨贵生	摇铃唱	解秽(二)	单句体	五声 ♭B 徵调式	2/4
杨贵生	清唱	羊皮鼓	带歌头的单句体	五声 G 羽调式	4/4+5/4

续表

表演者	表演形式	唱诵内容	音乐结构	调性	节拍
杨贵生	击鼓唱	尼嚓和巫师	四句体+三句体（二乐段）	五声♭E宫调式—五声D羽调式—六声G羽调式（四个正音带♯1、♯5）	6/8+2/4
杨永顺信众	合唱	五谷丰收	二句体	五声♭D宫调式	4/4
杨贵生	击鼓唱	说吉祥	带引子的四句体	五声F角调式	6/8
杨贵生杨永顺	击鼓唱	史诗：木姐	三句体	五声F羽调式	4/4
杨贵生	鼓、舞、诵	敬太阳神	无	无	
杨贵生	边换衣服边唱	给祖师爷换衣服	单句体	五声F商调式	2/4
杨贵生	击鼓唱	驱除病害	带引子的单句体	五声A羽—六声D羽调式	4/4
杨贵生	摇铃、跺神棍、唱	解秽（三）	单句体	四声A羽调式	4/4
杨永顺	清唱	唱历史：吆猪、接铁	带引子和尾声的三句体	五声C商调式	2/4
杨永顺	清唱	羌戈大战	四句体	五声E角调式	4/4
杨永顺	清唱	朝祖	带引子的三句体	五声B羽调式	
杨贵生		请神	无记录	无记录	
杨贵生	击鼓唱	解秽（四）	二句体	五声G徵调式	2/4
杨贵生	击鼓唱	要还愿了	二句体	五声F角调式	3/8
杨贵生	摇鼓摇铃唱	说白旗	二句体	五声A徵调式	2/4
杨贵生	击鼓唱	修神路	二句体	五声F徵调式	2/4
杨永顺	击鼓舞唱	还愿路（一）	五句体	五声♭D宫调式	3/4
杨永顺	击鼓舞唱	还愿路（二）	单句体	三声♭D宫调式	3/4
杨贵生	摇鼓摇铃击鼓唱	还愿经	二句体	五声G羽调式	3/4
杨贵生	摇鼓摇铃击鼓唱	还愿成	单句体（二乐段）	五声G羽调式+五声F徵调式	3/4+2/4
杨永顺信众	合唱	五谷丰收	单句体	五声♭D宫调式	4/4
羌锋村					
王治升	击鼓唱	解秽	单句体	三声D宫调式	3/4

续表

表演者	表演形式	唱诵内容	音乐结构	调性	节拍
王治升	击鼓唱	开场经（迪雪尔琶）	带引子的单句体	四声（或省略宫音的五声音阶）C 商调式	3/8
王治升	击鼓唱	木姐珠	带引子的单句体	四声（或省略宫音的五声音阶）C 商调式	3/8
王治升	击鼓唱	桦树丫和旗旗（博淮）	带引子和尾声的单句体	五声ᵇA 宫调式	2/4+5/8
王治升	击鼓唱	羌戈大战	带引子单句体+带引子四句体（二乐段）	五声ᵇE 宫调式	2/4+5/8+2/4
王治升	击鼓舞唱	还愿经（一）	单句体	四声（或省略商音的五声音阶）ᵇB 宫调式	2/4
王治升	击鼓舞唱	还愿经（二）	带引子的单句体	五声 C 羽调式	2/4+5/8

　　如表2-2所示,两个村寨祭祀仪式的表演形式均以击鼓唱诵为主,而在最重要的还愿环节,都加上了羊皮鼓舞蹈,形成集鼓、舞、唱于一体的中国传统乐舞形式,也是少数民族说唱艺术最具特色的表演方式。木梯羌寨除上述两种表演形式外,还有清唱、摇铃唱、摇鼓摇铃唱、合唱、合奏等,显示出仪式表演更强的观赏性和娱乐性,也体现出不同释比在创作表演文本时不同的审美习惯。

　　从音乐结构来看,两个村寨的唱腔均主要以单乐段的结构形式不断重复唱诵,最终完成全部文本。由不同的二乐段构成的唱腔木梯羌寨仅有两首,羌锋村仅一首。有些经文太过冗长,为了使唱诵显得不太沉闷,释比往往在一段唱腔结束之后加入羊皮鼓的间奏,或者在乐段开始时加上短小的歌头,在乐段结束时加上歌尾。如木梯羌寨的《木姐》由于故事情节的需要唱诵时间很长,即便加上了羊皮鼓的间奏,仍然十分枯燥,于是唱诵至中间部分便更换了演唱者,除了体力轮换的需要,也有变化音色、增加新鲜感的效果。

　　在调式调性上,木梯羌寨使用羽调式最多共9段,占全部唱段的37.5%;其次是徵调式6段,宫调式4段,角调式3段,商调式2段。羌锋村宫调式使用最多共4段,占全部唱段的57%,商调式2段,羽调式1段,角调式没有出现。但我们当年采录的只是唱经中1/3的唱段面。在调式音阶使用上,两个村寨的《解秽》都采用了三声音阶,木梯羌寨以 la 为主音,羌锋村以 dol 为主音,两首曲调的节拍和音乐风格非常接近。木梯羌寨的全部唱段以五声音阶为主,但出现了包含多种偏音的六声音阶,显示出一定的创作技巧;羌锋村主要采用五声音阶,或省略了一个音级的五声音阶,音级中没有出现偏音。

从节拍使用上,两个村寨的节拍使用都非常丰富。除一般民歌惯常使用的 2/4、3/4、4/4 拍子外,还经常使用 3/8、6/8 这种富有律动感的节拍。最有特色的是,两个村寨都出现了变换拍子的现象,如木梯羌寨的《羊皮鼓》(谱例2-3)采用 4/4 和 5/4 变换拍子,5/4 拍子是非常少见的混合拍子,此处按照唱词格式构成,与 4/4 间插使用,能够表现出释比制作羊皮鼓时沉稳、从容的神态。羌锋村的变换拍子使用更频繁,经常在引子、主题和尾声之间切换节拍,如《羌戈大战》采用 2/4+5/8+2/4 的变换拍子构成,其中 5/8 是非常少见的混合拍子,在记谱时曾一度以为是 6/8 拍子,因为唱诵时赶节奏造成少一拍的现象。但是通过对《博淮》《羌戈大战》和《还愿(二)》的反复听记,认为其具有非常稳定的 5/8 拍子特点,这种节拍较 6/8 或 3/4 拍更具有向前发展的动力,唱诵更加紧凑,愿望更加急迫。

在节奏特点上,两个村寨的祭祀音乐都常采用附点和切分节奏,有时两种并用。对此有专家指出:"四川羌族民歌的节奏、节拍有自由和规整两种类型,这两种类型与民歌的体裁有相应联系。'喔都惹木'(山歌)、'西惹木'(酒歌)、祖惹木'风俗歌曲'中,多数节奏节拍均较自由灵活多变……非均分节奏以短长型(如 ×× ·、×× ·、×× -、×× ××× 等)运用最多,其次为长短型(如 ×·×、×·×、×-× 等),这两种多出现在一些古老的民歌体裁中。"[1]祭祀仪式音乐中的短长节奏应用非常普遍,其古老的民歌特征从节奏上便能够反映出来。

从旋律进行方式上,两个村寨具有非常典型的旋律线条特征,即较少采用旋律上行,较多采用旋律下行。为了使歌唱变得流畅和自然,往往在唱完一句

---

① 杨羽健、汪静泉、曾令士:《四川羌族民间歌曲述略》,载亚欣主编:《中国民间歌曲集成·四川卷》,中国 ISBN 中心 1997 年版,第 1360 页。

下行旋律后,出现一个向上的跳进音程,再重新从较高的音位逐渐向下延伸,
有时甚至是直线下降。现以木梯羌寨《木姐》(谱例 2-24)和羌锋村《木姐珠》
(谱例 2-25)为例:

谱例 2-24

谱例 2-25

从上面两个乐谱的旋律进行方式可以看出,下行的旋律较上行旋律更多、更长,上行旋律使用的节拍数较短。为了便于旋律下行走向,乐句开始时通过小跳或大跳将音高位置提高,然后通过直线或曲线式进行方式下行至较低音高位置,而乐句结束时都以短时值收束,没有圆润的拖腔。其旋律进行方式统计如表 2-3 所示。

表 2-3 《木姐珠》旋律进行模式

	平行乐节	上行乐节	下行乐节	上行节拍数	下行节拍数
木梯羌寨《木姐》	3	3	4	6	26
羌锋村《木姐珠》	0	5	7	14	33

通过对木梯羌寨和羌锋村全部祭祀仪式音乐的分析,大部分旋律发展手法均与《木姐》和《木姐珠》相同或相似,下行式旋律进行方式构成了祭祀仪式音乐的主要模式,且旋律结尾乐句几乎都采用下行式,并以较短的时值终止。这些特征对解读羌族仪式音乐的历时性特征具有典型的形态学意义。

第四节　羌族祭祀仪式音声的民间
信仰与民俗文化

民间信仰是指流传于民间的一种信仰心理和与之相应的信仰行为,包括自然信仰、神灵信仰、灵魂信仰等,其表现形式主要通过仪式活动来展现。民族学家和宗教学家对民间信仰有不同的定义,如乌丙安:"是在民间广泛而普遍存在的日常信仰事象,主要是对大自然的信仰和对人的灵魂的信仰等多种形态,包括大自然信仰、天象信仰、大地信仰、山石信仰、水火信仰、动植物信仰(动物信仰、植物信仰)、图腾信仰、祖灵信仰。"[1]和云峰认为民间信仰一般指在民众中自发产生的一整套神灵崇拜观念,又特别将少数民族民间信仰分归为自然崇拜、植物崇拜、天体崇拜、图腾崇拜、万物有灵、祖先崇拜、鬼神崇拜、

---

① 　乌丙安:《中国民间信仰》,上海人民出版社 1998 年版,第 17 页。

消灾与禳解、巫术与占卜九个类别。① 近年来学界对民间信仰的性质还有一些不同的看法。"民间信仰是个很复杂的宗教学范畴或说宗教形态。说民间信仰是一种宗教形态，有两层意思：一是说它本质上同其他宗教形态一样，具有'宗教性'，即执着对神圣、神灵或超自然（超人）存在的信仰，并有相关的崇拜行为，这使之不同于其他的民间文化形态（如民俗、民间艺术、民间娱乐等）；二是说它与其他宗教有形态上的不同，这种不同构成了它与众不同的特殊性（如杨庆堃将其称作'弥散性'）。"②这里所谓的其他宗教指的是道教、佛教、基督教等人文宗教或与苯教类似的原始宗教。虽然宗教学与民俗学分属两个不同的学科领域，但在具体的民间信仰活动中，往往都会兼顾其宗教功能和民俗需求，民间信仰便与民俗文化在共同的仪式活动中相互印证、相互制约，共同传承并协同发展，构成了传统文化的主要内容。邓宏烈认为："民间信仰文化是中国传统文化的有机组成部分，一般而言，民间信仰也被称作民间宗教，是指某一区域内对神圣物的信仰，民间信仰的性质介乎宗教与风俗之间，这种信仰普遍是没有组织化的，也就是没有统一的宗教组织和宗教教义，是属于地方社会共同体的民间信仰，民间信仰在中国人的精神及社会生活方面都发挥着重要的作用，因此，在中国人的精神生活中，民间信仰满足了他们的心灵需求。离开各民族民间信仰文化，传统文化可以说是不完整的。"③

　　羌族祭祀仪式音声主要通过释比说唱的形式展示出来，其内容多与羌族民间信仰紧密联系。音声中属于音乐范畴的释比说唱有着丰富的唱词内容、旋律音调和伴奏形式，并伴随一些非音乐范畴的爆竹声、呐喊声、敲击声以及仪式现场的各种人声、动物叫声等嘈杂声音，营造出神圣的仪式场景和氛围。祭祀仪式音声中也有许多关于羌族生产劳动、社会生活和精神生活的内容，构成了羌族民俗生活的生动画面。羌族祭祀仪式以释比说唱为主，其说唱的语言文本因内容复杂、篇幅庞大，被称为释比经典。如四川省少数民族古籍整理办公室主编的《羌族释比经典》中记录的经文便有 362 部近 300 万字。经典

---

① 参见和云峰：《少数民族民间信仰仪式音乐分类研究》，《中国音乐学》2021 年第 3 期。
② 金泽：《当代中国民间信仰的形态建构》，《民俗研究》2018 年第 4 期。
③ 邓宏烈主编：《羌族民间信仰》，四川民族出版社 2021 年版，第 13 页。

中史诗、创世纪、敬神、解秽、祭祀还愿类别中的大部分内容,都与祭祀仪式有关。释比说唱的音乐文本至今没有典籍出现,仅就本课题通过田野调查收集的文本而言,已经有着丰富的音乐形态和表演模式。由此可见,羌族祭祀仪式音声中的唱词内容、音乐形态和表演模式等,反映出羌族民间信仰及民俗文化的基本特征,是羌族活态传承的文化蓝本,也是羌族历史的"储存器"。笔者尝试运用音乐文化本位模式分析法中的第三和第四步骤,来解释羌族祭祀仪式音声中的民间信仰和民俗文化内涵。

一、表演模式的民间信仰与民俗文化特征

(一)表演模式的稳定性特征

羌族祭祀仪式的表演模式以特殊的方式世代相传,其表演内容的掌握者是具有特殊身份的神职人员——释比,表演场域和表演环节都有着相对固定的传统,因此这部分内容的传承非常稳定,极少受到外界文化的影响。川西北羌族聚居区在历史上都处于相对弱势的政治环境下,苯教、儒教、道教、佛教、基督教及汉族民间信仰都曾经渗透在羌族信仰习俗中。但祭祀仪式却基本延续传统,在仪式程序和唱诵内容上极少受到外来文化的干扰。根据笔者的调查发现,羌族其他类别的仪式都或多或少与外来文化有过融合,汉语唱词、道教用语、佛教经咒、汉族灯调等都出现在仪式音声中,但羌族祭祀仪式音声至今只有羌语唱词,并且只是唱诵羌族民俗文化的内容,与其他外来文化关联不大。

羌族祭祀仪式常采用较大规模的还寨愿、转山会等形式定期举行。如"还寨愿"是羌族最隆重的祭祀仪式,在每年农历十月初一羌年期间举行,由一个或多个寨子共同集资举办,场面宏大,群众参与度高。仪式由德高望重的释比主持,仪式环节由释比唱诵羌族史诗的不同篇章进行转换,音声内容十分丰富。释比负责仪式程序掌控和大部分文本唱诵,其余释比或徒弟们只能作为助手协助释比完成仪式表演。仪式过程需要持续十几个小时,释比唱诵的诗句多达一万六千多行。几乎所有村民都会作为信众参与仪式,并认真准备祭品,参与仪式互动,认可释比作为代表完成献祭,以便获得神的护佑。由于

仪式规模庞大,在一些特殊的时代背景下,或者条件不成熟的时候便不会举办,如"文化大革命"期间和地震受灾之后。但即使在无条件开展大型仪式的条件下,羌民仍然能够自觉进行较小规模的类似仪式,形成了稳定的信仰习俗。比如2008年地震以后,在整体搬迁未完成、大型仪式开展条件不具备的前提下,木梯羌寨仍然在夕格老寨子进行一些小型祭祀活动。高屯子曾记录:"大灾之后,人们敬天祭祖、礼拜神灵,格外恭敬,格外虔诚。贵生带着儿子永顺在日出之前来到屋顶,首先祭拜屋顶中央的'纳撒'——小石塔上放着的一块白石,代表天神。高山羌寨以白石代表神灵,屋顶中央、屋顶四角、门楣、神山、神树林、泉眼、路口……白石放在哪里,就代表哪里的神……贵生、永顺带着公鸡、酒肉、香蜡,祭拜了楼顶的'纳撒'和山坡上的神树林之后,又拿着月亮馍馍、太阳馍馍,到屋后一处巨石下祭拜羊神。到了午后,家里的十二大神祭拜完毕后,贵生便带着家人在牛圈、羊圈、猪圈门口,贴上了'六畜兴旺'的红色纸条。"[1]这样的行为方式体现出更为显著的交换和共享仪式特征,人们希望通过恭敬的献祭,换来神灵的护佑,遏制灾难的降临,殷勤献祭便是交换和共享仪式中的交换条件。这样的仪式不仅存在于羌族仪式中,全世界范围的此类仪式均有这样的特征,只是羌族在执行这一仪式时,更多地保留了先祖遗风,将仪式过程和仪式音声较为完整地保存下来,成为羌族信仰习俗较为稳定的传承平台。

(二)表演模式的共时性特征

仪式音乐表演民族志隶属于民族音乐学和仪式人类学,是以共时性研究为学术基础的学科门类。但中国有着五千多年文明史并从未断代,研究对象中存在大量的文史资料。因此借鉴历史音乐民族志的方法,将研究对象的历时性特征作为共时性研究的补充,在共时性及活态表演的文化语境中展开兼具"共识—历时"视角的文化书写,是20世纪中叶以来当代音乐民族志的研究特征。[2]

---

① 高屯子:《羌在高山峡谷》,中信出版社2013年版,第26—27页。
② 参见杨民康:《仪式音乐表演民族志》,人民音乐出版社2021年版,第152—183页。

羌族祭祀仪式的表演模式是以释比说唱为核心的艺术形式。它包含说和唱、鼓和舞,以及群众游戏和集体歌唱等表演方式,并伴随着金丝猴皮帽、猴童精灵、羊皮鼓、法铃、神旗、柏树枝等仪式象征物的参与。其表演过程主要在神树林和祭祀塔(纳萨)上完成,表演模式充满了神秘感。彭兆荣认为:"凡是祭仪都有一个确定的空间,一旦进入这个空间,就与信仰空间相连……人们在仪式的展演、重复过程中,使时间、空间神圣化,运用仪式的特殊形式与力量建造了一种自然生态平衡以及一种人群与人际的社会生态平衡。人类在其发展过程中,与自然环境之间构成了一种对应、对立又友好和谐的关系。"①羌族还寨愿仪式是一个寨子共同的仪式活动,仪式过程均需在公共空间完成。羌族寨子最重要的公共空间便是神树林和村里的小广场。神树林的纳萨台是摆放祭祀用品的地方,神旗也需插在纳萨台上,以往还需要为每家每户插上释比制作的神旗,方便各路神祇光临仪式现场落座,神树林里被誉为神树的一棵大树挂满羌红。寨子里的小广场在还寨愿的当晚会搭建火塘,信众围着火塘观看释比表演。这两个仪式空间经过装扮表现出特殊的神秘感和节日气氛。释比在还寨愿仪式中必须佩戴金丝猴皮帽,身穿传统羌族蓝布长衫,戴围裙,手执羊皮鼓,显示出绝对权威的仪式主持者形象。在这样的空间进行仪式表演,本身已经将羌族的信仰习俗进行了活态展示。但这还远远不够,这只是仪式表演的物质空间。释比表演的文本才是仪式的灵魂,被称为精神空间,两者合二为一,塑造了羌族祭祀仪式的文化空间。在这个空间里,信众通过仪式表演加强了对共同利益的维护,加深了成员之间的友情,促进了族人之间的团结,加强了人们与生存环境构成的对立又和谐的关系。仪式的一次次进行及一代代传承,构建了族群集体意识中稳定的信仰力量,而族群赖以生存和发展的信仰习俗、生活习俗、礼仪习俗等,也通过仪式不断重复展演,不断强化和加深,最终成为稳定的民俗文化。

(三)表演模式的历时性特征

羌族目前没有羌文字,但中华民族悠久的历史在历朝历代都被汉文字记

---

① 彭兆荣、路芳:《阿细密枝山祭祀仪式与生态和谐——以云南省弥勒县西一镇红万村为例》,《广西民族研究》2009年第3期。

录。少量相关史料可以作为我们研究羌族文化的历时性文本补充。羌族祭祀仪式的表演模式，虽然在史料中很难找到完全相同的类型，但就表演模式的性质而言，部分仪式类似于我国古代的原始乐舞。"乐舞"一词是后世出现的概念，先秦时期称之为"乐"。《礼记·乐记》载："比音而乐之，及干、戚、羽、旄，谓之乐"。[①] 刘再生对原始乐舞进行了总结："原始乐舞的概念是指歌、舞、乐'三位一体'的艺术形式，这是我国音乐的早期形态。由于原始社会的生产力水平比较低下，艺术上较为粗拙简单，歌、舞、乐三者间存在着相当程度相互依赖性的缘故。因此，歌唱、舞蹈、奏乐源于同一母体的艺术表演形式称为'乐舞'。"[②]

在我国古代文献中记载有一些原始乐舞的内容和形式，有些与羌族祭祀仪式的表演模式非常相近。如《吕氏春秋·古乐篇》记载："昔葛天氏，三人操牛尾，投足以歌八阕，一曰《载民》，二曰《玄鸟》，三曰《遂草木》，四曰《奋五谷》，五曰《敬天常》，六曰《达帝功》，七曰《依地德》，八曰《总禽兽之极》。"[③]《载民》是歌颂承载人民的大地；《玄鸟》是鸟图腾的体现；《遂草木》是祝愿草木茂盛；《奋五谷》是祈求五谷丰收；《敬天常》是敬仰大自然的规律；《达帝功》是歌颂三皇五帝的功德；《依地德》是感谢土地的馈赠和恩惠；《总禽兽之极》是期盼禽兽繁殖生长，为人们提供肉食和皮毛。这八阕歌的内容，表达了原始人与天地和谐相处的法则，体现了先民敬畏大自然、尊重万物的集体意识，是原始社会进入农耕文明后的信仰、民俗及生活常识的真实描写。

对照葛天氏的乐舞，我们反观羌族祭祀仪式的表演模式。还寨愿仪式中有释比的歌唱、诵念和手执羊皮鼓的载歌载舞表演。在羌族北部方言区的跳甲仪式中，人们会手执刀、枪、矛等歌舞，祭祀神和先祖。木梯羌寨还寨愿仪式中释比唱诵的内容不止八阕，但综合其主要思想内容，包括请神、解秽、敬神、法具、史诗、历史、养殖、工艺、祖师、祖先、驱农害、还愿得福等，与葛天氏乐舞的内容有很多相似之处。只是羌族祭祀仪式音声除民俗内容外，有更多的对

---

①　参见薛永武:《礼记·乐记研究》，光明日报出版社 2012 年版，第 14 页。

②　刘再生:《中国音乐史简明教程》，上海音乐学院出版社 2006 年版，第 8 页。

③　杨荫浏:《中国古代音乐史稿》，人民音乐出版社 1981 年版，第 11 页。

原始信仰的表达,其表演模式是在原始乐舞基础上逐渐增加内容、完善形式,最终形成较为固定的仪式程序和仪式音乐文本,并通过严谨的师徒相传得以延续。当然,使仪式得到传承的最主要原因,还是羌族群众生存发展的需要。通过仪式表演,民众得到了极大的心理慰藉,并将一切收获归功于人们对神灵、大自然的恭敬心,归功于仪式展演的世代延续,于是信仰更加坚固,民俗更加稳定。由此可以推断:羌族祭祀仪式的表演模式是我国古代乐舞的延续,是羌族信仰和民俗集中展示的文化空间。我们通过当下羌族祭祀仪式模式的历时性纵向研究,找到了该类仪式的原始雏形,也从中考察出了羌族祭祀仪式产生的土壤以及传承发展的深层结构。

二、表演内容中的民间信仰与民俗文化

(一)表演内容中的民间信仰

羌族民间信仰和民俗文化息息相关,在祭祀仪式的表演内容中表现得很充分。民间信仰通过仪式的形式年复一年地表演,便形成了信仰习俗。羌族信仰习俗是以民间信仰为基础的精神生活,神和超自然现象是羌族民间信仰的主要崇拜对象。羌族信仰的神大致可以分为三大类:自然神、家神和地方神。在仪式活动中,释比会将相关神灵邀请到场,通过唱诵诗文来沟通神灵、娱乐神灵,最终得到神灵护佑。羌族祭祀仪式往往与节日相伴,神圣和世俗融合在一起。释比说唱的主题代表着羌族民间信仰,庆典中群众的载歌载舞表演属于民俗范畴,既有娱人效果,也有娱神、事神的功能,与信仰习俗密切相关。

1. 自然神信仰

自然神由原始民族在"想象文化空间"中构建出来,以天神为核心,与其他一切自然现象相联系的神灵都称为自然神,如天神、地神、山神、太阳神、雷神、雨神、云神、火神、树神、水神、羊神、青苗神等,自然神是羌族在与自然和谐共处时的保护神。在羌语南部方言区的羌年还寨愿仪式中,天神木比(木比塔)往往作为最高神祇被敬仰、供奉。如成都南宝乡木梯羌寨的还寨愿仪式,便是由天上派来的祭司协祖比弥(由羌族释比代替),带领各路神和信众去往

天宫祭祀天神,向天神还愿。仪式中的请神、解秽等唱段,都需从敬天神开始。"解秽"是通过释比唱诵诗文、用水洗等方式,使祭祀场所和牺牲、祭品等洁净的一种方式,在还寨愿仪式中会反复解秽,以保证献祭是真诚和清洁的,交换和共享才能成立。木梯羌寨的还寨愿仪式一直由杨贵生释比主持,他唱诵的第一部《解秽》是替献祭的公羊解秽。五只公羊分别献给五个不同的神:天神、太阳神、山神、川主、土主。其中前三位是自然神,另两位是地方神。《解秽经》唱词有五个段落,除了神的称谓其余均相同,第一段唱词大意是:天神木比请领受,这头羊子献给你。释比我和徒弟们,雪隆坡上取金水,罗罗山上取银水,用柏树丫丫来洒水,羊子羊子快抖水,羊子抖水天神喜,我将羊子献给你。① 汶川羌锋村还寨愿仪式在王治升释比在世时均由他主持,仪式程序和内容与木梯羌寨近似。其中《解秽经》开始段落的大意是:羌人敬奉天神、神、山神、地盘神! 敬神要先解秽,不干净的人要先洗干净……②所有的神仍然以天神为最尊,其次是山神,然后是地盘神,最后还会唱到各种家神和工艺神。

神本身并没有具象,但人们凭借想象力虚构出来了各种形象。多数情况下神的形象都很虚幻,但也有一些释比会将神描写得很具体,如杨贵生释比在还寨愿仪式中唱诵的《拜见天神》,便塑造了天神的具体形象:"苍穹的天神,至尊之神,戴着黄色的帽子,那正是天神啊! 穿着黄金龙袍,是天神木比啊! 蹬着皮靴的,是天神木比啊! 插着白色大旗的,是天神木比呀! 抱着白山羊的,是天神木比呀……"③这是尊贵而富有的人物形象,是人们期望中的美好形象。

羌人还用洁白的石英石来代表自然神的形象,形成"白石崇拜"的传统。"白石崇拜"是将自然崇拜的神"具象化"的一种方式,信众将白石供奉在纳萨塔子、碉楼、屋顶及专门的供台上④,以便能看得见、摸得着,白石便成了人与自然和谐共处的中介。在木梯羌寨和羌锋村还寨愿仪式上,释比都会唱诵羌

---

① 杨贵生唱,华明玲记录。2019 年 11 月 24 日调查木梯羌寨羌年活动时收集。
② 王治升唱,华明玲记录。2019 年 11 月 27 日调查羌锋村羌年活动时收集。
③ 陈安强:《羌族史诗说唱传统研究》,四川民族出版社 2022 年版,第 264 页。
④ 成都南宝乡木梯羌寨有一个专门供奉白石的供桌,供奉着一块很大的白石,羌人称为白石神,是从汶川龙溪乡老寨子搬运过来的。

族史诗《羌戈大战》，史诗描写古羌民族一个分支的迁徙定居历程。史诗塑造了人们在领袖阿巴白构带领下与戈基人展开激烈战争，并在天神木比的帮助下打败戈基人，最后定居在岷江上游的故事。其中有战争场面描绘："木比袖中取三物/三块白石抛下山/三方魔兵面前倒/白石变成大雪山/三座雪山高耸立/威武耸立云雾中/挡着魔兵前进路/羌人脱险化平安……阿巴木比扭转身/三块白石给羌人/白石当作武器使/狠狠朝着戈基打/羌人白石投过去/白石击在戈人身/一投白石死一个/二投白石死一双/三投白石三人死。"①在这场生死之战中，天神帮助羌人取得了胜利，而其手段不是自己将戈基人消灭，而是将白石变为雪山阻挡戈基人，并赠予羌人白石来打击戈基人。羌人定居后便将天神作为最高的保护神，"白石"因被天神赋予了超凡力量，便成为天神的象征被羌人供奉在祭祀塔上。后来白石被赋予了更多的象征意义，所有的自然神都可以用白石来代表，人们在屋顶、纳萨台上摆上五块或更多白色石英石，用以代表天、地、山神等自然神和工艺神。

2. 家神信仰

家神是羌人祭祀祖先、保佑家人平安、工作顺利时所祈求的神灵，包括始祖神木姐珠、斗安珠、阿巴白构、阿巴白耶等，还有如灶神、角角神、门神、水缸神等家神；释比在祭祀仪式音声中唱诵的神灵包括羌族和与其他民族共有的始祖神特有的始祖神。羌族是中华民族多元一体大家庭的成员之一，在几千年文明史中，许多华夏始祖神也是羌族敬奉的神。如杨贵生释比在还寨愿仪式中唱诵的《献青稞》里，便提到了与各民族共同信仰的始祖神，其中一段歌词唱道：*神农皇帝造五谷，伏羲皇帝制人烟，轩辕黄帝造衣襟，木姐带来羌人繁衍，一切都是天神造，今天众人来还愿……*②大禹是夏朝的第一位皇帝，中国古代传说中与伏羲和黄帝均尊为圣贤之王。禹的功绩主要在于治理洪水、划定九州、奠定夏朝基础，后人称他为大禹或禹神。由于传说禹生汶川石纽山，西汉扬雄《蜀王本纪》也有记载，因此大禹被羌族地区普遍供奉为"禹神"。羌

---

① 四川省少数民族古籍整理办公室主编：《羌族释比经典》（上卷），四川民族出版社 2008 年版，第 63 页。

② 杨贵生唱诵，口述，华明玲记录整理。2019 年 11 月收录。

族史诗《颂禹神》便唱颂了大禹受天神旨意投胎凡间,治理洪水、拯救苍生的丰功伟绩。史诗共六个章节:石纽投胎、出世不凡、涂山联姻、背岭导江、化猪拱山、功德永垂。开始段落唱道:在这良辰佳节里/在这吉运高照时/释比我要诵唱经/诵唱先祖大禹根/诵唱先祖大禹源/先祖圣禹生羌地/羌人大禹名传播/他的好事说不完……①这是羌族地区关于大禹主题的民间叙事形式之一,其唱诵故事的背后,有着更为深层次的族群"集体记忆",是羌族祖先崇拜、英雄崇拜和族群认同的共同表达。李祥林认为:"从族群内部的自我认同和身份表达看,羌族聚居区大禹传说包含着先祖敬奉和英雄叙事的要素,其为羌人强化族群认同、提升族群声望、拒绝他者讹指提供着民间文学资源。"②

　　杨贵生释比唱诵的《献青稞》除歌颂神农、伏羲、轩辕等华夏始祖神,还唱诵了羌族始祖神"木姐"(木姐珠),这是羌族地区普遍流传的神话故事。木姐珠是天神木比的三女儿,下凡到人间与斗安珠成婚。木姐珠从天上带来了先进的生产方式,他们通过勤劳和智慧创造了美好生活,制定了礼仪规范、婚俗制度,使羌族家园兴盛、族群繁衍。因此,木姐珠被认为是羌族始祖神,在羌族传统民歌里,也常常夸赞村寨里漂亮、能干的女人为"木姐"(相当于汉族称谓里的"仙女"),足见其对"木姐"神的敬仰与尊重。杨贵生释比唱诵的史诗《木姐》开始部分这样描写:仙女木姐珠哟,如山的白云那里,你驾着祥云而去。如山的黑云那里,你驾着祥云而去。你驾着祥云而来,你是创造万物的仙女。造物主是你,你是带释比到凡间的女神。你带来的万物,有十六个力士背着。天神的幺女呀,木姐珠呀木姐珠。木姐珠仙女呀,从佩柔雪山神路那里,仙女从神路走来了,要去凡人的路……③

　　3. 地方神信仰

　　地方神是与羌族起源和迁徙历史密切相关的神灵,并有明显的地域特征,称谓方面各地有所不同,在羌族信仰世界中受到特别的尊重,如川主、土主、地

---

　　①　四川省少数民族古籍整理办公室主编:《羌族释比经典》(上卷),四川民族出版社2008年版,第217页。

　　②　李祥林:《民间叙事和身份表达——羌区大禹传说的文学人类学探视》,《西南民族大学学报》2010年第10期。

　　③　杨贵生唱,陈安强记录翻译整理。

盘业主、松潘的神、威州的神等。王治升释比《请神经》先请了天神等自然神,
然后唱道:家神名叫墨初神/文昌帝君也要请/三星女神显神灵/用青稞把祖师
请/牛马二王两尊神/斗安珠木姐珠神/杉木柜子插旗神/圣洁门边门角神/威
武门神取神名/所有神灵都要请/穆兰新桥松树神/燕福那里库墨神/交店那里
郭州神/小磨坪处勒兹神/檩岭山的搜州神/菜苓生处苏勒神/郭竹达的苏勒
神……神灵一共有一千/神灵一共有一百/山神天神数不完……①

从上述仪式文本中我们了解了羌族万物有灵的信仰意识,自然界所有事
物都由神灵主导,其神名具有高度的描述性和想象力。羌族以天神为最重要
的神,并以此为核心构成了庞大的神灵信仰体系。羌人在崇尚自然、信仰神灵
的基础上,逐渐掌握了人与自然和谐相处的法则,并以祭祀仪式实现信仰愿
景,形成羌族特有的信仰习俗。

4. 英雄崇拜

羌族对神灵的信仰虽然非常虔诚,但分析释比说唱的内容,指导和带领羌
人生活、获取胜利的却最终是人。弗洛伊德从精神分析学的角度对人类信仰
神灵的心理进行了研究,他认为:"神都是根据父亲的形象构成的,人与神之
间的关系也常因人与父亲之间的关系变化而发生改变。简单地说,神祇不过
是父亲影像的一种投射吧。"②从羌族对大多数正神塑造风格来看,有父亲形
象的某些特征,他们将很多重要的神灵称谓都冠以"阿巴"的前缀。如天神
"阿巴木比",始祖神"阿巴白构""阿巴白耶",释比祖师"阿巴锡拉"等。以
"阿巴"尊称的神,往往都有英雄事迹流传,如同伟大的父亲或者长老,战胜困
难、防御外敌、建设家园。这样的神不仅具备父亲能力,也具备人的基本特征。
因此,羌人信奉的神,原本有父亲的影子,对神的信仰与对祖先的崇拜进行了
结合。如释比说唱《敬木比神》开头部分唱道:阿巴木比下凡来/凡间大地很
凄惨/豺狼虎豹围满山/妖魔鬼怪惹事端/阿巴木比心中寒/巧施计策把民
怜/山顶半腰羌人居/防御外敌居高山/又教羌民扎草人/草人穿衣又露脸/阿

---

① 四川省少数民族古籍整理办公室主编:《羌族释比经典》(上卷),四川民族出版社 2008
年版,第 319 页。
② [奥]弗洛伊德:《图腾与禁忌》,文良文化译,中央编译出版社 2009 年版,第 250 页。

巴木比推草人／草人跌崖遂消亡／木比高声问凡人／半山岩上可安乐／凡间羌民回答说／半腰之处真快乐／房屋结实又漂亮／吃的喝的都不缺。① 这里的天神阿巴木比,就是一个仁慈的智者和长老形象,但也可以说是父亲的形象。其所谋划的居住地、防御措施等,都是羌族在长期与外敌和自然界作斗争的过程中,积累的生活经验,将之以神的名义传下来,是对传统的尊重,也是族群生存和发展的需要。

在释比说唱文本中,天神木比都不是以族人的形象出现,而是以高高在上的神的形象出现。如果将这个神还原成人,那么他也是一个外人。古羌民族是西戎游牧民族的总称,曾经以部落的形式拥有图腾信仰。羌族不同部落有各自的图腾,包括猕猴、牦牛、白狗、白马、苍狼、羊等②。弗洛伊德在研究图腾与禁忌时发现:"既然图腾代代相传并不因婚姻而改变,这种禁忌的效果,比如在母系社会中,并不难看出。例如,男的属袋鼠图腾,娶了一个属火鸡图腾的女子,他们的小孩,不论男女,都属火鸡族。"③从这个观点来看,母亲与孩子及母亲家族的成员是一个图腾部落的人员,在禁忌里,同一图腾的部落人群不可以通婚,那么其父亲必然是另外图腾部落的人。如果从最早的部落生活模式来看,父亲便是一个外人。天神如果代表父亲,那么他便应该以外人的形象出现,且智慧、勇气、能力非凡。这样分析的结果,关于这几位冠有阿巴称谓的说唱故事主角,应该具有非常古老的历史,是古羌部落文化的遗存或延续。

羌族信仰神灵,是局限于对世界的认识能力。当人们意识到人的作用超出了神的作用时,便开始将神具象化到人的身上,最典型的便是将英雄人物塑造为神。羌族史诗中有歌颂部落首领阿巴白构的史诗《羌戈大战》;有歌颂治理水患、平定天下的夏朝国王大禹的《颂禹神》;有歌颂英雄迟基格布起兵报父仇的《迟基格布》。这几位神原本是羌族英雄的形象,最后因为对羌族生存、发展或主持正义等有着巨大功绩,被羌人封为了神。

---

① 四川省少数民族古籍整理办公室主编:《羌族释比经典》(上卷),四川民族出版社 2008年版,第 457 页。
② 钱安靖编著:《中国原始宗教研究及资料丛编·羌族卷》,巴蜀书社 2017 年版,第 105—110 页。
③ [奥]弗洛伊德:《图腾与禁忌》,文良文化译,中央编译出版社 2009 年版,第 8 页。

《羌戈大战》中,阿巴白构本是部落首领,在带领羌人战胜戈基人的战争中出类拔萃,成为英雄。战争中他得到了天神的帮助,才取得胜利,这里的英雄在成为神的过程中,是得到奇缘、有神力助佑的。而另一些史诗则完全是歌颂英雄,神的力量只在残存的意识里。如羌族史诗《迟基格布》讲述迟基在三岁时,其父被矣多寨的霸主者英基杀害,五岁时母亲为报仇也惨遭毒手,迟基便成了孤儿。但是迟基出身不凡,聪明勇敢。成为孤儿后立志勤学苦练,最后智慧超群,武功盖世,十八岁成年后,便招兵买马,起兵报父仇。在此过程中,迟基以其诚恳和果敢,说服了一路的寨主关卡放行,最后到达仇人所在的矣多寨。由于敌我悬殊,迟基采用了很多妙计,智取了矣多寨,杀死了仇人。迟基返回家乡,受到热烈欢迎,与亲人、官兵一起庆功,并被羌人尊为神。结尾段落唱道:亲人授挂五彩缎/庆贺勇士们凯旋/庆贺迟基是英雄/庆贺若波出英雄……迟基管理若波佳/与邻和睦又友善/硝烟战火不再有/五谷丰登民众安/迟基是羌尊贵神/迟基是羌大英雄/羌人子孙都知晓/代代释比都唱诵。①这部史诗自始至终都在歌颂英雄和人民:歌颂英雄的操守——为父母报仇;歌颂英雄的勇气——起兵报仇;歌颂英雄的智慧——文武双全、智取矣多寨等;歌颂人民的力量——帮助迟基的寨主、跟随迟基的官兵。史诗中唯有两次提到与神相关内容的,其一是开始部分唱到"迟基本是天投生",将迟基的出生与"天"或"神"结合,塑造其神圣的身世。其二是结尾部分"迟基是羌尊贵神"。迟基从一个父母双亡的孤儿,成长为替父母报仇雪恨的英雄,然后便被羌人尊为了神,这是神灵信仰与英雄崇拜的相互转换和融合,神是英雄,英雄是神。从文本的情节可以看出,羌族将神具象化到人的身上,同时又将英雄塑造成了神,在不断重复的信仰仪式中,强化了羌族的信仰习俗。

(二)表演内容中的民俗文化

民俗文化是指一个民族在长期生存、发展过程中所形成的独特的活态文化。它包括人们在物质生活、精神生活以及社会组织等各个方面的文化创造。

---

① 四川省少数民族古籍整理办公室主编:《羌族释比经典》(上卷),四川民族出版社 2008年版,第178页。

民俗文化是一个民族之所以被认为是这一民族最重要的标志,它以物质文化和精神文化两方面的创造、演变和发展来影响族群的行为。民族文化既是历史的延续和传承,也是现实生活的展现。能被长期传承的一些民俗被视为民族文化的基因,我们称之为物质文化和非物质文化遗产,在当下受到政府及民众的保护;但也有很多民俗因与时代发展不相适应,逐渐退化、变更甚至消失,与此同时,一些新的民俗又不断产生。这种继承与发展选择机制既保证了民族文化的基因得到继承,又保持了民俗文化的创新活力,使得各种民族特征因民俗文化的这种性质表现得更为鲜明。有学者认为:"民俗文化体现着整个民族的哲学观念、文化意识、感情气质、心理素质和文化精神,其文化内涵体现着作为人类基本文化意识的生命意识与繁衍意识。民俗以传统方式一代代延续下来,是一种历史的延续,在发展的过程中起着承上启下的作用,在漫长的流传过程中,虽然经历了复杂的变化,但其核心元素却始终保留着,形成为一种固定的形式和内容。"①这种较为固定的形式和内容,便是民俗文化的内核,是构成民族文化基因的基础。人类各民族文化的传承便是依靠这样的民族文化基因,是各民族在融合、演化与发展过程中逐渐形成的、被本民族人群世代认同的、凝结着民族传统文化精神的元文化的传承。

羌族是中华民族大家庭中最古老的民族之一,其民俗文化与中华民族中的许多民族有着相同或相似的特点。中华民族共同创造了五千多年文明历史,羌族也有着重大贡献,甚至有着特殊贡献,因为羌族可能一直在融入其他民族,很多民族文化的创造都与羌族有关。中华民族是由许多独立的民族经过接触、混杂和融合,或者分裂、演变和消亡,最后形成了保留有各自文化个性又具备一定相似的文化特征的统一体。其民俗文化的共性包括农耕文明的传统生产方式、天人合一的哲学思想、追求中庸的行事风格等。而这个庞大的共同体中的各民族在历史上都保留有各自的民俗,但随着信息时代的到来,全球一体化和民俗特征的消减已经成为全世界必须面临的问题。在我们众多民族

---

① 黄永林:《民俗文化发展理论与生态规律阐释及其实践运用》,《民俗研究》2015年第2期。

中,保留有独特民俗文化的民族就包括羌族。尽管这样,在四川西北部的岷江中上游地区,一些早期迁徙居住于高山峡谷之中的羌族人群,并未被融入到周边的汉族或藏族人群中,他们保留至今的民俗文化个性,是进行民族识别的依据。而这些个性,也是目前研究羌族和其他多个民族起源、迁徙、生存、发展的重要依据,堪称中华民族文明历史的活态存留。

羌族在上千年的战争、动荡、迁徙过程中,大部分已经融入到汉、藏等民族中,而保留着羌族传统习俗的人群,恰恰都居住在岷江上游的高山峡谷之中。不便利的交通条件使这些村落与外界交流非常困难,相对封闭的生活环境使人们一直沿用着古老的习俗,直到 2008 年"5·12"地震前。地震后很多村落搬迁到了交通比较便利的河滩、公路附近,或者政府已经将公路通到了羌族每一个村寨,与外界的频繁接触使羌族传统习俗正在悄然发生变化,这是传统文化的巨大损失,但却是社会政治、经济的进步,是无法抵挡的前进步伐。我们现在分析羌族民俗文化时,不能将眼前见证的事实作为最终文本,而应该参考此前的音像资料、文本资料及人物访谈。羌人曾经居住的传统村落交通极不便利,也很少有人能够走出大山,进入学校读书,尤其是女性。课题组曾对成都邛崃木梯羌寨、茂县杨柳村和曲谷村进行过调查,20 世纪 80 年代以前出生的妇女几乎都不识字,这个年龄段的男子一般能够读完小学。这样的环境使他们受到汉文化的影响比较有限,传统的生活习俗和文化习俗被基本保留。羌族祭祀仪式音声与仪式并存,经历了从早期的部落文化到当下的现代文明的发展历程,从祭祀仪式的表演内容中,能找寻到羌族采撷文化、狩猎文化、游牧文化、农耕文化的痕迹。这些不仅是羌族的生活习俗,也是人类原始部落时期普遍存在的习俗,只是我们大多数民族已经完全遗弃了这些传统,而羌族却以仪式文化的形态将其中部分内容保留下来,成为羌族文化属性中最古老和传统的标志。

1. 采撷和狩猎习俗

人类文明最早的形态应该是采撷和狩猎。传承至今的还寨愿仪式中,释比在请神之后往往会唱诵《接五谷》,其内容需率先追述神农皇帝的事迹。神农氏即炎帝,传说是羌族先贤。神农通过尝百草来区分食用的五谷,是人类最早的采撷文化的缩影。茂县北部方言区流传的基勒俄足①节有"传火种"的仪式,释比在仪式中唱诵的史诗《取火种》开始部分描写了古羌部落通过采撷维持生活的民俗:看见满山好花果/撒腿四散林间跑/伸向树丫去攀摘/抖落果实撒满地/吃的少来浪费多/阿勿巴吉心中急/急忙来把人召集/传下口谕立规矩/细述觅食多不易/多节约来莫浪费/依次排队将果摘/摘的果实收藏起/剩余坚果以备用……②史诗中这样描述主人公热比:"热比果然是神子/一岁能将兔逮住/九岁杀虎又捉豹/空中雄鹰也能擒/飞禽走兽语能通。"③这里夸赞热比的技能,全都与狩猎有关,是狩猎习俗的文化遗存。可见羌族祭山还愿仪式原本起源于采撷和狩猎文化。生活在那个时期的人们生存尤其困难,是真正"靠天吃饭"。人们对大自然的依赖和敬畏之心尤为强烈,祭山还愿仪式满足了人们对大自然的诉求,交换和共享的意图非常明显,自然崇拜和神灵信仰习俗随之逐渐产生,并延续下来。

2. 游牧习俗

游牧是采撷和狩猎之后人类生计方式最大的变革。这一生产力水平的发展,更大地保障了人类赖以生存的食物,人口得以稳定增长。游牧方式是游牧民族对生存和生活经验的集结,是依据自然环境、气候条件、季节轮换、草原承载力及畜牧种类等进行人工干预的结果,人类用智慧将大自然的财富进行了合理的利用和挖掘,使其能够长期、有效地为人类服务。"游牧"的意义在于"游"和"牧",即游动放牧,在这一过程中游牧文化随之诞生。古代羌族原本指我国西部最早的游牧民族,曾长期依靠草原环境进行畜牧养殖,逐水草而居,繁衍生息。游牧文化是羌族祖先最早的生产方式,从羌族族名亦可明确这一问题。说文解字"羌":"西戎牧羊人也。从人从羊,羊亦声。"当然现代羌族与古代羌族是两个不同的概念,但他们有着族源关系和血脉传承,牧羊人的历

---

① 基勒俄足节也叫作男子节或打靶节,汉语意思是正月初五,盛行于羌语北部方言区的村落。其节日命名方式与羌族最著名的"瓦尔俄足"(五月初五)相似。

② 四川省少数民族古籍整理办公室主编:《羌族释比经典》(上卷),四川民族出版社2008年版,第261页。

③ 四川省少数民族古籍整理办公室主编:《羌族释比经典》(上卷),四川民族出版社2008年版,第267页。

史毋庸置疑。所谓牧羊人,便是游牧民族的俗称。时至今日,羌族仍然保留着放牧的习俗,只是已经定居下来,不再游移。相传羌族祖先炎帝一族最先掌握了人工取火,即史诗所唱的《取火种》,而且还最早驯化养殖羊群。"在渔猎歉收的情况下,在初始的农耕还没有萌芽之前,羊自然被认定为赖以生存果腹的衣食父母。在他们的意识中,羊自然成了族群崇拜与图腾的对象。就此以羊为图腾的审美开始出现,并体现出古羌人与华夏人实用、吉祥与辟邪、祈福的文化心理。"①在现在的一些羌族村落仍然有羊图腾的痕迹,而游牧习俗也有一定的体现。羌族游牧的对象也不仅仅是羊,牛也是其中重要的畜牧品种,它与羊共同成为羌族游牧文化的核心,至今在羌族祭祀仪式、日常生活、节日庆典中都保留着这样的文化属性。羌族建筑普遍以羊头、牛头为装饰物,是游牧时期将牛羊视为衣食来源的遗留习俗;羌族各种仪式均以羊作为主要牺牲,并以献祭羊的数量衡量仪式规格;羌族婚俗的聘礼,也常用羊来替代;在羌族释比主持的各种仪式活动中,释比不仅要敲击羊皮鼓、牛皮鼓,而且要唱诵鼓的制作过程,要替祭祀的羊解秽,而且还要为牛、羊举行专门的祭祀仪式"还牛愿""还羊愿"等。

在释比唱诵的神话故事、历史传说中,牛、羊往往都是重要角色或资产,放牧是主人公成长过程中必不可少的经历,游牧文化的遗存在祭祀仪式中处处可见。如还寨愿仪式中唱诵的史诗《羌戈大战》开始部分唱道:"远古岷山多草原/草原一片连一片/牛群羊群多兴旺/羌寨处处欢歌声/忽然哨兵来传信/禀报魔兵从北来/气势汹汹来势猛/来抢牛羊和草场/狡诈魔兵从北来/烧杀抢掠呈疯狂/男女老少遭残杀/牛羊牲畜被赶走/羌人丢失了家园……行军迁徙多顺利/沿途人马多安全/放牧牛羊水草地/人马扎营林荫间……"②这部分内容描述了远古时期羌民以牛羊为牺畜、以草原为牧场的游牧生活,也描写了资源的纷争及不可避免的战争和迁徙,是狩猎和游牧并存的生产力方式的部分写照。

---

① 叶星光主编:《羌族民俗》,四川民族出版社 2021 年版,第 60 页。
② 四川省少数民族古籍整理办公室主编:《羌族释比经典》(上卷),四川民族出版社 2008年版,第 60 页。

白耶是羌族始祖神,传说白耶本来有很好的福气,但是却遭遇横祸,牲畜被豺狼吃掉了,这些牲畜便包括牛羊。《白耶来历》中唱道:石包下面有豺狼/白耶牦牛被咬死/白耶犏牛被豺狗吃/白耶绵羊被豺狗吃……①牛羊被豺狼吃了白耶就非常沮丧,最后在释比、喇嘛、乡亲们的帮助下才重新发展了畜牧业。这里将神的生活描述得跟人类一样,羌族史诗、神话的创作善用这样的拟人手法,以此引起人们对神的好感和亲近,引发情感共鸣。同时将人类的生产生活方式移植到神的身上,有利于通过仪式化过程传承和发展传统民俗文化。

3. 农耕习俗

羌族很早以前便开展了农业生产,最早培育种植的农作物便是青稞、麦子、玉米之类的高海拔耐寒、耐旱作物。有了农耕的羌族,在物质和文化生活方面都得到了很大提高。人们会在祭祀中,用农作物作为祭品献祭给神灵,并针对农耕产生了很多相关仪式和节日活动,如祭青苗田界神、祭青稞种子神、春播结束、庆丰收、驱农害、祈晴、求雨、酒祭等仪式。而在祭山还愿、还寨愿、还家愿等仪式中,释比会唱诵《献青稞》《青稞的根源》《青稞和麦子的来历》《费伢由狩猎变农耕》《五谷丰收》《敬青苗土地》《五谷神》等文本,处处体现出羌人对农耕文化成果的尊重。如《五谷神》中唱道:五谷种子是神给/十九山梁土肥沃/要用大羊来还愿/五谷之神凡间来/从此羌人有庄稼/玉米金黄是主粮/荞麦收来粒粒满/青稞麦子黄灿灿/苦荞成熟沉甸甸/收了庄稼来还愿/不用小羊用大羊……②祭祀仪式必须献祭物品作为得到神保佑的交换条件,祭品包括食物、牺牲、音声等内容。献祭的食物主要有青稞、麦子、玉米、腊肉、酒等,这些食物体现了羌族农耕文明和养殖业的成果。羌族祭祀仪式既用青稞作为祭品,又有唱诵青稞的文本。如木梯羌寨杨贵生释比在还寨愿时唱诵了《献青稞》;茂县沟口乡肖永庆释比在消灾仪式的敬神环节也唱诵了《献

① 四川省少数民族古籍整理办公室主编:《羌族释比经典》(下卷),四川民族出版社 2008 年版,第 1969 页。

② 四川省少数民族古籍整理办公室主编:《羌族释比经典》(下卷),四川民族出版社 2008 年版,第 2201 页。

青稞》;在很多村落的祭祀仪式中都会将青稞作为祭品并唱诵《献青稞》。如汶川的《撒青稞》唱道:天已亮了撒青稞/最大神阿巴木比/十二月来享青稞/天神夫人今天临/今天要看释比鼓/今天要来享青稞/威州五位大神来/释比今天撒青稞/天上夫人请降临/释比给您撒青稞/成都之地亚安神/释比给您撒青稞/郫县街上直努神/释比给您撒青稞……①这段唱诵将青稞献给天神、地方神,也将羌族种植青稞的农耕文化、祭祀习俗唱了出来,文本中的地名及神名,对考证羌族民俗和社会交往都有重要意义。

4. 养殖和工艺习俗

农耕文化也曾与游牧文化、狩猎文化和工艺习俗并存了相当长的历史时期,共同繁荣和发展了羌族经济,养育了羌族民众。《兄妹制人烟》是羌族祭祀仪式中释比唱诵的神话史诗。诗文讲述远古时期世间本来已经有人烟,有了畜牧业、工匠、商人和农耕,但是洪水淹没了一切,只有天神救下了兄妹二人。在神力的授意下,兄妹结婚,取回五谷,学会制衣,使羌人繁衍生息的浪漫故事。文本开头对洪水到来之前的描述中,提到了羌族畜牧、狩猎、农耕、工商等多种生产习俗并存的生活画面:"驯养畜牧的驯师/敲补砂锅的锅匠/修补泥碗的碗匠/编织麻布的师傅/放狗狩猎的猎人/经商买卖的商人/耕田种地的民众/那时也已经有了。"②木梯羌寨杨永顺释比唱诵的《吃猪》《接铁》也描绘了羌族的养殖和工艺习俗。《吃猪》唱诵了在神的帮助下人们怎样找到猪种、怎样养殖繁衍的过程,最后将大猪肉献祭给神,感谢神的帮助。《接铁》则唱诵天神帮助羌人找铁矿、冶炼铁、用铁制作农具的过程:"铁从天上掉下来,长在山里岩石中。遇见暴雨山崩裂,铁就跑得无影踪。天神木比来帮助,接回铁来羌人用。用铁打成铁农具,镰刀斧头铁锯子,大针小针铁锥子。有铁就有好生活,今天还愿谢诸神。"③

---

① 四川省少数民族古籍整理办公室主编:《羌族释比经典》(上卷),四川民族出版社2008年版,第817页。

② 四川省少数民族古籍整理办公室主编:《羌族释比经典》(上卷),四川民族出版社2008年版,第251页。

③ 杨永顺唱,华明玲记录。2019年羌年调研收录,2020年1月访谈整理。

5. 宴飨习俗

羌族大大小小的仪式都有集体进餐的习俗。祭祀仪式的集体进餐具有双重意义,一是参与仪式的人聚集在一起分享祭祀过神的食物,以便沟通人神,得到神的加持;二是通过集体用餐跨越贫富界限,建立一个群体或社区的秩序。涂尔干认为:"大家在一起进餐是为了在参加的人中间建立一种人为的亲属关系,因为人吃进同样的食物能产生与人具有相同血缘的同样的效果。"①羌族祭祀仪式之后的集体进餐会分享祭祀过神的太阳馍馍、月亮馍馍,以及献祭后的羊肉。如《唱面馍》大意为:青稞和麦面馍大得像筛子/当官的看后很满意/释比的鼓有多大/麦面馍就有多大/粮食仓库很满意/刀头敬酒放好很满意/小米耐用很满意/山峰雄伟壮观很满意/麦面馍像两个筛子样/青稞馍馍也要烧成这样/亲朋好友来了要款待/好友来了要介绍/我们大家都认识了/围着火塘吃团圆饭/面对长着茂盛的杉木林/供奉白石心要诚/神林纳萨塔上插树枝/谁过此地都要插/该敬神林的时候要去敬……②文本唱述了集体进餐制作祭品和食物的过程,以及敬神的地点和事项。当下的羌族村落仍然有神树林和纳萨塔子,人们依然将刀头(一方猪肉)、酒、馍馍等献祭给神,将树丫丫插在纳萨上,将羌红挂在神树上,敬神之后都有丰盛的宴飨。这样的集体进餐增进了族群内部的团结,巩固了族群共同体的利益。

(三)音乐形态中的民间信仰与民俗文化

羌族祭祀仪式通常伴随着丰富的仪式音声,包括释比诵念经文、咒语之声,释比的歌唱声,伴随释比说唱的羊皮鼓、法铃、响盘、法杖等击奏的声音,以及炮仗声、群众的呼应声、牲畜叫声等。例如羌族保存最为完善的大型祭祀仪式"还寨愿"便由释比主持,仪式过程犹如演绎历史剧,唱诵的内容也可以被认为是一部大型史诗"国阿若"③,包括十几个篇章,而每一个篇章都有着不同

---

① 〔法〕E.涂尔干:《宗教生活的初级形式》,林宗锦、彭守义译,林耀华校,中央民族大学出版社 2002 年版,第 373 页。

② 四川省少数民族古籍整理办公室主编:《羌族释比经典》(上卷),四川民族出版社 2008 年版,第 352 页。

③ "国阿若"一词,参见陈安强:《羌族史诗说唱传统研究》,四川民族出版社 2022 年版,第 35 页。

的唱诵内容、唱诵形式和音乐形态,而这便是仪式的音乐文本。通过对音乐文本进行解读和分析,便能够了解羌族传统文化的诸多特征。

要尝试去解构羌族祭祀仪式音乐文本,必须采用一些民族音乐学的基本研究方法,如简化还原分析法等。"简化还原分析""转换生成分析"是分别体现了"归纳—演绎"方法论原则、带有学统层面特点的代表性分析范式。以专业作曲创作为例,以往一种代表性观点认为:"作曲家是基于背景,通过中景,形成前景。这是说作曲家创作时的过程;分析家则根据前景,追溯中景,归为背景。这个逆过程,正是分析作品的过程。前者是通过发展,不断具体化的过程;后者则是通过分析综合,不断概括的过程。"①羌族祭祀仪式音声,主要由历代释比创作和完善,其最初的创作意图并无文字史料记载,我们解构的方法只能依靠收集到的音乐文本——前景,去追述创作者的意图——中景,然后通过历时性材料和共时性研究的相互补充,参考相关汉文字记录史料,总结和归纳创作背景,即创作时的文化因素,从而发现羌族民间信仰与民俗文化的某些特征。

1. 音阶使用传递的信仰特征

对羌族民间信仰的研究结果学界看法比较统一,如邓宏烈老师认为:"羌族民间信仰是在羌族地区广泛而普遍存在的在长期的生产实践和生活中逐渐形成对神圣事物的地方社会共同体的民众信仰,其以祈福禳灾等现实利益为基本诉求,以释比文化为阐述中心,以原始自然崇拜、神灵信仰、佛道信仰、传统习俗和其他超自然的各种神圣事物崇拜为内容延展,这种信仰的主体是羌族及长期与羌族交流互动的其他民族,内容则是与神圣崇拜相关的各种观念及活动。"②通过我们对羌族还寨愿仪式音乐文本的分析发现,交换和共享是祭祀仪式的主要宗旨,而自然崇拜和神灵信仰的核心崇拜对象是天神。近年来笔者分别对成都邛崃木梯羌寨和汶川羌锋村的还寨愿仪式进行过多次田野

_____

① 参见［奥］海因里希·申克:《自由作曲》,陈世宾"译者自序",人民音乐出版社 1987 年版,第 2 页。

② 邓宏烈等:《羌族民间信仰研究的内涵界定与路径选择略论》,《阿坝师范学院学报》2019 年第 3 期。

调查,仪式中释比唱诵的《解秽》旋律有着独特的调式音阶。木梯羌寨还寨愿中一共有三次解秽,释比唱诵了三首不同旋律的解秽经,其中《解秽(一)》和《解秽(二)》旋律均采用 la dol re 构成的三声音阶,旋律风格相似。两首解秽均为羽调式,4/4 拍子。音值组合上以四分音符为主,加入部分八分音符,没有非均分节奏。旋律进行唯有同度、大三度、小三度三种方式,比较单一。而在音乐发展手法上,这两首旋律都采用单乐句重复的方式,唱词内容很长,旋律不断反复,直到释比认为羊已经"抖水"变得洁净为止。羌锋村《解秽》旋律采用 dol re mi 构成的三声音阶,3/4 拍子,也采用单乐句重复的结构。这几部解秽经的旋律单调、节奏稳健,更像是原始信仰中反复念诵咒语的声音,是从诵念到诵唱最早的雏形,是羌族古老音乐的遗存,甚至也可以认为是人类音乐发展史上最古老的歌唱形式。

据音乐学家考证:"原始歌曲都十分简单,往往只将两三个高低不同的音,连续不断地反复歌唱。"[1]音乐家吕骥也认为:"由 612、561、613、135、512、123 等不同的三个音构成的民歌,在南方许多民族和地方(湖南、湖北、江西、福建等地)都可以听到……这些民歌虽只有三个音,但是却有明显的调式色彩。由不同的四个音构成的民歌,不论南方和北方,许多民族,许多地方都有,很明显,是在不同的三个音的基础上再加上一个新的音形成的,这就使我们有理由相信,我们现在的五声音阶和七声音阶和各种调式都是七千年来经过若干阶段而最后固定成型的。"[2]这种音阶变化的轨迹一般需要通过长时间的发展和变化,而且在一个时期也往往以某一种形态的音乐为主。既然羌族还寨愿仪式中歌唱天神和自然神的旋律采用了古老的三声音阶,而其余唱诵的旋律却以五声音阶为主,并有六声、七声音阶出现,由此我们推断:羌族祭祀仪式音乐有从三声音阶到七声音阶的发展逻辑,而运用三声音阶所唱的内容,应该是羌族最早的仪式音乐文本,其歌颂的天神、地神、山神等自然神,是羌族最早信仰的神,而羌族祭祀仪式是羌族信仰习俗的早期形态,仪式形成的年代已经

---

① 陶大镛:《社会发展史》,人民出版社 1982 年版,第 43 页。
② 吕骥:《总序》,载亚欣主编:《中国民间歌曲集成》(四川卷),中国 ISBN 中心 1997 年版,第 7 页。

相当久远。

2. 旋律下行表达的族性特征

音乐旋律的进行方式往往与情绪表达和旋律风格相关联。杜亚雄老师在《中国基本乐理》里分析了曲调(旋律)进行方式与音乐风格之间的联系,他将曲调进行方式分为五种:同音反复式、环绕式、上行式、下行式、波浪式。"上行式:从较低的音级进或跳进到较高的音。这种进行方式往往和紧张度的加强有关。下行式:从较高的音级进或跳进到较低的音。这种进行方式往往和紧张度的减弱有关。"①羌族祭祀仪式音乐的曲调,主要以短时值的上行和长时值的下行为主,所有的上行都是短时值跳进到较高音位,为曲调的下行做准备,如木梯羌寨《羊皮鼓》②(谱例 2-26),第一乐句一共有三个小节,每小节四拍或五拍,除第一乐句开始的第一拍旋律从 c^2 音上行至 f^2 音,之后以直线或曲线的方式下行到 g^1 音结束一个乐句,此后以乐句变化重复的方式完成段落,因此每一个乐句的旋律进行都以下行为主。

谱例 2-26

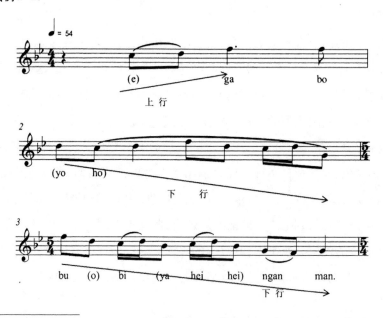

---

① 杜亚雄:《中国基本乐理》,西南师范大学出版社 2021 年版,第 171 页。
② 杨贵生演唱,刘蓉记谱。2019 年 11 月 24 日调研木梯羌寨羌年活动时记录。

　　参照杜亚雄老师的分析,这种以下行式为主要曲调进行方式的仪式音乐,其创作的最初意图可能有两个方面的构思:其一是用语习惯;其二是唱诵情感。所谓用语习惯,是指羌语属于汉藏语族藏缅语系羌语支,有独特的发音方式;同时聚居地处于成都西侧,与成都平原的汉语四川话方言有较多的交流,形成了特殊的发音方式。在笔者深入羌寨调查学习期间了解到,不同羌寨之间的方言并不能互相交流,但汉语四川话是通用的,而各个地区的羌语在语音语调上,与成都平原汉语四川话比较接近。王传闻先生在对四川传统吟诵进行调研的基础上总结出:"语调平缓和总体下行的成都区域其传统吟诵总体下行。"①这与羌族祭祀仪式音乐的曲调进行方式不谋而合,笔者未能深入研究这类问题,只能推测属于用语习惯。

　　另一方面,曲调下行的特征可能与仪式所表达的内容和创作者的个人情感有关。司马迁《史记·乐书》记载:"凡音之起,由人心生也。人心之动,物使之然也。感于物而动,故形于声;声相应,故生变;变成方,谓之音;比音而乐之,及干戚羽旄,谓之乐也。乐者,音之所由生也,其本在人心感于物也。是故其哀心感者,其声噍以杀②;其乐心感者,其声啴以缓;其喜心感者,其声发以散;其怒心感者,其声粗以厉;其敬心感者,其声直以廉;其爱心感者,其声和以柔。"③这里论述了音乐产生的过程,是与人心随事物变化而产生的情感有关。心有感于物而变动,由声表现出来;声由乐器演奏加上干戚羽旄构成乐舞,类似释比说唱中的说、唱、击奏响器、舞蹈等说唱音乐的形态特征,也是古代乐舞的一种民间表演方式。而谈到音乐表达情感的方式时,羌族祭祀仪式音乐明显有哀心和敬心。《乐书》中论述到,表达哀心时,其声音呈衰减趋势,无润泽感。按照现代音乐理论来说,即旋律进行由高而低,由强而弱,衰竭而尽,没有圆润的行腔,终止音符也无拖腔;表达敬心时,其声正直清亮。羌族祭祀仪式音乐的旋律较多用直线跳进上升,到直线下行,并以下行为主,明显表现出由

---

① 王传闻:《四川传统吟诵研究》,中国社会科学出版社2021年版,第67页。

② 康熙字典对"杀"字的一个解释:又噍杀,音也。《礼·乐记》:其哀心感者,其声噍以杀。注:噍则竭而无泽,杀则减而不隆。

③ (汉)司马迁:《史记:点校本二十四史修订本》,中华书局2014年版,第1465页。

高到低、由强到弱直线行进的旋律特征,且终止或半终止的收束音时值都很短。因此其表达的情感一是通过羌族史诗的唱诵,诉说羌族生活的沧桑、哀痛情感;同时也表达生存下来的羌族人群,对神灵及大自然馈赠的敬仰之情。这也符合杜亚雄老师所谓的旋律下行与紧张度的减弱有关的分析原则,这样的旋律进行方式是在崇拜、敬仰和伤痛回顾中"转换生成"的音乐文本,其创作者的最初意愿不是要高歌和庆贺,而是通过诉述苦难历史来引发族人的同情和共鸣,启发神灵的恻隐之心,抒发族群的"集体记忆",从而期望获得更好的回报,因此旋律是放松的,甚至是叹息似的从高到低戛然而止。

3. 调性选择隐藏的审美特征

作曲者的创作是基于背景,通过中景,形成前景。前景便是我们在仪式中听到的仪式音乐,看到的仪式表演;中景是创作者的创作实践和表演蓝图构建;背景则是创作者的文化概念和创作构思。羌族祭祀仪式音乐的调性具有多样性特点,虽没有特殊的使用禁忌,却有一些基本的使用规范。如宫调式,历来被统治者认为是王权的象征,普通人和一般场合不可以采用。羌族祭祀仪式音乐中也将宫调式用于还愿、唱诵仪式吉祥物等重要的经文中。《史记·乐书》对宫商角徵羽五个音有严格的使用礼制:"太史公曰:夫上古明王举乐者,非以娱心自乐,快意恣欲,将欲为治也。正教者皆始于音,音正而行正。正教者皆始于音,音正而行正。故音乐者,所以动荡血脉,通流精神而和正心也。故宫动脾而和正圣,商动肺而和正义,角动肝而和正仁,徵动心而和正礼,羽动肾而和正智。故乐所以内辅正心而外异贵贱也;上以事宗庙,下以变化黎庶也。琴长八尺一寸,正度也。弦大者为宫,而居中央,君也。商张右傍,其余大小相次,不失其次序,则君臣之位正矣。故闻宫音,使人温舒而广大;闻商音,使人方正而好义;闻角音,使人恻隐而爱人;闻徵音,使人乐善而好施;闻羽音,使人整齐而好礼。"①这段是对乐书内容的概括,包括三个方面的内容:一是强调音乐是明君治理天下的手段;二是总结出音乐对身心健康的调和作用;三是指出礼乐防邪正身的重要性,以及对五音的鉴赏心得,对听闻五

---

① (汉)司马迁:《史记:点校本二十四史修订本》,中华书局 2014 年版,第 1467 页。

音后的各种感受进行了文字描述。事实上,任何一首曲调,都由三个或者六七个音级构成,这里只是讲到古琴中以五声命名的弦发出的五正音的音色,但它也可与五正音为主音构成的调式色彩进行关联。一般意义上讲,宫调式以宫音为主音,宫音出现的频率较高,出现的位置重要,常出现在句首、句尾和终止的音符上,因此宫调式具有上述宫音的审美效果,使人温舒而广大。

中国传统乐理有一个十分复杂的宫调系统,其中五声音阶体系各调式音乐作品的音组织核心是三音组。第一类徵色彩,由下方大二度和上方小三度连续构成,如 5 6 1、2 3 5;第二类羽色彩,由下方小三度和上方大二度连续构成,如 6 1 2、3 5 6;第三类特性色彩,由两个大二度连续构成,如 1 2 3。"徵调式由两个徵色彩三音组构成,属纯徵色彩;羽调式由两个第二类三音组构成,属纯羽色彩;商调式下方为羽色彩三音组,上方为徵色彩三音组,具有中性色彩;宫调式上行时由特性色彩三音组的上行进行到徵色彩三音组,以宫音作结,色彩明亮,下行时由徵色彩三音组进行到特性色彩三音组的下行,色彩更明亮,形成强徵色彩;角调式上行时由特性色彩三音组的上行进行到徵色彩三音组,以角音作结,色彩很暗淡,下行时由特性色彩三音组进行到羽色彩三音组,色彩更暗淡,形成强羽色彩。"[1]这五种调式的色彩按照明亮和暗淡排列,分别是宫调式(强徵色彩)—徵调式(徵色彩)—商调式(中性色彩)—羽调式(纯羽色彩)—角调式(强羽色彩)。

在上述理论架构下,我们再解读羌族祭祀仪式音乐,其创造者和完善者是释比祖师和历代释比,他们虽然受到主流文化中礼乐制度的影响较小,但是对音乐的感悟却使得释比的音乐创造合乎普遍的音乐审美习惯,并能够体现出创作之初的文化观念。木梯羌寨祭祀仪式音乐中五种调式都有出现,使用最多的是羽调式,其次是徵调式、宫调式、角调式,最少的是商调式。羌锋村使用最多的是宫调式。木梯羌寨和羌锋村均采用色彩明亮的宫调式唱诵《还愿经》,木梯羌寨用羽调式唱诵了《解秽》《羊皮鼓》《巫师》《木姐》《驱除害虫》《朝祖》等内容,这些纯羽色彩的调式使用,使这部分唱诵都带有暗淡、柔和的

---

① 杜亚雄:《中国基本乐理》,西南师范大学出版社 2021 年版,第 171 页。

音乐风格。而明亮的宫调式和徵调式主要用在《五谷丰收》《修神路》《说白旗》等少量唱段上。此外还用了强羽色彩的角调式唱诵《说吉祥》和《羌戈大战》。从羌族祭祀仪式音乐调式使用的多样性及选择性的现象来看,羌族祭祀仪式音乐的创造者属于非主流文化的民间艺术家,很少受到古代中原文化礼乐思想的影响。他们在创造仪式音乐时,更多的是从仪式需求和审美情趣出发,努力用色彩明亮的调式塑造热烈、明朗的节日气氛。但更多暗淡色彩调式的运用,才是羌族世代生活现状的真实写照。

4. 对释比法器唱诵的民俗象征

羌族祭祀仪式中大多有关于神旗、柏树丫、羊皮鼓等法器的唱段。其唱诵内容从材料选择、制作流程、法器功能等多方面进行描述。对释比法器的唱诵是塑造仪式神圣空间的一种表现方式,也是祭祀仪式中物质化形态的直观反映。彭兆荣老师认为:"通常人们在看待或参加仪式的时候会着重了解和感受仪式的可视、可感的因素或现场情形,比如仪式举行的地点、事件、程序、人物、器具以及地方知识和传统习俗等。这些被称为物质或物化的东西必定构成仪式表现和展示中的不可或缺的形式和形态依据。毕竟仪式属于现实生活中的行动和行为活动,没有这些外在的物质或物化形态便不足以使仪式如贮存器一样被长期留存。"①释比法器属于仪式中的特殊器物,在羌族祭祀仪式中具有超越器物本身的权力象征和特殊功能。释比在仪式中不是将这些法器摆在某个位置,而是从选材、制作到使用,编成经文进行唱诵,以便强化其神圣、神秘的仪式功能。比如仪式中至高无上的法器——羊皮鼓,不仅有关于羊皮鼓的来历和羊皮鼓会飞的神秘传说,还有关于羊皮鼓制作的唱段,其唱腔和唱词内容共同塑造了羊皮鼓作为仪式器物的独特功能,并建立了释比在仪式中至高无上的权力。从木梯羌寨还寨愿仪式中的《羊皮鼓》唱段,便能解读出释比法器的仪式功能和一些羌族民俗。

情绪转换。《羊皮鼓》整部唱诵为单乐句重复,以短时值的上行和长时值的下行构成这一旋律的发展脉络,即全篇唱诵均在紧张加强——紧张减弱中转

---

① 彭兆荣:《人类学仪式理论与实践》,陕西师范大学出版社 2019 年版,第 116 页。

换,形成了"紧""松"轮回变化的音乐情绪,正如一位长者讲述冗长的历史故事,非常慎重而沉闷。为了强调故事的重要性,不断提高语调,形成"紧"的起句,而故事的内容本身是平淡的知识传授和远古的历史传说,因此随即便又以连续下行的方式使情绪"松"下来,构成沧桑、厚重的曲调风格。

节拍节奏。以 4/4 和 5/4 变换拍子分别构成旋律的前半句和后半句,这既是唱词句式的需要,也是音乐发展的需要。前半句 4/4 如同问句,比较紧凑和紧张;后半句 5/4 拍子更像是在回答问题,缓慢而肯定。5 拍比 4 拍有更强的停顿感,加上每一句的句尾音都是乐曲的主音 la,形成一种稳定的结构,使之与唱词更加契合。节拍的变换增加了音乐的变化,使单调的重复乐句不至于太过沉闷。

唱词结构。《羊皮鼓》的唱词结构与乐句结构相同,一个乐句便是一句唱词。一句唱词中一般有 8 个实词音节及五六个语气词音节,实词中也有部分重复的内容,语气词的添加则有演唱者的个人喜好。整体来看,在这段较为抒情的旋律中,为了使唱词与旋律形成一字一音的模式,释比通过重复实词和增添语气词的方式,将唱诵演绎得更加圆润、动听,使故事讲述更为精彩。

唱词内容。唱词讲述释比制作羊皮鼓的过程。从采集绷鼓圈的杉木,到收集固定鼓圈的金刚藤,再到绷鼓的工艺程序,都进行了一一述唱,是制作工艺的知识传授过程。歌词中部分内容体现出明显的羌族民俗。如其中一段唱道:"拿出皮筋来绷鼓,一股不够用三股,三股不够用六股,六股不够用九股,九股绷成羊皮鼓。"这里"九股"皮筋不仅代表多,也代表羌族习俗中对"九"的偏好,"九"谐音"久",代表长久、永恒;"击鼓一声神来听,击鼓二声人来听,击鼓三声人神听"①,这里有明显的神灵信仰习俗,将神灵和人放在同样的位置来聆听羊皮鼓的击奏,显示了释比通过对法器羊皮鼓的加持,获得了在仪式中的崇高权力。正如彭兆荣概括的那样:"在特定仪式中,仪式的行为者,特别是那些仪式的主事者,包括师公、祭祀、主持、巫师、酋长、族老、寨领等都成了权力化角色。在仪式中,这些权力化角色不仅被格外地突显其权力特征,而且

---

① 杨贵生口述,刘蓉记录。2020 年 1 月 1 日访谈时记录。

其权力表述还有了特别的跨意义性质……特别是那些重大的纪念仪式,由于需要通过仪式的主事者与神灵或祖先交通,所以原先所谓世俗化的人物便可以通过仪式成功地跨越传统分类限制,从而具有了对另外的领域的掌控能力,使其声望倍增,权力增大。"①在还寨愿仪式里,释比便是由一个普通人变成沟通人神的主事者,而其权力的体现,最先是从获得富有神力的法器"羊皮鼓"开始的。对羊皮鼓的唱诵强化了释比在仪式中的至高权力,凸显了羊皮鼓作为仪式象征物的特殊价值,也间接展示了羌族信仰习俗、工艺习俗等。

小　　结

羌族祭祀仪式以多种形式活态传承于羌族民间,是羌族在数千年文明历程中总结、发展、传续下来的与大自然和谐相处的生存之道。其中还寨愿仪式是最隆重、最典型的群体祭祀仪式,它不仅体现出群体意识和集体智慧,也展示出羌族稳定的民间信仰和不断变迁的民俗文化。还寨愿仪式依托羌年节日活动完成,其仪式主旨、程序、内容等完全继承了羌族传统,体现出羌族物质和精神生活的创造和发展。还寨愿仪式融入羌年系列活动中进行,结合了节日庆典活动中的现代科技,如电声音响、喷绘幕布、节目单制作,以及传统和现代的节目内容,构成了生动的民俗生活画面,体现出羌族人民遵循传统却与时俱进的生存法则,这也是羌族文化得以长久传承的核心思想。针对木梯羌寨和羌锋村还寨愿仪式所产生的仪式音声,通过对语言文本、音乐文本及表演模式的全面分析,揭示了羌族民间信仰与民俗文化的基本面貌。其核心内容包括以下几个方面:

其一,羌族祭祀仪式是羌族传统文化保留最为完整的仪式,其仪式内容和程序都基本承袭了羌族传统。无论是仪式道具、服装、场域等物质内容,还是释比及信众表演的精神内容,都源自羌族古老的传统,基本未与其他民族文化进行融合。除去表演者与他者(外来领导、调研人员、游客等)进行交流时采

---

① 彭兆荣:《人类学仪式理论与实践》,陕西师范大学出版社 2019 年版,第 153 页。

用汉语四川方言外,其余各个环节的说、唱及内部交流,均全部采用羌语方言;释比说唱的内容虽有多种不同的表演形式,但从唱词到旋律,均具有羌族特有的文化属性,并未出现任何与其他语言、宗教等交流、融合的痕迹。

其二,羌族民间信仰的基本特征是万物有灵,白石崇拜是信仰的表征。白石是羌族将神灵具象化的一种表现形式,以白石作为自然神的象征。羌族信仰的神灵有数十种,大致可将其分为自然神、地方神、家神等。在祭祀仪式中,首先是请神、敬神,然后才是仪式中心内容——还愿得福,整个仪式体现出祭祀仪式的主要特性。释比作为人与神沟通的媒介,在仪式中具有不可替代的崇高地位,释比说唱的音声内容代表了人们对神的诉求,是民间信仰最充分的部分。自然神以天神为核心,与其他一切自然现象相联系的神灵都称为自然神,是羌族在与自然和谐共处时的保护神;家神是羌人祭祀祖先、保佑家人平安、工作顺利时所祈求的神灵,包括始祖神木姐珠、斗安珠、阿巴白构、阿巴白耶等,还有如灶神、角角神、门神、水缸神等家神;地方神是与羌族部落族群起源与迁徙历史密切相关的神灵,并有明显的地域特征,称谓方面各地有所不同,在羌族信仰世界中受到特别的尊重,如川主、土主、地盘业主、松潘的神、威州的神等。在每次祭祀活动中,释比会将相关神灵邀请到场,通过唱诵经文来沟通神灵、娱乐神灵,以此换来神灵的护佑,完成交换和共享目的。

其三,羌族祭祀仪式是羌族民俗传承的重要载体。羌族祭祀仪式中除有信仰习俗的传承外,释比表演的过程及唱诵的文本都是羌族民俗文化的生动教材。比如释比躬身跳舞敬太阳神,有祭祀礼仪习俗的示范效果;释比唱诵的《吆猪》《接铁》,是对羌族畜牧业和手工业习俗的传承;释比唱诵的《接五谷》是农耕习俗的传承;史诗《木姐》和《羌戈大战》是对羌族祖先崇拜、文化习俗的传承。因此,羌族祭祀仪式以淳朴、自然、真实的形态保留了羌族古老的民间信仰传统,同时也将信仰习俗、生产习俗、工艺习俗、生活习俗、礼仪习俗等,通过仪式的重复表演得到巩固、传播和传承。

第三章 羌族消灾仪式音声

彭文斌根据凯瑟琳·贝尔对仪式的分类认为:"消灾仪式的主旨是消除厄运,减轻超自然力对人的伤害(以驱鬼、叫魂、清洁、占卜、治疗等方式),恢复被扰乱的宇宙或现实秩序。消灾仪式的对象通常是气象性(祈雨)和生理的,治疗仪式则引入超自然力的因素,健康与疾病打破了个人与社区、身体与心灵,或物质与精神的界限。"①人们根据自己的感性认识和经验认知,将自然界中的事物进行关联,认为某种事物会对人类造成灾害,或者人类的某些行为会影响大自然的发展,产生好的或者坏的结果。能产生正面影响的行为主要是祭祀仪式,或者称为祭祀仪式,人们通过祭祀神灵,换来风调雨顺、人畜平安。而对于产生负面结果的事物或行为,会举行消灾仪式,如巫术、法术,或者念诵咒语,使其消亡,或者将灾祸转嫁给神、动物或没有生命的物体。消灾仪式的表演过程伴随着丰富的仪式音声,随着仪式的不断重复展演,展示出羌族特有的民间信仰和民俗文化内涵。

第一节 羌族消灾仪式及其类型

羌族传统的消灾仪式不仅种类繁多,而且仪式程式复杂。凯瑟琳·贝尔分类的各种减灾(消灾)仪式在羌族聚居区都有传承,而执行羌族消灾仪式的法师仍然是羌族释比。羌族释比有些有着严格的分工,主持祭祀的释比和负责消灾的释比往往源自不同的传承,但更多的释比对祭祀和消灾仪式都很精

---

① 彭文斌:《人类学视野下的仪式分类》,《民族学刊》2011年第1期。

通。在羌族地区普遍流行的消灾仪式有两类：一是通过诵经、念咒等方式消除灾害的仪式，如驱农害、祝殖还愿、除秽禳解、驱鬼治病、喊魂招魂等；二是通过转嫁的方式来消灾的仪式，如替代茅人、以羊替罪等。释比为了保证消灾效果，往往会采取多种仪式结合的方式，通过为期三至五天的仪式表演，来达到最佳的消灾效果。有些消灾仪式类似一部大型戏剧，通过跌宕起伏的故事情节表演，最后正义战胜邪恶，将灾害完全消除。这个大型戏剧的导演和演员主角都是释比，配角是释比助手、被消灾的人群、护法的长老或邻居等。消灾仪式往往被称为法事，是建立在羌族民间信仰基础上的功能性仪式，其内容涵盖信仰、习俗、语言、音乐、舞蹈等传统文化，其仪式的语言文本、音乐文本及仪式化过程都有着重要的文化价值。

一、唱诵经咒消灾

羌族曾居住在深山峡谷中，遭遇自然灾害、病痛、非自然死亡等不幸事件时，很难通过科学的方法去解释或解决问题，于是塑造了各种邪神、邪气和鬼怪，认为是这些东西在作祟，需要请释比做法事来消除灾害。羌族民间流传的邪神有：鬼（bia）、瘟神（tʂhu）、毒药猫（du）、妖怪（qhuaŋa）、天晕（dʑə）、煞气（ʂə）、得哇（twa）、邪魔（ʐme）、叶（je）、米雅（mijada）、别（bie）、扯（tʂhei）、凶魔（mo）等，还有各类邪气、煞气，其称谓有地方特色，所招致的灾害类型各不相同。当人们遇到灾害时，释比会"对症下药"，采用不同的方式去消除灾害，消灾仪式便是实施这一过程的平台。羌族比较盛行的消灾仪式有：太平保福、打扫房子、降伏毒药猫、喊魂招魂、驱死煞、赶瘟神、打面火、替代茅人等，仪式名称复杂、内容丰富，其主要宗旨都是通过释比请神、作法、唱诵驱邪经文等方式，达到消除或降低灾害的目的。

二、施展法术祛病

在羌族消灾仪式中，释比治疗是其中一种比较特殊的仪式。释比不仅要担任羌族民间信仰的主事者和羌族历史文化的传播者等职责，也要负责消灾解秽、医治疾病。释比医治疾病的主要手段是通过施用法术来解除疾病的根源,达到治愈疾病的目的。释比治疗往往具有很强的隐秘性,局外人很难参与观摩,因此对其神秘的色彩和治疗效果无法作出准确的评判。能够通过释比治疗的病一般都是怪病,比如有人腹胀,被认为是中了毒药猫的毒;有人因意外事件精神不振,被认为中了邪。这类疾病难通过正常的医药手段进行治疗,于是释比治疗在特殊的民俗环境中得到传承。

释比治疗主要的方法有卜卦问病、诵经祛病、法术祛病、传统医疗治病等。在这些治病方法中,有些有仪式,有些则比较随意。伴随着仪式并有相应仪式音声的治疗手段主要是诵经祛病和法术祛病。诵经祛病与消灾大法事相比,使用的法器更为简单,主要用羊皮鼓、响盘、纸钱、柏香等;唱诵经文、咒语时,仍需先请神、敬神,然后才唱诵祛病的经咒,这是依托民间信仰的治病手法。另一类有音声参与的治疗仪式便是法术祛病。释比根据自己获得的传承,针对不同的病症进行法术治疗,其主要依托念诵咒语和施展绝技。咒语内容是保密的,做法事时释比会小声念诵。施展的绝技如踩铧头、舔铧头、过红锅、捡石头、打钎、喷火油等,都需唱诵经文、咒语配合仪式行为。对释比治疗的具体手法和原理,非传承人难以掌握,本书通过介绍田野调查中所见的释比绝技表演,来呈现部分释比通过法术消灾的基本方法。

2020年6月25日,课题组来到中国古羌城,观看了开城仪式和瓦尔俄足庆典活动。庆典结束后我们便走上城门前的台阶,穿过城门,再上一个山坡,来到萨朗广场观看了释比绝技表演"踩铧头""捡石头""舔烙铁"等,还参观了羌族特有的"推杆""抱蛋""甩鞭子"等体育活动展示。这些释比绝技原本是释比治疗过程中采用的特殊技能,是具有功能意义的仪式行为,不应该作为表演项目出现。由于节日期间游客较多,为了满足大家对释比文化的好奇心,促进旅游经济而组织了这样的特别节目。

此次表演绝技的主要是茂县南部村落的一些释比。在这些村落,释比做法事一般都有一个环节叫作"打醋坛",在请神、解秽之后,释比向观众展示上述特殊技能,将烧红的石头、烙铁、铧头等放于水盆之中,此时水温升高,水因为有了释比的法术而被认为获得了神圣力量,在场的人均可将其涂抹在手上、身上或眼睛等地方,用以解除秽气,治疗怪病,甚至强身健体。而释比也用此水洒向祭祀用品和周围空地,以此解除仪式场地的秽气。在萨朗广场表演的释比绝技与现实生活中的释比治疗程序基本相同,只是增强了观赏性,去掉了治病功能运用。表演开始之时,广场上的音乐变成了肖永庆释比唱诵的《唱魂根》①。由六人组成的释比队伍踏着舞步进入广场,广场中央是两盆用炭火烧着的石头、铁铧头和烙铁。他们中一人拿神仗,另外四人右手摇拨浪鼓,左手摇响盘,六人舞蹈动作相似,均以半蹲体态、脚下亦步亦趋的动作行进,身体随着脚下动作顺边转动,这是羌族羊皮鼓舞较为显著的动作特征。拨浪鼓急促地响过一阵之后,便停下来,五人围在火盆边站立观看,一人开始表演绝技。

(一)踩铧头

表演者杨天荣释比,茂县永和乡永宁村人,从小学习释比技艺,解卦已经三十多年。"踩铧头"是释比绝技中最常见的一项,铁质铧头已经在炭火中烧得通红。释比脱掉羊皮褂和布鞋,用火钳将火盆里的铧头夹住,双手举起给观众看,并嘶吼两声。周围的四位释比又开始摇拨浪鼓和响盘,并随着节奏跳动舞步助阵。杨天荣释比左手用火钳夹住铧头,右手用草纸擦拭铧头,草纸立即燃烧起来,如此重复两次后,释比端起地上的大碗,喝了一口水,喷在铧头上,蒸汽立即升起,能感觉到铧头滚烫的温度。此时释比直接用裸手擦过铧头,重复数次后,再喝一口水喷上铧头,铧头立即升起水雾,温度仍然很高。释比将铧头放在地上,再用脚板踩上去划过,重复几次后,完成表演。穿上鞋和羊皮褂,随即加入舞蹈行列。事后我们采访了杨天荣释比,问他手和脚有没有烫伤,他给我们看了手,的确没有伤痕,问他怎么做到的,他说要念经,我说没有看到你念经,他说心头念到的。

在现实生活中,释比通过踩铧头治病有专门的仪式和方法。据陈兴龙描述:"如有人患消化不良或其他原因引起的腹痛、腹胀等疾病时,释比就采用此法为患者祛病。释比一面念经咒,一面赤脚在烧红的犁铧头上反复踩踏,然后用自己灼热的脚板踩踏病患胀痛之处,病人顿感腹部发烫,病痛缓解。另一种方式是:释比首先为患者请神解秽,念经消灾,然后将犁铧头放入火坑中烧

① 见本书第三章第二节,肖永庆释比消灾大法事。

红,用一碗清水淬在上面,释比就取此烧沸的水让病者喝下,以除病痛。"①根据笔者对释比和一些接受过释比治疗的人物访谈调查,释比通过绝技进行治疗的方法是多种多样的,其核心观点是认为经咒起着最重要的作用,有了师父传授的经咒和绝技,释比才能够实施法术,至于实施的细节,释比可以灵活掌握。

(二)捡石头

"捡石头"并不是捡普通的石头,而是将火盆里烧得滚烫的石头用裸手捡出来。表演这个绝技的是杨芝全释比。他有小学文化程度,12岁开始边读书边学习释比技能,学了6年,1988年谢师解卦,成为正式的释比。杨天荣释比表演完成后回到击鼓舞蹈的队伍助威。杨芝全释比走进场内,在碗里倒上冷水,从袋子里取出一根柏香枝点燃敬神,燃烧殆尽时便放进碗里,开始小声念咒,手上有翻掌、点指头等动作,用二指和三指伸出并在一起书写符咒。事后我们得知念的"雪山令",他说念了"雪山令"就不烫手,并给我们看了他的手,完好无损,没有任何伤痕。念完咒语,杨芝全释比端了一碗冷水给观众看,并让大家摸一摸是冷水,然后走到火盆边,将碗放下,用火钳将火盆面上温度不够高的石头捡开,露出里面烧得通红的石头,喝了一口冷水,再用手画了符,并往火盆方向喷了一点水雾,然后伸出裸手捡出一个石头放在水碗里,水立即冒出蒸汽,连续三次,碗里的水沸腾起来。释比将水碗递给观众,说可以涂抹在身体上,能够治病,有的观众照做了。表演结束,释比回到击鼓跳舞阵列。捡石头治病和踩铧头、舔铧头治疗原理相同,治疗手段有差异。从杨芝全释比解卦仪式中祖师的牌位来看,为道教祖师。而通过我们对释比的进一步访谈得知,其信仰的神灵既有羌族民间信仰的天神、山神、纳萨神等,也有道教的神灵。释比治疗念诵的咒语和画符的方式,都有中国传统道教色彩。

(三)舔烙铁

"舔烙铁"以前就是"舔铧头",因表演的需要换成了烙铁。表演这个绝技的是茂县最年轻的释比刘正傲,他是茂县沟口乡肖永庆释比的外孙。释比脱

---

① 陈兴龙:《羌族释比文化研究》,四川民族出版社2007年版,第142页。

下帽子和羊皮褂,倒了半碗冷水,拿了几张草纸走到火盆边,喝了一口水,然后对着水碗用两根指头并拢画符念咒,画完之后左手用一沓草纸包着烙铁的手柄将烧得通红的烙铁拿起来,右手用几张纸擦拭烙铁,纸马上燃烧起来,证明烙铁温度很高。然后将口中的冷水喷向烙铁,立即水雾升起,化作蒸汽,显示此时烙铁温度仍然很高。释比即刻用舌头舔向烙铁,从下至上捋过,如此重复多次动作,让观众看得很清楚,最后用牙咬住烙铁围绕观众走了一圈,观众惊呼不已。表演完这一项,释比列队击鼓跳着舞蹈离开广场。事后我们也采访了刘正傲释比,并查看了他的舌头,没有外伤。他说他已经学会了他外公唱的那些经,并给大家唱了部分"唱魂根"。

　　除了上述三种释比祛病法术外,羌族聚居区还流传过红锅祛病、火链祛病、油火驱邪除魔、打面火、打钎等特殊的治病手法,在巫宇军著作《羌族释比音乐的功能、变迁与保护策略研究——以四川汶川阿尔村为例》中,详细介绍了阿尔村释比打钎治病的过程,带有一定的神秘色彩。这些手法很可能跟巫术、魔术有一定联系,其功能性和实用性特征较为明显。

三、转嫁灾害

　　释比祛病消灾除了唱诵经咒和施用特殊的法术以外,还有一种转嫁灾害的方式,这是全世界保留原始信仰的民族都存在的现象,人们会将整个民族的不幸和罪过转嫁给将死的神、转嫁给无生命的物体、转嫁给动物、转嫁给他人[1]。羌族释比进行的消灾仪式也有类似的转嫁方式。释比会视病情的性质和轻重选择转嫁对象。较轻的病会转嫁给一个鸡蛋;较重的病则需要转嫁给鸡、羊或专门制作的"替代茅人",通过这些有生命或无生命的物质的毁灭,替代主人生病、遭灾或死亡,达到消灾目的。羌族替代茅人的法术比较常见,可以单独实施,也可以穿插在太平保福或其他的大法事中进行。释比在制作茅人、茅人座位的时候,都有严格的制作程序,唱诵相应的经文,做好茅人之后替

---

　　① 参见[英]J.G.弗雷泽:《金枝——巫术与宗教之研究》,耿丽编译,重庆出版社2017年版,第282—287页。

茅人穿衣服、送茅人去烧掉都需要有相应的仪式程序,并诵唱和诵念一些经咒,最终让茅人甘心情愿接受事主的灾难,并被释比送到三岔路平神庙去烧掉,意味着茅人升天了,一切灾害也随之而去。

第二节　羌族消灾仪式过程及音声实录

一、茂县沟口乡水若村消灾大法事的缘起

"大法事"是肖永庆释比对此次消灾仪式的自称。仪式由太平保福、替代茅人、喊魂魄、驱邪、打面火等多个仪式组合而成,是一个综合性的消灾仪式。本书借用释比本人对仪式的称谓,将消灾大法事简称为"大法事"。此仪式为观看视频、照片,并多次走访主持法事的肖永庆释比后,根据各种材料记录进行的相关研究。研究中以仪式中的释比说唱为主要线索,也有部分仪式过程及功能介绍,以帮助读者了解仪式内容,更全面地掌握仪式音声及其所包含的民间信仰与民俗文化信息。

肖永庆释比是阿坝藏族羌族自治州茂县沟口乡水若村人,国家级非物质文化遗产项目"羌年"代表性传承人,祭祀和消灾仪式都很精通。幼年基本没有入学读书,新中国成立后在民教班夜校接受了一段时间的教育,能识字写字。25 岁之后,担任过村里的生产队长、民兵连长、治保主任等职。肖永庆出生于释比世家,爷爷去世较早,对他教育和影响不大。其父亲是沟口乡举行了正式解卦仪式的释比,其师父为本乡徐光喜释比。1973 年跟随父亲正式学习唱经、做法事,32 岁的年纪仍然记忆力很强,并由于从小受到的释比文化影响,很快便掌握了释比技能。但由于当时特殊的政治环境影响,直至 1983 年才在其父亲和舅舅岳少文主持下举行了解卦仪式,正式成为释比。他从父亲那里继承了神秘的释比图经《刷勒日》,但其中大部分功能不会运用。他掌握的扯索卦方法,也是释比传承中最独特和重要的一项技能,因此附近常请他做法事、打卦占卜。2020 年 5 月我们到茂县凤仪镇他儿子家拜访了他,他说羌年还寨愿是隔几年才做一次,都做过好多次了。往年请他做法事的人很多,喊

魂魄、招魂魄、太平保福、办丧事、驱邪治病等，大家都很相信这些。肖永庆释比的两个儿子都跟随他学习过释比技能，但是没有完全掌握。现在他的外孙刘正傲是茂县古羌城最年轻的释比，他已经掌握了部分释比说唱内容和仪式活动程序，基本能够讲解清楚所唱内容。

大法事仪式举办于 2013 年 5 月 20 日至 23 日。举行仪式的起因是男主人于当年 2 月非正常死亡，死者 60 多岁。为了安顿死者，保护在世的家人，死者家属出钱聘请了肖永庆释比做法事为其消灾，助手为杨天荣释比。死者家属包括死者妻子、儿子、儿媳、两个孙子。羌族普遍认为，人和物都有魂魄，家里出现凶死之人，必定是遇上了邪气，而死者也会因为邪气、牵挂或者愿望未了而将怨气或煞气滞留在家中，惊动家人魂魄，造成家人不健康、牲畜不安宁，或者办事不顺利等。释比在消灾仪式中，吹响海螺，敲击法鼓、摇动响盘，通告天、人、鬼三界，并在三界神灵的帮助下，将家里的邪魔全部驱散，将家人的魂魄喊回来归位到每个人身上，再牢牢拴住，一家人便可放心无忧，安心过日子。肖永庆释比说："大法事做了有用哦，起码管几十年，邪气、妖气都不得来。"①

二、大法事仪式过程及音声实录

大法事仪式过程十分复杂，主要包括：敬门神、请神、说魂根、茅人替代、喊魂魄、拴魂魄、驱邪等环节，音声内容包括 28 首不同旋律的唱腔及羊皮鼓、拨浪鼓、响盘等器声和舞蹈。其中最重要的唱经是《说魂根》，在仪式中需要重复唱诵三遍。内容唱述孤儿郁米父母被妖怪所害，长大后杀妖除魔为父母报仇的励志故事。用此作为仪式的核心内容，是想通过故事阐述一个道理，那就是人们只要有决心和毅力，便能获得神灵及亲友的帮助，消灾驱邪，获得幸福生活。此段经文较长，类似一个神话故事，用三首不同的旋律唱诵，时长 30 分钟多，仅此一部经唱诵三遍便需用时一个半小时以上。消灾仪式从 20 日下午开始，至 22 日上午结束。下面我们根据仪式的进行顺序，逐一描述、记录和分析。

---

① 肖永庆释比口述，华明玲记录，2020 年 5 月 15 日采访于茂县凤仪镇。

（一）敬门神——儒木讷（z̧u muna）

4月20日下午,释比带着神杖,在事主门口举行敬神仪式,释比说是敬门神。助手杨天荣和死者儿子在场帮忙,女主妇也在四处张罗。释比将神杖立靠在门框上,门旁放置一捆柏树丫丫。释比助手点燃香蜡和钱纸,置放两杯白酒。待钱纸燃烧殆尽,释比用神杖拨弄燃烧过的钱纸堆,然后站在门前准备诵唱。此时助手朝天空吹响三声海螺后,释比开始唱诵《敬门神》(谱例3-1)。

谱例3-1

此段经文,说唱结合,前面半部有一定的旋律感,采用四声音阶羽调式,基本都是一音一字,旋律单调重复,带有一定诵念特点。后半部分则更偏向于念诵,旋律感不强,大部分为羌语,夹杂一些汉语词汇。念诵完经文,释比用汉语问丧者姓名,女主回答某某某,释比便报送丧者姓名后,羌语汉语夹杂向神禀告:某某某,农历生辰,保佑亲戚平安,顺顺序序,老老少少,无病无痛、无灾无难……最后是羌语禀告,结束敬门神仪式。

(二)制作道具

女主人抱上柏树丫丫,释比带上神杖,来到室内裁制神器。颜色有白、红、绿、黄、粉等,一共做了二十多展旗(图3-1)。释比用手指掐算,口中念念有词。

图3-1 释比制作神旗

接着释比及家人将神龛和祭坛进行了装扮,释比称之为上坛。祭坛上摆放祖先及丧者照片,以及香、白酒等祭品,还有释比的法冠、海螺、羊皮鼓、响盘、法印、神杖、柏树丫等诸多法器(图3-2)。

房间里与上坛相对的另外一张桌子上,布置了下坛(图3-3)。下坛摆设包括神旗、神幡、柏树丫、白色石子(装在碗里)、茅人(用白纸绘制了人面,用竹竿和草把做身体,扎成人形)、桃符等。

桃符(ʐ̩iŋˌimetʂə)是整个大法事中法力最高的神,用桃木树干绘制成人面

图 3-2　大法事上坛摆设

图 3-3　大法事下坛摆设

形象,头上有一个青石板制作的石磨。石磨需要上下两扇才能使用,原本是将谷物放进石磨,通过推磨转动石磨,将谷物粉碎、磨烂。大法事中石磨的下面一扇戴在桃符头上,上面一扇将放置荞麦面制作的牛头马面,用以代表阴曹地府的勾魂鬼卒,最后的埋葬仪式是象征正气的桃符将象征邪气的牛头马面在两扇磨子下被磨得粉碎,永远不得翻身。装扮上坛下坛从 20 日下午开始,忙到当日晚上,第二天一早又开始制作各种道具,直到 21 日下午才完成仪式准备工作。

(三)请神——色国卓(se kue tʂo)

4 月 21 日午饭后,主家请来了十二位邻家的男子参加仪式,称为"十二太保"。一方面是为了向神表达诚意,意思是大法事有十二太保做见证,事主非常诚心,希望这样的诚意能够促使神灵来参加大法事以及帮助人们达成愿望;另一方面,仪式有十二太保参加,壮大了仪式威仪,能够提升法事效果。大家到达厅堂时,都夸赞祭坛装扮得很漂亮。

14 时,大法事仪式正式开始。第一阶段为《请神》。助手杨天荣分别对着上坛和下坛各吹响海螺三声,声音拖得很长。肖永庆释比以缓慢的节奏击鼓 14 小节,然后以密集的快节奏击鼓,对着上坛神龛下跪,并将鼓由上至下再由下至上敲击三次,有礼拜的意思。助手跟随下跪,不击鼓。拜完三次,起身,再用缓慢的节奏击鼓 9 小节,然后再重复先前礼拜的动作和击鼓方式,拜神完成后,起身站立,开始唱诵(图 3-4)。

《请神》的意义是通过击鼓唱诵,将三曹神灵请到仪式现场,来帮助释比完成法事,助力事主达成心愿。这部分唱诵大约 30 分钟,变换了三个不同的音调,每个音调唱诵不同的请神环节。前面两首旋律采用羊皮鼓伴奏,最后一首旋律采用拨浪鼓伴奏。

1. 请神(一)——通告神灵

《请神》环节的第一个旋律为《通告神灵》(谱例 3-2)。前奏为 27 个小节羊皮鼓的鼓点,唱腔自 28 小节开始,旋律记谱采用六声音阶,在调式判断上应视为五声音阶,因为有偏音清角的部分,是可以采用"清角为宫"的办法,转用下属调记谱,这样调性就会出现反复转调,在 B 徵调式和 E 徵调式中转换。这样的转调在中国传统音乐中很多,运用也非常自然。当然,我们也可以当作

图 3-4　释比开始唱请神经

六声音阶 E 徵调式进行分析。节拍采用 2/4 与 3/4 变换拍子,每小节 2 拍或者 3 拍会根据唱词自然排列,并无任何唱腔上的不适之感。整段旋律的节奏比较工整,均分的八分音符和十六分音符使用较多,但在强拍或弱拍强位上却有一些附点八分音符或附点四分音符,通过延长节奏重音位置的音符时值,加强了旋律的节奏感,突出了节奏重音,也使得变换拍子中拍数不同的小节有明确的分界,但唱诵却流畅、自然。《请神》前面两首的羊皮鼓伴奏很有特点,唱诵时鼓点一直伴随,并有较为随意的变化,但节奏重音仍较为明显。鼓点最常采用的是八分后附点音符节奏,与唱腔中的均分节奏和附点音符交错出现,形成错落有致的互补作用。

谱例 3-2（28—39 小节）

此旋律时长4分30秒,释比以鼓点加快加强作为终止的前奏,几声重击之后停顿下来,以此作为信号结束这段旋律的唱腔。该段唱词主要是通告了各方神灵,今天要做大法事,唱述了做大法事的原因,然后请神灵都来参加、助佑等。

2. 请神(二)——修神路

第一段旋律唱完,没有任何准备,释比随即转换到第二个旋律唱腔《修神路》(谱例3-3)。此旋律与第一首风格稍有不同。采用五声音阶宫调式,4/4拍子,附点四分音符及切分节奏的使用,以及一字多个音符的唱腔,使旋律歌唱性增强,形成更为悠长、宽广的曲风。仍采用羊皮鼓伴奏,节奏与第一首相似,不断重复的附点八分音符显得急促而紧张,与旋律的歌唱性风格形成对比。《修神路》的经文大意是:诸神都愿意来助力,但是路途遥远,道路崎岖。大家采用了各种办法,将神路修好,恭请神灵来到仪式现场。

谱例 3-3

《修神路》最先对着上坛唱,唱诵约 4 分钟后,释比和助手转身对着下坛继续唱诵此音调,旋律不再变化。《请神(二)》前两首旋律唱诵时长 12 分 40 秒,释比仍然以鼓点的变化结束唱经。

3. 请神(三)——点神名

释比和助手分坐神龛前两边,释比摇拨浪鼓唱请神第三首旋律《点神名》(图 3-5),鼓点为每两拍摇响一次,始终无变化。唱经持续 12 分钟,最后释比以鼓点变化结束唱诵。

《点神名》(谱例 3-4)采用带变宫的六声音阶羽调式,全曲使用最多的音程进行为同度,最多的节奏为附点八分音符。这样不断重复的旋律听起来比较单调、沉闷,神的称谓虽然非常复杂,但取神名的方式相似,这样的旋律恰恰很适合唱出各种奇怪的神名。此外每句结束都有一个动词和助唱词构成的短小乐句"reni e zhao",意思是"请啊",表达一种恳切的心情。

图 3-5　肖永庆释比摇拨浪鼓唱《点神名》

谱例 3-4

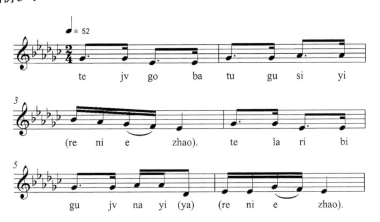

te　jv　go　ba　tu　gu　si　yi
(re　ni　e　zhao).　te　la　ri　bi
gu　jv　na　yi（ya）（re　ni　e　zhao).

　　此段是请神的关键段落,释比将神灵的称谓一一唱出,以便让所有神灵来参与大法事。所请的神灵有天上的天神、太阳神、月亮神、星星神等,有地上的山神、树神、水神、火神等,有从松潘到成都的各地方神,以及祖先神和祖师爷等。神的称谓十分复杂,分工很细。唱完神的称谓,释比还唱诵了事主的诚意,意思是事主请了各位神灵到来,有十二太保见证,还供奉了香、蜡和猪肉,这样的仪式非常正式,一定能够达到预期效果。此段唱诵时长19分钟,释比唱完这一段落,稍作休息。

4. 开坛经——斯巴雪(si pa çye)

肖永庆释比坐在神龛一侧歇息。助手杨天荣在神龛前烧钱纸,口中念念有词,并将两杯酒倒在钱纸上,以香蜡钱纸和美酒敬神。随即对着神龛击鼓礼拜,方法如同之前请神,但采用单膝跪地,四次跪拜后,杨天荣释比起身,坐在神龛前,面对神龛,击鼓唱诵《开坛经》(图3-6),时长6分50秒。

图3-6　杨天荣释比击鼓唱《开坛经》

《开坛经》(谱例3-5)前奏是羊皮鼓单独的击奏 ×̲×̲× ×̲×̲× ×̲×̲× ×̲×̲× ,开始唱诵后,羊皮鼓节奏变为 ×× ×× ×× ×× ,此后始终不变,直到唱腔结束,再用类似前奏的鼓点进行段落终止。此段旋律为带引子和尾声的单二部曲式。引子的抒情性较强,旋律节奏不工整,以衬词开头,结构比较零散。A部分为上下两句构成的段落,采用连续切分节奏,因为加减唱词字数的关系,演唱时比较随意地增减节拍数。引子和A段均为五声音阶g商调式。第二部分有一个明显的调性变换,我们划分为B段,增加了变宫偏音,音乐变得高六。此后经过一段鼓点的衔接,进入尾声。尾声从一个较为规整、圆润的语气词唱腔开始,与乐曲引子相呼应,采用 B 段的旋律唱诵,然后以鼓点变换结束全部唱诵。

谱例 3-5

杨天荣释比介绍说,此部经用于各种祭祀和法事的开头,称之为《开坛经》,其经文大意是:今天我们请来天神、各种神灵,参加我们的大法事。我们用了香蜡钱纸、五谷美酒来祭祀神灵,请神灵保佑寨子,保佑事主风调雨顺、平平安安。①

5. 白耶来历——白耶戎(peje zəm)

释比坐在神龛前,侧面向神龛,击鼓唱诵《白耶来历》。这是一部典型的

---

① 杨天荣口述,华明玲记录。2020 年 6 月 25 日于茂县古羌城访谈。

羌族神话故事,讲述了羌族纳萨神"白耶"出生高贵富有,从小生活幸福,但家中突然遭遇变故,一贫如洗。白耶在妻子的劝慰下,请来了羌人释比、藏人喇嘛、汉人端公,请来了寨子的男女老少,在大家的帮助下,白耶一家重新过上了幸福生活。这部唱经的内容,体现出羌族民间信仰中多神信仰、多种宗教渗入的特点,也展示羌族生存发展历程中艰苦奋斗、团结协作、共同创造美好生活的民族精神。

整段唱诵旋律起伏不大,节奏工整。羊皮鼓的敲击多是按照唱词的节奏跟进,全曲没有明显变化。乐曲主要采用4/4和3/4变换拍子,但有时唱腔自由,会在某小节增加一拍或两拍,记谱很难规范在同一拍子中。在节奏上最大的特点便是几乎全部采用后附点八分节奏,节奏重音的连续后移使旋律显得庄重、沉闷,具有诵念的特点。唱腔的音区出现了三次明显的调整,调式音阶也有变化。第一部分在中音区运行,采用五声音阶宫调式,完全控制在 dol re mi sol la 之间进行(参见附录),音域较窄,最低音为 F 调的 dol(f)音,最高音为 la(d)音。此段唱诵约 10 分钟,整体节奏都没有出现较大变化。

中段通过短暂的一小节鼓的间奏,变换了唱腔的调性,将音区拓宽,出现了 xi(e)音,成为六声音阶,旋律出现明显的新鲜感。第三部分将音区扩展到低音 la 至中音 xi,出现九度音域,但仍采用包含变宫的六声音阶,增加了音乐的对比性,并以此调式结束整个唱段。

6. 献青稞——日吉日(zə tɕə zə)

紧接着肖永庆释比坐在神龛一侧,摇拨浪鼓唱诵《献青稞》。这一段有两个不同的旋律——《献青稞》和《说法事》。第一段旋律《献青稞》讲述青稞、麦子、菜籽等谷物,都是神农皇帝从天宫带下来的。因此在做大法事之前,要将青稞的来历说清楚,要感谢天地的恩赐。

《献青稞》(谱例 3-6)旋律采用五声音阶羽调式,在节奏上有非常突出的特点:一是将主要唱词通过紧密的节奏快速唱出,形成 6 连音和 5 连音,但却在一些语气词上采用较长时值的拖腔,与主要唱词快慢结合、疏密有致,音乐主题材料对比鲜明,有说和唱结合的风格。此段唱诵大约 3 分钟。

谱例 3-6

　　《献青稞》第二个旋律《说法事》(谱例 3-7)与第一个旋律紧密连接,音调与《点神名》相似。唱词大意是释比请来山王菩萨及各路神祇,告知死者的死因以及家人的情况,希望通过大法事,消除事主的秽气,一家人能够顺利平安。这部分旋律共唱诵 5 分钟。

谱例 3-7

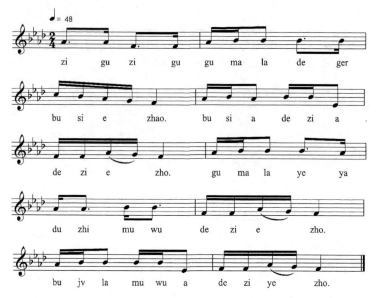

7. 请祖师——比国卓(pi　kue tʂo)

释比做大法事除了请神灵助力外,还要请出释比祖师加持,用祖师传授的技术驱邪斩妖。这部唱诵有两个不同的旋律。《请祖师(一)》(谱例 3-8)的内容是对释比师徒传承方式的介绍,包括怎样请祖师,祖师通过什么样的方式到达现场,要驱除的邪魔妖怪类型,做法事的程序和方法等。此段旋律与《通告神灵》相似,唱诵时长 5 分 25 秒。

谱例 3-8

　　紧接着用《请祖师(二)》(谱例3-9)旋律唱诵此经后面部分。其旋律与《修神路》相似。唱词大意是：去年过去了，今年就来了。上个月过去了，这个月又来了。岁月在更替，神却是永恒的。神我们都请来了，大法事就要开始了。唱诵完成后，释比念诵事主出了啥事情，要做什么法事。然后抓了一把青稞籽往下坛使劲撒去，意为打青稞卦，打完青稞，释比查看了卦象，但并不说明。请神仪式结束。

谱例3-9

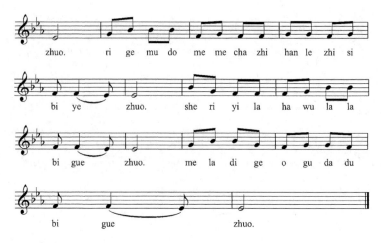

(四)说凤凰——垮迪(khua di)

请神结束后,仪式告一段落。释比让事主张罗炒青稞面,用于捏面人和后面的"打面火"。释比助手对下坛烧钱纸,用炒过的青稞面揉成面团。释比将面团捏成牛头、马面等形象,用其代表邪恶污秽。牛头马面放在碗里,碗压在前文提到的磨子上面一扇,磨子搁置在地上,释比击鼓坐唱《说凤凰》。

《说凤凰》(参见附录)的旋律带有一段助唱词"a dio"构成的引子,采用五声音阶宫调式,引子共4个小节,旋律婉转抒情。主题采用单乐句重复的方式进行。节拍主要为4/4拍,但为了配合唱词中字数多少的变化,偶尔出现每小节3拍的情况,唱诵时也很自然,小节重音突出。此旋律时长4小时25分。紧接着用与《修身路》相似的音调唱诵经文的后半部分。至此,此旋律已经出现三次,在请神、请祖师及说凤凰的后半部分均采用同一旋律,唱词格式基本相同。此旋律起伏不大,在一个八度内完成全曲;节奏平稳,强弱分明,几乎都是一音一词,充满力量;曲风稳健,有一种正义、高贵的气质。

《说凤凰》讲述凤凰三兄弟借助神力,将有害的天螺、猩猩、煞气、妖怪一家①、

---

① 妖怪一家包括八个妖怪。妖父墨基阿古,妖母墨基刹支,大妖女长着红发披身名叫刮韩格维,大妖儿长有三角红眼名叫策涅噻勒,二妖儿屁股长得像面盆名叫比茹达维,二妖女脚板太长名叫坝啼如维,三妖女有着蚂蚁一样的细腰名叫德羽婵塔维,三妖儿的手长得像捞叶爪子名叫西哇日维。这八个妖怪是羌族传说中危害四方的邪恶势力,在后面的《唱魂根》里将专门讲述孤儿郁米与这八个妖怪的斗争,在消灾仪式中唱诵的多部经典都将涉及斩杀、埋葬这八个妖怪的情节。

凶死的人以及一切坏人都消灭的故事。传说早先山顶上有天螺,天螺出来害人时会将人的影子压住,人便会生病,因此也有人称之为"天晕"。凤凰三兄弟通过啄食天晕的血液、脊髓,捏住心脏等办法,消灭了天晕,并以相似的方式,一一消灭上述害人的东西。经文大意是:凤凰凤凰好凤凰/凤凰带来了吉祥/吉祥凤凰三兄弟/老大名叫勒者巴/老二名叫勒者罗/老三名叫勒者章/仨兄弟到水源来/左顾右盼没有来/仨兄弟到水尾来/左顾右盼没有来/凤凰老大勒者巴/展翅飞身到山顶/山顶之处遇天晕/天晕见后吓倒地/头像木头伸直了/手像树枝放平了/脚像树丫伸直了/心脏被捏抓扯掉/三口吸完其血液/肋骨三根折断了/勒者巴咧嘴吃天晕……①

(五)量茅人座位——萨举则(sadz̧y dze)

助手在门口神台前挖一个小坑,能放下两块砖的空间,用来在仪式最后埋葬牛头马面及一切脏东西。助手拿着一块木板回到上坛,释比托着木板一头,另一头放在地上(图3-7),为这块即将做成茅人座位的木板诵唱《量茅人座

图3-7　释比对着制作茅人座位的木板唱《量茅人座位》

---

① 四川省少数民族古籍整理办公室主编:《羌族释比经典》(下卷),四川民族出版社 2008年版,第 1599 页。

位》。通过释比的唱诵及相应的仪式行为，木板便被赋予了法力，以此做成的茅人座位，才能在最后火化时带着茅人升天。此段诵唱有两个完全不同风格的旋律，但唱诵内容是衔接在一起的。

《量茅人座位(一)》(参见附录)旋律采用五声音阶羽调式，由单乐句变化重复的方式构成乐段，但乐句重复时变化较大。主题乐句为3个小节，有时是通过加花丰富了主题旋律，有时一个乐句只有2个小节，段落结束时的两个乐句加快了一倍速度，一个小节便构成一个乐句，显得越来越紧凑，全曲每一句结尾音都落在主音 la 上，并重复主音形成终止感。音程进行平稳，同度重复较多，但也有几处出现6度跳进。节拍采用2/4和3/4变换拍子，音值组合以均分节奏为主，连续八分音符使用频繁，段落重复时出现很多比较随意的变化，使节奏稍有新鲜感，但整体风格更接近诵读，此段唱诵时长2分53秒。第一部分唱词大意：释比今天量茅人/凤凰孔雀飞过来/借助凤凰的威力/比量茅人的座位/借我凤凰的威力/抓住杉杆拿过来/借助凤凰的威力/抓住麦草拿过来/比量了茅人座位/三岔路口烧茅人/茅人座位释比烧/妖魔病痛平神压/豹子老虎快捷来/我借助豹子威力/抓住杉杆拿过来/我借助豹子威力/抓住麦草拿过来/比量茅人座位后/三岔路口烧茅人/茅人座位释比烧/妖魔病痛交平神……

《量茅人座位(二)》(参见附录)音调变为3/8拍子，五声音阶宫调式，旋律风格明亮起来，唱腔高亢，富有动感。旋律仍然采用单乐句变化重复的方式进行发展，但乐句较长，多数乐句为12个小节。在调式音阶及旋律风格上的变化，使这首旋律充满成功、喜悦的情绪。唱诵时长2分40秒。值得注意的是，《量茅人座位》的两首旋律虽然调式不同，风格差异很大，但是乐句的终止方式却相同，都是在主音上进行重复来终止，使两首旋律又有了一定的联系。这部分经文翻译：凤凰孔雀飞过来/借助凤凰的威力/释比做法茅人替/我比量茅人座位/三岔路口烧茅人/茅人座位释比烧/妖魔病痛交平神/释比面火撵邪魔/茅人座位关邪魔/释比驱除瘟疫源/茅人座位瘟症锁/邪魔放入茅人位/将邪魔层层密封/茅人没有衣服穿/释比找衣给茅人/茅人穿的有没有/白耶答话有衣穿/茅人团结不团结/白耶答话说团结/茅人鞋子有没有/白耶告诉有鞋穿/茅人藏地走到了/藏地债主取下帽/释比将帽戴茅人/你的帽子茅人戴/茅人戴后吉运来/茅人替你驱邪气/茅人羌地走到了/羌族债主脱下衣/释比将衣给茅人/你的衣服茅人穿/茅人穿后吉运来/茅人替你驱邪气/茅人汉地走到了/汉族寨主脱下鞋/释比将鞋给茅人/你的鞋给茅人穿/茅人穿后吉运来/茅人替你驱邪气/天未亮时送茅人/三岔路口燃篝火/所有邪气与鬼魂/全在三岔地烧毁/全在三岔地埋葬①。

　　释比诵唱时,助手选择五根香,对在座的五位主家人小臂比量长短,准备按照每个人的小臂长度将木板锯断,用作茅人座位。其行为意义主要借助孔雀、凤凰、豹子、老虎、海鱼、海龟、狼、豺狗等凶猛动物的力量,来比量茅人座子的木材,做出来的茅人便有了神力,释比在三岔路口的平神庙烧掉茅人,便能够替代事主将一切灾难、病痛、秽气、煞气带走。

　　唱完此段落,释比将木板放下,助手则按照所量尺寸折断的香用来丈量木板,按照每个人小臂不同的长度将木板锯断成五段,再将这五段木板劈成21根木条,然后将木条搭建成三角形的塔楼,用绳子捆扎起来,成为茅人座位,上面放置仪式前扎好的茅人,摆在祭祀台下坛,剩下的一些木板和木条拿去屋外烧掉。

（六）赶瘟神——除楚系(tʂhutʂhu çi)

　　释比点燃柏树丫,用燃烟熏烤祭坛,并让主人拿着柏树丫将每个房间,包括猪圈、厨房等,都熏烤周到,羌族认为柏树丫具有驱邪、清洁的功效。释比用娃娃皮(一种草)扎出长着龙头鸡身的"瘟神"(除楚),在龙头上插一支蜡烛,在尾巴部位放一把钱纸,取有七个节的细竹竿(代表七魄),放在火盆边上,准备后面用来点燃蜡烛。释比摇拨浪鼓坐唱《赶瘟神》,采用三首不同的旋律分三个部分进行唱诵。

　　《赶瘟神(一)》(参见附录)旋律与《说青稞(一)》相似,主要以6连音、5连音等形式,将唱词快速诵唱出来。开始部分的唱词结构和衬词的使用与

---

　　①　四川省少数民族古籍整理办公室主编:《羌族释比经典》(下卷),四川民族出版社2008年版,第1595页。本书借用《羌族释比经典》中《量茅人》的翻译,但将其题目改为《量茅人座位》。按照法事过程及羌语直译,笔者认为是量茅人座位而非茅人。sa——茅人,dzɣ——座位,dze——量。

《说青稞(一)》相同,只是将青稞(日)换成了瘟神(除楚),唱诵时长1分50秒。经文大意为:兄妹下凡治人烟/人间早已有瘟神/白耶开天辟地时/瘟神就在人间了/用白纸驱邪魔时/瘟神就在人间了/瘟神漂浮没回来/瘟神根源扫门外/瘟神根源要撵走/法官帽子头上戴/驱邪佛珠颈上挂/我敲皮鼓赶幽灵/我摇响盘驱邪魔/铁打神棍赶妖魔①。

唱诵至上述旋律结束部分,没有任何转折和先兆,释比直接改变了音调,继续摇拨浪鼓唱诵《赶瘟神(二)》旋律(参见附录),唱词又从头开始,但第二个旋律将释比赶瘟神的具体方法唱述完整,时长7分7秒。

此段旋律采用带偏音变宫的六声音阶徵调式,旋律行进平稳,节奏工整,基本采用一字一音,唱诵简单上口。旋律开始的段落,强拍强位的音符时值都稍长,采用附点八分音符使节奏重音得到加强,而这个重音对应的字便是"chu"(瘟神),这样的唱腔使主题十分鲜明。而在后面的唱诵中,旋律主干音基本未变,节奏却发生了改变,句子开头的强拍也偶尔使用后附点音符,产生一定的新鲜感。

唱完上述两段旋律,释比在下坛点了一对蜡烛,插上一炷香,又回到上坛,左手执宝剑,右手摇拨浪鼓,威风凛凛地站着,对着地上的"瘟神"唱《杀瘟神》。一边唱一边作势将宝剑刺向"瘟神"。随后助手杨天荣敲击羊皮鼓加入伴奏并跟唱。此后吩咐主家男子,用那根准备好的七个节竹竿将瘟神身上的蜡烛点燃,然后将瘟神以及身下的纸、柏树丫、旗旗等带到屋外烧掉,同时用扫帚在后面一路扫出去,意味着将瘟神赶出去了,并清理干净了仪式现场。待瘟神送出去后,释比将宝剑换成法铃继续唱,摇拨浪鼓、法铃,助手击羊皮鼓,伴奏音响更加热烈,但旋律与此前相同,此段前后共唱诵6分10秒。

(七)唱魂根——门儿勒儿(mə lə)

释比开始唱诵消灾仪式中的主要经文《唱魂根》。内容讲述孤儿郁米在

---

① 四川省少数民族古籍整理办公室主编:《羌族释比经典》(下卷),四川民族出版社2008年版,第1645页。

父母双亡的艰苦岁月中逐渐长大,锻炼出坚强的意志,成就了一身好武艺。郁米成年后知晓了父母为妖怪所害的事实,决心为父母报仇。最终郁米在白耶神的三女儿和猎人的帮助下,将妖怪父母及六个妖儿妖女全部消灭。释比在唱诵时,将妖怪名字及外表特征逐一唱出,并着重描述了怎样杀死妖怪、埋葬妖怪的情节。释比借用这样的励志故事以及刺杀妖怪的精彩场景,达到树立正气、惩恶扬善的目的,以便帮助人们团结协作、努力工作,实现人畜兴旺、家庭和美的愿望。经文内容较长,采用三段不同的旋律唱诵。第一段旋律唱诵了郁米的身世及父母被妖怪所害的经历,以及郁米复仇的决心;第二段则重点描述郁米斩杀妖怪的各种技巧;第三段唱述埋葬妖怪,消灭一切坏人坏事,取得全面胜利的情景。

1. 唱魂根(一)

《唱魂根(一)》(参见附录)为清唱,释比坐在神龛前,比较自由地唱诵。旋律采用六声音阶 g 商调式,带偏音 fa,节拍可以整体归纳为 2/4 拍子。唱段开头有一个节奏较为自由的引子,是唱经前常常加上的助唱词。进入主题后,节奏较为工整,是一个单乐句变化重复的冗长唱段。乐句的前半部分唱词字数稳定,节奏比较规整;后半部分唱词字数增多,释比将众多的字压缩到一拍唱出,时值会比较随意延长。而且为了防止"倒字",唱腔的旋律音也随之变化。此段唱诵时长 20 分 56 秒。经文大意为:魂啊魂啊在哪里/释比喊魂魄召唤你/孤儿郁米命运苦/还在母腹父去世/呱呱坠地母去世/郁米独身孤苦度/尝尽苦头终成人……①

2. 唱魂根(二)

紧接上段的清唱,释比拿起羊皮鼓开始击鼓唱诵《唱魂根(二)》(参见附录)。这两首旋律骨干音相似,但《杀妖怪》音域有所拓宽,节奏更为铿锵,以明快的 2/4 拍子和强弱分明的节奏感,将情绪烘托起来。旋律采用五声音阶 f 宫调式,《唱魂根(二)》前半部分旋律出现的 la sol 二度下行变化为 la 到高音

---

① 四川省少数民族古籍整理办公室主编:《羌族释比经典》(下卷),四川民族出版社 2008 年版,第 1549 页。

do 的小三度上行(第 13 小节开始),增强了音乐的力度,展现了郁米斩杀妖怪的精彩场面,并使冗长的唱腔变得更为积极、活跃。此段旋律时长 12 分 32 秒。这部分唱词大意为:郁米鞘中抽大刀/紧握大刀杀妖母/妖母躲避掉头跑/孤儿郁米奋勇追/妖母转眼藏崖中/悬崖底处搭高梯/郁米登梯刺妖母/利锥刺中了妖魂/妖母化身变山羊……①

3. 唱魂根(三)

第二段旋律唱至"在尤南罗比那个地方杀了两妖"之后,释比起音用第三个旋律唱诵埋葬妖怪《唱魂根(三)》(参见附录)唱诵各种埋葬妖怪的手段,以及将一切不善者埋葬消灭的意愿。此段旋律仍然采用五声音阶宫调式,乐句短小,节奏鲜明。释比要求助手在句末补充唱出乐句的后面两个唱词,羊皮鼓的节奏顿挫有力,构成一种威猛、呼应的喊杀声,此段时长 4 分 48 秒。该部分唱词翻译为:将该杀的杀在那/尤南罗比之地/将该埋的埋在那/悬崖之地的妖魂/那妖父墨基阿古/已被杀死埋葬了/那妖母墨基刹支/已被杀死埋葬了/红发披身大妖女/已被杀死埋葬……②

(八)敬神

此时天色已晚,释比对在场的十二太保和事主说:明天我就要用香蜡钱纸在屋头敬菩萨。做了几天大法事,要走的时候,要把你们屋头的家神菩萨安好,安安稳镇守家庭。明天早上要在这里打一卦,男儿些。女子家就后头嘛,男儿为阳女儿为阴,也不是在践踏妇女,都由父母(生养的)。但是这个每家每户就是这个道理,规矩。规矩是那么个(样子)。③

临近晚饭时间,释比问饭菜做好没有?要求做好了菜拿两碗过来敬神,上坛一碗,下坛一碗。摆好菜,释比先在上坛烧钱纸敬上界神,并向神通告。最先用羌语念诵神灵的称谓,接着用汉语念道:北方真武祖师、玄天上帝、披发祖师、黄衣喇嘛、红衣喇嘛、喇嘛祖师、引兵香师、押兵童子、四大天王、八大金刚、

---

① 四川省少数民族古籍整理办公室主编:《羌族释比经典》(下卷),四川民族出版社 2008 年版,第 1554 页。

② 四川省少数民族古籍整理办公室主编:《羌族释比经典》(下卷),四川民族出版社 2008 年版,第 1556 页。

③ 肖永庆口述,华明玲记录。2020 年 5 月 15 日访谈于茂县凤仪镇。

上天童子、入地能君、红白宇师、白马将军……天山祖师、地母祖师、福将祖师、老山祖师、落定祖师、应过祖师、达摩祖师……①念完之后又用羌语念诵一段。

释比随即来到下坛,烧钱纸敬下界神,念道:州有州城隍,县有县城隍。州住城隍,府住大王。十店连军,五店连陆,掌布旁光。红鼻师爷、黑鼻师爷、鸡脚大神。啊! 平神地王、沾袖沾里、替代茅人。白游神、夜游神、降查神、相思神、跟思神……念诵逝者名字后又用羌语念诵,之后再用汉语念道:老的呢享福添寿,少的呢否极泰来。一家人无病无痛、无灾无难! 亲戚们平安! 保佑他们一家人无病无痛无灾无难,是非口嘴、病痛灾难,你们就要把它压下去。②

（九）第二次《唱魂根》

《唱魂根》是消灾大法事中最重要的一部经,需要唱诵三遍。敬神过后,大家开晚饭。饭后至 20 点 22 分,释比第二次将《唱魂根》完整地又唱了一遍,跟此前的唱诵相同,也采用了三段不同的旋律,并以急促的鼓点结束唱诵。接着释比放下羊皮鼓,小声念诵了几句之后,往放在地上的牛头马面呸了三次,助手也呸了三次。"呸"是做法事中常用的手法,意思能够镇压邪魔鬼怪。

（十）第三次《唱魂根》

休息一会儿,至晚上 21 点 38 分,释比再次将《唱魂根》完整唱诵了一遍。释比同样往放在地上的牛头马面呸了三次,助手将其连同碗和磨盘端起来,准备带出房间,端起磨盘时,再呸了三次,然后拿出去放置在门口挖好的土坑旁边,等待一会儿埋葬。至此,三次《唱魂根》结束。

（十一）毒药猫——热勒儿（zə lə）

《毒药猫》是消灾仪式中常唱的一部经。毒药猫信仰普遍存在于岷江上游藏族羌族村落,当地人们认为,很多不良事件,包括疾病、灾难、伤害、威胁等,都是由一些恶毒的妇女造成,这类妇女被统称为毒药猫,她们能够隐藏身份,并将动物体内的毒素用于加害他人。事实上,这类可怜的女人往往会成为

---

① 肖永庆口述,华明玲记录。由于听记的难度和交流障碍,对这两段释比念诵的道教真人、佛教菩萨,以及民间信仰的神灵称谓可能记录不准确,仅按照发音进行大致的猜测。2020 年5 月 15 日访谈于茂县凤仪镇。

② 肖永庆口述,华明玲记录。根据发音记录,不准确,仅供参考。

不良事件的替身,遭到诅咒和攻击。

此经唱诵了从松潘到茂县的多位寨主娶了毒药猫做儿媳妇,毒药猫勾结妖父墨基阿古残害羌民,制造事端。人们请来释比作法,除掉毒药猫,换来团结和睦、百事顺利。毒药猫属于邪神信仰,也是过去妇女地位低下的一种表现方式,从当代科学和人文的角度来看,均属于思想糟粕,但此经唱到了许多古代羌族的地名和寨子,对羌族历史、地理的研究和文化传承有积极意义,仅作为文化进行研究,是具有价值的。

《毒药猫》(参见附录)采用五声音阶羽调式,旋律以级进为主,单乐句变化重复构成乐段,每唱诵一个段落后,都会加上一个悠长的衬词唱腔乐句作为过渡。2/4拍子及规整的节奏,再配合强弱分明的鼓点,唱腔显得铿锵有力。唱词主要采用一字一音,且几乎句句押韵,朗朗上口。此部经较短,唱诵时长7分15秒。经文翻译为:古羌天神木比塔/要在人间选寨主/指派云神到凡间/云神来到释比家/挑选儿女做寨主/川主寺地盘上处/寨主勒莫敬请了/在平方地盘上处/阿吾寨主敬请了/那松潘地盘处的/里都寨主敬请了/那松潘地盘处的/玉录寨主敬请了/玉录寨主儿娶媳/买回彩礼婚事定/娶了妖中毒药猫/心肠最狠毒药猫/毒药猫来到水崖/找妖父墨基阿古/商议吃人害人事/毒药猫来到丛林/找妖母墨基刹支/商议吃人害人事/毒药猫哪里害人/释比我哪里除妖……①

(十二)擦死煞——朝格(tʂhao kə)

释比用一沓钱纸在男主人头顶、头部两侧、腰身,最后在全身做擦拭姿态,意在通过擦拭和唱经,扫除男主人身上的煞气。释比一边擦拭,一边唱《擦死煞》,并按照节拍,将钱纸上的"煞气"不断甩掉,如此反复多次,唱诵时长2分30秒。经文快要唱完时,释比往双手拿着的钱纸呸一次,并让男主人也呸一次,"呸"的节奏在唱经的乐句重音上,很有力量。动作重复三次后,释比将草纸拿去烧掉。再取来新的草纸,为男主人的两个儿子依次作法,与刚才的唱腔

---

① 四川省少数民族古籍整理办公室主编:《羌族释比经典》(下卷),四川民族出版社2008年版,第1564页。

和动作相同。

《擦死煞》(参见附录)采用五声音阶宫调式,旋律进行中多采用二度和同度,线条圆润,唱腔柔和。使用的节奏比较复杂,附点、后附点及三连音等交替出现,多变的节奏使唱腔变化丰富,但唱诵起伏自然,优美动听。该旋律采用单乐句变化重复的方式构成乐段,段落开始的第一小节为引子,引子的意思为"你自己说",类似一句口头禅。

此经为一部驱邪经,主要用于家中有亡故不久的人,为家人打太平保福时唱诵。羌人认为,人去世后由于对家人和人世间的牵挂,其灵魂(死煞)飘忽不定,不愿意到阴间安息,却附着在亲人身上作怪,导致家事不顺,亲人生病。释比作法便是通过擦拭,将死者煞气从活人身上擦掉,再通过唱经超度亡灵,使其远离家人,早早达到阴界。经文翻译:死煞死煞钱纸擦/男子亡后身有煞/死煞摆动如凤头/释比我用钱纸擦/女子亡后身有煞/死煞张开老雕嘴/释比我用钱纸擦/死煞黑心附人身/释比我用钱纸擦/死煞手掌附人身/释比我用钱纸擦/死煞像雾盖棺材/释比我用钱纸擦/死煞附在孩子身/释比我用钱纸擦/家务不顺整日忧/释比我用钱纸擦/田宅不顺时刻忧/释比我用钱纸擦/做梦不做吉利梦/梦见自己宴请客/释比我用钱纸擦/做梦不做吉利梦/梦见自己难飞翔/释比我用钱纸擦……①

(十三)擦死煞(二)

男主人抱着儿子坐在凳子上,释比双手拿钱纸重复擦死煞的动作,只是在"呸"的环节让父亲代替。释比此时唱诵的旋律发生了一些变化,但核心元素不变。《擦死煞(二)》(谱例3—10)较短,时长仅57秒,唱词中夹杂着很多汉语词汇,如"断肠关""断桥关""得步关""疾步关""斗马关""阴属关"(谐音记录,可能不准确)等。接着替男主人的母亲、妻子依次擦拭,方式相同,音调相同,唱词会根据擦拭对象的角色作出调整。

---

① 四川省少数民族古籍整理办公室主编:《羌族释比经典》(下卷),四川民族出版社2008年版,第1629页。由于释比唱诵的版本或即兴性,参考此文献翻译但根据现场记录有所改动。

谱例 3–10

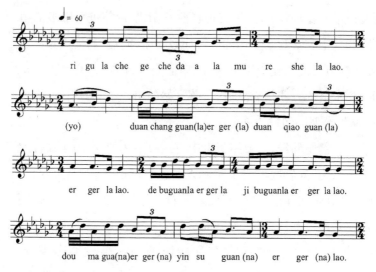

ri gu la che ge che da a la mu re she la lao.

(yo) duan chang guan(la)er ger (la) duan qiao guan (la)

er ger la lao. de buguanla er ger la ji buguanla er ger la lao.

dou ma gua(na)er ger (na) yin su guan(na) er ger (na)lao.

（十四）喊魂魄——徐楚无耶（ɕytʂhu wu je）

释比助手将点着香蜡的香台放置于地上,再将用木条搭建的茅人座子连带茅人放置在倒扣的水桶上,并将男主人的旧衣服穿在茅人身上,鞋放在茅人身下,将茅人穿戴整齐,使其能够替代男主人承受煞气的侵袭,最后再将煞气带走。释比让助手用密集、快速的鼓点敲击羊皮鼓,释比则右手执神杖、左手拉着男主人的右手绕茅人逆时针转圈,边走边用神杖戳地,同时唱诵《喊魂魄》。此后男主人分别领着大儿子、抱着小儿子跟着释比转了数圈。释比又分别领着男主人的母亲及妻子顺时针旋转数圈,然后将神杖放回祭台旁,助手停止击鼓。

羌族民间信仰中有关于属相的相合或相克,人的三魂七魄也会受到属相影响。当属相不和时,魂魄会不稳定,可能会离开人体,造成灾难或者生病。如果家中出现意外死亡,那可能跟属相不和有关。主家请释比做法事,释比依托白耶神的力量,将一家人的魂魄逐一喊回来,再拴住,以确保去世之人不影响家人健康。

《喊魂魄》(参见附录)为四声音阶,采用 f 商调式或 F 徵调式记谱都不会产生偏音,唱起来也很通顺,是比较古老的音阶形式。旋律采用单乐句重复或变化重复进行发展,每一句句尾音都是主音,音程使用有小三度、纯四度、大二度、同度,整体平稳、顺畅、单调,类似喋喋不休的诵念。节拍主要为3/8拍,只是唱到后来急促的地方,几乎变成了2/4拍子,本书以3/8拍子记谱。

经文受到汉语影响,其中的半数唱词采用汉语。经文翻译:释比施法喊你魂/三相一名龙鼠猴/三相合一鸡蛇牛/三相合一狗虎马/三相合一羊猪兔/头中一魂喊过来/腰中二魂喊过来/脚下三魂喊过来/三魂归身成功了/七魄归身成功了/魂魄游荡喊回来/圆球一样滚动来/魂魄游荡喊回来/耳环一样滚动来/魂魄游荡喊回来/野鸡一样飞过来/释比我将魂魄喊/高贵白耶来帮助/好人魂魄我喊来/魂魄应声归来了/坏人魂魄我喊来/装进皮袋埋葬了/释比施法神威大/左手拿着引魂旗/右手拿着引魂盘/阴人三魂打出门/阳人三魂请进门/二十八九魂喊了/六十花甲魂喊了/十二生时魂喊了……①

释比领着事主里每个人都围绕茅人走过之后,放下神杖坐到神龛旁,念诵了几句并高声问道:"头上的一魂回来了不"?在场人集体回答:"回来了"!"腰中的二魂回来了不"?"回来了"!"脚下的三魂回来了不"?"回来了"!"三魂归身了不"?"归身了"!"三魂拴住了不"?"拴住了"!随即将"喊魂魄"又完整地清唱了一遍,并将释比与众人喊魂魄的问答也重复了一次,喊魂魄环节结束。

(十五)拴魂魄——徐楚举(ɕytʂhu tɕy)

释比助手拿了一扎红绳子在火盆里熏烤,释比开始唱诵《拴魂魄》,助手按照唱腔节奏翻动绳子。待绳子都熏烤到位后,助手将红绳子全部挂在茅人脖子上,然后分出一缕挂在男主人脖子上,左手手腕及左脚腕也各拴了一条。然后又分出几条在男主人的两个儿子脖子、手腕、脚腕上分别拴上,最后是两位女主人。家人都拴好红绳子后,释比吩咐大家把茅人连同衣服、鞋子等都搬到户外三岔路口平神庙去烧掉,把牛头马面拿到门口的土坑旁边,准备埋葬。吩咐助手带上刀头肉和酒、三根香、一对蜡、钱纸等。一切做法事用过的东西,都要带出去烧掉或埋葬掉。十二太保帮着把东西都带出去,释比助手抓了两

① 四川省少数民族古籍整理办公室主编:《羌族释比经典》(下卷),四川民族出版社2008年版,第1629页。由于释比唱诵的版本或即兴性,参考此文献翻译但根据现场记录有所改动。

把米,用力撒向带着东西的十二太保背后。

助手拴绳子的过程中释比一直唱《拴魂魄》(参见附录)。唱词中夹杂很多汉语祝福词句。此段旋律采用五声音阶宫调式,但是实际唱诵中,释比临时唱出了一个变宫偏音,此后段落重复也始终采用五声音阶。旋律进行平稳、安静,音值组合时附点音符和后附点音符较多,唱词字数较多的句子,也会采用密集的十六分音符组合,但旋律整体风格缓慢,与此前唱诵的《赶瘟神》《毒药猫》等驱邪除魔的旋律风格完全不同,时长 11 分 36 秒。

唱词大意是:世上有了人烟后,便有了依附于人体的魂魄,人与魂魄必须紧密结合,才能够平安顺利。前面一首《喊魂魄》已经将主人一家的魂魄一一喊回归身,此时再用红绳子将魂魄固定在人的头上、腰中、脚下,这样魂魄便能够与人体不分离。通过拴魂魄,事主便无病无痛、无灾无难、清洁平安。

(十六)打面火——日格勒(zəm qe le)

众人出门后,祭台恢复没有装扮前的样子,释比点燃火把,助手端着先前炒好的青稞面粉,释比一边唱经,一边将火把指向祭台下,并抓一把青稞粉往火把上使劲撒,火把便瞬间燃烧出一个火团(图3-8)。

图3-8 释比打面火

　　释比在下坛桌子下、厨房、每个房间,以及猪圈、院子等地方都进行了同样的工作,一边打面火,一边唱诵《打面火》(参见附录)。该旋律采用三声音阶羽调式,节奏自由,唱腔高亢,主要按照打面火的位置、距离来调整唱腔节奏,但是撒青稞面粉的时候必须是在唱到"xi ma"(撒出去)及"de ma"(攃出去)对应的强拍上,这样便使得唱腔与动作和法事内容紧密结合起来。经文翻译:朝着神界打一把面火/朝着地界打一把面火/凤凰街走太爷魂/凤凰头顶攃除魂/老雕街走太婆魂/老雕口中攃除魂/荞面麦麸的魂魄/棺材里面的魂魄/释比打面火攃出去/魂魄附在兄弟身/释比面火攃除去/魂魄附在父子身/释比面火攃除去……①

(十七)攃妖魔——阿忒(ʁa the)

　　释比戴上法冠,右手摇拨浪鼓,左手摇响盘,助手拿羊皮鼓,来到神龛前,一边舞蹈一边唱诵(图3-9)。释比及助手的舞蹈动作相同,均是按照鼓和响盘的节奏重音,做前后颤步走动,向前三步,再退后三步,膝盖弯曲,身体向两侧击鼓,出左脚便向左边击鼓,出右脚便向右边击鼓。舞蹈时只击鼓和摇响盘,没有唱腔,重复三次前后走动的动作,便停止舞蹈,也不再摇响盘,只用拨浪鼓和羊皮鼓伴奏唱诵《攃妖魔》。

　　此部经文有两个风格不同的旋律,时长8分24秒。《攃妖魔(一)》(参见附录)旋律采用四声音阶宫调式,以级进或小三度进行为主,但节奏感很强,几乎都采用一音一字,有进行曲风格。虽然曲中有三连音、附点、切分等多种形式的音值组合,但其基本的节奏风格保持明朗、果断,与拨浪鼓、羊皮鼓的节奏重音结合起来,比较热烈有力。

　　释比正对神龛用第一个旋律唱完三个段落,便跳着舞蹈来到烧茅人和衣物等用品的三岔路口平神庙前,用《攃妖魔(二)》(参见附录)旋律继续唱诵。这个旋律采用六声音阶宫调式,音乐风格与第一个旋律对比鲜明,唱腔中加入了一些衬词,并在衬词上用高亢、婉转、悠长的旋律进行拖腔,唱诵声音传得很

_____

　　①　四川省少数民族古籍整理办公室主编:《羌族释比经典》(下卷),四川民族出版社2008年版,第1607页。

图 3-9　释比跳舞撵妖魔

远,在黑夜中伴着燃烧茅人的火堆,形成一种法事成功的喜悦氛围。

此经是太平保福等消灾仪式中常唱的经。经文开始部分为请神,释比请来太阳、白石、星宿、月亮、天界、黑云、白云、红云等神灵协助,然后唱述了牲畜、庄稼被妖魔祸害而产生的种种不良迹象,最后释比借助神力,通过击鼓诵唱,将妖魔一一戳穿,换来吉祥如意、万事顺利。

(十八)埋葬邪气——渍算(tsə suæ)

人群来到大门口事先挖好的土坑前,释比要求助手将桃符和神旗靠墙插在埋葬坑旁边,因桃符和神旗具有正气和法力,能够遏制住邪气。助手一边念咒语,一边宰杀一只公鸡,并将鸡血洒向坑里,在坑里点燃钱纸,将牛头马面翻过来,被磨子的上面一扇压住,埋进坑里,这样便与桃符头顶戴着的下面一扇磨子形成一副手推磨子,把牛头马面为代表的一切妖魔鬼怪碾碎埋葬。助手在整个过程中,一边念诵,一边用力地“呸”向公鸡血、泥土、面人等,神态充满厌恶感,还有一种威猛的杀气。埋葬的过程中,释比开始唱诵《埋葬邪气》。助手点燃一对蜡、三根香和一些钱纸,拔下一些鸡毛放进火堆燃烧,并吹响了几声海螺。

《埋葬邪气》经文不长,在埋葬过程中,释比用了两个不同的音调反复唱诵文,与《唱魂根》中结束部分的内容和唱词接近,都是将杀死的妖怪埋葬掉。《埋葬邪气(一)》(参见附录)旋律为三声音阶角调式,很少见到的古老调式。释比以清唱开始,此后击羊皮鼓伴奏,加强了唱腔的力量。此段旋律为2/4和3/4变换拍子,两种不同拍子的小节穿插使用,很自然和贴切。

《埋葬邪气(二)》(参见附录)旋律为四声音阶羽调式,3/4拍子,节奏鲜明,重音突出,配合羊皮鼓强弱分明的敲击,有震慑妖魔的威力。

尽管释比唱诵此部经时,尽量采用鲜明的节奏和响亮的伴奏,以此彰显法事威力,但由于这两首旋律都是古老的调式音阶,又无和声配合,旋律本身带来的力度不够,只能通过击鼓、唱腔、帮腔以及众人嘈杂的声音来提高唱诵的震慑效果。总时长8分38秒,直至所有东西燃烧殆尽,释比念诵几句,一家人顺顺利利等祝福的话,消灾大法事宣告成功。

(十九)安顿三界

第二天早上(4月22日)8点,释比站在神龛前,开始敬神和安顿三界。意思是感谢各路神的助力,大法事顺利结束了,请神继续保佑人们平安顺利。释比开始念诵了一段羌语经文,但夹杂少量汉语词汇,如观音、玉皇等;后半部分汉语更多,为念诵佛号、神位。包括观音、圣母、十八罗汉、四金仙、四缘觉、二十位普天菩萨、川主、土主、药王、山神、牛王、马王、龙王、太子、南海观音、文昌帝君、封侯二贤、地母娘娘、眼观圣母、催生娘娘、三孝圣母、护法韦驮、三门土地、地门路神、地盘业主……大门将军、二门土地、四角地神、东方青地龙神、南方紫地龙神、西方白地龙神、北方黑地龙神、中央黄地龙神;左青龙、右白虎、前朱雀、后玄武……①又为各路神仙烧了钱纸。最后念诵了祝愿一家人平安顺利的话,让男主人在神龛前磕头礼拜三次,并跪着等释比打卦。三卦后事成,释比让男主人起身,助手让其向释比磕头,释比又说了一些祝福的话,仪式结束。

---

①　该段按释比读音记录,仅作参考。尽管在访谈时反复询问释比,但仍不能用文字准确表述。

第三节　羌族消灾仪式音声的形态特征

羌族消灾仪式是由有消灾诉求的事主发起请求,由释比主持、邻居见证、事主参与的综合性仪式。仪式过程非常复杂,包括敬门神、制作道具、请神、唱经、消灾、安顿神灵等环节。释比主要通过说唱形式和一些特殊技能,着力到造成灾害的源头上,最终达成减灾、消灾、保平安的目的。羌族消灾仪式与祭祀仪式在功能上有着明显的区别,虽然其中都有请神、敬神的环节,但消灾仪式明显减少了事神、娱神的心理,其音乐形态在旋律、节奏及结构上都更为直接和简易,威慑、恐吓和安抚等功能诉求使消灾仪式音乐显现出多样的形态特征。

一、消灾仪式音声的表演模式

羌族消灾仪式由释比及助手完成,表演模式有念诵、清唱、击羊皮鼓伴唱、摇拨浪鼓伴唱、击鼓摇响盘舞蹈、打面火唱、挂神棍唱、边擦拭边唱、端着板材唱、边刺杀边唱等,几乎所有的唱诵都伴随着相应的法事行为,这些行为具有特殊的象征意义,表现出较强的功能性特征。

(一)仪式中的角色

消灾仪式一般由有消灾诉求的个体、家庭甚至村落发起,发起人出资邀请释比对其个人、住宅、牲畜、庄稼、房屋或特殊场域进行消灾活动,其仪式角色有特殊的分工。肖永庆释比主持的这次消灾大法事的发起人是一户普通的羌民,因家庭中男主人非正常死亡而被认为是家庭中撞邪了,因此这个消灾仪式的功能是消除家庭的各种未知灾害,其目标范围较大,释比便采用了面面俱到的方式,将各种灾害都进行了清理和消灭,仪式的复杂程度较高,仪式角色比较鲜明,主要包括三方面的角色:其一是主持仪式的释比及其助手;其二是要求消灾的家庭成员;其三是仪式见证者,即十二太保。至于仪式围观群众,因与仪式活动没有任何关联,不能被认为是仪式中的角色。这不同于羌年还寨愿仪式中的信众和游客,还寨愿中所有人都可能因为还愿而得到祝福,都可以参加庆典和宴飨,可以被认为是仪式参与者。

释比在仪式中担任请神、祭祀的祭师角色,也担任降魔、镇邪、消灾的巫师角色。释比需要敬过门神才能进入事主的院落,从制作道具、请神、事神阶段的表演,到各种法术的施展,均体现出其独一无二、至高无上的权力和能力。释比不仅是沟通正神与人的桥梁,也是沟通人与邪神、鬼怪和灵魂的中介。释比的表演大多来自传承,被赋予了正义的力量,应对不同的邪魔鬼怪,会采取不同的措施,有时是疏通和劝导,有时是打压和威慑,其主旨是实现消灾的目的,其仪式角色不可替代,因此释比是消灾仪式中唯一的核心人物,是消灾诉求者的心理依靠和值得信任的人。

释比助手一般由释比的徒弟担任,这样会比较熟悉释比施法的程序,也能够在唱诵和舞蹈过程中配合释比的表演。肖永庆释比的大法事举办时,其徒弟均不在本地,于是邀请了非师门的另一位释比杨天荣担任助手。释比助手的表演责任包括动三曹时吹响海螺,燃烧香蜡钱纸、炒制荞面、埋葬妖怪、制作茅人座位和其他道具、给主人拴彩线等辅助工作,同时还需在敬神时与释比一同跳舞,释比唱诵经文时击鼓伴奏或帮腔。释比助手在仪式中非常忙碌,他显然不能像释比一样专注于诵经作法,而是及时传达释比的要求,沟通事主按照要求完成各种用品的配送和制作,完成埋葬邪气、烧毁茅人等具体行为。虽然其并非肖永庆释比的亲传弟子,但两位释比均为茂县南部地区的释比,消灾方式具有相似性,助手也非常熟悉这些仪式程序,完成情况较好。事后我们采访肖永庆释比时,他觉得助手不太熟悉仪式唱腔,没能很好地完成唱诵中的帮腔,有些遗憾。

十二太保能增加消灾仪式的权威性和有效性。为此事主邀请了十二位本寨子的男性乡民参与仪式过程,被俗称为"十二太保"。在仪式表演过程中,十二太保的主要任务是观看仪式过程、壮大声势,也会在释比制作道具、摆放祭坛,以及消灭、烧毁邪魔时帮忙打下手,还会应答释比的发问,夸赞释比法术和道具等。十二太保的参与使仪式更加庄严,提高了释比的威望,提升了法术的威慑力。

（二）仪式中的器物

羌族消灾仪式中所涉及的器物非常复杂,单就肖永庆释比主持的这次仪式而言,器物包括释比法器、代表正义的器物、代表邪神的器物等。释比法器有法冠、法螺、羊皮鼓、拨浪鼓、响盘、神棍、柏树枝、神旗、法印、羊角卦、神幡、手磨子、香蜡钱纸、荞麦面、公鸡、法刀等;代表正神和正义力量的有形器物有替代茅人、桃符等;代表邪神的有形器物有瘟神(除楚)和牛头、马面等。

释比法器在仪式的不同环节中使用,会产生不同的法力。比如法冠也称为五佛冠,在第一章节有过介绍。释比做法事消灾时,不再戴金丝猴皮帽子,而是戴上五佛冠,与道教法术进行了融合,戴上法冠的释比才能得到祖师爷的助力,获得仪式权力,产生仪式法力,完成消灾任务。法螺是由海螺加上吹管制成,声音厚重悠长。释比认为吹响海螺能够动用三曹神力前来助力法事,有了这一环节,消灾仪式才合乎天地间的生存法则,才是正义的仪式。神棍只在释比帮主人喊魂的时候用过一次,释比挂着神棍拉着主人的手边走边唱《喊魂魄》,此时神棍代表着一种正义的力量,挂着神棍才能将主人散落各处的魂魄喊回来,回归到主人身上。羊皮鼓、拨浪鼓和响盘的运用很多,释比用其作为响器威慑、恐吓邪魔鬼怪,也用其作为乐器为唱诵伴奏,还用其作为道具伴随舞蹈进行,功能和用途广泛;神幡、神旗、法印和柏树枝代表着正义和庄严,也有美化仪式场所的功效。白色石子和羊角卦是释比占卜的工具,也是羌族白石崇拜的象征物。手磨子是释比用硬纸壳剪成手磨子的形状,再用黑色笔画成磨子的凹槽制作而成的象征性器物,其功能是将牛头马面之流的鬼怪碾碎消灭,最终还需埋葬掉,插上代表正义的桃符作为镇压鬼怪的力量,使其不能够复活、不得再来危害四方。宝剑就如同古时候的青铜或铁剑,双面有刃,用于刺杀妖魔鬼怪。其余释比法器也各有用途,在其他村落和不同传承的消灾仪式中,还有别的释比法器出现,但综合起来看,消灾仪式中的释比法器具有非常显著的象征性消灾功能,释比用很形象的手法,使人们相信消灾法事的效果,比如用宝剑刺杀妖怪,用磨子碾碎邪魔,用桃符镇压邪魔等,手段很残忍,具有威慑力。

仪式中代表正神的是桃符和替代茅人。桃符是中国民间信仰的信物,用桃木做成,民间传说桃木具有镇压邪魔的作用。古时的桃符是用桃木板分别写上"神荼""郁垒"二神的名字,悬挂或嵌缀在门上,起到祈福禳灾的功效。羌族消灾仪式的桃符用桃木棒制作,在木棒上画上神像,头顶装上画好的一扇磨子,意味着在释比作法以后,这扇磨子将与盖在牛头马面身上的磨子构成一整副手推磨子,桃符利用神力才能将牛头马面等邪神碾压粉碎将其消灭。替代茅人也是仪式中正神形象,肖永庆释比称其为"大孝子",将消灾诉求者的衣服穿在茅人身上,鞋子放在茅人脚下,再通过释比施展法力制造的茅人座位及唱诵的经文力量,使茅人能够替代主人原本应该承受的灾难,等一切灾难都从主人身上转移到茅人身上时,再把茅人带到三岔路口平神庙前烧掉,这样便将灾难一并带走,达到消灾目的。

仪式中邪恶的形象也被释比用当地土产物品制作出来。牛头马面都是中国传统民间信仰中的勾魂使者,一个头像牛,一个头像马。释比用面团捏制出一个牛头和一个马头的形象,以此来代表丑陋、邪恶的人或邪神。瘟神是释比用一种名叫娃娃皮的草扎出的一个怪物,长着龙头鸡身,羌语称为"除楚"。除楚被置放在地上,头上插上蜡烛,尾部放上钱纸,待唱完《赶瘟神》经之后,便取特制的七个竹节的细竹竿在火盆里点燃,用竹竿上火苗点燃除楚头上的蜡烛和身上的钱纸,然后将其拖拽出院门外烧掉,非常形象地表达了消灭勾魂怪物的过程,使后来的喊魂、拴魂顺理成章。

(三)仪式中的身体表达

羌族消灾仪式的身体表达必须完全遵照释比的要求完成,大部分时候是释比亲自通过身体表达来达成对神、鬼怪、灵魂和人的沟通,完成消灾事宜。释比的身体表达是全方位的,非音声层面的身体表达包括制作神旗、神幡、替代茅人、桃符、牛头马面、除楚等仪式器物;音声层面的包括击鼓唱诵、摇拨浪鼓唱诵、击鼓和摇动响盘舞蹈、清唱、诵念、拿着宝剑边刺杀边唱、举着板材唱诵、边擦拭死煞边唱诵、挂着神棍拉着消灾诉求者边走边唱、边打面火边唱等。这些身体表达已经明显地表现出一定的功能特征,即对正神的敬仰、对邪魔的打击、对消灾需求者的安抚等。比如释比击鼓唱诵《撵妖魔》,先将妖魔的名字、害处以及人们应该怎样团结起来与妖魔作斗争的方法唱诵出来,起到了震慑妖魔和告诫世人的效果,然后指挥助手和十二太保等将妖魔扫出去埋葬掉。这样的身体表达既有来自释比本人的亲力亲为,也有释比指挥大家完成的行为配合,其身体表达都来自仪式需要。在《擦死煞》的唱诵过程中,释比拿着钱纸做出为主人擦拭的动作,主人坐在凳子上听凭释比指挥,释比一边擦拭一边唱道:死煞死煞钱纸擦,男子亡后身有煞。死煞摆动如凤头,释比我用钱纸擦……释比在这个环节中的身体表达包括唱诵经文和擦拭死煞等动作,这样的身体表达非常形象、直观,让仪式诉求者感觉煞气被擦拭干净,精神上得到极大的安抚和满足。正如彭兆荣的分析:"这种特殊的身体活动能够产生某种精神上的沟通,巫师的身体活动会对其他人产生身体和精神上的作用,包括'治疗',并由此延伸出更加复杂的人类身体的'超生理'行为和活动。"[1]

释比助手的身体表达也很丰富,包括吹响法螺以动三曹、点燃香蜡钱纸、协助释比制作仪式器物、量茅人座位、定制茅人座位、扫除妖魔、埋葬邪气、烧毁茅人、替事主拴彩色丝线、敬酒给十二太保、击鼓唱诵、击鼓舞蹈等。其身体表达主要按照释比的要求进行,目的都是协助释比完成消灾任务。此外,消灾诉求者在仪式中也有一些配合释比表演的身体表达,如将自己的衣物穿戴到茅人身上,坐着等释比擦拭死煞,让释比助手比量自己的小臂长短以便按照尺寸制作茅人座位,被释比拉着手边走边喊魂,应答释比的问话等。这些辅助性的身体表达不仅对仪式功能具有协助作用,而且对事主本人的身体和心理都有很强的暗示、安慰作用。十二太保也有身体表达,他们端坐在长凳上观看释比表演,本身便是对仪式功能起到担保、证明作用,十二太保还会参与扫除邪魔、回答释比问话等辅助表演,增强了仪式的合法性和有效性。

二、消灾仪式音声的文本模式

消灾仪式音声的文本主要由释比完成,包括念诵、清唱、羊皮鼓伴奏唱、拨浪鼓伴奏唱、边舞蹈边唱、边擦拭边唱、挂着神杖边走边唱、边刺杀妖魔边唱、

---

① 彭兆荣:《重建中国仪式话语体系——一种人类学仪式视野》,《思想战线》2021年第1期。

边打面火边唱等,唱腔、唱词和动作表演融合在一起,形成具有故事情节和功能意义的说唱艺术。说唱内容有羌族传统的神话故事和励志故事,也有借鉴道家法术产生的咒语和法术,文本模式显现出多种风格特征。

（一）表演内容

课题组先后调研了肖永庆释比主持的消灾大法事、杨芝全释比主持的"打醋坛",还观看过茂县古羌城表演的释比绝技（释比治疗）。现以肖永庆释比主持的消灾大法事仪式音声为例,分析消灾仪式的表演内容。此次消灾大法事融合了太平保福、驱邪、喊魂魄、拴魂魄、转移替代、法术消灾等多种手段,旨在通过全方位的消灾治理,保证诉求者人丁安康、牲畜无害、房屋清洁,最大限度达到消除灾害的目的。唱诵经文的内容依次为:敬门神（儒木讷）、请神（色国卓）（包括通告神灵、修神路、点神名）、开坛经（斯巴雪）、白耶来历（白耶戎）、献青稞（日吉日）、请祖师（比国卓）、说凤凰（垮迪）、量茅人座位（萨举则）、赶瘟神（除楚系）、唱魂根（门儿勒儿）（包括唱魂根、杀妖怪、埋葬妖怪）、敬神、第二次唱魂根、第三次唱魂根、毒药猫（热勒儿）、擦死煞（朝格）、喊魂魄（徐楚无耶）、拴魂魄（徐楚举）、打面火（日格勒）、撵妖魔（阿忒）、埋葬邪气（溃算）、安顿三界。

释比在消灾大法事中,将对神的信任和依赖摆在首位。释比来到事主必须敬门神,敬了门神才能进入事主的院子作法。仪式开始时必须请神,请神也称为"动三曹"（或称为"三界"）,包括上元神,即天上众神;中原神,即家神、山神;下原神,即平神、东岳大神、城隍神等。请来三界的神助力,释比的法事才有神力加持,才能够成功。法事做完之后,还需要安顿三界,即将释比作法的结果通报给三界神灵。仪式中还有专门唱诵羌族纳萨神白耶的经文《白耶来历》,这也是一部劝善经,讲述阿巴白耶出身不凡、聪明富有,在遭遇家道败落后得到妻子和寨众的劝慰、帮助,最终振兴家族的故事。此经告诫乡民要以善为本、互相帮助,团结协作才能创造美好生活。此经放在消灾大法事中唱诵有劝恶从善的引导作用,说明羌族消灾仪式中释比不是只有镇压、消灭,也有引导和劝解。

在消灾大法事中,太平保福是仪式的核心。释比作法驱邪保太平被称为"太平保福",所唱诵的经文以《唱魂根》为主题,此经需连续唱诵三遍,每遍唱诵 30 分钟左右。《唱魂根》歌颂了孤儿郁米从小父母双亡却练就一身本领，长大后亲自杀死害死父母的八个妖怪，为父母和乡亲们报仇的励志故事。释比在太平保福仪式中以此为核心唱经，是要借助郁米奋力杀妖、不畏强暴的精神，来带动正义、积极的力量，震慑邪恶污秽，实现太平保福。《唱魂根》中塑造了英雄郁米的正面形象，是勇敢、智慧、坚强的化身；还塑造了八个妖怪的反面形象，他们不仅有长相丑陋，还有形象、生动的反派名字。这八个妖怪是羌族传说中危害四方的邪恶势力，在最先的唱经《说凤凰》里便将八个妖怪同其他的怪物、邪秽都进行了描述。在主题经文《唱魂根》里则专门讲述孤儿郁米与这八个妖怪的斗争，在最后的唱经《埋葬邪气》中，仍然以埋葬这八个妖怪为主，可以说八个妖怪便是本地认为危害最大的邪恶势力。在消灾仪式中唱诵的多部经典都将涉及斩杀、埋葬这八个妖怪的情节，这些妖怪是当地消灾大法事要消灭的主要对象。

除了这八个妖怪，羌族民众中还流传着天晕、野人、煞气、毒药猫、除楚等各种怪物和邪气，释比唱诵的经文中都有相对应的英雄或神力去对付和消灭他们。如《说凤凰》里有三种怪物天晕、野人、煞气，英勇的凤凰三兄弟便是对付这三个怪物的能手；八个妖怪作恶多端，孤儿郁米便将他们消灭；对于其他的邪魔鬼怪，释比就通过念经咒、刺杀、磨子碾压、擦拭、打面火、埋葬等手段进行驱赶和消灭；对于瘟神带来的各种瘟疫病痛，释比采用转移的方式，通过唱诵经文将之转移到替代茅人身上，然后放到三岔路口平神庙前去烧掉。消灾仪式的表演内容，俨然像一部大型戏剧，剧中角色丰富，情节跌宕起伏，人物刻画生动，表演方式独特，通过正反两派势力的艰苦斗争，最终正义战胜邪恶，制造出圆满的大结局。

（二）唱词格式

消灾仪式表演的语言文本多数为羌语诗句，其句式有较为规范的七言诗句，如《说凤凰》《白耶来历》《量茅人座位》等。但大多数经文句式长短不一，以七字句、八字句为主，间插一些长短不一的句式。如以七字句为基础句式的《打面火》，为了用一句话唱完邪气的名称，一些句子达到十三四个字。文本句式无论长短，多数都会在句尾基本押韵，即使本身不押韵，也会通过衬词来押韵，或者通过衬词来平衡句子字数，使其利于唱诵，听起来有诗句的效果。如《量茅人座位》基本都押韵"e"或"ei"，但句式却明显变化。经文开始部分句子长短不一：mana khua na du şu şu nei. khua wese sa eze. du wese sa eze. khuapə kætsæ jalə zəzəthi. khuapə ʁadʐu jalə lə tʂhei. sa dʑy eze jina wutu zæ. sadʐy etʂhe jina wetu tʂhe……中间部分字数非常稳定，形成七言诗句的唱词格式：peje gulo sa gu pei. samə tsətʂə due me duei. peje delo sa due pei. samə tsətʂə dʐu me dʐui. peje dʐulo sa due pei。紧接着的唱段又出现长短不一的句式：samə tsətʂə pezə kəwe pe ke kəi. pezə petʂ e damu damu ta de məi. ȵy datawo sa da pei. sa da ŋu lu janə ŋui。① 《量茅人座位》唱词格式体现出阶段性唱词固定和句尾押韵的特征，并且较少使用语气词，加上旋律唱腔的长短变化，听觉上有整齐和押韵的效果。另一首《白耶来历》句式更为自由，唱词字数长短不一，但句尾音节也有押韵的意识，句尾语气词的运用又打破了原有的韵脚，唱诵比较自由。《白耶来历》开始部分唱词：apa peje peje pu tʂe. χezy zekə mulo kuqa χezy gei. tewu zəkə piçithuqa tewu ke. zepe pudo peje je su je mu χua. peje nasu na mu χua(ja). peje tsuasu tsua mu χua. peje jasu ja mu χua(ja)。②

　　羌族消灾仪式音声的唱词格式也会采用不断重复相同词汇来强化仪式功能。如《埋葬邪气》主题内容全部采用重复动词"埋葬"（dətsəsuæ）的句式，只是换掉宾语（不同的妖怪）：jæmə na metɕiʁaqu dətsəsuæ. metɕisatʂə dətsəsuæ. guaxæ qəwe dətsəsuæ. tshehȵi me dətsəsuæ. bathi dʐuwe dətsəsuæ. pizu stawe dətsəsuæ. dytshæ thawedətsəsuæ. çiwa ziwe dətsəsuæ……③释比将一些邪恶的东西都埋葬掉，全文句式基本不变，只是在最后总结的句子里才改变了句式。《打面火》等经文也出现同样的句式：sətu mə zə çi masei. pətu mə zə çi masei.

---

　　①　四川省少数民族古籍整理办公室主编：《羌族释比经典》（下卷），四川民族出版社 2008 年版，第 1595 页。

　　②　四川省少数民族古籍整理办公室主编：《羌族释比经典》（下卷），四川民族出版社 2008 年版，第 1969 页。

　　③　四川省少数民族古籍整理办公室主编：《羌族释比经典》（下卷），四川民族出版社 2008 年版，第 1957 页。

muwu dadu de masei. ʂe tʂʰə sə duɛ de masei. ʁu tʂʰə Xu due de masei.tshe tʂʰə se due de masei. Pæ tʂʰə ŋu due demasei……①这些唱词的句式不仅相同,其唱诵的旋律也一直重复,体现出反复念诵咒语的巫术特征。

(三)音乐形态

羌族消灾仪式的音乐主要包括两个方面的内容:一是事神、娱神,歌颂正义力量的唱诵,其唱腔比较抒情高亢;二是消灭、战胜邪恶的唱诵,其唱腔比较短促有力。肖永庆释比主持的消灾大法事音乐形态列表如下:

表演者	表演形式	唱诵内容	音乐结构	调性	节拍
肖永庆	清唱	敬门神	带引子的单句体	四声 G 羽	2/4
肖永庆	击鼓唱	请神	三乐段:单句体+单句体+二句体	六声 E 徵+五声 A 宫+六声羽	4/4+4/4+2/4
杨天荣	击鼓唱	开坛经	带引子的二乐段:单句体+二句体	五声 G 商+六声 G 商	3/4
肖永庆	击鼓唱	白耶来历	带引子的单句体	五声 F 宫	3/4+2/4
肖永庆	摇拨浪鼓唱	献青稞	二乐段:二句体+二句体	五声 E 羽+六声 F 羽	4/4
肖永庆	击鼓唱	请祖师	二乐段:单句体+单句体	六声 E 徵+五声 A 宫	4/4
肖永庆	击鼓唱	说凤凰	带引子的二乐段:单句体+单句体	五声 ♭B 宫	2/4
肖永庆	拿着板材唱	量茅人座位	二乐段:单句体+单句体	五声 F 羽+五声 F 宫	2/4+3/8
肖永庆	摇拨浪鼓唱执宝剑唱	赶瘟神	二乐段:二句体+二句体	五声 F 羽+六声 F 徵	2/4
肖永庆	清唱	唱魂根	带引子的三乐段:单句体+单句体+二句体	六声 G 商+五声 F 宫+五声 F 宫	2/4
肖永庆	念诵	敬神	无	无	无
肖永庆	击鼓唱	毒药猫	带引子的单句体	五声 F 羽	2/4
肖永庆	擦拭唱	擦死煞	带引子的单句体	五声 ♭D 宫	2/4

---

① 四川省少数民族古籍整理办公室主编:《羌族释比经典》(下卷),四川民族出版社 2008 年版,第 1602 页。

表演者	表演形式	唱诵内容	音乐结构	调性	节拍
肖永庆	拄神杖唱	喊魂魄	单句体	四声 F 商	3/8
肖永庆	拴彩线唱	拴魂魄	单句体	五声 ♭E 宫	2/4
肖永庆	打面火唱	打面火	单句体	五声 #C 羽	2/4
肖永庆	边舞边唱	捧妖魔	二乐段：二句体+二句体	四声 A 宫+六声 A 宫	2/4
肖永庆	清唱	埋葬邪气	二乐段：单句体+单句体	三声 A 角+四声 D 羽	3/4+2/4
肖永庆	念诵	安顿三界	无	无	无

从音乐结构来看,消灾仪式音乐主要有两种段落结构:一是单乐段的变化重复,二是由二至三个无关联的乐段构成全曲。乐段的结构也非常简单,使用最多的是单句体,即由一句旋律主题稍加变化重复形成一个乐段。这些变化有些是因为唱词字数的变化而产生的伸缩和扩张,有些是演唱者临时加花和稍加转折形成的变化,但是其旋律的基本骨架并不改变,因此均都视为单句体。如《毒药猫》(谱例3-19),主题旋律为四个小节的乐句,此后一直变化重复演唱这个乐句,在7分多钟的唱诵中,为了避免唱腔过于单调,释比会在中间比较随意地加上一句五个小节的衬腔,唱词为语气词,旋律非常抒情,此后又回到主题旋律,继续单乐句重复,因此我们能将这首旋律的结构定为单句体。整个消灾仪式音乐中单句体结构占半数以上。

二句体是由上下两个乐句构成的段落,这两个乐句之间有承递关系。如《捧妖魔(一)》(谱例3-11),三个小节为一个乐句,第一乐句和第二乐句形成承递关系,第三乐句是第一乐句的变化重复,第四乐句是第二乐句的完全重复,此后八分钟的唱诵均是对第一、第二乐句的变化重复或完全重复,因此我们将此旋律的结构定为二句体。整个消灾仪式音乐中占半数。

谱例 3-11

yi mu han wu na a di sa.   hele pi han wu (na

在调式调性上,使用宫调式最多共 11 段,占全部唱段的 39.3%;其次是羽调式 9 段,商调式 4 段,徵调式 3 段,角调式 1 段。在音阶使用上,以五声音阶为主,三声音阶 1 段,四声音阶 4 段,六声音阶 8 段。六声音阶主要是增添了清角或变宫而构成,也有临时转调出现偏音的情况,如《请神》第一首《通告神灵》,也可视为五声音阶的临时转调。

在节拍使用上,比祭祀仪式音乐简单很多,以 2/4 拍子为主,4/4 拍子为辅,仅有三段 3/4 拍子和两段 3/8 拍子的旋律。多数消灾仪式音乐以鲜明的节奏完成唱诵,表明其加强力度、强化节奏动力的意图,是打击、削减、消灭、埋葬邪魔必须采取的力量型表现方式。少量的抒情段落主要出现在请神、事神唱段,也有体现胜利后的喜悦部分,如《量茅人座位》第二首旋律(谱例 3-13),采用 3/8 拍子,旋律抒情活泼,比较高亢,其表现的意义是将主人身上和家里的污秽、病痛全部转移到了茅人身上,并带到三岔路口去烧掉了,是一种成功后的喜悦。

从旋律进行方式上,羌族消灾仪式音乐无论是单句体还是二句体的段落结构,其乐句都比较短小、简洁,风格单一,甚至是枯燥乏味。多数主题旋律都围绕几个中心音反复唱诵,缺少祭祀仪式音乐中跌宕起伏的旋律性格。如《攥妖魔(一)》(谱例 3-11)是消灾仪式音乐中少数比较明确的承递关系二句体。第一句主要围绕 dol— re 两个音级进行,第二句重复了第一句的开头部分,变换了结尾部分,在曲调发展手法中称为"换尾",换尾后的旋律加上了 la—sol 的进行,最终整首曲子便是围绕 re—dol—la 三个音环绕进行,既没有明显的上行或下行,也没有明显的跳进,形成了喋喋不休、反复念诵的风格。这样的旋律创作手法在消灾仪式中较多,也体现出消灾仪式以反复念诵咒语的巫术为主要消灾手法的功能性原则。

从编创手法来看,释比唱诵时有心中的"文化蓝图",并按照传承的音乐文本和语言文本进行表演。其创编手法比较单一,多注重功能性,对音乐的可听性和艺术效果不太重视。但为了唱诵不至于太过单调,释比会将一部经文用二至三段不同的旋律唱诵,还会将同样的唱词内容加上不同的语气词,编配不同的旋律,产生出一定的新鲜感。如肖永庆释比唱诵的《擦死煞》(谱例3-12)与《喊魂魄》(谱例3-13),两部经文的部分唱词相同(谱例方框内),但旋律完全不同,节拍不同。为了唱腔需要,《擦死煞》中加入了语气词"na",而《喊魂魄》则完全采用实词歌唱。

谱例 3-12

谱例 3-13

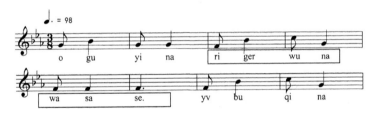

第四节　羌族消灾仪式音声的民间信仰与民俗文化

祈福禳灾是羌族民间信仰的基础,其表现方式主要通过带有交换和共享性质的祭祀仪式和功能性较强的消灾仪式来实现,前者为祈福,后者为禳灾。在仪式实施过程中,这两类仪式其实很难完全分割。以还寨愿为例,这是羌族最典型的祭祀仪式,通过献祭牺牲、食物和歌舞,交换得到神的护佑。仪式以唱诵请神、敬神、娱神的诗篇为主,但也穿插了驱除病害的环节和相应的唱段;在羌族消灾仪式音声中,灵魂信仰和多神信仰都表现得很充分,也有祈福的功能。灵魂信仰是仪式存在的前提,仪式的核心唱段为《唱魂根》,然后有《喊魂魄》《拴魂魄》等内容,灵魂是人健康活着的条件,灵魂的破碎和消散便是人遭遇不测、生病的理由。多神信仰是仪式开展的保证,在消灾仪式中向神献祭是必不可少的环节。从释比在大门前唱诵的《请门神》,到吹响海螺、跳羊皮鼓舞向神礼拜,再到唱诵《请神》《点神名》《白耶来历》等事神的唱段,始终围绕着对神的敬仰和依赖,最终总是期望得到神的帮助。

消灾仪式在民间信仰基础上建构,其思想导向是神灵信仰,仪式的一遍遍重复,使这种信仰逐渐成为稳定的信仰习俗被传承。如今羌族核心聚居地仍然盛行各类消灾仪式,人们甚至愿意为此花费好几天的时间和一笔不小的开销。由此可以看出,除了信仰的力量,仪式的功能性也是仪式存在的重要因素。一些释比治疗很容易让事主获得直接体验,很多有过消灾经历的人都说感觉身体好起来了。但这样的感觉未必真实,或者说无法考证。比如笔者在木梯羌寨亲身经历的一件小事,便让我疑窦丛生。2022 年暑期调研期间,团队几名成员住在杨贵生释比长女杨彩华家里,杨彩华的女儿带着自己刚满周岁的女儿也住在家里。一天傍晚,小女孩嚎啕大哭半小时以上,家长怎么都哄不好,于是大家非常确定孩子是中邪了,能想到的办法便是驱邪。可杨贵生释比当时不在村子里,于是杨贵生释比的妹妹便出面替孩子驱邪。装了半碗水放在卧室门口,在水里插上三根筷子用左手扶着立在水里,右手往筷子上浇水,口中念念有词,一会儿工夫,筷子不需要手扶便自己立在水里,此时孩子也渐渐安静下来,大家认为法术见效了。事后询问得知,杨贵生释比的兄长杨水生释比是当地最有能力的驱邪释比,前几年已经过世,他也将一些驱邪法术教给了弟弟妹妹。而这样的法术在远离四川的河北承德也有发生,据当地的一位满族村民介绍,他们村子里有点小病小灾的,都找村里的一个大爷驱邪,其手法也是通过念咒并在水里立筷子。大家对这个仪式深信不疑的关键理由,是筷子能够在水里立起来时源于神秘的力量。为了检验这个原理,我回家立即按照所见的方法进行了实验,结果三根筷子在浇水以后立即聚在一起,稳稳地立在半碗水中。对于这样简单的驱邪法术,或者真的没有局外人做过实验因此感到神奇,但对于羌族村寨的普通群众来说,他们不需要验证法术的真伪,而是选择相信祖先留下的生存智慧,与其说这是一种信仰,不如说是一种习俗,是在恶劣生存环境下遭遇灾害时简便可行的方法。至于效果的好坏已经不是那么重要,取得了心理上的安慰,再面对事情本身。如果灾害没有结束或者加重,他们也会不辞辛苦远去求医问药。对于释比通过较大规模的仪式形式进行的消灾活动,则不同于上述小灾小难的解决方式。释比动用了三曹力量,请来了各路神祇加持,并由十二太保作为见证,仪式的规格和神圣性令人折服。仪式效果是间接的,也比较模糊,很难考证魂魄有没有被拴住,但既然大家都相信这样的仪式,这种信仰习俗便被传承下来,并通过重复演绎得到巩固和加强,而更多的羌族民俗,也在仪式实施过程中,在释比说唱文本中得到反复强化。

一、表演模式中的民间信仰与民俗文化

羌族消灾仪式的表演模式复杂多变,带有明显的地域特征和释比传承脉络的个性化色彩。比如汶川月里乡的赵帮兰(1937—2020)释比主持的消灾仪式,与肖永庆释比主持的消灾大法事相比,其仪式功能相似,采用的法术也相近,但仪式程序和说唱内容却有明显的区别。参照陈安强记录整理的仪式过程:一位祭司邀请众神光临,帮助自己招魂驱邪。祭司给众神献上青稞,唱诗驱邪。原来一个叫"给"的精灵藏在事主家中,因而怪事不断。祭司在祖师的帮助下,将精灵"给"赶出家门,送至三岔路,打入地狱。"给"不舍离开,想等待战争之神、英雄"泽基格布"(即史诗《泽基格布》中的英雄)。英雄"泽基格布"是一个孤儿,十岁长成巨人,并担任部落首领。为雪父母之仇,他率军从赐支出发,欲与益多城邦神王珍宇基交战。祭司将代表蛊惑引起战争的精灵"刍"赶到地狱,将英雄泽基送到远方。"刍"不舍离开,想等待精灵"碧"。"碧"潜入一男子体内,使人乖张糊涂。此人碰见牲畜打斗,却不阻止;在寒冬播种,结果颗粒无收。祭司给他治疗,赶走藏在他身上的精灵"碧"。"碧"不舍离去,想等待"耶"。精灵"耶"藏在碉房,让人病痛缠身。祭司追赶着"耶",将它驱赶到地狱。"耶"不舍离去,想等待邪怪"魔"。"魔"附身于猎狗,猎狗癫狂,咬坏波利老妇的纺线。猎狗与山野的邪魔为伴。祭司请来祖师,一同驱赶"魔",将之赶到地狱。此刻,祭司敲着黑色的鼓,请草兽把疾病带到地狱。他每月都唱诗驱邪,让天下邪怪无处藏身。驱邪完毕,祭司准备献祭。他列数祭牲的罪行,同时给在场信众洗涤罪恶。在众神和祖师帮助下,病人之魂从荒野返回,落入祭司专门在地上挖的魂洞。然后祭司带着归来的魂魄,用金线银线固定于病人之身。① 这个故事非常完整,因此陈安强认为整个仪式就是一部大型史诗"苏布萨若",是魂归之歌。对照肖永庆释比主持的消灾仪式,他们都依赖于民间信仰的力量消除灾害,消灾手法都非常接近;但两地构建了不同的故事情节,塑造了不同名字的英雄人物,并按照各自的方言和习俗为邪怪命名,使之更容易被当地群众接受。通过对两地仪式音声的比对发现,两地的唱词和唱腔完全不同,展示出仪式的个性化特征,信仰和民俗在仪式中得到充分展现。

(一)表演模式中的民间信仰

消灾仪式表演模式中的民间信仰主要表现在对正神的尊重、对邪神的惩治和对灵魂的信仰等方面。羌族消灾仪式的主要功能是消除家庭或集体的各种灾害或治疗非生理性的怪病,后者也称为释比治疗。正如肖永庆释比消灾大法事表演模式中展现的那样,有请神、敬神的环节,有太平保福内容,有喊魂招魂、替代茅人、擦拭死煞、驱赶妖魔、打面火、埋葬邪气等法术。释比通过这些综合的消灾手段对事主的家人、房舍、牲畜、庄稼都进行了清理,消除了羌族信仰意识中存在的各种灾害因素。在这个表演模式中,民间信仰是仪式存在的前提,消灾法术则是仪式手段。

羌族所有的消灾仪式均有请神、敬神环节,唱诵内容也处处表达出神力的作用,其民间信仰的本质特征从未改变。比如肖永庆释比主持的消灾大法事中,对神灵的敬仰和尊重是其法术施展的基础。释比头戴五佛冠、手执法杖、身穿羌族传统长衫来到事主家门前,并没有直接进入庭院,而是首先让助手对天吹响三声法螺以通告三界,释比随即唱诵《敬门神》,然后释比和助手才能进入庭院进行消灾活动,这是对信仰和民俗的尊重,有了这个前提,才有仪式进行下去的理由。肖永庆释比解释说:"人都不愿意死,更不愿意死在外头。但是有邪恶在引,把他弄到外头去死了,必须要这个海螺一吹,就像老虎、豹子

---

① 参见陈安强:《羌族史诗说唱传统研究》,四川民族出版社 2022 年版,第 59 页。

一样在叫唤才得行,叫唤了才压得住。Hu ding 的意思就是老虎叫唤的声音。妖魔听见这些声音,就到处跑,到处躲,不敢来了。rumula 就是门神,ru 是门,mula 是神,大门的神敬了,释比才能够进入事主的院子,在屋头又请其他的神。"①中国民间信仰常常依赖于人们对世界的认识。民间普遍将世界分为三层(或称为"三曹"):"一是世界,二是神界,三是冥界。三重世界的说法,经历了漫长过程,因地因时,细节略异,但基本框架,大体稳定。它反映了民间对'现实文化空间'和'想象文化空间'的建构。"②三界的观念使人们在面对现实文化空间的过程中,通过不断地创造神灵、信仰神灵、崇拜神灵,来塑造一个"想象文化空间",达到心灵的慰藉,保证生活的安宁。而对"三界"的认识心理,造就了羌族信仰正神、邪神和灵魂的多重认知结构,民间信仰由此不断得到巩固。释比在仪式开始时,首先要唱诵《请神》,请神包括通告神灵、修神路、点神三个唱段。其唱诵过程便是释比与神灵进行沟通的过程,而仪式中的其他角色在这个表演模式中得到两点重要的信息:其一,神是存在的,不仅有代表神的象征物白石供奉在案头,而且各路神都有具体的名字,释比将其一一唱出来,并修了神路接引神到达仪式场所,更加坚定了神的存在和神的力量。其二,释比所做的法事,已得到神的加持,是合法和有效并值得信任的。表演模式的请神环节奠定了羌族民间信仰的基调,此后唱诵的邪神和魂魄也有名字,并要唱出其具体的危害事项和消灭的办法。这些措施虽然看起来并不是特别神秘,不同于释比在治疗中施展的特殊技能,但是多样化的表演模式和丰富的表演内容,使仪式场域中的每个人都受到感染,民间信仰更加坚定。"仪式也常常成为文化认同的衡量度,因为人们总会根据自己的情境、语境寻找认同的依据。人,无论作为生物的物种,还是作为社会的群体,都需要'同情'——共同分享各种情感。仪式于是成为鉴证、公正和凭证。"③无论是祭祀仪式还是消灾仪式,这样的"同情"都存在于仪式表演模式中,信仰和民俗在

① 肖永庆口述,华明玲记录。2020 年 5 月 15 日采访于茂县凤仪镇。
② 张振涛:《既问苍生也问神鬼——打击乐音响的人类学解读》,《中国音乐》2019 年第 2 期。
③ 彭兆荣:《人类学仪式理论与实践》,陕西师范大学出版社 2019 年版,第 4 页。

这种"同情"的驱动下,逐渐形成和加强。

当然,也有学者认为释比法术是技术性手段,与信仰无关。比如巫宇军认为:"羌文化中存在两套完备而且行之有效的医疗系统。一是羌医,主要采用动植物药物医治生理疾病,可称为药物治疗;二是释比,以法术为主要手段对遭遇神害、鬼害等邪症和部分病症进行治疗,可称为法术治疗。这两套系统并不相悖、分工明确、各司其职……法术治疗和药物治疗一样,要对症施法。释比只有掌握了特定经文、咒语和手法才能施治。"①羌族学者陈兴龙则认为:"对于这些特殊而诡秘的'治疗方法'和'医治手段',我们的确还不能完全科学地解开它们与结果的神秘关系。但从心理学的角度去分析,可以肯定的是,患病者相信鬼神及释比法力的心理,对其疾病的好转乃至治愈,具有一定的促进作用……在长期的实践过程中,释比积累了丰富的治疗经验,又熟知民间医术,在为患者作法消除病痛的同时,也采用传统医术和草药作为辅助手段,因此往往能达到救死扶伤、治病救人的目的。"②经过两个章节对祭祀和消灾仪式表演模式的分析后,笔者认为:释比主持的消灾仪式,也包括释比治疗,均是建立在神灵信仰基础上的一种特殊技能,其取得的消灾效果在很大程度上得到了民众认可,仪式与民众的认知达成了共识,形成了一种稳定的信仰习俗在羌区得以传播和传承。

(二)表演模式中的民俗文化

羌族消灾仪式由释比主演,释比的表演并非随心所欲或空穴来风,仪式要得到认可,除了仪式带来的消灾效果外,必须符合民意、尊重民俗。比如肖永庆释比主持的消灾大法事,不同于一些效果明显的释比治疗,其消灾带来的直接效果很难量化和考证,仪式成功的关键是群众相信和认可,并已经成为一种风俗习惯。因此释比根据羌族民俗构建出了表演文本,其表演模式具有浓厚的民族文化特征。

仪式开始阶段的请神、敬神环节,不仅是仪式功能的需要,更是遵从羌族

---

① 巫宇军:《羌族释比音乐的功能、变迁与保护策略研究——以四川汶川阿尔村为例》,中国社会科学出版社 2016 年版,第 129 页。

② 陈兴龙:《羌族释比文化研究》,四川民族出版社 2007 年版,第 132 页。

民间信仰习俗的需要。羌族人民在几千年的文明历程中,早已养成了做事先敬神的习惯。羌族寨子里有祭祀塔,房后有神树林、房顶有纳萨塔,周边有各种庙子。逢年过节或家里需要办大事,羌民都会自觉地敬神、敬祖先,因此释比在消灾仪式开始时的请神、敬神环节是顺应民俗的施为。请神第二段唱诵《修神路》,这一环节表明羌族物质生活中对修路、造房等改善生活环境的事项尤其重视,其重视程度源于历史上对生存状况的危机感。"要想富先修路"是民间流传的口诀,而积极改造环境,创造更好的生存空间已经成为羌族习俗。释比在仪式中并没有将神塑造成无所不能的"神",不可能飞檐走壁随叫随到,而是同人一样,需要事先修好路才能到达,是人性化的神。这种塑造神的方式使民众与神之间缩短了距离,人们能够更直观地感受到神的存在和降临,对仪式的信赖程度也随之加深。此后释比唱诵了《白耶来历》《献青稞》和《请祖师》,这三个篇章连续唱诵,展示了羌族民众对纳萨神、始祖神和祖师授法的信仰习俗,也将羌族农耕文明的起源进行了传唱。这些史诗篇章与祭祀仪式中的内容高度相似,表现了羌族较为稳定的传统信仰习俗和生产、生活习俗。

释比依照民俗构建的表演文本也充分体现了羌族的审美习俗。如肖永庆释比主持的消灾仪式文本中,按照羌族民俗中崇尚白色的习俗,将纳萨神的名字取为"白耶";对白耶的夸赞是聪明、富有、穿不完、吃不完、长相俊等,这些均是羌族民众认为好的事物,是对羌族审美习俗、是非观念的肯定。放在邪神身上的特征则与之相反,八个妖怪的传说和外貌描写可见一斑。妖怪的子女具有显著的丑陋特征:红发披身、三角红眼、屁股肥大、脚板太长、蚂蚁细腰、干枯手指等,这些是羌族审美中不美好的形象。通过对妖怪子女形象的反思我们发现,羌族审美习俗普遍认可的人物形象应该是:男子眉眼端正、身材匀称、四肢粗壮;女子头发乌黑、脚板适中、腰身坚实。这样的形象不仅端庄耐看,而且健康强壮,适合参加生产劳动。这是羌族人民在生产生活中总结出来的审美习俗,也体现出一定的生存智慧和生活情趣。

(三)表演模式中的文化融合

羌族消灾仪式的表演模式是传统信仰与巫术的结合。羌族传统信仰是以

"万物有灵"为基础的神灵信仰,前面已经多次阐述。关于巫术的概念国内外基本能达成共识,比如弗洛伊德认为:"巫术,在本质上是一种以对待人的方式来影响灵魂的做法(使它们息怒、服从命令等),即利用在活人身上被证明为有效的一切手段。"①肖永庆释比主持的消灾大法事对待邪神和灵魂的方式包括击鼓唱诵经文——有劝说、劝降之意;替代茅人——转嫁灾祸;杀死、埋葬妖怪——镇压、消灭;擦死煞——通过擦拭使物体变得干净;打面火——驱赶;烧毁茅人——通过火烧消解实物等。这些都是现实生活中对待敌人的一些手段。巫术的实践活动执行者称为巫师,弗雷泽对巫师的定义可以作为参考:"巫师原意是指能够经由祭祀或象征的仪式去改变他人命运的人。他们可以用魔法保护他人,以免其受到自然灾害、外来者和敌人的伤害。他们也负责改正错误,衡量对错,操控大自然和解释恐怖的现象等。"②这里所谓的魔法,指巫师的法术,也可称为巫术,其中也包括魔术。在消灾大法事中,释比担任巫师角色,通过祭祀正神巩固信仰,强化仪式的正义性质,然后采用各种办法对付邪神和灵魂,以此来保护事主免受邪魔鬼怪的伤害,稳定魂魄,恢复健康。从这两个维度来考量,羌族消灾仪式的本质是巫术,而巫术实施的前提是信仰,只有当人们相信神和灵魂的存在,才会敬奉正神,借用正神的力量来镇压邪神、邪气,影响大自然和灵魂动向。巫术是原始人类时期便产生的对付自然灾害的办法,历经几千年文明洗礼,羌族的巫术活动在信仰和民俗的双重力量影响下被保存下来,体现出羌族文化的稳定性特征。但是巫术的传承不可能一成不变,事实上羌族地区一直受到苯教、道教、佛教、基督教以及汉族民间信仰的影响,其表演模式中有着多种文化融合的痕迹,只是这些外来文化并没有打破羌族民间信仰的本质特征。正如杨贵生释比所说"你说佛祖是人家印度人。汉族、藏族,听说还有好多国家的人都信佛,未必然他们就变成印度人了?我们夕格各寨先前都建有寺庙,葳孤山上的川主庙、玉皇庙,大寨子(然各波希)的土主庙,牛场(外日格)的牛王庙,新房子(勒噶)的地盘列主庙。西山白

---

① [奥]弗洛伊德:《图腾与禁忌》,文良文化译,中央编译出版社 2009 年版,第 7 页。

② [英]J.G.弗雷泽:《金枝——巫术与宗教之研究》,耿丽编译,重庆出版社 2017 年版,第 20 页。

空寺以前也供有弥勒佛……这些寺庙都在'破四旧'时给破坏了。未必然这些寺庙没破坏前我们就不是羌族,打烂了寺庙我们才成羌族的?"①杨贵生作为羌族地区著名的释比代表,对羌族释比文化及信仰习俗都有着非常深刻的理解,对外来宗教的入侵持有包容态度,这其实代表了羌族大多数民众的思想,只要是对人们有益的均可以化为己用,并不会影响自身文化的属性。消灾大法事的表演模式便有很多文化交融的现象,但羌族民间信仰和民俗文化的传统并没有被改变。

　　首先从肖永庆释比所戴的法冠来看,它不同于汶川、理县一带的释比所戴的金丝猴皮帽,法冠主要流行于茂县一带,虽然不同释比法冠的造型有一些区别,主要是法冠上神灵的名称和排位有所不同,综合起来看,其称谓和造型与道教五老冠、汉藏佛教的五佛冠相似,释比习惯称之为五佛冠。"从茂县释比帽冠的造型特点和角色身份分析,很明显是综合了道教和汉藏佛教的基础上,再结合自身的文化特点形成。"②冠叶上五佛的名称正中为元始天尊,左侧依次为太上老君和太阳神,右侧依次为真武祖师和女娲,这些都是道教中显赫的神灵。有释比认为汉族的道教是从羌族释比文化中剥离出来的,释比先祖曾与道教祖师张道陵是师兄弟。当然,这只是羌族民间传说,史书并无记载,但释比文化中融合道教文化的事实是清楚的。

　　消灾大法事中歌颂了羌族纳萨神白耶,《请神》环节的点神名中,除羌族传统信仰中的自然神、地方神和家神外,还提到了很多道教、佛教的神、佛,他们都一起来为仪式助力,显示出仪式的高规格和大法力,也体现了羌族民间信仰中文化融合的特征。肖永庆释比在消灾大法事告一段落之后,还需向神通告,最先用羌语念诵神灵的称谓,接着用汉语念到了北方真武祖师、玄天上帝、披发祖师、黄衣喇嘛、红衣喇嘛、喇嘛祖师、应过祖师、达摩祖师③等。其中既有道教祖师,也有藏传佛教的黄教、红教祖师,还有汉传佛教禅宗的达摩祖师

---

① 高屯子:《羌在高山峡谷》,中信出版社 2013 年版,第 27 页。
② 张犇:《羌族释比法器》,科学出版社 2018 年版,第 78 页。
③ 来自肖永庆释比口述,华明玲记录。由于语言交流和对道教神称谓的不熟悉,内容仅供参考。

以及一些没有太听懂的祖师名字。可以肯定的是,羌族民间信仰在发展过程中,一直受到多种人文宗教和汉族、藏族民间信仰的影响,在消灾仪式的实施过程中,为了加强消灾效果,逐渐融合了一些外来文化,但其仪式的基本环节和唱诵的主要内容,始终都维护着羌族传统文化的特征。比如消灾大法事最主要的唱段是《唱魂根》,无论是主人公的名字还是妖怪的名字,无论是故事情节还是精神实质,都带有浓厚的羌族传统文化色彩,并未受到任何其他文化的影响。

羌族释比说唱原本均采用羌语唱词,但受到唱诵人逐渐增多的汉语词汇影响,一些仪式中的唱词出现羌汉语言混杂现象。如肖永庆释比在消灾大法事中很多经文、咒语、地名等,都在羌语与汉语之间随意切换。《毒药猫》是为了消除羌族传统的邪神"毒药猫"的危害而唱诵的经文,其中松潘和日兹同时出现在唱词中,松潘为汉语称谓,日兹是羌语对松潘的称谓,两个词汇的混用有可能是即兴的脱口而出,也可能为了用词的变化和新意。在《擦死煞》第二段唱词中,释比夹杂了很多汉语词汇,如"断场关""断桥关""斗马关""阴属关"等;另一首《喊魂魄》唱词前半部分全部为羌语,中间却出现如"左手拿的引魂旗,右手拿的引魂盘。阳人三魂请进来,阴人三魂打出去"等汉语。更值得注意的现象是,早年肖永庆释比唱诵此经时,采用羌语更多一些,而近年来同一词汇已经采用汉语诵唱。如其中有一段汉语大意是"头中一魂喊回来/腰中二魂喊回来/脚下三魂喊回来……"。早年唱诵为:"kə tɕi çy zəwule/thatu çy zəwule/gotɕi çy zəwule/ ";近年来唱为:" thəu tʂoŋ ji Xuən Xæ zəwule/ jao tʂoŋ ɚ Xuən Xæ zəwule/tɕio çia sæXuən Xæ zəwule/",其中"头中一魂""腰中二魂""脚下三魂"已经变成汉语读音,却还保留了 zəwul(喊回来)的羌语词汇;还有一些词汇羌语、汉语同时采用,如"魂",释比有时候唱的"徐"(çy),有时直接唱"魂"的发音;再如"喊魂",释比有时唱为"喊徐日无"(Xæ çy zi wu),翻译成汉语为"喊魂喊了",第一个"喊"用汉语,第二个"喊"用羌语;这段经文的后半部分,释比几乎全部用汉语唱诵,但却将魂魄采用羌语的另一种说法"çia dzo"(虾作)的读音,这样一个汉语句子中又夹杂了一个羌语词汇。整部唱经,前半部分为羌语,中间部分夹杂汉语,而后面除了魂魄这个词,基本上整句都变成汉语,释比用汉语高声问道:"头上的一魂回来了不?"十二太保和事主一起回答:"回来了!""腰中的二魂回来了不?""回来了!""脚下的三魂回来了不?""回来了!""三魂归身了不?""归身了!""三魂拴住了不?""拴住了!"日常用羌语交流的村落人群,在最关键的时候却采用了汉语词汇。这便是羌语不断汉化的结果,也体现了羌族释比说唱文本的涵化现象及涵化进程。

消灾大法事唱诵的《白耶来历》既有请神、娱神的功用,也有励精图治的勉励。阿巴白耶作为羌族纳萨神,虽然出身高贵富有,但是却家道中落,白耶在非常无助的情况下,其妻子劝解道:我们本有当官根/又有释比富贵命/你要知道就去请/羌人的释比六位/藏人的喇嘛六位/汉人的端工六位/太平保福家运顺/太平保福田宅顺/上寨男女老少请/下寨男女老少请……①这段唱诵体现出羌族民间信仰中对羌族传统信仰、藏传佛教和道教的接纳和包容,也体现出羌族民俗中对"当官""富贵"的仰慕,最后还表达了村民团结协作,创造美好生活的愿景。

二、表演内容中的民间信仰与民俗文化

羌族消灾仪式音声的表演内容一部分与羌族民间信仰与民俗文化紧密联系,体现出羌族早期的信仰与民俗以及不断发展、变迁的轨迹;另一部分表现怎样消除灾害的过程,具有明显的功能性特征。两者在羌族消灾仪式中扮演着同样重要的角色,歌颂正神、英雄和正义力量的唱段犹如整个仪式的灵魂,所有的消灾手段均来自正义力量的启发和帮助;消灭邪神和邪恶势力的唱段往往有很强的叙事性,需要将造成各种灾害的起因唱述清楚,再施法驱邪。所施法术也不是简单粗暴地消灭,而是循循善诱,以劝导、疏通、驱赶为主,只有对待最凶狠的邪怪才会杀死埋葬。因而,整个消灾仪式犹如一部大型史诗,每一个篇章都有精彩的故事情节,长篇幅的叙述过程带有明显的信仰和民俗特

---

① 四川省少数民族古籍整理办公室主编:《羌族释比经典》(下卷),四川民族出版社 2008年版,第 1569 页。

征,将物质层面的生产生活习俗,以及精神层面的信仰习俗、审美习俗、是非观念、道德价值等潜移默化地植入仪式表演内容中。

(一)表演内容中对家神、自然神和人性美的信仰

消灾仪式虽然以消灾功能为主,采取了一些道术、法术来取得消灾成效,但仪式的进行却始终依仗神灵的协助来完成。释比最先唱诵的经文为《敬门神》,其唱词大意是:海螺吹响如同虎叫豹吼/吓得鬼怪四处逃窜/门神门神铁面无私/只放善人进门来/妖魔鬼怪撵出去……①内容体现出羌族民间对家神——门神的信仰和尊重;老虎和豹子为凶猛的动物,也是羌族狩猎文化中需要忌惮和敬重的猛兽,释比借用它们的叫声来形容释比借助神力后威猛的法力,从而达到震慑邪魔的目的。

在《请神》环节,释比唱诵了《通告神灵》《修神路》《点神名》三段经文。内容与羌族祭祀仪式中请神、修神路、点神名的环节和内容相似。祭祀仪式中的这一环节是请来地方神和家神,准备一起上天给诸神领袖——天神还愿,消灾仪式是请神灵来观战助力。《撵妖魔》经文开始唱道:太阳神威无比大/助我释比施法力/戳穿妖魔鬼怪术/白石神威无比大/助我释比施法力/戳穿妖魔鬼怪术/星宿神威无比大/助我释比施法力/戳穿妖魔鬼怪术/月亮神威无比大/助我释比施法力/戳穿妖魔鬼怪术/天神木比神威大/助我释比施法力/戳穿妖魔鬼怪术/黑云神威无比大/助我释比施法力/戳穿妖魔鬼怪术/白云神威无比大/助我释比施法力/戳穿妖魔鬼怪术/红云神威无比大/助我释比施法力/戳穿妖魔鬼怪术……②经文中出现了很多自然神,包括太阳神、星宿神、月亮神、天神、黑云神、白云神、红云神。释比通过这些自然神的协助,以及人间能工巧匠的帮助,将妖魔鬼怪全部驱除,保护了一方平安,体现了羌族民间信仰中对各种自然神的信仰。羌族民众认为一切自然的、神圣的现象,兼由神灵管理和驱使,要掌控自然便需要敬奉这些相关的神灵。释比是民间信仰仪式的主事者,释比做法事驱邪消灾必须符合羌族民间信仰的诉求,仪式以神的名

---

① 肖永庆口述,华明玲记录。2020 年 5 月 15 日采访于茂县凤仪镇。

② 四川省少数民族古籍整理办公室主编:《羌族释比经典》(下卷),四川民族出版社 2008 年版,第 1570 页。

义进行才能显示其正义性、合法性和权威性,而释比也需要借助神力的帮助才能名正言顺地施展消灾法术。

此后释比唱诵了歌颂羌族纳萨神的《白耶来历》,经文开始部分唱道:阿巴白耶好英雄/古羌先祖有传说/正月初一来世间/从小面粉不愁吃/白耶封为纳萨神/此封命贵有福气/阿巴白耶很自由/阿巴白耶很富有/阿巴白耶穿不完/阿巴白耶长相俊/阿巴白耶又聪慧/阿巴白耶吃不完/但是终于有一天/吃的穿的全完了……①这一段展示了作为纳萨神与众不同的天赐福气。后面却唱诵了白耶家道中落贫苦交加,白耶在妻子、羌人释比、藏人喇嘛、汉人端公,以及寨子的男女老少帮助下,重新过上了幸福生活。这里体现作为神的人性一面,也间接表现了羌族民间信仰中对自然神、藏传佛教、道教等多种信仰结合的现象,同时还展示了羌族对民众团结、集体智慧的歌颂和弘扬,并由此形成了信仰习俗和团结协作的民风。

羌族对神的信仰绝不是单一迷信,他们一方面供奉神灵,信仰神灵,另一方面又歌颂英雄、工匠及普通劳动者,将其与神力相结合,作为羌人克服困难、繁衍生息的动力。肖永庆释比主持的消灾大法事需要唱诵 20 余部经。除去请神、敬神、撵妖除魔的内容,最重要的篇章是《唱魂根》,需要在仪式过程中连续重复唱诵三遍。每一遍都采用三个不同的旋律分为三个部分唱诵。第一部分唱诵了一个名叫郁米的孤儿,因父母均被妖怪吃掉,在成长过程中艰难度日,立志为父母报仇的故事。在报仇的开始阶段,郁米在纳萨神白耶三女儿的帮助下,获得白耶神的宝刀。郁米磨快了宝刀,敬了水源地的三神、天界的三神、宅子中的三神、龙宫中的三神后,去找妖怪报仇。这部分的描写将神灵信仰放在首位,说明郁米的行动出师有名,并预示最后的成功借助于神力的帮助。第二部分是实施复仇计划。在这一过程中,主要描写郁米遇到挫折后的成长,以及猎人告诉他实情,并帮助他设计复仇方案,最终郁米孤身斩杀八个妖怪,并将其彻底埋葬。这一部分完全歌颂了人格的力量,郁米和猎人都是普

① 四川省少数民族古籍整理办公室主编:《羌族释比经典》(下卷),四川民族出版社 2008 年版,第 1969 页。

通人,并没有任何神力,却能够通过群众智慧和人民团结的力量将妖怪铲除。第三部分是以释比口吻唱述的后记。其唱诵紧接第二段结尾的情节,将八个妖怪"杀死埋葬了"。释比将这个词组延续应用,将生活中的种种歪风邪气,都施法"杀死埋葬了"。经文主题是借助正神的力量将邪神消灭,但更主要的却是借用史诗说唱进行价值观教育。如果将整个消灾仪式的内容看作一部大型史诗,那么这部经文便是史诗说唱中的英雄篇章,释比通过反复唱诵这个篇章树立了一个战神形象。战神对整个消灾仪式的成功有着重要启示:战神有神力加持,是正义的化身;战神有人民的帮助,是团结的象征;战神有成功的经验,是力量的化身。仪式真正的消灾手段均放在《唱魂根》之后进行,由此看出所有的消灾法术都借助了战神的英雄效应。仪式的举行除去消灾效果外,也用以告诫人们,神永远站在正义的一方,而智慧、勇气和团结是羌人获得胜利的根本保证。史诗虽然借助了神的名义和法器,但是获取胜利的却是羌族人民,普通人与神被放在同样重要的位置,甚至超越了神的力量。神只存在于精神世界中,对英雄的崇拜、对人自身能力的信仰,才是羌族生生不息的精神实质。

(二)表演内容中对灵魂的信仰

肖永庆释比主持的消灾大法事,起因是男主人非正常死亡。羌族民间信仰中有勾魂使者的存在,他们认为非正常死亡便是遇见了勾魂使者——牛头马面。消灾大法事中释比用面团揉搓成了牛头马面的形象放在手磨子上,通过释比唱经作法,将勾魂使者磨碎、埋葬,并用桃符镇压,整个仪式本身就是灵魂信仰的产物。

最典型的灵魂信仰的唱诵内容在《喊魂魄》和《拴魂魄》两部经文中。《喊魂魄》唱道:释比施法喊你魂/三相一名龙鼠猴/三相合一鸡蛇牛/三相合一狗虎马/三相合一羊猪兔/头中一魂喊过来/腰中二魂喊过来/脚下三魂喊过来/三魂归身成功了/七魄归身成功了/魂魄游荡喊回来/圆球一样滚动来/魂魄游荡喊回来/耳环一样滚动来/魂魄游荡喊回来/野鸡一样飞过来/释比我将魂魄喊/高贵白耶来帮助/好人魂魄我喊来/魂魄应声归来了/坏人魂魄我喊来/装进皮袋埋葬了/释比施法神威大/左手拿着引魂旗/右手拿着引魂盘/阴人三魂打出门/阳人三魂请进门/二十八九魂喊了/六十花甲魂喊了/十二生时魂喊了……①这首《喊魂魄》唱词很生动,魂魄回归的姿态非常形象。将阳人的三魂七魄都喊回身体里来,将好人的魂魄喊回来,还将坏人的魂魄喊来埋葬了,阴人的魂魄打出去,阳人的魂魄请进门。整个唱诵体现出灵魂信仰的方方面面,喊魂过程中释比唱到了纳萨神白耶的助力,神灵信仰成为仪式的灵魂。

（三）表演内容中对邪神的信仰

羌族信仰的神除了正神外,还有邪神。羌族崇尚白色,白石是正神的象征,代表正义、美好;而黑色代表邪恶、坏的东西。天神、自然神、祖先神、地方神和工艺神,均为正神。邪神则是藏在人们生活的各个角落,危害羌民生产、生活的神和邪魔、鬼怪等。如崖神、破房基怪神、田角怪藤神、地角怪林神、坝子上怪神等,其危害性是多方面的。因此许多村寨在每年春耕之前,要为这些邪神举行祭祀仪式,安抚邪神,让其不要作恶,这也是交换和共享仪式的特点,是沟通人神关系、与大自然和平共处的生存之道。而羌族消灾仪式则是释比通过特殊的法术手段,借助正神的力量镇压和消灭邪神,是一种更为狠厉的消灾方式。邪神的称谓非常复杂,不同地域、不同村落有着不一样的邪神名称,它们在羌族生活中扮演着坏的角色,危害人、畜健康,如毒药猫（du）、妖怪（qhuaŋa）、天晕（dʐə）、煞气（sʅ）、邪魔（zˌme）、鬼（Xlu）、叶（je）、米雅（mijada）、别（bie）、扯（tʂhei）等。汶川雁门一带的释比会将神分黑白,将释比法师也分为黑、白、黄三类。在羌年还寨愿唱诵的《神分黑白》里将这两种神进行了描述,经文大意是:大山连小山/山上撒树种/大树连小树/树叶做窝巢/窝里生二神/颜色分黑白/白神是好神/黑神是坏神/黑神问白神/你有什么用/白神回答说/人间需要我/有我人烟旺/牲畜也繁殖/白神问黑神/你有什么用/黑神回答说/我与妖魔伴/与鬼相交往/到处兴风浪/夫妻不和睦/婆媳常吵闹/牲畜害瘟疫/家庭难顺遂/白神发怒到/祸首原是你/白神撵黑神/黑神问白

---

① 四川省少数民族古籍整理办公室主编:《羌族释比经典》（下卷）,四川民族出版社 2008年版,第 1629 页。由于释比唱诵的版本或即兴性,参考此文献翻译但根据现场记录有所改动。

神/撵我阴山后/于你有何益/白神严辞到/我是保护神/理当佑羌人/厌恶作祟者/撵你阴山后/人间百事顺。① 从经文内容来看，人们将遭受的种种灾害归结为黑神作怪，这是羌族较为普遍的认知，因此在遭遇不良事件时，便会首先将其归罪于邪神作祟，采用的办法便是请释比做法事消灾，而释比的依仗包括正神和法术本身的力量。

肖永庆释比做消灾大法事所要驱赶、消灭的邪神包括《说凤凰》里的天晕、煞气、野人，《赶瘟神》里的瘟神，《唱魂根》里的妖父妖母及他们的六个妖怪儿女，《毒药猫》里的邪神毒药猫等。由于这些邪神的破坏活动，导致事主家的男主人意外身亡，消灾法事借用正神的名义，将战神郁米的励志故事作为仪式的精神支柱，再结合人们智慧、团结的力量，一起将危害人类的邪神、阴魂赶走、消灭、埋葬，达到消灾保平安的目的。

在众多的邪神鬼怪中，毒药猫信仰比较普遍存在，许多释比说唱里都有驱赶毒药猫的内容。毒药猫又被称为"毒"或"毒疫"，人们认为毒药猫附着在一些特殊的人身上，能够变成各种动物，导致村寨人畜不安，产生疾病或意外伤害。这些被认为是毒药猫的人大部分为妇女，一旦有人被认为是毒药猫，将会非常凄苦地生活在村子里，成为一切事故的替罪羊。释比作法时，会通过击鼓唱经，驱除毒药猫，换回村寨的平安，如肖永庆释比唱诵的《毒药猫》便是描述怎样驱赶和消灭毒药猫的过程。同样是毒药猫，由于方言差别，其称谓稍有不同，如"du""duqu""duqhue"等。对于妖怪，羌人常为之取一些难听的名字，并有相同的姓氏或相似的命名规律，体现出一些家族命名的特征，然后赋予其邪恶的外形和行为，如《说魂根》里八个妖怪各有其名，妖父妖母都由"墨基"作为姓氏，妖怪儿女都有畸形和丑陋的外表。另一部唱经《赶走鬼怪》是为了杜绝人口非正常死亡而唱诵的经，其汉语大意为：凶死鬼怪非一个/凶死鬼怪有一家/鬼父名叫阿勿比/阿夸米亚是鬼母/鬼儿名叫毕基米/鬼女名唤毕吉若……②

① 四川省少数民族古籍整理办公室主编：《羌族释比经典》（上卷），四川民族出版社2008年版，第840页。
② 四川省少数民族古籍整理办公室主编：《羌族释比经典》（下卷），四川民族出版社2008年版，第1901页。

这里鬼怪父母的名字以"阿"开头,儿女的名字以"毕"开始,体现出明显的命名规律。从释比说唱的内容来看,羌人对待邪神的态度比较矛盾,总体是温和的。他们首先会选择祭祀活动安抚邪神;然后通过释比击鼓、敲击响盘、手执法杖、唱诵驱邪经等手段,吓唬邪神,驱赶邪神;对于最难对付的邪魔鬼怪,释比会借助神力,通过极端的特殊绝技将其斩杀、埋葬。这些恩威并重的策略,是羌人与正神、邪神、阳魂、阴魂等长期协调并存的基本法则,也是羌族与大自然和谐相处的生存之道。

三、音乐形态中的民间信仰与民俗文化

羌族消灾仪式音乐的形态特征比较单一,大致分为两大类型:一是具有事神、娱神性质的唱段,如《敬门神》《白耶来历》《献青稞》以及其他消灾唱诵中的叙事唱段,具有抒情、柔美的风格,是民间对正神崇拜、信仰的表达;二是消灾仪式中施用法术消灭妖魔鬼怪的唱段,旋律进行多呈现环绕式进行,节奏也比较鲜明,具有一定的威猛力量,这是对邪神、鬼怪等施加力量、意图消灭的表现方式。

(一)请神、娱神的抒情性唱段

羌族消灾仪式的文化背景来源于神灵信仰。释比要进行消灾法事,必须得到正神的许可和加持。因此请神、事神、娱神是仪式开始阶段必须进行的环节。《白耶来历》唱诵纳萨神白耶的故事,希望仪式得到羌族始祖神的认可和加持;《献青稞》歌颂神农黄帝制造五谷的历史,意在将五谷敬奉给华夏始祖神,换来神的保佑和支持;《请祖师》通过唱诵祖师的功德,请祖师前来帮助释比作法。这几个篇章都有事神、娱神的功能。《白耶来历》采用五声音阶 F 宫调式;《献青稞》采用五声音阶羽调式;《请祖师》一共两段旋律,一段为六声 E 徵调式,一段为五声 A 宫调式。从旋律的调性来看,色彩明亮的宫调式、徵调式运用较多,色彩暗淡的羽调式也有运用。其抒情性主要体现在节奏和旋律进行方式上。

《白耶来历》采用强弱分明的 2/4 拍子,但在节奏上却以连续的后附点八分音符削弱了节拍中的强拍或弱拍强位音符的力度,使唱诵变得更柔和,增加

了其抒情性；在此基础上，通过较高音位两个小节延续四拍的引子，加强了乐曲的歌唱性，抒情性也得到延展。《献青稞》（谱例3-6）也采用节奏明快的2/4拍子，但旋律进行中通常将一小节2拍的时值均分为5、6、7等分，形成五连音、六连音和七连音，句尾音则采用时值较长的拖腔，这样将节拍的强拍变得非常模糊，增添了旋律的抒情效果；《说法事》（谱例3-7）则采用强拍上的连续十六分音符和弱拍上的四分音符，形成重音后置的效果，减缓了旋律进行的倾向性，增添了抒情效果。

（二）镇邪、除魔的力量型唱段

在消灾仪式音乐中，虽然创造音乐的释比并没有专业的创作技巧，但是他们通过对音乐的感悟力创造出能够表达其意愿的旋律唱腔。不仅对于歌颂神的旋律做了抒情性处理，对于歌颂人性美好的唱段也有相似的抒情技巧。如《唱魂根》一共三段旋律。其中第一段是讲述孤儿郁米凄惨的身世和不凡的才能，旋律进行平稳，句尾音时值较长，速度缓慢、从容。乐段开始部分有一句4个小节的引子，音值组合方式几乎全部采用前十六后八、附点八分音符组合而成，唱腔圆润、流动，奠定了整段唱诵抒情的基调。

在接下来《唱魂根》的后面两段旋律，一是唱诵杀妖怪，一是唱诵埋葬妖怪。两段旋律的风格相似，一改第一段的抒情风格，采用强弱分明的2/4拍子，连续的八分音符进行，一音一字，铿锵有力。释比还在强拍和弱拍强位上敲击羊皮鼓，增加音量，加强力度，达到震慑、驱赶、镇压、消灭妖怪的目的。这种节奏手法在《撵妖魔》《埋葬邪气》《毒药猫》等唱诵中有相似的运用。但是上述旋律全部采用五声性调式音阶，且以五声音阶为主，六声和七声使用很少，缺乏半音的音阶结构致使旋律的倾向性不强，音乐力度始终不理想。即便是明亮色彩的宫调式，也难以表现释比降妖除魔的威猛力量。释比感受到了音乐中的这个缺陷，所以在上述唱段中将"杀了""埋葬"等关键词放在强拍，在强拍同时敲响羊皮鼓和响盘，并要求助手击鼓协助，重复或帮唱这些词汇，以达到理想中的效果。因此，在羌族消灾仪式中，释比使用的法器更多地成了功能性的响器，其制造的强烈音响配合释比唱诵的经文咒语，加上神和祖师的助力，消灾仪式显示出强大的力量。

（三）特殊方式构成的念咒式唱段

旋律进行的方式有很多种，不同的进行方式能够表达出不同的音乐特征。上行的旋律表达紧张度加强，下行则相反。另一些比较特殊的旋律进行如环绕式，即在其他的音出现之后又回到原来的音，有啰嗦、呢喃、反复念叨的效果。同音反复式指同一音连续多次出现，一般是为了强调某一种情绪和巩固某种风格。在肖永庆释比唱诵的消灾仪式音乐中，很多斩杀、埋葬邪魔的旋律都采用环绕式和同音反复式进行。如《唱魂根》第三首《埋葬妖怪》（谱例3-18）唱诵的意思是将妖怪的名字一一点出来再埋葬掉。旋律采用节奏分明的2/4拍子，一音一字，果断有力。旋律进行的方式便是回旋式与同音重复式相结合，非常单调，如同念诵咒语的声音。回旋式进行的中心音是 C 音（sol），旋律跳上跳下之后，均回到 sol 音上进行重复，又构成同音反复式进行方式，而反复最核心的乐汇对应的字多是"suæ ja"（埋葬呀）。这种类似的旋律进行方式还有《毒药猫》《埋葬邪气》等，均是释比施法最关键的唱段，其发挥消灾功能的咒语便是通过这样的唱诵传达到三界。这种旋律进行方式不仅如同念咒，而且还强调了"埋葬"这个词，强化了释比法术的威慑力。

小　　结

羌族消灾仪式是由事主诉求释比主事的各类减灾、驱邪、治疗仪式的总称，事主包括集体和个人。集体诉求的消灾活动主要源于自然灾害、瘟疫或集体范围内各种不良事件的发生，届时会由村寨负责人发起诉求，集资筹办消灾仪式；个人诉求的消灾活动源于个体非正常死亡、家庭诸事不顺、人畜遭遇怪事或怪病等，由个人或家庭出资邀请释比做法事消灾。释比消灾必须举办规模大小不等的仪式，释比在仪式中主要通过唱诵经文和咒语，施展相应的法术完成事主所托，达到消灾祈福的目的。释比主持消灾仪式时必须先沟通神灵和释比祖师，依托三曹神灵的相助和祖师授予的法术，才能完成消灾事项，多神信仰是仪式成功的前提。很多消灾仪式都以魂魄的归属为主要线索，通过喊魂魄、招魂魄、拴魂魄等手段，将阳人的魂魄聚拢、加固、稳定，使其身体健康,邪气不浸。将散落的阴人魂魄招回、安抚,送去阴间或让其魂归故里,这是灵魂信仰的产物。消灾仪式具有显著的功能性特征,仪式过程和主要唱段均围绕消灾功能进行,但仪式功能的实现并不是单靠释比施展的法术和相关唱诵内容,而是依托羌族民间信仰进行的综合性仪式过程,其中唱诵的请神、事神篇章,歌颂英雄和人民团结的内容,是仪式的精神力量,是仪式得到群众认可、得以长久传承的关键因素。

第四章　羌族节日仪式音声

羌族节日仪式是人们在节日活动中举行的祭祀、庆典、宴会、娱乐等仪式活动的总称。节日原本是民众生产、生活与文化实践的记忆活动,具有悠久的历史和丰富的内容。羌族既有与中华民族共同拥有的传统节日,如春节、端午节、中秋节、庙会等,也有羌族特有的节日,如羌年、瓦尔俄足节、转山会等。整体较周边汉族节日仪式保留得更为完整,形式和内容也更为多样。羌族节日中丰富的音声内容使节日更加生动、鲜活,民众参与度高,节日气氛浓烈,体现出节日在羌族民俗文化传承、民族文化认同方面所起的积极作用。

第一节　羌族节日仪式及其类型

羌族节日承载着一个古老民族的文化血脉与思想观念,其中包含了羌族民间信仰、生活习俗、文化习俗等多种文化现象,是展示羌族民俗文化历史、地方特色,以及饮食、服饰、歌舞、美术等习俗的重要窗口。按照不同的节日文化背景,可以将羌族节日分为三大类:羌族特有的传统节日、与全国各族人民共有的节日、以传统文化为背景新生的节日。多数羌族节日都有浓重的节日仪式和丰富的仪式音声,音声内容包括音乐范畴的民歌、器乐、说唱音乐等,是本书研究的重点对象;非音乐范畴的音声则包括一些诵念、呐喊、炮仗、欢呼等各种声音,是形成仪式氛围、美化仪式场域的重要内容,对课题研究具有参考价值。羌族节日民歌包括祭祀歌、节日歌、酒歌、舞歌等类别;器乐主要有吹打乐合奏、唢呐、羌笛、口弦等;说唱音乐主要是释比说唱,较为固定地出现在节日仪式的祭祀环节中。本书主要分析传统的仪式音声内容,并选择了羌族特有的以及与全国各族人民共有的节日仪式作为典型案例,用以解释羌族节日仪式音声中的民间信仰与民俗文化。

一、羌族特有的节日

羌族特有的节日较多,有着浓重仪式感和丰富音声的节日主要有羌年、瓦尔俄足节、央儒节、转山会、塔子会、水神节、古热果感恩节、基勒俄足节等。这些节日并不会全部出现在同一个地区或村落,而是分散在不同地域的村落中,有些节日名称不同,基本内容相近;也有很多节日特征鲜明,内容丰富,传承范围广泛,影响力较大,如羌年、央儒节、瓦尔俄足节和基勒俄足节等。

羌年也称为羌历年,是按照羌族先民创造的太阳历制定的节日。传说羌历起始于大禹时期,将一年分为十个月,农历冬至日为一年的开始,被定为过年,并以隆重的形式进行祭祀和庆典活动。由于各地对这个节日的称谓不同,有的称为“过小年”(春节为“过大年”),有的称为“牛王会”,有的称为“附乡饮酒礼”。为了尊重民族风俗和增进民族团结,1988 年正式批复确定农历十月初一为羌年,由茂县、理县、汶川和北川县等羌族地区轮流举办庆祝活动。2006 年起,阿坝州正式规定藏历年、羌历年分别放假三天,羌历年成为阿坝州法定节日。① 羌年作为节日在羌族地区有着悠久的历史,各地的县志上都有关于羌年习俗的记载。本书第二章介绍了羌年习俗及其中的还寨愿仪式,其节日内容不再赘述。

跳甲也叫作跳铠甲舞,羌语叫作“哟米”,原本是战时为出征进行的祭祀仪式,后来延伸到祭神驱邪或部落结盟等仪式上,用以彰显威武气势,震慑邪魔、团结邻邦。随着羌族地区战乱的减少,跳甲仪式逐渐演变为祭祀和娱乐并存的传统节日,其出征的意义已经转化为力量的象征。跳甲在每年正月初五至初七举行,主要流传在茂县三龙乡、雅都乡、谷曲乡、太平乡、松坪沟乡等地的羌族村落,相邻的藏族和嘉绒藏族也有类似仪式。铠甲舞是一种边唱边跳的歌舞形式,因男子身着铠甲进行歌舞而得名。实际表演时,女子也可加入舞

---

① 参见叶星光主编:《羌族民俗》,四川民族出版社 2021 年版,第 171—172 页。

蹈行列,有助威的效果。舞蹈主要表现战争场面,有列队、冲锋或助阵等内容,还伴随一些呐喊声和兵器碰撞声。铠甲舞是羌族狩猎文化的历史遗存,也是羌族饱受战争之苦的见证,更是羌人顽强生活、自强不息的真实写照。据访谈得知,茂县太平乡杨柳村、牛尾村以前每年正月初七都会举办"跳甲"活动,但2008年"5·12"地震后,全村搬迁到岷江河畔的河滩上,交通非常便利,外出打工的人逐渐增多,村里的孩子都去了太平镇或者茂县县城上学,新的生活习俗正在快速影响群众,各项传统活动都出现萎缩、淡化的趋势。杨柳村妇女主任介绍,近年来只在2016年正月初七举办过一次跳甲仪式,参与人数不如以往多,想再次举办估计很难。"跳甲"仪式在春节期间举办,是春节系列活动之一,全村男女都参加,举办地点在半山腰的山王塔子(纳萨)前。男子身穿铠甲或羊皮褂子,带着火药枪或长刀,女子穿着节日盛装。仪式开始时,先由释比主持祭祀仪式,祭祀神灵和祖先,祈求平安和丰收,然后男女一起跳铠甲舞。舞蹈时均采用人声歌唱,一般是男子领唱,女子跟唱,歌词男女稍有不同,应是角色变化导致。歌舞结束后人们回到村子邀约族人或亲朋一起聚餐,节日气氛浓郁。杨柳村的战争歌有单声部和多声部,曲风以威武、雄壮为主。其中的一首《战争歌》①(谱例4-1),旋律采用五声音阶徵调式,在节奏方面特点较为鲜明,完全采用均分的音值组合,每小节的节奏重音都非常突出,刻意表现出一种勇猛的力量。舞歌歌词主要描写狩猎、战争场面,或者鼓舞士气、鼓励团结作战等。

谱例4-1

① 罗长寿、罗秀英唱,华明玲记谱。2015年11月12日,调研茂县太平乡杨柳村村落音乐现状时收录。

夬儒节是羌族古老的节日,于每年农历二月初二举行。"'夬儒'为羌语音译,也就是祭山会的意思。'夬'指的是祭品,祭牛、祭羊等,'儒'指的是跟天上沟通的人,'夬儒'是周天子'周礼'国儒,即祭天规定仪式的变称,由此说明夬儒节早在数千年前已形成,是目前羌族文化中保存较为完整的重要民间节日。"①这一节日曾一度失传,2012年理县蒲溪乡才开始恢复举办夬儒节系列活动。届时释比带领信众祭祀天神、太阳神等自然神和地方神、家神,祈祷一年风调雨顺。参加祭祀的信众会在祭祀塔下表演歌舞、展示民间艺术,主观上是为了娱神,客观上娱神和娱人并举。释比还会组织部分村民和徒弟们表演释比戏《刮蒲日》,也被称为传统羌戏。剧本以拟人化的方式,通过戏剧性的夸张手法,宣传道德思想、乡规民约,是羌族民俗文化传承中一种生动、有趣的表现形式。羌戏表演之后照例是节日庆典和宴飨。

---

① 参见叶星光主编:《羌族民俗》,四川民族出版社2021年版,第184页。

基勒俄足节也叫作男子节或打靶节,具有羌族狩猎文化遗风。羌语"基勒俄足"的汉语意思是正月初五,盛行于羌语北部方言区的村落。其节日命名方式与羌族最著名的"瓦尔俄足"相似。瓦尔俄足作为本书重点研究的节日仪式,将在本章第二节重点介绍。在实地调研瓦尔俄足的过程中,我们也访谈了部分传承人,了解了基勒俄足的基本形式和内容。基勒俄足与瓦尔俄足的仪式环节有许多相似之处,只是两个节日的主题不同,一是以男子擅长的狩猎形式为主题,一是以女子喜好的歌舞表演为主题。基勒俄足仪式程序包括做祭祀馍馍、祭家神、祭塔子、传火种、成人礼、打靶仪式、节日庆典等。与瓦尔俄足节相比,基勒俄足祭祀馍馍除了山形馍馍、月亮馍馍外,还需制作大量的兽型馍馍,与其节日主题狩猎相关。兽型馍馍包括猪、牛、羊、鸡、熊、獐子等,均是可以作为猎物的动物形状,人们希望通过祭祀,使这些动物在神灵护佑下繁衍旺盛,为羌民提供更优质的猎物。基勒俄足节有"传火种"仪式,释比在仪式前会唱诵史诗《取火种》。经文唱词里夸赞热比瓦的技能,全都与狩猎有关,虽然这些都只是口头传说,但通过节日仪式和释比说唱表现出来,便有了文化根基,给历史传说赋予了强大的生命力。基勒俄足的打靶仪式羌语叫作"苏尔月"。仪式开始前由释比诵经祈福,然后大家把各种兽形馍馍摆在塔子平台上,射手们一边念诵咒语,一边用弓箭射馍馍,若有人射中馍馍,大家便高声欢呼。取过被射中的馍馍,待午餐时当作猎物来分享,射手吃头部,其余部位大家分食。午餐结束后,大家回到村子,举行隆重的节日庆典。庆典主要以萨朗歌舞为主,穿插推杆、抱蛋、扭棍子、举石盔等羌族传统体育项目。这些项目多以显示男子勇气和力量为主,也有娱乐和团结合作等目的。人们观看或参加表演,喝酒聊天,其乐融融。其间有些村落会唱《打靶歌》《打猎歌》,活动主题十分明显。如果村里组织了节目排练,当天也会进行节目展演,如同瓦尔俄足节的庆典模式。以前村里真正的猎手往往在当天一早就上山打猎(现在已经禁止猎杀野生动物),待到日落时分方才归来。如果打到猎物,猎人们会带着猎物来到塔子前祭祀,感谢神灵的帮助和大自然的馈赠。祭祀结束后猎人需在塔子下排成一行,集体朝天鸣枪。听到枪声的妇女、孩童便唱着赞歌出来迎接英雄归来,并给枪法最好的猎手挂羌红。此后猎手们带着猎物到会首家,宰杀猎物烹煮,无论有没有打中猎物,全部都留在会首家喝酒、吃肉。

二、与全国各族人民共有的节日

羌族是中华民族共同体的成员,也与全国各族人民共享春节、端午节、中秋节等中华传统节日。在这些节日里,全国各地都会有一些节庆活动,羌族的歌舞习俗在此类节日中也有丰富的展现,如春节期间的龙灯会、狮灯会,端午节期间的大端阳会,还有各种庙会。春节是中华民族最重要的节日,春天的到来预示着万物复苏,辞旧迎新的美好寓意使春节有着浓厚的年节气氛,羌族将羌历年称为小年,将春节称为大年,也体现了羌族对春节的重视。羌族地区的不同村落都有自己独特的春节习俗,正月初五之前有各种祭祀活动,初五之后则以娱乐歌舞活动为主。羌族传统习俗将初五叫作"破五",为送小年之意,破五以后便可以玩乐器、耍灯,开展各种娱乐活动。各地耍灯略有不同,狮子灯、龙灯、马灯、牛灯等,这些在四川汉族地区早已消亡的传统活动,在羌族聚居区至今仍然盛行。2019年春节期间我们调研了北川小寨子沟五龙寨龙灯会,耍灯时间从正月初五到初七,龙灯队伍为各家各户送去了吉祥,驱散了邪秽。龙灯会由民间自发组办,当年的会首组织承办。会首由村民们推举选拔有能力的男性村民轮流担任。初五早上,村里主事的村干部及耍灯的男子集中在会首家开会,计划灯会费用摊派,讨论耍灯进行流程,安排游客接待、灯会后的伙食等。耍灯的龙在头几天已经安排专人扎好放在庙子里,初五上午待人们聚集后,便排着长长的队伍从半山腰的寨子出发,前往山上的庙子里去。走在队伍前面的是吹打乐队,由一支唢呐、一面小鼓、两副小钹、一支镲镲组建而成。唢呐吹奏的曲牌为《三吹三打》,锣鼓的节奏错落有致。队伍来到庙里,由释比点亮龙嘴里的油灯,并打了羊角卦测算吉凶。之后由七八个男子举着龙灯挨家挨户耍灯拜年,吹打乐队紧随龙灯,每到一家院子里,乐队便率先奏响,龙灯则需要进入院落和各个房间驱邪送福。时至午餐时间,参加灯会的群众(包括游客)全部被分散到事先安排好的村民家聚餐。每家准备的食物均是自家珍藏的美食,聚餐的意义在于分享丰收成果,增进族群团结。席间民众相互敬酒、交流,并唱起酒歌,气氛融洽、热闹。其他羌族地区的龙灯会、狮灯会也大体如此,春节便在热闹的集体活动中增添了节日气氛,巩固了文化认同。

三、羌族新兴的节日

节日具有包容性和变化性特点,是在人们生产生活的过程中,根据群众需要逐渐产生和发展定型的。一些传统的节日历经了时间的考验,具有广泛的接受度,便被传承下来,另一些接受度低的便会逐渐消失,而新兴的节日也会不断产生。羌族近年来也在非遗保护工作、村落文化生态发展的过程中产生了一些新兴的节日,如北川"小寨子沟情歌节"、理县桃坪羌寨"花儿纳吉赛歌节"、松潘小姓乡"毕曼歌节"、汶川"大禹节"等。由于这些节日还未经历时间长河的考验,一些学者认为这些还不是羌族节日。课题组曾经调研过2015年小寨子沟情歌节,并对此后每个年度的情歌节都给予了高度关注,直至2020年小寨子沟山洪暴发冲毁了路面,2021年至今情歌节暂时被迫停止。

"2015小寨子沟情歌节"是由绵阳市北川羌族自治县正河民俗旅游合作社主办的一个新型民间节日。正河村位于北川青片乡小寨子沟风景区,为国家级自然保护区,面积450平方公里,是世界同纬度森林生态系统保存最好的地区之一,此地也是北川县羌文化保存最好的地区。为了促进该区域文化旅游业的发展,也为了促进羌族聚居地各村寨的交流和团结,在北川县政府和青片乡政府的大力支持下,开展了以"情歌"为主题的节日庆典活动。参加此次节日活动的主要有小寨子沟各村寨的民众,以及来自茂县、理县、汶川、松潘等地的羌族同胞,还有各地游客。参与表演和赛歌的演员为特邀的阿坝州羌族聚居区200余位羌族民间歌手及以北川民族艺术团演员为主的300余位民间歌舞选手。活动地点在小寨子沟五龙寨,活动内容有祭祀、实景大型文艺汇演、千人坝坝宴、对歌、赛歌等环节。"情歌节"在此后每年都开展,基本活动程序不变,活动内容时有调整,并在活动主题名称上加上了"瓦尔纳泽"等内容。"瓦尔纳泽"为羌语谐音,是羌族民歌曲牌,曲调基本固定,唱词丰富,有即兴性特点,广泛应用于羌族婚礼和休闲娱乐中,内容包括情歌、盘歌、唱历史等,主要流传在羌语南部方言区。首届"小寨子沟情歌节"主题构思以羌族情歌的广泛传唱为主要线索,旨在通过羌族歌舞的展示,表达羌族人民对幸福生活的歌颂和感激之情。节日共有四个主题活动:一是17日晚北川民族艺术团的欢迎晚会;二是18日上午情歌节开幕式、祭祀及坝坝宴;三是18日晚各地演员的对歌表演;四是19日上午情歌比赛。节日中民间歌舞选手们表演了各自村落的传统节目,展示了各自的民俗特征。这些表演和比赛的歌曲,严格意义上讲并不属于专门的节日歌范畴,但是这样的节日活动将羌族酒、歌、舞的民俗,及各地不同的衣着、方言等特征都展示出来,形成一个民俗文化的大舞台。

2017年11月17日,四川红叶生态旅游节(主会场)暨理县米亚罗红叶温泉节系列活动之"花儿纳吉赛歌节"活动在理县桃坪羌寨隆重举行。节日按照羌族传统,由释比主持了祭祀和开咂酒坛仪式,其主旨是祭拜神灵、祈祷繁荣、庆祝丰收。赛歌节上唢呐和羊皮鼓舞为节日开场助威。来自蒲溪、通化、桃坪、木卡、薛城五个乡镇的羌族民众,表演了"花儿纳吉"歌曲的对唱,还表演了传统的山歌、情歌、酒歌、劳作歌等,将羌族民俗、历史、劳动、娱乐等生产内容和生活情趣充分展现和释放出来。由国家艺术基金空谷合唱团演出的《羌山妙音》《羌音羌情》,以及本土歌手演唱的《羌音》,集体齐唱的《欢迎你到桃坪来》等,都是取材于羌族民歌音调而创作的具有时代特征的新歌曲。这些多种形态的节目表演,彰显出羌族丰富的文化特质,营造出了祥和、欢快的节日氛围。节日期间展示的所有传统歌曲和新创作歌曲,包括唢呐音乐,我们都可视为广义的节日仪式音乐,但严格意义上讲,只有为这一节日创作的歌曲《欢迎你到桃坪来》等,算是真正的节日歌,能否长久流传成为民歌,却还需要经过长期的传唱和沉淀。这样的民俗节日,有着浓重的仪式环节和丰富的仪式音声。节日的开展促进了羌族传统民俗的当代转型,推动了仪式音乐的创造和发展。

第二节　羌族节日仪式过程及音声实录

一、茂县曲谷乡曲谷村瓦尔俄足节

"瓦尔俄足"为羌语谐音,意为"五月初五"。"瓦尔俄足"作为羌族传统节日,其仪式主要内容包括祭祀、女性歌舞和娱乐活动。节日期间以羌族女性为主要角色,以歌舞活动为主要表现形式,因此当地人又称之为"妇女节",汉语俗称"歌仙节"或"领歌节"。2006 年被收录到我国第一批国家级非物质文化遗产名录中(项目编号:X-18),其传承和发展受到了更多的关注。传统的瓦尔俄足节日活动有着浓厚的羌族民间信仰色彩,也体现出羌族典型的酒、歌、舞习俗。关于节日的产生有一些相关的传说,其中一个传说大意是:茂县曲谷乡西湖寨的人们,在盛开的羊角花中看到了一位姑娘,不仅美丽动人,而且能歌善舞。羌族妇女便跟着这位姑娘学习歌舞,最后全都变得能歌善舞,使生活变得更有生趣。而那位姑娘被大家视为歌舞女神,尊称为"萨朗姐"或"萨朗女神",她教会大家跳的舞叫作"萨朗舞"。待大家学会歌舞后,萨朗姐却不辞而别,最后有人在女神塔子前只找到萨朗姐的云云鞋。为了纪念萨朗女神,羌族妇女们会在羊角花开的季节来到塔子前歌舞,后来便固定在五月初五祭祀萨朗女神,举行庆祝活动,"瓦尔俄足"便成了羌族妇女的"歌舞节"。"瓦尔俄足"作为羌族传统节日活动,在每年农历五月初三到初五期间举行。2020 年 6 月 23 日(农历五月初三),课题组一行四人来到瓦尔俄足节原生地阿坝藏族羌族自治州茂县曲谷乡曲谷村西湖寨,对"瓦尔俄足"节日活动进行了田野调查。

曲谷乡地处茂县西北部,距离茂县县城凤仪镇仅 70 公里。但由于路面维修以及近期雨水过多造成的道路垮塌和落石阻碍,从凤仪镇驱车近 3 个小时方到达曲谷村村委会,此时已是下午 3 点半,村里的妇女们正在排练节日庆典上要表演的节目(图 4-1),而几个男子则在村头烧火烤羊、烤鸡,为妇女们准备当日的消夜,瓦尔俄足节系列活动悄然拉开帷幕。

瓦尔俄足作为一项民俗活动,历经时代变迁,其仪式过程也在不断调整,目前采用的主要仪式内容包括:制作祭祀女神塔子的馍馍;会首为节日开咂酒坛、祝词;前往塔子进行祭拜;摆放祭祀用品,包括馍馍、白酒、香蜡钱纸等;释比说唱祭祀;成人礼仪式;年长妇女"引歌";年轻妇女"接歌";歌舞庆典活动;集体坝坝宴等。

图 4-1　排练节目的曲谷村妇女

（一）制作祭祀女神的馍馍

曲谷村由相邻的河西村和河坝村合并而成,西湖寨为以前河西村的寨子。经茂县和曲谷乡相关领导协商,今年曲谷村节日庆典活动定在五月初四上午进行,五月初五茂县古羌城还有一次全县的庆典活动。因此,初三下午便需要准备祭祀用品。

下午五点多,妇女们排练完节目,来到村口一户人家里的客厅中,准备制作馍馍。客厅有一个燃烧的火塘,火塘上架着火圈,周围是板凳,旁边有一个和面的案板。待参加制作馍馍的妇女们到齐后,大家围坐火塘,开始聊天。羌族妇女非常开朗,同我们课题组以及四川音乐学院刘雯教授课题组、阿坝师范学院课题组的老师们谈笑风生。几名妇女开始和面,准备制作次日祭祀用的馍馍。这里制作的馍馍形状主要是山形馍馍和月亮馍馍(图 4-2),与羌年还寨愿时圆形的太阳馍馍形状有所不同,并用酒杯、碗、瓶盖子等印制了花纹,使之看上去更美观。据年长一些的妇女说,以前有做馍馍的木质模具,"5·12"地震中被压坏了,后来就采用这样的简单方法制作。一些妇女揉制馍馍,一些妇女架上平底锅,用火塘里的柴火灰盖住馍馍进行烘烤(图4-3),最后做出的馍馍香脆可口,颜色为淡黄色,作为祭祀用品美观大方。

图4-2　制作的山形馍馍、月亮馍馍　　　　　　图4-3　在火塘上烘烤馍馍

据村妇女主任介绍,以前做馍馍都是各家各户自己做好,先在家里敬家神,第二天都要带上香蜡钱纸、白酒和馍馍去祭塔子。现在年轻人外出打工的多,不一定都回家过节,村里就在这里统一制作馍馍了。晚上的烤羊、烤鸡,还有明天的午饭、酒水,都是村里统一置办,政府每年拨款保护非遗,就用来搞演出,买东西。①

在烘烤馍馍的时候,陈卫蓉说我们这些客人难得来,开一坛咂酒大家喝。于是在没有开坛仪式的情况下,打开一小坛麦子酿造的酒,插上两根吸管,大家轮流咂酒,妇女们热情地唱起了酒歌(图4-4),每一次两人咂酒,须等一首酒歌唱完才能起身换人继续咂酒。

---

①　陈卫蓉口述,郑凌云记录,2020年6月23日制作馍馍时访谈。

图4-4 大家围着火塘咂酒、唱酒歌

参加制作馍馍的妇女多为中年人,她们开朗热情,落落大方,希望用歌声来表达喜悦的心情,展现当代羌族人民的幸福生活。她们唱诵的多为本村传统酒歌、节日歌曲,旋律优美,节奏明快,歌唱虽未经排练,但凡有一人起头,大家便能整齐地唱起来,还伴有一些击掌、挥手和身体动作。歌唱的声音浑厚嘹亮,气息厚实绵长,展示出羌族劳动妇女健壮的体格和豪放的性格特征,也表现出当地女性良好的音乐素质。咂酒、歌声、欢笑声已经初步有了节日气氛。

每一位在场的羌族妇女和游客都加入到咂酒和歌唱的行列,轮流进行多次,唱的酒歌也就多起来。传统酒歌如《劝酒歌》①(谱例4-2)是专为远方来的客人而唱,歌词大意:远方来的客人/请你端起酒来/没有什么感谢你/请你喝了这杯酒/没有什么下酒菜/寡酒也要喝个够。这是带着谦虚和恭敬口吻唱的敬酒歌,表达主人家好客的心情。旋律采用五声音阶徵调式,2/4拍子,

---

① 茂县曲谷乡河西村妇女演唱,郑凌云记谱。2020年6月23日瓦尔俄足节收录。

节奏简洁规整,句尾音均采用主音短时值停顿,能加强音乐的节奏感,羌族民歌风味浓厚。

谱例 4-2

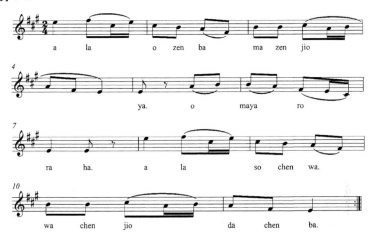

传统酒歌数量有限,后来有人起头唱一些比较欢快的节日歌当作酒歌,妇女们也都会唱,情绪高涨不退。如瓦尔俄足专用歌曲《瓦尔俄足节》《朗巴》《色者维者》等,都在下午做馍馍和晚上跳萨朗、咂酒的时候被大家当酒歌唱诵。《色者维者》①(谱例4-3)是一首歌唱羊角花和美好生活的萨朗舞歌,歌词唱道:听我们歌唱羊角花,羊角花开在高山顶,不怕霜雪打。羊角花开在雪山上,美丽又坚强。我们要像羊角花一样,对生活充满希望。这首歌旋律采用五声音阶,前半部分为 C 宫调式,结尾句有明显的同主音转调,转到 C 徵调式上,有新鲜感。采用2/4拍子,整体节奏明朗、情绪热烈,为节日增添了喜庆色彩,也表达了村里妇女的生活激情,以及对远方客人的欢迎和尊敬。

谱例 4-3

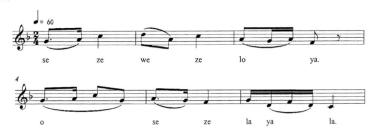

① 茂县曲谷乡河西村妇女演唱,郑凌云记谱。2020 年 6 月 23 日瓦尔俄足节收录。

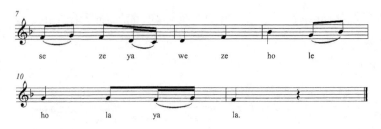

se　　　　ze ya　　we ze　　　ho le

ho　　la ya　　　la.

（二）开坛仪式

做好馍馍,各自回家吃完晚饭,便到村委会集中,等待开咂酒坛仪式。在等待的过程中,先到来的妇女集中到会议室,等待中大家又围着会议桌唱起了当地民歌(图4-5),"歌仙节"处处飘荡着歌声,名不虚传。

图4-5　等待开坛时歌唱的妇女

村里的男子陆续来到坝子里围坐成圆圈,手拿咂酒吸管,准备开坛仪式。村民陆陆续续到达村委会,妇女们来到坝子里,手拉手在外围围成一圈跳起了萨朗舞。男子则在内围成圈聊天、唱歌。待村主任一行来到坝子中间,有人便放了一挂鞭炮,预示着开坛仪式即将进行。村里的几位领导和长辈围着酒坛落座,手持咂酒吸管,前村主任开始用羌语念开坛词,大意是:今年的瓦尔俄足节开始了,希望妇女们开开心心地过节,祝愿村子风调雨顺,庄稼丰收,家庭和睦,人畜安好。大家唱起来、跳起来,咂酒喝起来! 紧接着男子便围着内圈开始唱酒歌、咂酒,妇女们在外圈开心地唱歌跳舞。大家所唱的歌不像别的羌族村寨用音响播放,而是全部采用人声歌唱,男子雄浑的酒歌声音和妇女们欢快的萨朗舞歌声音交织重叠,此起彼伏,甚是壮观。

除了参加跳舞的妇女,还有一些人围坐在周围闲聊、练歌。甚至有两位中年妇女正在新编一首"感恩歌"。他们说现在大家生活过得好了,要编一首歌表达愉快的心情。人们歌舞、闲聊直到深夜,男子们端上了烤熟的羊肉和鸡肉,摆上了啤酒,男女老少、主人宾客全都一起吃肉喝酒,庆祝妇女的节日,欢庆民众的幸福生活。

据瓦尔俄足州级传承人陈花珍(1943—)口述,以前瓦尔俄足节晚上都要唱歌跳舞,绸子做的腰带跳起来最"滑刷"①,有一首《木都喇叭》(谱例4-4)就唱到这些。歌词大意是:天上的星星出来了,妇女们收工了。穿着漂亮的衣服,扎着绸子腰带,一起唱起来跳起来,腰带随着舞步飘起来。

谱例4-4

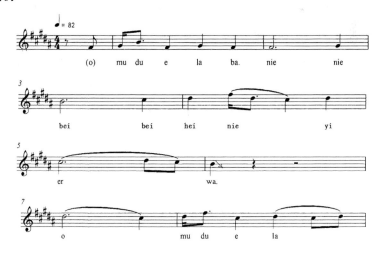

_____

① 滑刷:四川方言,此处形容绸子腰带光滑、飘逸。

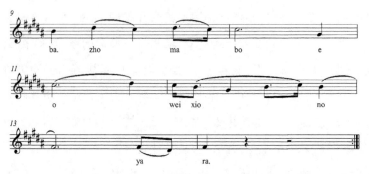

在晚上的娱乐活动中,河西村的男女老少尽情地唱酒歌、咂酒、跳萨朗。而"萨朗"这一词汇,正是来源于本村的这些歌舞内容。"萨朗"是羌语音译,在茂县曲谷村是歌舞女神的称谓,后来用"萨朗"泛指所有歌舞。在每年的瓦尔俄足节日庆典活动的头一天晚上,全村人都会参加咂酒、跳萨朗和消夜,活动时大家比较随意,一些人在咂酒,一些人唱酒歌,还有一些人在唱萨朗舞歌,跳萨朗舞。这是最近几年调研中少见的边唱边跳的歌舞形式,大多数羌族村落都已经采用播放器播放一些羌族聚居区流行的萨朗舞歌音乐,跳羌族聚居区流行的萨朗舞动作。曲谷村在活动开始时也播放音频,大家也随意跳了几曲,之后便回归了传统的节日模式。酒歌和萨朗舞歌此起彼伏,热烈而和谐。这些传统的萨朗舞歌较音频播放得更为自由、生动,不拘泥于节拍和规范节奏,动作也更为奔放、热烈,但仍然以2/4拍子音乐为主,体现节日的气氛。如《迁都》①(谱例4-5)是曲谷村传统的萨朗舞歌,旋律为五声音阶徵调式,规整的2/4拍子,以均分节奏为主,句尾音采用主音的同度进行半终止和终止,结束音时值短促,增强了节奏感。舞曲结束时还伴有人声的欢呼和呐喊,这是羌族萨朗常有的结束方式。这首舞歌的特点也是大多数萨朗舞歌的特点,它们与祭祀歌、劳动歌相比,节奏更为简洁明快,情绪更加高亢、奔放。歌词大意为:我们手拉手跳起圆圈舞,跳不完、唱不完。

---

① 河西集体演唱,郑凌云记谱。2020年6月23日瓦尔俄足节收录。

谱例 4-5

（三）祭塔子仪式

塔子即纳萨,曲谷村有多个纳萨塔子,最早的瓦尔俄足祭祀是在山顶的"女神塔子"进行。女神塔子路途遥远,需要经过 3 个多小时的跋涉方能到达。后来为了方便,便改在半山上树林里的塔子上祭祀。而此前早上祭祀前的采露珠洗脸祛病消灾等环节,现在已经省去。

早上 9 点左右,居住在西湖寨、曲尔寨等地的羌民,无论男女都来到村委会集中,准备上山祭塔子。由于新冠疫情影响,回村参加瓦尔俄足节的本地羌民和外地游客都比往年少了很多。村里的男女早早穿戴好节日盛装,来到村委会集合。几名男子打着祭祀神旗,牵着一头羊角拴着羌红的羊,拿着祭祀的馍馍和用品走在前面,妇女们紧跟在后,鱼贯往山里走(图 4-6),由于防疫要求,许多人戴着口罩。

一路上羌民欢声笑语,时不时唱起节日歌,此起彼伏在山谷间回荡,充满节日的欢乐。这样自发的歌唱营造出的节日气氛在别的地方很难见到,而作

图 4-6　祭祀队伍向山里出发

为"瓦尔俄足"原生地的河西村,歌唱是羌民世世代代传承的娱乐和情感表达方式,在节日中自然展示出来。

经过半个多小时的山林穿梭,大家来到塔子附近。此处的塔子,是一个标准的三台塔状纳萨,约3米高,塔上放着白石。到达塔子的妇女们,在离塔子20来米的地方坐下,一边休息一边整理着装,等候释比和男子们祭祀。到达塔子的男子们,立即在塔子上摆上贡品,插上香蜡,倒上敬神的白酒,一些男子已经跪在塔子前,准备祭神仪式(图4-7)。

待准备工作就绪,释比张明义(1950—　　)带头唱起"敬香歌"。说是"歌"其实也没有旋律。大家一起高声诵念"嗦——啊嗦"三遍,前面的"嗦"音拖得很长,释比接着用羌语诵念,其中有个别汉语词汇,如"风调雨顺",应为羌语中的汉语借用词。整段念诵不到一分钟,大意为:"今天是瓦尔俄足节,女人节,我们大家来敬你。今天来这里的人嘛好吃好玩,全寨子的人嘛,都要平安、快乐。我们年年敬这个塔子嘛,大家要风调雨顺,要好点嘛。"[1]释比念诵完后,大家将手中的五谷撒向塔子,边撒边念"嗦—嗦—嗦……",随即放了一挂鞭炮。

唱完敬香歌,参加祭祀的男子用酒杯分饮祭祀的酒,他们将酒杯端起,用手指蘸上一点酒向空中,意味着请神灵先用,然后将杯中酒饮尽,并请游客也喝一些敬神的酒,说是喝了平安健康。村里男子牵来祭祀的羊,割掉羊耳朵的

---

① 张明义释比口述,郑凌云记录,2020年6月24日上午祭塔子结束时访谈释比获取。

毛,并割破羊耳朵,使其流血,释比将羊血洒在塔子上。此时原本应叫上村里的孩童,将羊血点在其额头,并说一些祝福和勉励的话,类似一个简单的成人礼,但今年由于疫情,很多学校因为防疫的需要没有放假,此程序只好省略。对此借用中央民族大学周志平硕士论文的记录:"会首召集以前没来过塔子的小孩或是本村的孩子们,跪于神塔前,由释比蘸鸡血点于孩童们的额头上,口中念:'请保佑我们寨中小孩平安,无病无痛,健康成长'。"此仪式为 2009 年调研河西村"瓦尔俄足"节记录,当时是用公鸡

图 4-7 在塔子上摆放祭祀品

祭祀,现在一般改为羊祭祀。这一环节虽然简短,但可视为羌族成人礼。

随即,男子们每人折了一枝树枝,围着塔子前的祭台逆时针行走,边走边扬起手中的树枝,并随着节奏发出"吼—吼—吼"的声响,显示威武、雄壮的男子气概。之后妇女们也折了树枝陆续加入队伍,走在男子的后面。男子开始起头唱《杰萨》,男子唱一句,女子跟一句。绕了三圈之后,男子站在塔子下一级的平坝上,吼了三声"哟——噢噢",祭祀仪式结束。这段《杰萨》的歌词非常简单,大意是:过节了,过节了,神保佑我们,我们高高兴兴地过节。

《杰萨》(谱例 4-6)为两个乐句的单一部曲式,旋律采用五声音阶 C 徵调式,音程包含同度、大二度、小三度、大三度及纯四度进行。在节奏上多采用均分的音值组合,强弱特点突出,具有早期羌族祭祀音乐中《请神》《解秽》等音乐的节奏特点。此外,旋律进行中 la 音在长达三拍时值的拖腔时,出现了音高游移现象,此音实际演唱的音高居于 la 和降 la 之间,这也是古老羌族民歌的一个特征。

谱例 4-6

唱完这首歌,祭塔子仪式结束。需要说明的是,在整个祭祀活动中,由会首和村里有一定地位的男子操持。西湖寨的妇女可以参加祭祀,包括已出嫁的女儿,而新娶进门的媳妇以及本村其他寨子的妇女,只能参加歌舞和娱乐活动,不能参加祭祀。

据"瓦尔俄足"传承人陈花珍介绍,瓦尔俄足节五月初三就开始了,初五才刹割①。初三就是祭塔子,每个寨子去一个代表,父母双全的,带上一块腊肉、白纸,还有香、蜡,从西湖寨那里上去,去山顶那个女神塔子,烧香磕头,通报女神萨朗姐,就说我们是你的接班人,今天我们来领歌了。初四才开始唱歌,早上大家起来,一个寨子一个寨子的人就走到一起来唱歌,起头的人就唱《哦哟萨》(谱例 4-7),大家听到歌声就走到寨子门口,约起去下一个寨子,不会像现在喊哪个的名字。②

---

① 刹割:四川方言,结束的意思。
② 陈花珍口述,郑凌云记录。2020 年 6 月 24 日访谈。

谱例4-7

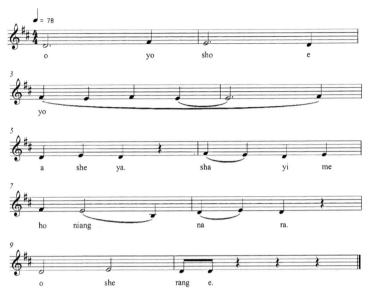

《哦哟萨》旋律采用四声音阶宫调式,节奏自由、悠长,两个乐句都采用羌族民歌最典型的短时值音符结尾方式,且由于旋律缺乏徵音,听起来比较飘忽、柔美,体现出羌族山歌的一些特征。

"唱歌的队伍走到下一个寨子,到了寨子门口,就要边唱边跳《刮果依米》(谱例4-8),'刮果'就是脚,'依米'就是印子,意思是一个跟着一个的脚印子跳舞进寨子。初五就在西湖寨集中唱,唱了就一起喝咂酒,但是各家吃各家的饭,哥哥嫂嫂就要请回娘家的姑娘吃饭,吃了饭过节才算刹割了。"①

谱例4-8

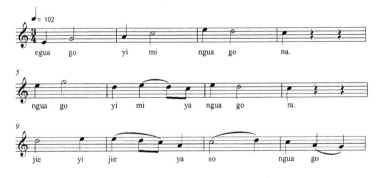

① 陈花珍口述,郑凌云记录。2020年6月24日访谈。

"大家走到人家的门槛边上,又换一个歌《莫喃》(mo næ)(谱例4-9),'莫'就是'火','喃'就是烧火。意思是把火烧起来,酒水倒起,跳舞的队伍过来了。"①

谱例4-9

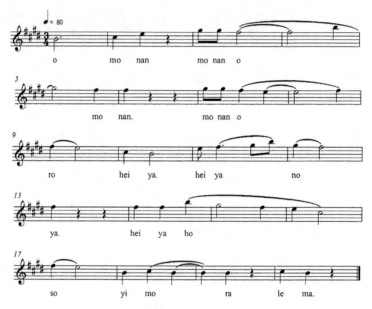

初四早上唱的这三首歌风格比较相似,速度缓慢、自由,曲调温柔、甜美。《哦哟萨》为四声音阶宫调式,另外两首为五声音阶徵调式。这三首歌是瓦尔俄足最早的节日歌曲,未经创作和改编,其歌唱形式为载歌载舞,一组女子领唱一句,另一组跟唱一句,具有领、传、跟、学的传承模式。

(四)传歌仪式

早期女神塔子很远,大家都带着熟食到塔子上吃午饭,饭后才进行传歌的环节,然后回到村子,更多的妇女参加萨朗舞歌活动,学习歌舞,谓之"接歌"。现在塔子离寨子近,需要先进行引歌和接歌等环节。此时,年长的妇女围成圆圈,开始唱歌跳舞,其意义是祭祀已经结束,萨朗女神将歌舞教给了西湖寨的

---

① 陈花珍口述,郑凌云记录。2020年6月24日访谈。

妇女,妇女们领受了这些歌舞,开始了萨朗歌舞表演(图4-8),并会将歌舞接引到寨子,让更多的人体验歌舞的快乐。

图4-8　引歌

引歌持续了五分多钟,妇女们唱了两首传统的瓦尔俄足节日歌,第一首歌为《莫喃》,由于是集体齐唱,为了唱得整齐,与陈花珍老师单独唱的节奏相比,更为工整。舞蹈动作很小,只是手挽手围着圆圈晃动身体。歌曲重复唱了几遍之后,妇女们开始加上一些脚下动作,歌唱也更为激情、嘹亮,妇女们跳动变换队形,将一个圆圈围成了两个圆圈,脚下动作也随之加快,并变得热烈起来。紧接着没有任何间奏,歌曲直接转换为更为欢快的《朗巴》(谱例4-10)。《朗巴》旋律采用六声音阶角调式,旋律手法较《莫喃》更为复杂,音程进行也比较跳跃,情绪欢快热烈,应为近代产生的羌族民歌。其歌词大意是:节日到了,朗巴花开了,姑娘们就像花朵一样的美丽。

谱例 4-10

妇女们表演完这段歌舞,意味着大家已经接引到了萨朗姐教的歌舞,需要将歌舞传承下去。而年轻的妇女们接受年长妇女的传授、指导,便是"接歌"。早年的"接歌"需要回到寨子,妇女们逐渐加入,形成接歌的队伍,现在是引歌之后直接现场接歌。一些年长的会唱歌的妇女站在刚才表演的坝子边上,另一些不太会唱歌的新手则来到低一级的平台坝子上,开始"接歌"。当天"接歌"唱的《卓尔科斯曼》(谱例 4-11),也称为《萨朗姐》。上面的妇女唱一句,下面的姑娘学一句。由于《萨朗姐》旋律和节奏比较复杂,传歌的时候学唱不太熟练,几位年长的女性又加入学唱的队伍中带一带,形成一种真实的民歌口耳相传的模式。

谱例 4-11

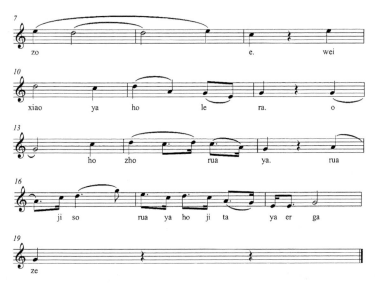

《萨朗姐》是一首爱情歌,歌词大意:美丽的姑娘像萨朗姐一样,我多么爱你想要娶你。即使你不答应我,我也会一直等你。[①]《萨朗姐》的音乐结构比较特殊,全曲一共五个乐句,长短不一,结构松散。旋律采用五声音阶徵调式,音程进行中多处采用连续上行或下行,形成悠长的旋律线条。音值组合方式多样,风格自由奔放。连续进行的附点八分音符,强调了节奏重音,使歌唱更加生动,唱腔更为明朗。

据陈花珍介绍,传统的"瓦尔俄足"节日歌一共十二首,从祭女神塔子出发唱的《哦哟萨》,到后来的《刮果依米》《莫喃》《朗巴》《萨朗姐》《瓦尔俄足》等,有一个仪式顺序和情绪酝酿的过程。一般来说,在瓦尔俄足节唱的这十二首传统的歌,只能在这个节日里专用,且都不用电声乐队伴奏,一直采用这种古朴的方式进行传承。以前敬女神塔子的时候,吃过午饭就在塔子前面唱歌跳舞,年长的妇女带头歌舞,年轻人跟着学,并不时得到年长者的指点。待传歌完成,茂县中国古羌城派来的几位年轻演员表演了羌笛和口弦的合奏,这是今年额外加入的节目。此后大家结队返回村委会,准备节日庆典。

(五)庆典仪式

6月24日早上,已有村里的负责人在村委会旁边的坝子里布置了庆典会

---

①　陈花珍口述,郑凌云记录。2020年6月24日访谈。

场,幕布上写着:国家级非物质文化遗产项目"瓦尔俄足节文化活动"。主办单位为茂县文化、体育和旅游局,承办单位为赤不苏镇党委、政府,协办单位为赤不苏镇曲谷村两委。由于今年河西村与河坝村合并成了曲谷村,因此,河坝村的妇女们也来到了活动现场,一起庆祝节日。

1. 集会歌

11 点 16 分左右,举着神旗的男子率先从山上回到活动现场,随后妇女们也陆续回返,与在此等候的未上山的妇女(年长者,身体不适者)会合,释比带头,旗帜随后,大家排着长长的队列,唱着《集会歌》(谱例 4-12),踏着节奏,扬着手中的树枝,围着坝子逆时针绕了几圈。唱诵形式仍然是男子领唱一句,女子跟唱一句,唱到最后,大家都"哦—哦"地吼起来。这首歌是羌族同胞在节日、聚会开始时唱的歌,并非瓦尔俄足节专用。此歌旋律简洁,节奏感强,利于集体唱诵,有开场歌的效果。

谱例 4-12

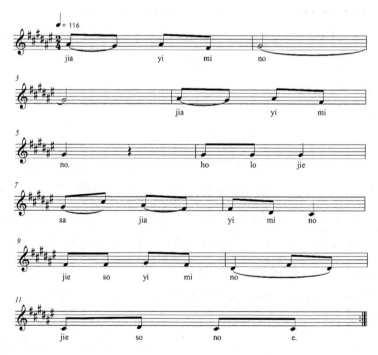

2. 开坛仪式

11 点 30 分,节目主持人宣布"瓦尔俄足节文化活动开始"。主持人为茂县古羌城专业主持人,整场活动,针对不同的演员,他用普通话、汉语四川话和羌语进行节目主持,非常活跃、亲切。首先进行开坛仪式。释比和村上的另外两名长者一起来到舞台中央,将咂酒的吸管插入酒坛,释比用汉语说道:"尊敬的远客,今天到河西村①过瓦尔俄足节。我们河西村热烈地欢迎你们到来,今后呢,长期到这个地方来,谢谢!",然后用羌语念开坛词,大意是:天地君亲师,十方诸神,今天是我们羌族妇女的节日"瓦尔俄足节"。我们开咂酒敬各方神灵,望神灵保佑寨子平平安安,顺顺序序。希望大家开心地唱起来、跳起来,咂酒喝起来。说完开咂了一下酒,另外两名长者也咂了酒,其余的年长男子陆续咂酒之后,妇女和游客都纷纷上前品尝。

3. 推杆、抱蛋

紧接着主持人宣布进行推杆和抱蛋活动。这是羌族传统的娱乐性体育项目,也是羌族民俗文化活动中少有的无歌舞内容的活动环节,主要用于休闲娱乐,或为节日助兴。传统的瓦尔俄足节并无此活动内容,近年来政府出面组织庆典,为了介绍羌族传统民俗,特意加上了这些项目,让游客都参与,增加节日气氛,也让民众加深对羌族民俗文化的了解。这两个活动群众参与度很高,时不时响起激烈的呼喊和掌声,庆典活动热闹纷繁。

4. 歌舞表演

曲谷村已经为歌舞表演准备了好几天。最早的瓦尔俄足节只是河西村西湖寨的人参加,随着其节日形式和影响力的增加,在羌族地区已经普遍开展瓦尔俄足庆典活动。2020 年两村合并后,原河坝村也为节日准备了歌舞节目,主要是一些羌族聚居区流行的萨朗舞,采用电声音乐伴奏,还有自己本村的节日舞歌;河西村则主要表演瓦尔俄足的传统歌舞(图 4-9),包括《惹西惹纳》《由米惹基》《瓦尔俄足》《朗巴》等,其中最有特色的是由 70 多岁老奶奶团队表演的《瓦尔俄足》和《朗巴》歌舞,边唱边跳,动作幅度还很大,有时候因体力原因声音接不上来,河西村年轻一些的妇女便在旁边帮唱,气氛融洽、传承有序。

① 由于河西村、河坝村合并成为曲谷村不久,人们仍然习惯将瓦尔俄足发源地称为河西村。

图 4-9　河西村表演的传统歌舞

瓦尔俄足节庆典仪式上的节目表演,体现出更为自由的形式和更有创造力的即兴编创特点。这种即兴创编的方式并不是个案,而是普遍流传在目前羌族地区民间举办的各种庆典活动中,是通过创新进行发展的一种尝试,也是羌族仪式音乐在多元文化并存的形势下,得以活态传承的根本原因。现将其即兴性特点总结如下:

(1)对传统歌舞进行组合

《惹西惹纳》是河西村表演的歌舞节目,边唱边跳,采用传统的萨朗舞动作,并加上了一些队形变换。节目由两首歌曲组合而成,第一首歌《韦莎》采用五声音阶徵调式(谱例4-13),节奏鲜明、动感强,是羌族聚居区比较流行的一首节日歌,也可以作为酒歌来演唱。

谱例 4-13

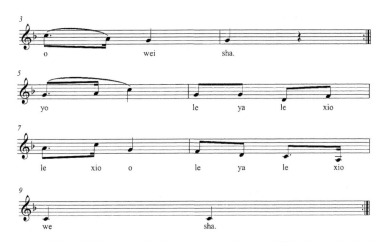

《惹西惹纳》（谱例4-14）旋律也采用五声音阶徵调式，速度较前一首稍慢，但节奏也比较鲜明。羌族妇女将这两首歌组合在一起表演，一是因为这些歌曲的结构都非常短小，舞蹈过程中需要变换队形，将两首歌串联进行表演，动作和队形都更为丰富；二是将这两首同为徵调式的歌曲连接在一起表演，调式相同，比较容易衔接。表演这个节目的多为中老年妇女，她们并不懂得调式调性的关系，但是能歌善舞的民族文化基因却非常强大，使她们对音乐有良好的审美能力，简单的即兴编创比较成功。

谱例4-14

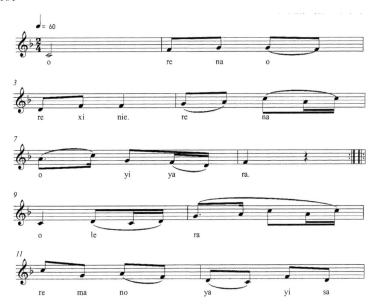

（2）对传统歌舞进行改编

为了适应舞台表演的需要，与萨朗舞动作协调配合，妇女们还对原生态的瓦尔俄足歌曲进行了一些改编。如《由米惹基》是一首传统的瓦尔俄足歌曲，陈花珍介绍说，她爷爷便是最早组织过这个节日的人之一。据她回忆，以前只是河西村西湖寨陈姓家族的人才去祭女神塔子。这首歌最早是铠甲舞歌，后来瓦尔俄足节也唱，歌词有些变化。五月初三早上起来，主事者便唱这首歌，有资格去祭塔子的便跟着一起唱。歌词大意为：大的萨朗姐们在前面歌舞，小的接班人在后面跟着，大家一直传承下去，不要忘记。她本人给我们唱了几首歌，音准和节奏都很好，其中就有《由米惹基》（谱例4-15）。旋律采用五声音阶徵调式，音程进行平稳无大跳。采用3/4拍子，几乎每一个小节都是稳定的3拍，这在民间歌曲里并不多见，因为演唱者不懂节拍规律，在传承中往往会在一种较为稳定的节拍范围内，临时增减某小节拍数。而这首歌不仅每小节3拍，且前长后短的节奏形态自始至终，特征明显，旋律流畅。

谱例4-15：《由米惹基》传统版

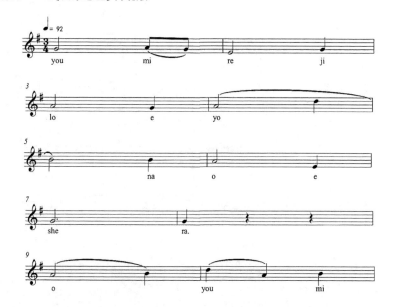

在此次庆典活动中,河西村的中年妇女也用歌舞的形式表演了《由米惹基》(谱例4-16)。由于萨朗舞的动作不太适应3拍子的舞曲,在表演中便出现群体变化节拍的现象,将歌曲前半部分和结尾每小节2+1拍的节奏,都改成了3+1拍,变成了4/4拍子,而在中段原谱节奏较难的地方,却又留下了3/4拍子的5个小节。在旋律线条和歌词方面,两个版本基本相同,只有几个音和少数语气词有变化,这在民歌中常见,即便同一人在不同时间唱诵同一首歌,或者唱一首歌的不同段落,也可能出现这种即兴变化。但节拍的变化却不常见,这是一种适应舞台表演要求的刻意改编。

谱例4-16:《由米惹基》舞台版

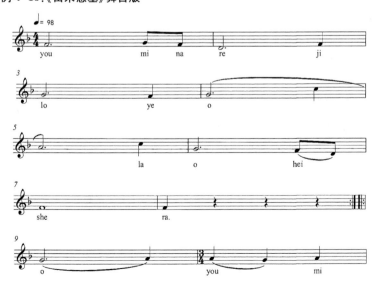

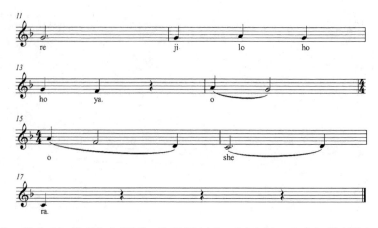

另一首《瓦尔俄足》主题歌,其歌词只有两个词组:"瓦尔俄足"(wa ʁe o tɕy)和"日姆刹莎"(zi mu tʂha ʂa)。歌词大意是:瓦尔俄足节,大家唱起来跳起来。旋律采用徵调式,旋法简单明确,2/4拍子,音乐节奏感强,易于演唱。因其主题太过明显,除了瓦尔俄足节日期间歌唱外,其余任何节假日、休闲日都不适合演唱。由于唱的次数太少,传唱过程中便出现了变异现象。传承人陈花珍唱的《瓦尔俄足》(谱例4-17)为五声音阶,节奏中出现多处四分附点音符,旋律的艺术性更强。

谱例4-17

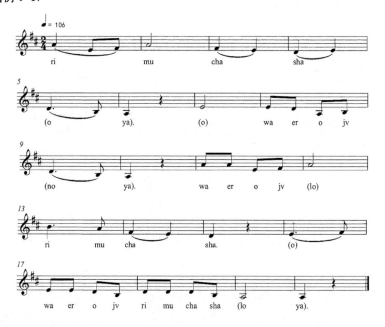

　　在舞台表演中,老奶奶团队以歌舞的形式也表演了这首《瓦尔俄足》(谱例4-18)。其主要歌词没有变化,衬词比较随意。旋律变成了加变宫的六声音阶,音值组合方面完全采用均分节奏,非常规整,只是在开始的音符上用语气助唱词"哦"加强了节奏重音,使舞步容易统一,但歌曲的艺术性明显降低。

谱例4-18

（3）全新的歌曲创作

　　村里的两位妇女陈卫蓉、陈花花献上了自己新创作的《感恩歌》以及传统清唱《萨朗姐》都受到观众热烈的掌声,并纷纷敬献羌红,以表敬意。《感恩歌》(谱例4-19)借用了羌族民歌的旋律,是两位妇女一人一句"凑"上来的,歌词采用汉语,表达了共产党对羌族聚居区人民的关怀以及羌族人民的感恩之情。两位妇女初中毕业,陈卫蓉是村里的妇女主任,深刻理解和感受到羌族来之不易的幸福生活,有感而发创编而成。歌曲采用起承转合四乐句结构,2/4拍子贯穿全曲,但四个乐句中有3个乐句为5个小节,还有一个乐句为4小节,显示出创作的非专业性。旋律为五声音阶羽调式,音程进行中有三次五度和一次七度跳进,这在羌族传统民歌中几乎不曾见到。两位歌手并不懂歌曲创作手法,采用的旋律主要来自从小耳濡目染的羌族音乐语言,这种语言根深蒂固、信手拈来。但同时当代流行音乐和其他民歌对其也有一定影响,音程中的大跳和乐句结尾的长时值音符,是一种外放和张扬的歌唱心理,是发自肺腑的自豪感的表达,与传统羌族民歌截然不同。

谱例 4-19

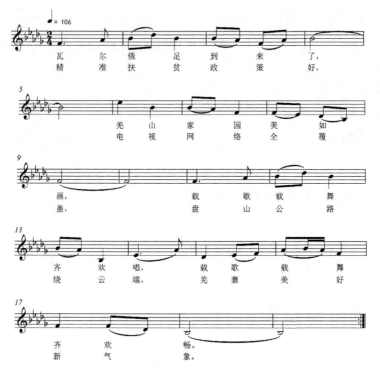

（4）羌笛、口弦表演

在传歌仪式结束后,羌族青年在祭祀塔前表演了羌笛与口弦的合奏。在庆典仪式上,他们又分别表演了羌笛、口弦的独奏和合奏。这并非瓦尔俄足节的传统曲目,而是在羌族非物质文化遗产保护和传承中新增加的内容。羌笛和口弦均是羌族地区较为盛行的小型乐器,两件乐器同时演奏时,形成旋律与伴奏的关系。

（六）坝坝宴

早上祭塔子之前,便看见妇女们背着自家的铜火锅来到村委会。在大家祭塔子、表演歌舞、观看节目的时候,村里的男子们已经做好了午餐,演出结束后便将大锅里煮好的食物盛入各家带来的小火锅里,人们围着火锅,吃肉喝酒,交流畅谈,其乐融融、热闹祥和,节日的气氛继续蔓延(图 4-10)。午餐后我们采访了瓦尔俄足州级非遗传承人陈花珍,一小时后我们便驱车离开了村

图 4-10　庆典结束后的坝坝宴

子,去茂县古羌城观看即将举行的瓦尔俄足庆祝活动。而我们告别时,羌族同胞们还留在村委会的坝子里,三五成群,继续聊天取乐,享受节日休闲时光。

(七)中国古羌城瓦尔俄足庆祝活动暨主要仪式

在茂县文化体育和旅游局主办的瓦尔俄足系列庆祝活动中,除了在瓦尔俄足原生地曲谷乡开展的传统节日活动外,还在茂县凤仪镇的中国古羌城演艺中心上演了歌舞剧《羌山情韵》,在羌文化广场开展了"瓦尔俄足主题展演活动"。展演取材于曲谷村的瓦尔俄族传统活动内容,为了增加观赏性而进行了更时尚、现代的音乐编曲、舞蹈编排和舞台美化(图4-11),但其核心的仪式程序和内容与传统瓦尔俄足节保持一致。

节目展演包括三个篇章:《祭·礼》《引·领》《接·传》,将传统的祭祀、引歌、领歌、接歌、传歌、成人礼等内容,集中在一个多小时内进行舞台展演,既呈现了羌族传统节日活动丰富的歌舞、娱乐主题,也展示了当代科学技术为舞台表演开辟的新思路和新模式,是非物质文化遗产当代传承方式的拓展和创新,使传统的节日活动有了更多的参与者和受众(图4-12)。

图 4-11 中国古羌城瓦尔俄足主题活动展演现场

图 4-12 参加瓦尔俄足节日庆典的羌族同胞和游客

二、茂县太平乡杨柳村庙会

"庙会"是节日活动的一种形式,从词义来看包含两层意思。一是"庙",最早指帝王、贵族祭祀祖先的宗庙,后演变为族群、村落用于宗教祭祀、民俗活动的场所;二是"会",是指建造庙宇的人群进行的宗庙祭祀、社祭及民俗仪式等各种聚会。至汉、唐以后,加入了佛、道教的内容,明清后又进一步拓展了庙会功用,增加了社交和商贸功能,使庙会成为集聚民风民俗、情感交流、休闲娱乐、商业意识等精神和物质生活的重要仪式。

羌族庙会的成因比较复杂,但从庙宇的性质而言,道教、佛教及民间信仰的寺庙皆有存留,其中大多数地区的庙宇都与道教有关,如城隍庙、玉皇庙、娘娘庙、牛王庙、关帝庙等;与佛教有关的还有川主寺、黄龙寺、观音庙等。这些庙宇只要有足够的信众朝拜,便会有相应的庙会产生,如玉皇会、牛王会、黄龙庙会、川主会等。羌族聚居区普遍信仰的山王,一般不会为其修建专门的庙宇,而是在屋顶、村口、寨子中央、寨子后山上、神树林中等地建造纳萨塔子,放置白石代表各方神灵,也代表山王形象,其中一些村寨的"山王会"也有类似庙会的性质,是民间信仰和民俗文化的综合产物。羌族庙会的名称很多都与人文宗教(道教、佛教、伊斯兰教等)相关,但据笔者调查,其仪轨及内容均属于交换和共享仪式范畴,带有明显的祈福禳灾目的,在此基础上又赋予了仪式娱乐、商业、交流等更多的功能特性,使之成为一种节日仪式。

(一)仪式场域

茂县太平乡杨柳村又名杨柳羌寨,政府为了突出其羌族村寨性质,在村口立有"杨柳羌寨"的石碑。杨柳村地处羌族聚居地核心区域,全寨子72户人家,九成以上为羌族人口,只有少数几户人家的儿媳妇是藏族或汉族人,因此寨子内部使用羌语交流。课题组曾先后三次来到寨子调查庙会、婚礼及村落音乐现状,基本了解了寨子的文化传统、生活方式及生产状况。寨子位于岷江上游茂县至松潘地段的中间地带,距离茂县县城72公里,213国道从村口通过,寨子以北为松潘、九寨沟,以南为茂县、成都。以叠溪海子为羌语南北方言区的分界线来看,寨子属于北部方言区。

　　杨柳村目前的新址建立在岷江河畔一片空旷的河滩上,是"5·12"灾后重建项目。地震前老寨子建在河滩东面的半山腰上,比河滩海拔高出 800 米左右,沿着小路步行需一小时以上方能到达。老寨子地势险峻,在地震中毁坏和受损房屋较多,且经四川地调中心地质灾害巡查排查组排查,认为有中型滑坡和泥石流隐患,故由政府部分出资,清华大学可持续性乡村重建项目技术人员指导,由全寨子老少自己动手重建村寨。重建后的寨子依山傍水,杨柳环抱,交通便利,为羌民生活水平的提高和村寨旅游经济的发展提供了有利条件。

图 4-13　课题组师生与杨柳村妇女主任合影

　　杨柳村老寨子由于交通不便,很少有人能够接受学校教育,50 岁以上男性大部分有汉语小学文化水平,而这个年龄段的女性几乎都未上过学,很多妇女目不识丁,因而受汉文化影响有限,传统的羌族文化保留较好。但现在青年一代一般都具有初中及以上文化水平,所接受教育也使得羌语及羌族传统文化有加速汉化的趋势。目前寨子里的小孩子放学回家后,都喜欢用汉语交流,并且已经不会唱传统的民歌,尤其多声部民歌,这引起了一些家长的担忧,总是斥责小孩不说羌语,族群的自觉意识在青年一代有淡化趋势。

（二）玉皇会

　　玉皇会是杨柳村一年一度的传统庙会,举办时间为农历四月十二至十六。课题组 2018 年 5 月 28 日至 31 日专程来到杨柳村调研玉皇会,记录了此次庙会仪式程式及音声。庙会称谓因举办地点在村里的"玉皇庙"而得名,"玉皇庙"是中国道教庙宇,专为道教最高神祇"玉皇大帝"修建。玉皇大帝是传说中的天地主宰,掌管着神事、人事和鬼事等一切事务,具有至高无上的权力。玉皇庙在中国城市和乡村都有存留,规模有大有小,有些甚至十分宏伟,如山西省晋城市泽州县金村镇玉皇庙:"始建年代不详,重建于北宋熙宁九年(1076年),金泰和七年(1207年)重修,贞祐年间部分被毁,元至元元年(1335年)重建。庙坐北朝南,占地4000余平方米。主要建筑有山门、仪门、成汤殿、献亭、玉皇殿、东西配殿、二十八宿殿、十二辰殿、十三曜星殿、关帝殿、蚕神殿等。"[1]

杨柳村玉皇庙位于新寨子去往老寨子的半山坡上,目前是附近唯一的庙宇,始建年代不详,庙里有石碑见证重建于光绪二十三年(1897年)。玉皇庙由三个大殿构成,正殿横梁上挂有"玉皇庙"的木质牌匾。前殿正中塑有白马将军、山王菩萨、马王菩萨像。山王菩萨也被称为山神,是原始信仰的神,当地民众习惯用羌语称呼这尊神像为"白尼—阿阿噜"(pe^{31} $ŋia^{55}$ $a^{55}lu$↗),而其他塑像都用汉语称谓。另外两尊塑像一是道教神明马王菩萨,传说他有"妻财禄之祝,百叩百应",民间信众甚多。另一尊为汉族民间信仰的神祇白马将军,传说具有驱邪避凶之神力。前殿四周还塑稍小的神像,包括娘娘、牛王菩萨等。玉皇庙的正殿塑有三世佛(过去佛、现在佛、未来佛)及其他菩萨像,与汉、藏、蒙地区佛教寺庙的大雄宝殿塑像相似。唯有后殿是玉皇大帝塑像,占地比较狭小,但庙宇却以此命名。

据村里老人回忆,1933年叠溪大地震时毁坏了庙宇后殿,但正殿和前殿完好。1955年土地改革结束后,寨子里的庙会被迫终止。"文革"期间,庙宇被破坏,至1986年重修,恢复庙会活动。老庙子建筑规模宏大,工艺精细,除三个大殿外,还建有数十间厢房,供烧香的民众在庙会期间居住。在玉皇庙举行的庙会主要有"玉皇会"和"娘娘会"(七月初三举办)。新建的玉皇庙将老庙子的一些石碑、雕刻、台阶石运用起来,但整体建筑比较简陋,只保留了三个

---

[1]　百度百科:《玉皇庙》,见 https://baike.baidu.com/item/%E7%8E%89%E7%9A%87%E5%BA%99/72843? fr=aladdin。

大殿,神位与老庙子基本相同。

庙会期间,杨柳村及周边羌阳桥村、太平村、胡尔村的(大部分是羌民)自发带上香、蜡、纸钱、鞭炮和各种献祭的食品到玉皇庙烧香还愿。信众从后殿玉皇大帝塑像开始,往前殿逐个神、佛、菩萨塑像前烧香,口中念念有词,羌语、汉语均有,主要是通报神灵过去一年的家事,祈求诸神保佑来年家庭财旺、人畜顺利、庄稼丰收等内容。前殿大门外也设有祭坛,专供后人为家中过世的老人上香、烧纸用。也就是大殿内敬神,大殿外敬祖。香客完成烧香后,往往会放一挂鞭炮,然后来到正殿(成年男子和年长妇女方可入内,其余人待在正殿门槛外),在祭师带领下开始唱诵经文。每唱诵几段,便停下来休息一阵子,大家分食从家里带来的素食,待庙会最后一天唱完全部经文之后,会以家族为单位,在玉皇庙殿堂内搭伙做饭,煮一顿丰盛的午餐,此时才可以有各种肉食。庙会期间的上香、诵经、分享食物、交流交谈等一系列活动均属于庙会内容,被称为"玉皇会",也就是以玉皇庙为活动地点的庙会。

(三)释比——合举($\chi e^{31} t\varsigma y^{51}$)

玉皇会全程无专人组织,信众均自觉按照往年习俗参与。仪式中的诵经环节由释比主持,村里用羌语称释比为"合举",汉语称之为"喇嘛",这是与南部方言区不同的释比称谓。"喇嘛"原本是西藏原始宗教苯教和藏传佛教对上师的称谓,由此看出羌族民间信仰受到藏族宗教影响的情况。此次担任释比的叫杨金富(1942—),新中国成立后读过三年翻身书,认识不少汉字,是寨子里老年人中知识水平较高者。据杨释比介绍:

我年轻时候就去过很多地方演出和打工,干过很多艰苦的工作,现在身体不好也是那时候造成的。以前上山挖药,淋湿了又穿干,好几天不回家,落下了风湿病,现在手抖得很厉害,也治不好。你说的释比就是"喇嘛"哦,我不是专职的"喇嘛",村里有几个跟我年龄差不多的,都学会开坛仪式啊,诵经这些。村里有人结婚、过生,还有做会期,我们几个都可以主持。解放后就不准大家搞这些了,说是封建迷信。我有个表哥大我们一二十岁,在解放前就学会了这套东西,改革开放后允许恢复这些活动,就是这个表哥主持。我们有几个有点文化的就跟到他一起去做这些事,慢慢就学会了。现在村里的活动随便喊我们哪个去主持一下就是了。但是年轻人都不会,也不学,以后我们几个老的不在了,怕就失传了。①

杨柳村没有专职的释比,也没有通过"解挂"获得释比资格的仪式,几位业余释比都没有羊皮鼓,也不会南部方言区的释比说唱,寨子里也不表演羊皮鼓舞之类节目。也就是说,地处北部方言区的杨柳村已经基本丧失了羌族释比的传统职能。但杨柳村释比仍然在本寨子的"跳甲"、"做会期"(玉皇会、娘娘会、大端阳会等)、"祭山神"等活动中担任请神、诵经等任务,并组织传统婚礼,唱诵"开哑酒坛""婚礼祝福歌"等。

"玉皇会"是杨柳村最隆重的传统节日活动,释比在仪式中担任请神、敬神、组织完成每一个程序、带领诵经等职责,自始至终居于诵经队伍最显耀的位置。玉皇会期间,需唱诵的经文(羌民称为"诵经调")有近20首不同的旋律,唱诵时间为2—5天。释比不仅要清楚仪式程序,而且要完整领唱全部音乐,掌握好旋律变换,处理好音高、速度、节奏等关系,将整个仪式串联起来,可以说庙会中的释比是羌族的精神领袖和文化传承者(图4-14)。

(四)庙会诵经

新中国成立前后庙会为期五天,香客烧香、诵经,还可以在庙里的客房住宿和做饭,其间非常热闹。近年来外出打工者日渐增多,参与者有所减少,便将庙会压缩至15日至16日两天完成。15日上午大约9时,香客陆续背着物品上山进入玉皇庙,待烧香、祈福完成,大家开始集体拜佛,正式进入诵经环节。诵经需唱诵七组音调,每一组唱诵六首左右不同旋律的诵经调。杨金富释比说,七组诵经调分别唱诵七个不同的神。其中在正殿诵唱六组,在前殿唱诵最后一组。这七组诵经调唱词仅有两个,其中最主要的唱词只有一个:"哈姆嘛芝儿嘛耶萨楠哆",第七组最后一次坐唱才会变换唱词为:"阿古阿玛杰杰嗦那波耶耶麻美嗦哈"。这两句唱词为西藏原始宗教"苯教"的八字真言和十五字真言。"哈姆嘛芝儿嘛耶萨楠哆"读音有本地方言影响,其中的"哈姆"

---

① 杨金富口述,作者本人记录。2015 年 11 月 14 日于茂县太平乡杨柳村田野调查时记录。

图 4-14　释比杨金富领唱诵经调,手拿念珠计数

可视为一字"嗡","芝儿"是"芝"的儿化音,视为一字,共八字。佛门对真言的解释为:"真言就是真实语言的总持法门,又叫真言陀罗尼。陀罗尼,就是总持的意思,总一切法,持一切仪轨。"①

　　七组诵经形式相同,每一组都分为拜唱、绕佛唱和坐唱。每一组的拜唱均相同,是一个没有终止不断循环的旋律。其余各组绕佛唱和坐唱一般有二至三首不同旋律,但有很多组都重复唱诵了前面唱过的旋律,累计整个庙会诵经共有 17 首不同的旋律。每组唱诵之前,释比都要上香、请出一位神,然后起头诵经,并以祖传念珠计数,一个音调唱 108 遍诵词,每一组唱诵时间大约 40 分钟,两天的诵经加上中途开咂酒、休息、分享供果等,共计 6 小时左右。现将唱诵形式和内容列表如下:

---

① 　释海空:《佛法如是说》,巴蜀书社 2016 年版,第 97 页。

组别	唱姿/曲名	唱诵方式	诵词	旋律调式	节拍
第一组	拜唱	齐唱	哈姆嘛芝儿米萨楠哆,哈姆嘛芝儿嘛耶萨楠哆	五声羽调式	5/4
	绕佛唱一	男领女跟	(哦)嘛芝儿(哦)萨楠哆呀	五声徵调式	4/4　3/4
	绕佛唱二	男领女跟	(哦)萨楠哆(嘿哦)嘛芝儿萨楠哆	五声徵调式	2/4　3/4
	坐唱一	男领女跟	哈姆嘛芝儿嘛耶萨楠哆	五声羽调式	4/4　3/4
	坐唱二	男领女跟	哈姆嘛芝儿嘛耶萨楠哆	五声角调式	3/4　4/4
	坐唱三	齐唱	哈姆嘛芝儿嘛耶萨楠哆	五声商调式	11/8
第二组	拜唱	齐唱	哈姆嘛芝儿米萨楠哆,哈姆嘛芝儿嘛耶萨楠哆	五声羽调式	5/4
	绕佛唱三	男领女跟	嘛芝儿(哟嘿哦)萨楠哦哆(哦呃)	五声徵调式	3/4
	绕佛唱二	男领女跟	(哦)萨楠哆(嘿哦)嘛芝儿萨楠哆	五声徵调式	2/4　3/4
	坐唱四	男领女跟	(哦)嘛芝儿萨楠哆(哦)萨楠哆	五声商调式	4/4
	坐唱五	男领女跟	哈姆嘛芝儿嘛耶萨楠哆	五声羽调式	7/8　4/8 6/8
	坐唱三	齐唱	哈姆嘛芝儿嘛耶萨楠哆	五声商调式	11/8
第三组	拜唱	齐唱	哈姆嘛芝儿米萨楠哆,哈姆嘛芝儿嘛耶萨楠哆	五声羽调式	5/4
	绕佛唱四	男领女跟	(哦)嘛芝儿萨楠哆(哦)萨楠哆	五声商调式	4/4
	绕佛唱二	男领女跟	(哦)萨楠哆(嘿哦)嘛芝儿萨楠哆	五声徵调式	2/4　3/4
	坐唱六	男领女跟	哈姆嘛芝儿米萨楠哆,哈姆嘛芝儿嘛耶萨楠哆	五声徵调式	3/4
	坐唱二	男领女跟	哈姆嘛芝儿嘛耶萨楠哆	五声调式	3/4　4/4
	坐唱三	齐唱	哈姆嘛芝儿嘛耶萨楠哆	五声商调式	11/8
第四组	拜唱	齐唱	哈姆嘛芝儿米萨楠哆,哈姆嘛芝儿嘛耶萨楠哆	五声羽调式	5/4
	绕佛唱三	齐唱	哈姆嘛芝儿嘛耶萨楠哆	五声商调式	11/8
	绕佛唱五	男领女跟	哦嘛芝儿哦萨楠哆呃	五声徵调式	4/4　2/4
	坐唱七	男领女跟	哈姆嘛芝儿嘛耶萨楠哆	五声徵调式	3/4　2/4
	坐唱三	齐唱	哈姆嘛芝儿嘛耶萨楠哆	五声商调式	11/8

组别	唱姿/曲名	唱诵方式	诵词	旋律调式	节拍
第五组	拜唱	齐唱	哈姆嘛芝儿米萨楠哆,哈姆嘛芝儿嘛耶萨楠哆	五声羽调式	5/4
	绕佛唱一	男领女跟	(哦)嘛芝儿(哦)萨楠哆呀	五声徵调式	4/4 3/4
	绕佛唱三	齐唱	哈姆嘛芝儿嘛耶萨楠哆	五声商调式	11/8
	坐唱八	男领女跟	哈姆嘛芝儿嘛耶(哦)萨楠哆	五声徵调式	3/4 2/4
	坐唱五	男领女跟	(哦)嘛芝儿(哦)萨楠哆(呃)	五声徵调式	4/4 2/4
	坐唱三	齐唱	哈姆嘛芝儿嘛耶萨楠哆	五声商调式	11/8
第六组	拜唱	齐唱	哈姆嘛芝儿米萨楠哆,哈姆嘛芝儿嘛耶萨楠哆	五声羽调式	5/4
	绕佛唱四	男领女跟	(哦)嘛芝儿萨楠哆(哦)萨楠哆	五声商调式	4/4
	绕佛唱一	男领女跟	(哦)嘛芝儿(哦)萨楠哆呀	五声徵调式	4/4 3/4
	坐唱九	男领女跟	哈姆嘛芝儿嘛耶萨楠哆	五声羽调式	7/4
	坐唱三	齐唱	哈姆嘛芝儿嘛耶萨楠哆	五声商调式	11/8
第七组	拜唱	齐唱	哈姆嘛芝儿米萨楠哆,哈姆嘛芝儿嘛耶萨楠哆	五声羽调式	5/4
	绕佛唱三	齐唱	哈姆嘛芝儿嘛耶萨楠哆	五声商调式	11/8
	绕佛唱二	男领女跟	(哦)萨楠哆(嘿哦)嘛芝儿萨楠哆	五声徵调式	2/4 3/4
	坐唱十（请神）	男领女跟	哈姆嘛芝儿嘛耶哦萨楠哆；阿尼释叭呀摩(哦恰颂恰哦)哈姆嘛芝儿嘛耶萨楠哆	六声羽调式	3/4 2/4
	坐唱十一	齐唱	阿古阿玛杰杰嗦那波耶耶麻美嗦哈	四声羽调式	3/8

通过此表格看出,唱诵方式有三种,拜唱、绕佛走动边走边唱及坐唱,其中拜唱只有1首旋律,坐唱有11首不同旋律,绕佛唱有5首不同旋律,在七组唱诵中比较随意地轮换,但每一组都会出现至少一首新的旋律,前六组的第三首坐唱旋律相同,最后一组比较特殊,出现了两首不同的坐唱旋律,唱词也发生了变化。"坐唱十"除八字真言外,还加上了神灵的称谓,"坐唱十一"唱词换成了十五字真言;演唱方式一共两种,一是齐唱,二是男子领唱女子跟唱;七组唱诵中只有两个完全不同的唱词,其中十五字真言"阿古阿玛杰杰嗦那波耶

耶麻美嗦哈"与记载的苯教真言相同,八字真言"哈—姆嘛芝(儿)嘛耶萨楠
哆"在唱诵中出现多种变化,有些唱词有省略,有些又加上了语气衬词或儿化
音。17首不同的诵经旋律,从调性来看,五声性调式特征明显,徵调式和羽调
式较多,其次是商调式,还有民歌中少见的角调式,但是却没有一首为宫调式。
从节拍上来看,变换拍子和混合拍子较多,单拍子较少见,体现出复杂的节拍
特征。下面将第一组和第七组的唱诵方式和旋律特征做简单分析。

1. 第一组:正殿唱诵

诵经从正殿开始。民众自觉排成横排,男子在前,女子在后(如图4-15),
合掌礼拜。释比杨金福上香,礼拜,念诵经文请神,然后开始起头唱诵《拜唱》
(参见附录)音调。拜唱是边拜边唱,唱一句拜一下,音调简单直白,几乎一字
一音,采用较少使用的5/4拍子,节奏感很强,一共三个乐句,每一句都无终止
感,形成循环唱诵,直到释比计数够108遍唱词时叫停为止。

图4-15　正殿集体拜唱

拜唱之后,男子在前女子在后,围绕三尊佛像逆时针绕佛行走(图4-16),
边走边唱诵,男声领唱一句,女声跟唱一句。第一组《绕佛唱》有两首不同的
旋律,但曲风颇为相似。《绕佛唱(一)》(参见附录)基本节拍为4/4拍,但第
一句结束小节只有3拍,每一遍都如此,并非临时自由唱诵而形成。旋律为五
声音阶徵调式,唱腔嘹亮、悠长,极具美感。使用最多的音程为纯四度,有跌宕
起伏之感。节奏主要采用四分音符加八分音符的组合,句尾有连续的切分节
奏,有较高的演唱难度,但羌民都唱得很准确。唱词是八字真言的缩减"嘛芝
儿嘛芝儿萨楠哆",中间加入很多语气词"哈""呀",有颂赞歌的韵味。

图 4-16　正殿绕佛唱

《绕佛唱(二)》(参见附录)是 2/4 拍和 3/4 拍的变换拍子,实际是以 2/4 拍为主的结构,只在句尾的小节出现 3/4 拍,与《绕佛唱(一)》在节拍特点上相似,这也可能是羌族民歌句尾音喜欢短时值停顿收尾的演唱习惯造成。旋律仍然舒缓高亢,以四分音符加八分音符组合而成的节奏却通过唱词安放的位置达到切分效果,多处出现的后半拍换唱词使演唱难度加大,民众热情高涨,歌声余音缭绕。

绕佛唱完两首后,来到大殿中央,男女相向而坐(图 4-17),男子坐两排面朝大门,女子坐两排面向佛像,开始继续唱诵。坐唱的旋律有三首。《坐唱(一)》(参见附录)为 4/4 和 3/4 变换拍子,看起来复杂的拍子却非常符合唱词的格式,唱起来朗朗上口,没有变换拍子的突兀感。旋律进行平稳,音程以二度、三度为主,节奏工整,多数一字一音,"诵"的成分多于"唱",与两首《绕佛唱》的旋律风格迥异。此曲最有特点的是结束音,歌曲只有两个乐句,加上第二乐句还有一次完全重复,第二句的句尾音多数唱成略降低的羽音,有些音高游移,在判断调性上应是羽调式。

《坐唱(二)》(参见附录)的节拍、旋法、节奏及曲风与《坐唱(一)》十分相似,但采用较为少见的角调式。

《坐唱(三)》(参见附录)的节拍比较特殊,非常少见的 11/8 拍子自始至终,其结构由 6/8+3/8+2/8 构成,节奏相当规整。旋律一共三个乐句,每个乐句一个小节。此旋律在调性运用方面与拜唱旋律相似,无明显的调性,无终止感,形成不断循环的唱诵。旋律第二乐句的开头音总是与头一乐句的句尾音

图 4-17　正殿坐唱

相同,这是中国传统音乐创作技法中的"鱼咬尾",也被称为"衔尾式""接龙式"技法,是民族音乐里比较有创作高度的特殊手法。这种节拍和旋法方式一起出现在声乐作品里极为少见,也使得单一的唱词有了更多的新意,并能够周而复始地唱诵下去,意味着诵经功德长久。这一旋律出现在前面 6 组诵经的最后一首,表达一种无限的寄托和期盼。

　　第一组的唱诵一共有 6 首不同的旋律,《拜唱》1 首、《绕佛唱》2 首和《坐唱》3 首,唱词则是八字真言及加上衬词和变化的八字真言,这种唱诵被当地信众统称为"唱诵经调",或叫作"唱嘛芝儿"。唱完上述 6 首曲子,便算完成了第一组的内容。此时有半小时休息时间,民众便开始分发自家带进庙里的供品,主要是一些熟食、糖果、糕点等素食,待食物分享完成后,开始唱第二至六组,程序完全一样,且《拜唱》和《坐唱(三)》的旋律总是相同,其余旋律时有变化、时而重复,比较随意。4 月 15 日上午唱诵完成了前面 4 组。16 日上午 11 时左右,待信众基本聚齐,释比念诵了《开坛经》,村组长杨绍树(1952—　　)与释比一起打开了酒坛,大家一起咂酒休息(图 4-18)。之后继续在正殿唱完第五、六两组后,全体搬迁至前殿唱诵最后一组。

　　2. 第七组:前殿唱诵

　　最后一组前面的拜唱和绕佛唱与前六组相似,只是面对的神像不同。前

图 4-18 开坛咂酒

殿三尊正面塑像是以正中的山王菩萨（pe^{31} ηia^{55} $a^{55} lu\nearrow$）像为核心,意味着仪式并非完全的苯教传承,而是保留了羌族民间信仰中最核心的神灵信仰,一切仪式最终又归结到对神的敬畏上来。

前殿坐唱的第一首为《请神》,此前的唱词全是八字真言或八字真言的变化形式,《请神》（参见附录）除仍然唱诵八字真言外,还在每一段落开始唱出一个神的称谓,共七位神祇。他们的称谓分别是:阿尼释叭呀摩、阿尼根朵戎波、阿尼曹瓦仁且、阿尼尼玛央嚓、阿尼楞杰桑巴斜勒、阿尼阿古啰斯杰、阿尼阿古嘎萨。通过初步考证,这既不同于苯教对神的称谓,也不同于佛教对佛、菩萨的称谓,很可能正如释比所说,是用羌语称呼的羌族诸神。

第七组《坐唱（十一）》（参见附录）采用齐唱的方式,与此前旋律和唱词都不同,唱词为苯教十五字真言"阿古阿玛杰杰嚓,那波耶耶麻美嚓哈"。采访中有部分羌民知道"苯教"或"苯波教",但他们认为他们是请的自己羌族的神,念诵的是"羌经",甚至认为"苯教"就是我们羌族本来的"教",对八字真言和十五字真言的说法并不清楚。他们说最后这首诵经调一般是在老人去世后才唱,能为老人消除今生罪过,祈求来生平安。在庙会上唱这一首,就是表示通过庙会唱诵的经文,已经除去了一切不好的东西,家家户户都能够更顺利。在苯教和佛教里,一般做完佛事或念诵经文之后,都会有一个"功德回向",也就是将佛事、诵经的功德回向给亲人、朋友以及一切众生,让众生都分享功德。十五字真言在庙会结束时唱,很可能有这样的功能。

这首旋律采用 la dol re mi 构成的四声音阶羽调式,音程以同度、大二度和小三度进行为主,完全没有大跳音程,旋律平淡、柔和。节奏主要以前短后长的形式呈现,节奏重音的后移明显,"诵"的成分多过"唱"的成分,很多信众在唱诵此旋律时,半闭着眼睛陶醉其中。

第三节　羌族节日仪式音声的形态特征

针对羌族节日繁多的情况,课题组根据实际情况选取了两个仪式进行调研,一是羌族特有的瓦尔俄足节,二是其他各民族都曾盛行的庙会。这两个节日不仅音声内容丰富,节日象征比较特殊,且其音声特点具有较大的差异,形态特征也各不相同,便于从多个维度考察羌族节日仪式音声的文化属性。

一、节日仪式音声的表演模式

(一)仪式中的角色

羌族节日仪式中的角色比较复杂,大体能够分为三类:一是仪式的组织者。包括政府相关部门领导、村干部、会首等。羌族很多节日都是每年定期举办,但是规模大小有所区别。组织者须在节日前联系政府管理部门,如果有资金支持,节日仪式就会比较隆重;如果只是自发的仪式活动,则会比较简约。如羌年为羌族最典型的节日,政府会出资在羌族地区轮流进行大型的还愿仪式和庆典活动。2019 年木梯羌寨的羌年系列活动便由成都市邛崃市出资主办,参与人数众多,仪式很隆重。组织者包括邛崃市的主管领导和办事人员、木梯羌寨的村支书、村主任,直台村和金华村的村干部等,每个村都排练了庆典节目,并组织群众参演和参与还愿仪式;2020 年木梯羌寨也举办了羌年还寨愿仪式,由村民集资举办,组织者是村干部、会首和部分群众,参与者为本寨子信众,仪式规模较小。节日仪式的组织者对仪式的进行起到了至关重要的作用,同时村一级的组织者往往又是仪式表演者和参与者。又如瓦尔俄足节日活动的主角是羌族妇女,但男子自始至终都参与了节日活动的各项工作,且最重要的任务仍然由男子担任。如仪式的组织者仍然是各级领导,其中男子居多;祭祀环节也全部由男子上贡品和跪拜塔子,女子只参与绕塔子唱《杰萨》的环节;诵经、开坛、祝词也都由村里有地位的男子担任;宰杀、烹饪、搬运东西、家务杂活也都由男子承担,妇女只负责唱歌跳舞、开心娱乐。这不仅体现了羌族社会男女分工协作的传统习俗,也有少量羌族原始母系文化的遗风。瓦尔俄足节最核心的内容是歌舞,这些歌舞的形式和内容都很淳朴、简约,但妇女们的积极参与,男子们的认真配合,以及有序的传承方式,使得节日气氛浓烈,情绪释放充分。这不仅表现了羌族妇女坚强、厚重的性格特点,也展示了羌族同胞勇于克服困难、积极乐观的生活态度。

二是仪式的表演者。羌族节日仪式化的过程,便是羌族民众集体进行仪式表演的过程。羌族的多数仪式都产生于一个神话传说,比如羌年是木姐珠下凡的神话,瓦尔俄足节是萨朗女神传授歌舞的神话。有了这个神话为依托,仪式有了神授的正当理由,民众便理所当然地参与到仪式表中。羌族节日表演的核心人物有时候是释比,比如羌年还寨愿仪式,但更多的时候却是普通村民。他们一边参加仪式宴飨的准备工作,杀鸡宰羊、烧火蒸馍,一边担任还寨愿仪式的助手和观众,同时还要参与仪式庆典节目的表演。可以说仪式活动中的全体村民都是仪式表演者,他们通过各种角色任务,完成了表演者个体的经验表述,促进了群体内部的和睦。

三是仪式的参与者。仪式的组织者和表演者也是仪式的参与者,他们一方面为仪式付出劳动,在仪式中进行身体和语言的表达,另一方面作为参与者享受仪式带来的荣耀感、幸福感和安全感。除了这部分人群之外,单纯来参与、观看和调查仪式的人群也是近年来羌族节日中的重要群体。随着羌族传统文化的宣传和推广,凡是羌族重大的节日都会有来自全国,甚至是海外游客的参与。他们通过羌族节日仪式的表演来了解羌族民俗文化,欣赏民族风情,感受节日气氛。此外,许多节日仪式还有部分学者参与,他们通过田野调查,掌握羌族民俗文化的第一手资料,挖掘中华民族传统文化的根基脉络,同时也宣传羌族文化,推动地方文化产业的发展。

(二)仪式中的器物

羌族节日最重要的仪式器物当数咂酒坛和吸管。这是羌族酒祭仪式的重要器物,也是羌族民众最欢迎的器物。因为有了酒祭仪式,才有了丰收的喜悦,节日才有了灵魂。而民众通过咂酒和歌舞,达成了情感宣泄和沟通交流。羌族节日仪式一般都有祭祀环节,仪式中释比需要的器物在第二章节已经阐述。此外,作为节日仪式的器物,羌族祭祀用品需要单独准备。男性一般献祭的牺牲,也作为祭祀后大家的食物;女性则需准备其余祭品,如馍馍和咂酒等。多数地方的馍馍呈圆形,称为太阳馍馍或月亮馍馍,有些地方的祭祀馍馍还有山形、兽形、弯月形等不同形状,并在馍馍上印制花纹,使祭品显得更加美观。羌族节日中的盛装也是仪式器物之一。每当重大节日,羌族群众不论男女都会穿上本民族的盛装,佩戴好各种银饰,这不仅为节日增添了喜庆气氛,也美化了节日场域。除此之外,羌族节日中的宴飨仪式需要准备很多的食物,人们按照分工搭上灶台,烹饪各种农家美食,生起篝火,架上烤架烤制羊肉、兔子肉和鸡肉等,庆典仪式之后无论是本地居民还是外地游客,均可免费分享丰收的成果。这些仪式器物也很重要,烘托出浓烈的节日气氛,展示出羌族村寨美好、富裕的生活场景和热情好客的民风民俗。此外,吹打乐队的乐器也是诸多仪式中的重要器物。羌年、灯会等节日中都有唢呐及民族器乐的表演,对节日仪式的进行有着烘托和引导功能。

(三)仪式中的身体表达

茂县曲谷乡和茂县太平乡均属于羌语北部方言区,其释比文化丢失非常严重。当下所谓的释比,已经不再具备完整的释比文化传承。在这两个村落的节日仪式表演中,虽然都由释比主持了仪式的请神、敬神环节,但多数仪式表演仍由群众担任。根据这两个节日的仪式表演及综合课题组了解的其他羌族节日仪式的现状,羌族节日仪式的身体表达主要体现在三个方面。

其一,释比的身体表达。节日仪式中均有祭祀环节,主要由释比主事。羌年和瓦尔俄足节均起源于神话,祭祀活动主要出于对天神、地方神、家神及萨朗女神等诸神的崇拜和尊重;玉皇会则来源于对各种神灵、佛、菩萨的敬畏之心。节日仪式的祭祀环节有繁有简,均由释比主持。羌年的祭祀环节最为隆重,释比的身体表达是祭祀仪式的核心内容,持续时间数小时,需要通过身体表达沟通神灵,传达神旨,表达民意,其表达方式是说唱一部大型的羌族史诗,完成祭祀还愿,因此,释比的身体表达也是整个羌年节日活动的亮点。曲谷乡的释比只在短暂的祭祀仪式中带领族人请神灵、念诵祝词,其身体表达内容简单,此后释比便不再以祭司身份出场,只作为民众参与节日仪式。杨柳村的释比会全程行使释比职能,敬香、请神,带领信众唱诵经咒,手持佛珠计数,从仪式开始到仪式结束,释比均在人群最显赫的位置,主持和参与仪式,其身体表达是群众的典范和依托。

其二,群众表演者的身体表达。在羌族节日仪式中,除祭祀环节以外的仪式表演由群众集体完成,很难从角色中分出主角和配角,大家都遵循传统,按照常规进入角色表演中。羌年最重要的祭祀环节完全由释比主持和完成,其表演的主角只有释比。羌年庆典仪式才是群众表演的真正舞台,无论是村干部、释比还是普通群众,都在庆典仪式中展示自己的身体语言,表达内心的情感。释比会在舞台上表演压缩版的祭祀还愿仪式,此时释比助手和部分族人也有相应的配合表演。大多数群众(包括村干部)都会通过歌舞的形式在舞台上进行表演,即便是集体用餐时,也非常踊跃地唱歌祝贺节日,这是源自血脉的歌舞情结,也是群众内心情绪的直白。瓦尔俄足节是女性的节日,全村成年女性都自觉进入仪式表演中。在引歌、接歌和传歌环节中,有经验的妇女主动加入表演队伍的前列,年轻的女性则认真学习歌舞,站在表演队伍的末端或中间。妇女们通过歌舞传授、学习,展示自己的才能,表达对萨朗女神的感恩以及对生活的热爱之情,其身体表达是积极、主动和愉悦的。在太平乡玉皇会仪式中,参加仪式表演的是成年男子及中老年妇女,他们通过拜佛、绕佛、坐唱等形式,展示靓丽的歌喉、优美的旋律,表达信众的愿望——消灾祈福。其身体表达具有显著的娱神性质,同时也间接达到娱人效果。仪式中拜佛的姿势是站姿,弯腰下拜至长条凳的高度即可,边拜边唱,与汉地跪拜至地上不同;绕佛是逆时针旋转绕佛,边绕佛边唱,与佛教顺时针旋转绕佛不同;其坐唱是男女对坐在条凳上,采取男领女跟或齐唱的方式,相向而唱。其唱诵中的音高游移、高音拖腔等现象都具特殊听觉美感,常显示自我陶醉的状态;齐唱中的"嘿""哦"等语气词还会整体加强力度,增强团队凝聚力,加强音声的表达效果。

其三,仪式参与者的身体表达。所谓参与者是指参加了节日仪式但不直接参加仪式主要表演环节的群众。包括本地受禁忌不能参加仪式表演的人以及外地游客、学者等。在羌族所有节日仪式期间,或多或少都有外地游客和学者介入,他们以他者视角观察、参与仪式,咂酒歌唱,围着篝火跳萨朗,参加宴飨等。这些看起来无足轻重的身体表达却为仪式增加了气氛,使表演者增强了文化自信。如在瓦尔俄足节中,未成年人、部分老人会因体力和能力所限,不能走上塔子参加祭祀,他们会观看表演,参加宴飨,协助后勤工作。男子们除了祭祀以外,也不参加传歌和庆典的歌舞表演,但他们参加仪式庆典中的体育、娱乐项目,宰杀牲畜、烹饪午餐、安放餐桌等,待庆典结束,与大家共进午餐,表现出男子的担当与责任,表达分享的喜悦、生活的快乐;在玉皇会中,未成年人和年轻女性均不能进入大殿唱诵经咒,但他们会在大殿外面学习唱诵,准备祭品和食物,烧香祷告,燃放鞭炮等,待唱诵完成之后,与大家分享祭祀食品,与族人一起进餐,其身体表达是学习、辅助和分享。

二、节日仪式音声的文本模式

文本是仪式表演的蓝本。在羌族祭祀和消灾仪式中,表演文本均由释比掌握,表演过程、表演节奏也都由释比控制,显示出仪式权力高度集中的状态。羌族节日仪式则由群众表演,很多仪式过程都不太固定,往往在仪式举行前才通过筹备会最后商定。通常情况下仪式会按照约定俗成的规矩办,但可繁可简,其文本模式有较大的自由发挥空间。按照传统,羌族节日仪式的举办由会首召集和组织,会首在举办仪式前会召集村里的干部、管事、群众代表开会,商议本届节日仪式的具体流程,并根据当年的资金、人员等情况,确定仪式规格和细节,因此仪式文本相对灵活。近年来在非遗保护措施下,许多传统节日都由政府出资主办,其仪式程序一般按照较高规格执行。

（一）表演内容

不同的节日仪式表演的内容不同,很难将其归纳总结在一起。本书选用的两个节日仪式都具有显著的个性特征,其仪式音声的内容缺少共同点。单就仪式程序的共通性而言,两个仪式都有请神、敬神的祭祀环节和相应的音声内容,瓦尔俄足的歌舞以自娱为主,玉皇会的音声以娱神为主。

2020年曲谷村瓦尔俄足仪式音声的内容包括制作祭祀女神的馍馍（过程中的歌唱）、开坛、祝词、娱乐（酒歌、萨朗）、祭塔子（《敬香歌》《杰沙》）、引歌（《莫喃》《朗巴》）、接歌（《卓尔科斯曼》）、节日庆典（《集会歌》《惹西惹纳》《由米惹基》《瓦尔俄足》《朗巴》）等。这些歌曲大部分为瓦尔俄足传统歌曲,也有羌族各地流传的萨朗歌、酒歌和节日歌,体现出一种自由、开放、包容的节日文化特征。据传承人陈花珍介绍,最早的瓦尔俄足传统歌曲只有12首,都以载歌载舞的形式出现在节日过程中。五月初三祭塔子不唱歌,初四上午是姐妹们以歌舞的形式互相走动、拜访、喝茶、聊天。早上姐妹们约好出发的时候开始唱《哦哟萨》,这是一首没有太多实词意义的歌曲,只是一种邀约、呼喊,听到歌声的妇女们便走出门,加入唱歌的行列,一起往下一个寨子走去。走到寨子门口的平坝上,大家便开始边唱边跳《刮果依米》,歌词意思是大家踩着脚印跳着舞蹈一起来过节了。待妇女队伍走到人家的门槛边时,又换上一首歌曲《莫喃》,歌词大意是跳舞的队伍来了,主人家把火烧起来,酒水倒起来。吃过晚饭之后,妇女们自己在西湖寨唱歌、跳舞、咂酒、娱乐,歌舞内容包括《朗巴》《卓尔科斯曼》《木都喇叭》《惹西惹纳》《由米惹基》《吉吉贝贝》《瓦尔俄足》等瓦尔俄足专用歌曲,以及一些当地酒歌和萨朗,与2020年农历五月初三晚上的歌舞娱乐方式相似,只是没有音响播放的萨朗舞歌。瓦尔俄足唱诵的歌曲几乎全部为娱乐、休闲的内容,与祭祀和劳动等均无关联,因此其节日歌曲多数只能在节日中专用。

玉皇会的唱诵内容一共七组,每组由拜唱一首、绕佛唱三首和坐唱三首构成,由于部分曲目重复唱诵,最终有17首不同的旋律。唱词的内容很单一,仅为西藏原始宗教苯教的两个咒语（真言）。前六组只唱诵八字真言"哈—姆嘛芝(儿)嘛耶萨楠哆",第七组最后一次坐唱才变换为十五字真言:"阿古阿玛杰杰嗦那波耶耶麻美嗦哈"。从其唱诵的形式来看,应视为音声供养的事神行为。

(二)唱词格式

瓦尔俄足歌曲主要唱诵一些休闲、娱乐的内容,由于没有特别严肃和规范的仪式场景,整个仪式活动显得很惬意和宽松,其唱词格式也具有相同的基调,唱词的大意都非常简单,句式不太固定,有八字诗句,也有长短句。唱词中比较随意地加入较多的语气词,唱词的诗性特征被弱化,但唱腔显得柔美、圆润。唱词中的核心词汇(尤其是名词)总是不断重复和强调,与中国古代文人诗歌和辞赋均有明显区别。如《朗巴》歌词唱道:lang ba (ya) lang ba (ya) sa (yo) (ho) xi (ya) lang ba. ro o ro (ya ho) xi(ya o) sa (ho) wei (ya) lang ba. 去掉括弧里的语气词,唱词便是两句八个音节构成的诗句:lang ba lang ba sa xi lang ba. ro o ro xi sa wei lang ba。"lang ba"作为这首歌的主题词被反复强调,朗巴是一种野花,歌词大意是朗巴花开了,姑娘像花儿一样美丽。由于加入较多的语气词,歌词原来的诗句格式已经很难看出。另一首瓦尔俄足跳萨朗时唱的舞歌《木都纳巴》唱词为:(o)mu du(e)la ba. nie nie bei bei (hei) nie yi er wa.(o) mu du (e) la ba. zho ma bo e(o)wei xio no (ya) ra.我们尝试去掉语气词后唱词为:mu du la ba. nie nie bei bei nie yi er wa.mu du la ba. zho ma bo e wei xio no ra。"mu du"即"天上","la ba"即星星。歌词大意也很简单:天上的星星出来了,妇女们收工了。穿着漂亮的衣服,扎着绸子腰带,一起唱起来跳起来,腰带随着舞步飘起来。这首歌的唱词也有很多语气词,实词的结构是长短句,长句为八个音节,短句为五个音节,短句明显是一个感叹词"天上的星星",长短句均押"a"韵,有诗性特征。综合瓦尔俄足节日歌曲,其唱词内容简单,形式短小,有诗句押韵的意识,采用较为固定的句式或长短句式,其诗句的格式较为自由,使用的语气词非常多,也因此帮助歌唱者行腔圆润饱满。

杨柳村的玉皇庙会仪式音声,是一个庙会节日中事神环节所唱诵的宗教歌曲,这个宗教便是西藏原始宗教——苯教。苯教与藏传佛教有着几千年的斗争与融合,目前在西藏本土苯教信众并不多,但在岷江上游的藏族、羌族村寨却有较多的苯教寺院和部分信众。据有关学者考察:"接受苯教入门教育的信徒要在规定的时间内完成以下功课:(1)诵读《皈依经》10万遍;(2)诵读《八字真言》10万遍;(3)诵读《九字真言》10万遍;(4)诵读《十五字真言》10万遍……"[①]按照这样的修行要求,杨柳村的羌族民众均不属于信徒范围,因为他们除了在玉皇会上唱诵苯教咒语,平时极少念诵或唱诵。苯教最重要的四个咒语是八字真言、九字真言、十五字真言和百字明咒。在玉皇会上大家唱诵的只有八字真言和十五字真言,是不完整的苯教修行内容。其中十五字真言是完全按照一音一字唱诵,没有增加任何语气词。八字真言在唱诵时形式变化较多,拜唱时一音一字,坐唱和绕佛唱都加入了一些语气词帮助行腔,尤其是绕佛唱时旋律高亢、悠长,采用了很多切分节奏,唱词不仅加入了语气词,还省略了一些真言词汇。如绕佛唱:(ho) ma zhier (ho) ma zhier sa nan do (ya)。加入了语气词"嚯""哦""呀",重复了"嘛枝儿",同时省略了"嘛耶",唱词格式变得较为自由。"真言"即"咒语",一般情况下每一个字都有着特殊的含义和功能,不大可能随意增添字数。玉皇会诵经唱词格式一部分非常固定,一部分却较为自由,显示出事神、娱神更为特殊的表达方式。

(三)音乐形态

羌族节日仪式的音乐具有三种不同的形态。其一是羌族传统节日仪式中的传统音乐;其二是在传统音乐基础上发展变化而成的当代羌族音乐;其三是融合多民族文化而形成的音乐。羌族节日仪式音声既有信仰范畴的祭祀音乐,也有世俗范畴的娱乐音乐,其发展方式与政治、经济和人们生活水平有密切关联。杨民康曾经指出:"中国少数民族节日仪式音乐,包含了长期沿袭下来的传统样式和在此基础上发展而成的当代样式两种基本类型。后者主要涉及各种舞台化、广场化的节日仪式音乐展演和旅游音乐品种。"[②]羌族是一个

---

① 同美、娜么塔:《苯教寺院的教育与管理——以岷江上游苯教寺院为例》,《中国藏学》2011年第4期。

② 杨民康:《专栏主持人语——中国少数民族节日仪式音乐的建构与认同》,《中国音乐》2020年第1期。

古老的民族,也是一个包容性很强的民族,在羌族节日里很多音乐都具有多民族文化融合的特征,如茂县杨柳村庙会诵经音乐,以及羌年、瓦尔俄足节庆典仪式音乐等。本书所分析的羌族节日仪式音乐的形态,特指传统的羌族音乐及多民族融合的传统音乐类型,当代羌族音乐类型主要展示在节日庆典的舞台,形态特征尚不太稳定,这部分音乐暂不做分析。

　　茂县曲谷乡瓦尔俄足节传统节日专用音乐全部为歌舞音乐,即舞歌,羌语叫作"萨朗"。妇女们以载歌载舞的形式表达对大自然的热爱、对生活的热情、对人情世故的理解,是羌族民俗表达得很充分的民歌类型。茂县太平乡玉皇庙会的节日歌则只有拜神、娱神的唱诵,当地称为诵经调,其唱诵的内容为苯教八字真言和十五字真言,旋律既有羌族民间音乐的某些特征,又有非常明显的高水准创作痕迹,是羌族民俗文化与外来文化碰撞的结果。两个村落的节日音乐形态列表如下:

表演者	表演形式	唱诵内容	音乐结构	调性	节拍
曲谷乡瓦尔俄足					
释比及敬香男子	说	敬香歌	无	无	无
全体村民	绕塔子唱,男领女跟	杰萨(请神保佑)	二句体	五声 C 徵调式	4/4
妇女们	领唱、跟唱	哦哟萨	二句体	四声 D 宫调式	4/4
妇女们	领唱、跟唱	刮果依米	三句体	五声 G 徵调式	3/4
妇女们	领唱、跟唱	莫喃	四句体	五声 B 徵调式	3/4
妇女们	领唱、跟唱	朗巴	三句体	六声 A 角调式	2/4
妇女们	领唱、跟唱	卓尔科斯曼	五句体	五声 G 徵调式	3/4
全体村民	男领女跟	集会歌	二句体	五声 #C 宫调式	2/4
妇女们	领唱、跟唱	韦莎	二句体	五声 C 徵调式	2/4
妇女们	领唱、跟唱	惹西惹纳	三句体	五声 C 徵调式	2/4
妇女们	领唱、跟唱	由米惹基	三句体	五声 D 徵调式	3/4
妇女们	领唱、跟唱	瓦尔俄足	四句体	五声 A 徵调式	2/4
太平乡玉皇会					
全体村民	集体边拜唱	拜唱	六句体	五声 G 羽调式	5/4

续表

表演者	表演形式	唱诵内容	音乐结构	调性	节拍
全体村民	男领女跟	绕佛唱一	二句体	五声 D 徵调式	2/4　3/4
全体村民	男领女跟	绕佛唱二	二句体	五声 D 徵调式	2/4　3/4
全体村民	男领女跟	绕佛唱三	二句体	五声 D 徵调式	3/4
全体村民	男领女跟	绕佛唱四	二句体	五声 #F 商调式	4/4
全体村民	男领女跟	绕佛唱五	二句体	五声 D 徵调式	4/4
全体村民	男领女跟	坐唱一	三句体	五声 #F 羽调式	4/4　3/4
全体村民	男领女跟	坐唱二	四句体	五声 #C 角调式	3/4　4/4
全体村民	齐唱	坐唱三	六句体	五声 B 商调式	11/8
全体村民	男领女跟	坐唱四	四句体	五声 G 商调式	4/4
全体村民	男领女跟	坐唱五	四句体	五声 G 羽调式	7/8 4/8 6/8
全体村民	男领女跟	坐唱六	四句体	五声 E 徵调式	3/4
全体村民	男领女跟	坐唱七	七句体	五声 B 徵调式	3/4　2/4
全体村民	男领女跟	坐唱八	五句体	五声 E 徵调式	3/4　2/4
全体村民	男领女跟	坐唱九	七句体	五声 #C 羽调式	7/4
全体村民	男领女跟	坐唱十（请神）	四句体	五声 #F 羽调式	3/4　2/4
全体村民	齐唱	坐唱十一	单句体	四声 #F 羽调式	3/8

从上述列表可以看出,曲谷乡的瓦尔俄足节民歌以五声音阶为主,全部 11 首歌曲中 9 首为五声音阶。调性以徵调式为主,占全部歌曲的 73%,其次是宫调式占 18%,角调式 1 首占 9%,商调式和羽调式都没有出现。按照前面两个章节对调式音阶色彩的分析可以判断出,瓦尔俄足节日歌曲以色彩明亮的徵调式和宫调式为主;在音乐结构上单句、二句、三句、四句、五句体均有出现,展示出音乐创作上的自由风格;节拍全部以四分音符为一拍,2/4、3/4、4/4拍子比较均衡出现,2/4 稍多;音值组合以短长型和长短型相结合的形式较多出现,较少采用均分节奏。从调式调性、节奏节拍和音乐结构综合判断,瓦尔俄足节民歌体现出简单、随意、喜悦的风格特征。

太平乡玉皇会的表演以诵经为主,诵经调主要采用五声音阶,唯有最后一首十五字真言为四声音阶。调式上徵调式 41%,羽调式占 35%,商调式 18%,

角调式 6%，无宫调式出现；在调式色彩方面，明亮和暗淡色彩几乎平分秋色，宫调式的缺失或许与信仰有关。在结构上以工整的二句体和四句体为主，但还有较为复杂的五句、六句和七句体以及简单的单句体；在节拍上以 3/4 拍子为主，17 首旋律中有 9 首全部或部分为 3/4 拍子，而相当复杂的 5/4、7/4 和 11/8 拍都被运用在唱诵中，而且节拍相当严格、紧凑和规范；在音值组合方面，坐唱和拜唱的旋律既有较多的均分节奏，也有很多短长型和长短型节奏的组合，但整体体现出规整样式，节拍的强弱特点分明；绕佛唱的音值组合从乐谱来看有很多均分节奏，但唱词的位置变换往往出现在弱拍或弱位，造成唱诵的切分效果。从调式调性、节奏节拍和音乐结构进行综合分析可以得出结论：玉皇会唱诵的旋律具有较高的创作技巧、多样的调式调性、复杂的节拍和节奏，以及唱词与音调的配合都超出了羌族民间艺人的创作高度，但其五声性调式特征、徵调式的较多使用和非均分节奏的较多出现，具有羌族北部方言区民歌旋律的普遍特点，音乐语言保留了部分羌族特性。

第四节　羌族节日仪式的民间信仰与民俗文化

羌族节日仪式通常都依托一个神话传说或信仰习俗建立，其仪式包含了浓重的民间信仰色彩，并在节日传承过程中，表现出羌民族特有的生活习俗、审美习俗和文化习俗。羌族节日仪式能够展示出羌族传统文化的基本面貌和发展逻辑，其表现出来的民间信仰与民俗文化既有古老的传统，也有与时俱进的变化，是羌族民俗文化传统与变迁的最好见证。

一、表演模式中的民间信仰与民俗文化

羌族节日仪式的三种类型在表演模式上都有着相似的结构，主要由祭祀、庆典、宴飨三类仪式构成。祭祀仪式主要祭祀包括自然神、家神、地方神和工艺神等羌族原始信仰的神灵和祖先，如羌年还寨愿仪式；在一些地区受外来宗教影响也祭祀道教神、佛教的佛和菩萨、苯教神、汉族民间信仰的神等，体现出在羌族原始信仰基础上多种宗教影响的历史和现状。

(一)表演模式中的神话与信仰和习俗

羌族节日仪式多数起源于神话,如羌年起源于天神女儿木姐珠下凡与人间猴子斗安珠爱情故事的神话;瓦尔俄足节起源于萨朗女神来到人间表演和传授歌舞的神话;基勒俄足节起源于羌族青年热比娃在火神蒙格西的帮助下将火种带回人间的神话。人类学家马林诺夫斯基认为:"神话总的来说也不是关于事物或制度起源的,毫无价值的一种臆测。神话绝不是幻想自然,并对其法则做出狂妄解释的产物。神话的作用既非解释,亦非象征。它是对非凡事件的陈述,那些事件一劳永逸地建立起部落的社会秩序,部落的经济活动,艺术、技术、宗教的和巫术的信仰与仪式。我们不能简单地把神话视为文学作品里的、活生生的、很吸引人的、虚构的故事。神话论述了寓于社会群体的制度与活动中的根本现实,它论证了现实制度的来龙去脉,提供了道德的价值、社会差别与社会责任,以及巫术信仰的可追寻的模式。这一点构成了神话的文化作用。"①羌族节日仪式起源的神话正是羌族信仰、民俗、社会生活、精神追求的一种现实写照,也是羌族生活愿望和道德价值的一种体现。木姐珠下凡时最先开始的活动是洗麻线(羌锋村版本)或纺羊毛线(木梯羌寨版本),之后也同其他普通的羌族妇女一样放羊、种植、酿酒等,实际上所谓的天神女儿以及天神一家的生活本身就是羌族游牧文化、农耕文明的描绘,是羌族社会秩序和人际关系的显现。《木姐珠》中唱道:"木比儿子有三个/女大女小有三个/长子放牛花果山/二子牧马黄猴坡/三子牧羊喀尔别格山/大女嫁在神府中/二女出嫁在龙宫/只有三女未出嫁/……"②天神木比的三个儿子都放牧,是羌族游牧文化习俗的体现。此后木姐珠下凡成婚后种植粮食、放牧牲畜,酿造咂酒,并用青稞和咂酒祭祀天神,这些习俗均是羌族民间信仰和习俗的真实反映。可以说这类仪式中的神话本身就是羌族社会生活的情景展示。在节日仪式中释比唱诵《木姐珠》,妇女群众通过歌舞展示赞美萨朗女神,男子们通

---

① [英]马林诺夫斯基:《巫术与宗教的作用》,金泽、朱立道 徐大建等译,载史宗主编:《20世纪西方宗教人类学文选》,上海三联书店1995年版,第96页。

② 四川省少数民族古籍整理办公室主编:《羌族释比经典》(上卷),四川民族出版社2008年版,第133页。

过传递火种来祭祀火神和歌颂胜利,这些表演模式都是对羌族社会生活的描写和展演。民众通过神话将羌族民间信仰的神人格化和人性化,将羌族社会的经济活动、生产生活等展示在神话中,并通过神话巩固和加强部落秩序、道德观念、社会责任等,羌族神话就是羌族世界。

(二)表演模式中的酒、歌、舞习俗

在羌族流传着这样的说法:羌族人学会喝水就学会了喝酒,学会说话就学会了唱歌,学会走路就学会了跳舞,酒、歌、舞是羌族民众最重要的精神生活。羌族独特的民俗文化在节日仪式活动和仪式音声中保留得最为丰富,这些仪式以民间信仰为指导思想,以祭祀塔、碉楼、广场、神树林等作为仪式场域,以白石、羊皮鼓、咂酒坛、传统服饰等作为仪式道具,以酒、歌、舞作为仪式媒介,形成了具有显著地方特色和民族个性的民俗文化。人类社会民俗文化按照发展规律可分为采撷文化、狩猎文化、游牧文化、农耕文化、生活习俗、节庆文化、礼仪习俗、信仰与禁忌、建筑习俗、商贸习俗等,而从羌族现有的节日仪式中能够找到上述文化的部分遗存。羌族曾经生活在相对狭小的交际圈内,不是亲戚就是朋友和邻居,他们在很多节日都会集体自觉地参与,并一直以包容的心态对待外界新兴事物。这样的文化习俗,不仅将重要的仪式活动很好地传承下来,而且有机地融入了外界的文化内容,充实、更新和发展了传统仪式,最终使节日仪式有了强大的生命力,活态传承于羌族村落人群中。在各种节日仪式中,酒、歌、舞作为文化载体,往往相互配合、相互渗透,构成了民俗活动的生动画面。

酒是农耕文化最重要的成果,人们种植的粮食获得丰收之后,才能够用粮食酿酒。羌族节日仪式的表演模式中,释比或长老开咂酒坛是必不可少的重要仪式,也是羌族酒祭、酒文化的典型范式。给神灵许愿、还愿都需要祭祀,祭祀中酒是必不可少的祭品,献祭给神的酒除少部分酒向祭坛和土地,大部分为参加仪式的民众分享,当作神的恩赐。在这一过程中,酒既是丰收的成果,也是神赐的礼物,在分享酒的过程中,民众满怀喜悦,唱起酒歌,跳起萨朗,酒、歌、舞的习俗由此产生。此外,羌族人民长期居住高海拔、高寒之地,酒是用于驱寒除湿、提神解乏的珍贵食品,也是族人交友娱乐、展示实力的重要工具。羌族无论男女,都爱好喝酒。外来的白酒、啤酒,自家酿造的玉米酒、青稞酒、麦子咂酒,都受到羌民的喜爱,甚至在很多村落都有喝啤酒当饮料的习惯。羌族节日仪式既有信仰范畴的酒祭,也有分享丰收成果的宴飨和咂酒。节日中的开咂酒坛仪式都会开启一坛新煮的麦子咂酒,插入咂酒竹管,释比或长老手持咂酒管,唱诵一些祭祀语或祝酒词。祝酒词一般以诵为主,带有一定的旋律,节奏感很强,与现代"rap"相近,其内容主要是感恩天地神灵赐予羌人丰收,请诸神前来饮酒,接受羌人的敬意。然后长老们率先咂酒,之后男女唱诵酒歌,轮流咂酒。在这一过程中,增加了民俗活动的仪式感,敬过天地祖先,仪式更加合情合理,合乎祖制和乡规,大家也更有参与热情。

喝酒很容易热闹气氛,因为喝酒的过程让人们找到相似的话题,酒精又使人们变得兴奋。自古汉族文人饮酒需要行酒令,劳动人民喝酒则会用猜拳、斗酒助酒兴。但羌人以及很多少数民族的人群却喜欢用酒歌来当作酒令。在咂酒过程中,一两个人在咂酒时,旁边有人用勺子往咂酒坛子里掺热水,而另外一些人便热烈地唱起酒歌,一曲酒歌唱完,咂酒的人才可以放开吸管,然后换别人去咂酒,大家又换一首酒歌。这样的场景会持续很长时间,直到酒坛里的酒被喝完,只剩下热水为止。酒歌成了羌族酒文化的催化剂,也是羌族民俗活动中烘托气氛的重要内容。在羌族村落的多数民俗活动中,都有酒席和唱酒歌的环节,各地流传的酒歌都相当丰富。酒歌的内容可谓包罗万象,一般需要根据活动的形式和唱与的对象适时调整。有时候活动内容太丰富,饮酒时间过长,熟悉的酒歌唱完了,也可以用一些大家会唱的节日歌、山歌、劳动歌充当酒歌,用于伴随咂酒而歌唱。节日中唱诵的酒歌内容大致包括迎宾酒歌、敬酒歌、祝福歌、节日歌、唱英雄、唱生活等。比如瓦尔俄足节,本村外出人员一般都会回乡过节,而外来参加节日的游客也非常多。节日期间有三次开咂酒坛仪式:第一次是制作祭祀用的月亮馍馍和山形馍馍时;第二次是祭祀塔子的头一天晚上大家集中娱乐时;第三次是庆典开始前。前两次由于时间充足,都有唱酒歌咂酒的环节。其酒歌既有当代羌族聚居区流行的酒歌,也有本村传统的酒歌和节日歌,形式相同,内容不拘一格,以热闹、喜庆为主要宗旨。

"歌"是人类语言表达的延伸或补充。"歌"作为动词称为"歌唱",是人类社会在发展过程中产生的一种交流和情感表达的高级行为,它很可能产生于语言交流之前,但发展于语言出现之后;"歌"作为名字,指"歌曲""歌谣",是由个人或集体创造的艺术作品。"歌"自从产生以来,就被人们不断地使用和创造,可以说,"歌"是人们除语言之外的第二语言,是人们进行交流、抒发情感的又一重要工具,而其交流功能和表达功能,有时或者会超越语言。全世界各个地区和民族的人群,原本都喜欢歌唱,但随着人类思维方式的改变,表达变得越来越复杂,也更追求富有哲理的表达效果。那些生活在发达地区的人群,不再单纯通过歌唱来表达情感,即使是歌唱,也追求更为含蓄和艺术化的表演方式,因此其传统的、古老的歌唱习俗保留得并不充分。羌族生活的环境自成体系,甚至一个村落就是一个较为独立的社会团体。族人集体参与的民俗活动如此众多,便使得这些仪式需要有丰富的内容来装点,歌唱无疑是最便捷、有效的表演方式。羌族节日仪式中最重要的环节便是以歌唱方式记录羌族信仰和习俗,表达羌族人民的各种情感。羌族节日仪式中的歌曲包括释比说唱的祭祀歌曲和群众表演的各种节日歌、酒歌、风俗歌等。

　　"舞"即"舞蹈"。舞蹈是人类历史上早期的艺术形式之一,它具有功能意义和情感表达的作用。早期的舞蹈主要是与巫术相关的巫舞,也包括羊皮鼓舞、麻龙舞等,具有驱邪、治病等功能。随着人类对大自然的认识和生产力水平的提高,巫术活动逐渐减少,尤其随着羌族释比文化的发展,羊皮鼓舞带有驱邪、降魔功能,逐渐成为专业的巫舞,后来又成为带有民间信仰性质的祭祀舞蹈。如释比表演的羊皮鼓舞,释比和群众表演的铠甲舞、息步磋等。资料记载,1983 年 5 月茂县三龙乡祭山大典中,要为青年人举行冠礼,此时"'许'边绕石塔转边唱","最后,由'许'唱祭山会结束词('郭喜俄叔谷')。宣告愿信已了,祭山会结束。此时举行'转山',由'许'领头,群众绕石塔载歌载舞,绕三周后回寨"。① 这是较早的转山会节日仪式中对歌舞活动的记录,其表演形式是载歌载舞。这是以集体圆圈舞的形式展示的舞蹈,并与生产劳动和精神生活相结合,具有很强的娱乐性,在羌族民间节日中流传最为广泛,统称为

---

　　①　钱安靖:《羌族宗教习俗调查资料》,载钱安靖编著:《中国原始宗教研究及资料丛编·羌族卷》,巴蜀书社 2017 年版,第 385 页。

"萨朗舞",很多地区受藏族文化影响也叫作"锅庄"。传统的萨朗舞歌一般是男子领唱女子跟唱,有时人数不相当,也可以自由分成两组,形成拉歌的形式,一组一句,舞者边舞边歌,并伴以踏地声、呼喊声、击掌声协调表演,活跃气氛。因此,陈兴龙认为,萨朗是对各种不同形式的歌舞的总称,包括祭祀的羊皮鼓舞、麻龙舞、铠甲舞以及当下普遍称为萨朗或锅庄的圆圈舞等。从这一角度来说,羌族所有的舞蹈都可以称为萨朗舞,这是一种广义的认知,也是符合"萨朗"本身含义的一个诠释。在节日仪式中的萨朗,舞歌活泼,舞姿轻快,表演形式自由、随意,几乎在所有的羌族节日中,群众都会在晚餐过后聚集起来,围着篝火跳起萨朗。

(三)表演模式中的外来宗教

羌族在很长的历史时期都居住在相对封闭的生活环境里,这并不意味着羌族人民会故步自封、沉闷消极。恰恰相反,他们时刻关注外界动向,努力走出大山,向先进文化看齐,学习和借鉴了很多外来的新鲜事物,通过文化融合的方式传承和发展羌族习俗,太平乡玉皇庙会便是这样的节日仪式。玉皇庙会不仅每年在杨柳村举办,在邻近的牛尾村也同样盛行。庙会的开始是各家各户到玉皇庙烧香、拜佛、祭祖。庙会中"诵经"是庙会期间最重要的仪式活动,诵经前释比会请玉皇及诸神、菩萨领受大家的供奉,保佑寨子平安兴旺。其中"玉皇"是被放在首位需要敬奉的神,此外还有自然神"山神"以及佛教的三世佛、菩萨和道教的各种神祇。玉皇大帝是道教最高神祇,羌族地区受道教影响之后往往将羌族原始信仰中的"天神"称为"玉皇",而寺庙中的山神"白尼—阿乌"是原始信仰的最后保留。庙会仪式中唱诵的"诵经调",其内容完全是藏族原始宗教"苯教"的真言,但这样大规模音声献祭的对象,却与苯教无关,是自然神、道教神、佛教诸佛菩萨和汉族民间信仰的神祇。从玉皇庙会的表演内容来看,羌族自然神信仰的特征还有所保留,但外来宗教的影响已经比较深入,西藏原始宗教苯教在羌族地区曾一度盛行,而当下只是残存了一些唱诵内容,苯教本身的修行法则、苯教诸佛称谓已经模糊,或者苯教本身的影响力有限,并不曾深入人心。

杨柳村玉皇会是一个信仰背景复杂的庙会。从寺庙名称、建筑风格、神位摆放、神像塑造、庙会仪式、诵经音调、诵经唱词等方面来看,是汉族道教、藏传佛教、原始苯教、羌族原始信仰等多种信仰文化的结合体,同时也是羌族自然崇拜、多神信仰的最好见证。始于元代的土司制在明朝得到完善和发展。明朝多位最高统治者笃信道教,迷恋炼丹、长寿之术,道教兴盛,寺庙繁多。此外,汉传佛教自唐宋以来也有较为稳定的信众和寺院。羌族地区土司制度的建立使中央政府与羌族地区的关系更加紧密,汉族道教、汉传佛教等外来人文宗教开始小范围传入羌族南部方言区,茂县土门一带在此期间已经修建了道教寺庙。但土司制度对羌族人民的管理是残酷而苛刻的,由此引发了羌族人民的一次次反抗。自清朝初年政府逐渐推行"改土归流"制,即派流官替代土司的管理,受到羌族人民的欢迎,更多的汉人也由此来到羌族地区居住,带来了更先进的生产生活方式,从管理层到基层都有了汉文化特色,汉族道教、汉传佛教及汉族民间信仰也逐渐在羌族地区盛行开来。除黑水以外的羌族村寨普遍建有佛教、道教寺庙,如川主寺、黄龙庙、龙王庙、玉皇庙、观音阁、东岳庙、武庙等应运而建,有些寨子会有两三座不同的寺庙。而对于北部方言区的黑水县、松潘小姓乡、茂县太平乡等地的羌族村寨,与周边藏族村寨接触更为频繁,更多地受到西藏原始宗教苯教和藏传佛教的影响,同时也接受了道教的部分形式和内容,形成了错综复杂的信仰和民俗观念。

杨柳村玉皇庙与羌族地区大多数以道教名义修建的寺庙相同,其工匠多为汉人,建筑风格和神位设置与汉族寺庙相似。寺庙不仅供奉玉皇大帝、马王菩萨、牛王菩萨、财神菩萨、娘娘等道教神像,而且在正殿按照汉传佛教寺院大雄宝殿的结构,塑造了过去佛、现在佛和未来佛三尊佛像,四周还塑造了观世音菩萨、文殊菩萨、地藏王菩萨等汉族普遍信仰的菩萨塑像;前殿正中的三尊塑像,穿着打扮鲜艳,长相也非汉人,右边的一尊双手执宝剑,中间一尊右手执九节神鞭,左边的一尊单手执宝剑,这些原本都是佛教中的一些护法神像,也可能是苯教神像。但杨柳村羌民认为,左右两边分别是马王菩萨和白马将军,而正中的塑像是山王菩萨(山神)。山王菩萨虽然不是羌族最高神(最高神为天神,也称为玉皇),但是羌族居住在山区,靠山吃饭,为了躲避山区各种自然灾害,人们期望得到山王的保佑,因此,山王是羌族聚居区重要的神祇之一。山神的标志是一块巨大的白石,也有的村寨在白石上用石板搭成神龛,或者将白石放在小塔顶端作为山神的象征。随着汉族寺庙的兴建,羌族将山神塑造成具化的神像供奉在寺庙中也比较常见。杨柳村在村口、老宅子的山顶都建有传统的山王塔子(山神),围绕老宅子山神进行宗教、民俗活动有三年一次的跳甲(跳铠甲舞,正月初七举办)和一年一次的大端阳会(五月十五举行)。而玉皇庙中的山神被人形化塑造出来,接受村民的香火供奉,应是羌族根深蒂固的自然崇拜的升华。

从玉皇庙的神位分布来看,道教的神祇,佛教的佛、菩萨,汉族民间信仰的神,以及羌族民间信仰的山神都集中在一座寺庙中被塑造出来,供人们供奉、膜拜。由此可以看出,处于羌族南北方言区交界地带的杨柳村,虽然属于北部方言区,但其信仰受南方汉族道教、佛教的影响是显著的,也是不纯粹的。村民称本村释比为"合一举"和"喇嘛",喇嘛是藏传佛教和苯教对上师的称谓,说明北部藏区的藏传佛教和苯教对其影响至深。羌民在玉皇会中始终唱诵苯教真言,更加证实苯教的影响。一些学者认为"至今生活在汉藏两族之间的羌人,固守着川西康区以及岷江河谷雪山台地,其传承至今的羌民族宗教文化,成为青藏文化的有效构成,并与道教、苯教及藏传佛教历史文化渊源深厚"。① 从玉皇会的表演模式可看出羌族民间信仰受多种宗教影响的局面。

二、表演内容中的民间信仰与民俗文化

(一)表演内容中的民间信仰

羌族节日仪式一般都有祭祀环节,祭祀对象是神灵、祖先或其他输入性宗教的佛、菩萨等。节日仪式表演中的祭祀仪式有些比较隆重,如羌年还寨愿仪式;有些比较简略,如瓦尔俄足节、庙会等。但无论祭祀规模如何,这一环节中都能体现出民间信仰的特征。

1. 羌族独有的神信仰

瓦尔俄足节的民间信仰是以祭祀歌舞女神萨朗为核心,人们相信女神传授了羌族妇女们的歌舞技能,并能够像所有神灵一样具有超凡能力,能够保一

---

① 孔又专等:《羌族宗教文化的历史渊源初探》,《西藏大学学报》2012 年第 2 期。

方平安,人们通过对女神的祭祀,完成交换与共享。在祭祀女神的念诵内容中,释比并不专门提到女神传授歌舞的功德,而是说大家年年来敬你,全寨子的人都要平安快乐。也就是说,人们将各种形状的馍馍、羊或鸡、酒水等用来祭祀女神,女神则要保佑大家平安快乐。这是交换与共享仪式的典型特征,而民众通过年复一年的祭祀活动,巩固了这样的信仰,得到了心理的慰藉。祭祀仪式完成后,男领女跟逆时针绕着塔子边转圈边唱《杰萨》,大意是过节了,神保佑我们,节日快乐。在早期的瓦尔俄足节祭祀女神后还会唱《赞“女神梁子”》,歌词大意是:“女神梁子”郁葱葱,石塔庄严气若虹,“萨朗”女神今安在?永远留在羌民心中。① 另一首瓦尔俄足节专用歌曲《卓尔科斯曼》表达的是爱情故事,故事中的女主人被夸赞为“像萨朗姐一样”。这些表演内容,都充分说明人们对女神的崇拜和信仰。

2. 神、佛、菩萨信仰

太平乡玉皇会除了村民烧香拜佛时念诵的一些祈求神、佛保佑的内容外,主要的诵唱只有两个唱词,即苯教的八字真言和十五字真言,但比较奇怪的是村里参加庙会诵经的人,包括释比在内,都不能够说出这两个诵词的意义及源头。很显然,这样的仪式进行过很多代人的传承,仪式程式和音乐是其传承的媒介,至于最早产生的庙会诵唱的本意,已经在传承中逐渐丧失或者出现了根本变化,人们在一起唱诵更多是出于“恭敬”“热闹”“跟风”“心安”“表演”等心理状态,而内心却没有产生真正的信仰、膜拜,庙会之后也没有人会在生活中唱诵这些真言。因此,笔者认为,庙会唱诵苯教真言其实已经与苯教信仰关联不大了。人们祭祀或唱诵,更多的是献祭给被认为是无所不能的玉皇、山王菩萨等自然神灵和佛教、道教等诸佛菩萨、神祇,凡是神灵都拜一拜,是不是苯教已经不太重要。

苯教是西藏原始宗教,与羌族原始信仰一样,都是从对自然神的信仰开始的。远古时期人们的认知能力有限,遇到自然灾害或疾病无法克服,便通过各

---

① 《赞“女神梁子”》,载四川省音乐家协会主编:《中国羌族民间音乐全集》,四川数字出版传媒有限公司 2018 年版,第 311 页。

种祭祀和巫术活动来解决,这些活动便被藏语统称为"苯"。但苯教的形成却比"苯"的活动晚得多。一个宗教的确立至少应该具备四个要素:专门场所、神职人员、祖师及经典。"苯教相传约于公元前五世纪由古象雄王子辛饶·米沃且创建,是植根于蕃域高原原始公社时期的一种'万物有灵'的原始宗教信仰,有的亦称之为原始苯教"①。因此"苯"的活动经过漫长的传承和完善,最终才成为"苯教"。苯教创立之后,在藏区享有至高无上的宗教地位,盛行之时也对藏族及周边族群文化影响至深。

公元 7 世纪之后,佛教传入藏区,作为一种人文宗教,佛教有着更为严格的修行体系和佛事仪轨,对苯教形成了很大冲击。两个宗教在长达 1300 多年的斗争、融合中,佛教取得明显优势。15 世纪初藏传佛教中格鲁派(黄教)的兴起,巩固了佛教地位,藏区政教合一的体系产生并一直维持到了中华人民共和国成立之初。作为藏区本土的原始苯教在佛教强势地位的压制下逐渐没落或隐蔽起来,仅在远离西藏政治、文化中心的偏远地区,才保留着部分苯教寺庙和信众,而四川西北的藏、羌聚居地,几乎成了苯教最后的土壤。比如全国最大的苯教寺院"朗依"便矗立在四川阿坝州的阿坝县境内,而松潘县现存的苯教寺院数量仍有 12 座。松潘县是藏羌结合部,其境内的小姓乡有埃溪村、达尔边村两个羌族村落,他们的庙会也有苯教真言的唱诵,而与之相邻的嘉绒藏族却有较多的苯教信众。由此看来,苯教虽然在藏族核心聚居地没落,甚至完全被藏传佛教取代,但远离藏、汉政治、经济、文化中心的岷江上游地区,还有部分人群保留着苯教传承。

苯教修行历来都是以"苯"为核心,即不断念诵咒语以达到忏悔罪孽、祈福消灾、诅咒驱邪等目的的。咒语是苯教的武器,八字真言和十五字真言便是苯教最重要的两个咒语,此外还有九字真言和百字大明咒,这四个咒语合称为苯教四大真言。杨柳村玉皇会只唱诵其中的两个咒语,可见苯教在此地的传承不完善,或者曾经虽然完善,后来却有所遗失。此外,玉皇会中还唱诵了七位神祇,杨金富释比说,他念的是"羌经",这七个神是羌族的神,但没有能力翻

① 康·格桑益希:《"苯教"——藏族传统文化的源头》,《四川大学学报》2003 年第 5 期。

译成汉语。那么,玉皇会唱诵的苯教真言及七位神祇,是否与现存的苯教内容相同呢? 有学者认为:"八字真言'噢玛智密耶萨来都'(汉字谐音),'噢'与'玛'是智慧与方便之意。剩余六字是六大能仁佛的种子,佛为了度化六道众生,曾化为六大能仁佛。六能仁佛,即地狱能仁弥乔顿周佛、恶鬼能仁桑瓦昂佛、傍生能仁党桑让息佛、人处能仁扎辛顿榜佛、非天界能仁杰嘉巴谛佛、天界能仁耶辛祖普佛。"①与玉皇会唱诵的苯教八字真言相比,除了发音略微不同,基本内容一样。杨柳村唱诵的七个神祇分别为:阿尼释叭呀摩、阿尼根朵戎波、阿尼曹瓦仁且、阿尼尼玛央嚓、阿尼楞杰桑巴斜勒、阿尼阿古啰斯杰、阿尼阿古嘎萨。这七个神祇与苯教六大能任佛称谓完全不同,至于神的功能,释比和村民都已经说不清楚。

(二)表演内容中的民俗文化

羌族节日仪式中的祭祀环节,已经将羌族信仰习俗比较完整地展示出来,而其余的仪式环节更多地体现出羌族民俗文化的诸多特征。群众表演的祭祀供品制作、咂酒、歌舞、技艺展示、宴飨等环节的内容,主要体现出羌族游牧、农耕、饮食、服饰等民俗文化的历史遗留及现实状况。

1. 狩猎遗风和战争习俗

羌族各地至今流传着一些"打猎歌",均以劳动歌或山歌的形式出现在羌民打猎过程中,狩猎习俗在羌族地区一直延续,直到近年来政府禁止猎杀野生动物为止。羌族基勒俄足节为男子节,其中有成年人的打猎仪式和青少年的打靶仪式,仪式中还会唱诵打猎歌、打靶歌等,狩猎文化在羌族民俗传统中根深蒂固。羌族的狩猎文化造就了男子使用兵器、英勇善战的性格特征,由此也成就了羌族在历史上不断通过战争获得生存权的习俗。羌族的发展历史与战争不可分割,最早的战争应该是部落纷争,此后便是不断与主流社会的疆土之争,与川西北地区土著人、汉人的地盘争斗,甚至是羌族村寨之间的利益争端,但更多时候羌族的战争是被动的或是自卫性质的,可以说羌族繁衍生息的历史也是一部战争历史。在羌语北部方言区普遍流传着"跳甲"的传统节日,节

---

① 同美:《本教圣地黄龙风景名胜区的藏文化考察》,《宗教学研究》2008 年第 4 期。

日中除祭祀环节外,需表演跳铠甲舞,由男子身穿战争铠甲,手持各种兵器领舞,妇女身着节日盛装伴随,并一起歌舞,所唱歌曲均为战争题材,所跳舞蹈为特定的铠甲舞。其中一首《战争歌》唱道:全寨男子们啊,都来参加练兵;我们要保卫寨子呀,就要搞好演练;我们要用自己的实力呀,参加这次练兵,这是我们的责任呀,不练怎么能行?① 从唱词内容来看,内容是为了战事演练,是通过这样一个节日锻炼男子们的作战实力,提高战事警惕,达到保卫寨子的目的。另一首跳甲时唱的战争歌歌词大意是:号角已吹响呀,烽烟已燃起;队伍排整齐呀,寨外去杀敌。动作快一点呀,不能高声语;振作好精神呀,寨外去杀敌。② 这首歌曲表演的内容着重描写战士出征的场面及要求和纪律,是一种非常成熟的战争习俗的展示。

2. 信仰习俗和农耕文明

节日仪式的表演内容不仅体现狩猎、战争等生活习俗的遗留,也体现出羌族白石崇拜、农耕文明的传统和现状。节日中制作的祭祀用品主要是各种形状的馍馍和咂酒。馍馍用面粉制作,咂酒用麦子酿造。妇女们在制作馍馍和酿造咂酒的时候,都满怀丰收的喜悦,甚至一边制作一边歌唱,享受农耕文明带来的丰硕成果。在瓦尔俄足节歌曲里也有这样的歌唱:"天神赐给我们白石头,祖先用白石头打出了万年火,点亮了黑夜温暖了岁月,从此我们在这块土地上有了家。我们把白石祭奉在屋顶的四角,祈求风调雨顺平平安安,白石头点燃了前人的希望,点燃了后人的理想,从此我们的土地变成了粮仓。"③这首歌曲表现出了羌族神灵信仰和白石崇拜的信仰习俗,也表现了羌族通过土地耕种获得粮食丰收的农耕文明传统。

3. 饮食文化和生活习俗

在羌族节日歌曲里,也能够体现出部分羌族饮食和生活习俗。如茂县曲

① 《尤米》,载四川省音乐家协会主编:《中国羌族民间音乐全集》,四川数字出版传媒有限公司 2018 年版,第 349 页。

② 《集会歌》,载四川省音乐家协会主编:《中国羌族民间音乐全集》,四川数字出版传媒有限公司 2018 年版,第 342 页。

③ 《萨斯基拉》,载四川省音乐家协会主编:《中国羌族民间音乐全集》,四川数字出版传媒有限公司 2018 年版,第 294 页。

谷乡瓦尔俄足歌曲中还有这样的唱词:"欢乐的歌唱了一首又一首,欢乐的萨朗跳了一曲又一曲,姐妹们快来准备午饭了,我们边唱边擀面,好吃不过荞面煎饼蘸蜂糖,好听不过萨朗女神传的歌。"①歌词将羌民的饮食习俗和歌舞习俗都进行了生动的描写。另一首瓦尔俄足歌曲《吉吉白白》唱道:"我们的衣服多漂亮,我们的歌声多美妙。头上的帕花真漂亮,就像天上的小星星;衣服上的花真漂亮,就像山上的羊角花;腰带上的花多漂亮,就像七色彩虹飘;鞋子上的花真漂亮,就像天上云云花。"②这首歌主要描述了羌族女性的服装习俗,有头帕,有腰带,全身喜欢绣上花,这也是羌绣习俗的展示。

4. 节庆习俗

羌族是中华文明历史上的重要民族,长期生活在中国西部,与中原王朝互动密切。其文化既保留独特传统,也吸收了汉、藏等周边民族文化元素,成为中华民族多元一体格局的组成部分。春节是中华民族最重要的节日,也是羌族最重要的节日,羌族在春节期间多有耍龙灯、狮子灯、唱歌、跳舞的习俗,并创造了丰富的节日歌曲。如茂县雅都乡根据汉族春节过年的习俗,又加入一些羌族特有的民俗,创造了一组共5首"过年歌",主要描写这五天的过年情景,五首歌曲分别为:《正月初一耍龙灯》《正月初二回娘家》《正月初三去上坟》《正月初四许清酒》《正月初五打靶节》。前面四天跟汉族一样的节日内容,其歌词和形式都是汉族风格,但均采用羌语演唱。如第一首歌词大意为:正月初一接龙灯,一接财神进家门,二接新春如意事,三接辛苦耍灯人,四接福寿如东海,五接平安百事顺,六接五谷要丰登,七接仙女变凡人,八接八仙显神通,九接九九人长春。③ 正月初五变成了羌族特有"打靶节",歌词大意为:正月初五打靶节,山王面前供兽馍,寨中男丁是好汉,开弓射箭来比赛,来年好运看彩头。④ 这首歌词中包

---

① 《呷吉拉牙戈》,载四川省音乐家协会主编:《中国羌族民间音乐全集》,四川数字出版传媒有限公司 2018 年版,第 298 页。

② 《吉吉白白》,载四川省音乐家协会主编:《中国羌族民间音乐全集》,四川数字出版传媒有限公司 2018 年版,第 296 页。

③ 余光远主编:《中国羌族民歌集》,中央民族大学出版社 2013 年版,第 401 页。

④ 《吉吉白白》,载四川省音乐家协会主编:《中国羌族民间音乐全集》,四川数字出版传媒有限公司 2018 年版,第 296 页。

含有用"兽馔"供"山王"、射箭比赛等内容,体现出羌族独特的民俗传统。茂县维城等地,又按照汉族过年的另一种习俗编创了羌语《过年歌》,从初一到初十,为家畜、农作物分别过年,其顺序为:一鸡、二犬、三猪、四羊、五牛、六马、七人、八谷、九豆、十棉花。其中初六的马过年歌词大意为:逢六日子马过年,我们一起拉家常,我们一起喝咂酒,共祝六畜兴旺,来年大丰收。① 歌词所表现的正是初六马过年,是六畜中最后一个过年的,因此总结出了"六畜兴旺、来年丰收"的美好愿望,与汉族春节相同。

三、音乐形态中的民间信仰与民俗文化

羌族节日仪式音乐中祭祀音乐形态已经在第二章分析过,本章节主要针对群众表演的节日仪式音乐形态进行研究。群众表演的节日仪式音乐唱词都比较短小,不具备释比说唱音乐中叙事性长篇史诗的宏大篇幅,因此段落反复的次数不多,但是旋律结构与祭祀音乐相比差别不大。群众表演的节日仪式音乐中能够展示出来的羌族民间信仰与民俗文化也非常丰富,包括对神灵信仰的表达、对节日气氛的烘托,以及对外来文化的包容等。

(一)音高游移加强了信仰表达与族性表述

羌年是羌族最重要的节日之一,羌年中群众的歌唱仅仅在节日庆典中表达,群众在舞台上展演的内容基本与信仰无关,主要以娱乐和民俗生活为主;而所有与信仰有关的祭祀内容,只能由释比完成,群众通过观看释比表演,强加信仰意识,间接表达对神灵的敬仰。其余节日中,虽然有释比祭祀的仪式和表演的内容,但群众的歌舞表演也会涉及相关内容,并在音乐形态上体现出恭敬、庄重的曲风。如瓦尔俄足节祭女神塔子时,男子们跪着唱完敬香歌,便起身绕塔三圈,边绕塔边领唱《杰萨》(《请神保佑》),女子跟随在男子队伍后面跟唱同样的内容。《杰萨》(谱例4—6)为两句体段落结构,第一句共三个小节,第二句共两个小节,形式短小,节奏规整。与其余娱乐性节日歌曲相比,显著的特点是并不采用短长型和长短型音值组合方式,而是主要通过均分的节

---

① 余光远主编:《中国羌族民歌集》,中央民族大学出版社 2013 年版,第 403 页。

奏及规整的 4/4 拍子,形成严肃、庄重的曲风。此曲调的进行方式以上行开始,缓慢上升至最高音 G,然后以波浪式下行至主音 C,整体形成上下行比较均衡的波浪式进行方式,与释比唱诵的古老史诗和祭祀歌曲的旋律相比,更为平和,减少了下行为主带来的沧桑感,适合节日气氛中演唱。但此曲在旋律第二小节的 D 音上有长时值的拖腔,民众习惯唱成音高游移效果。彭兆荣对瑶族"颤音"的运用做过调查和分析,他认为:瑶族在迁徙过程中的艰辛和苦难也很适合用这种听起来哀叹动人的唱法来表达;由于这种颤动性的装饰音的唱法能带给人心灵和情绪上的震撼,让人体悟到一个民族在迁徙途中的艰辛和重负之下对祖先的呼唤,我们更愿意将这种带传呼性的音乐表达视为瑶族这一迁徙民族特殊的文化心理表述。与其说这种带有明显装饰性的颤音是一种音乐调式,还不如说它是瑶族对自己民族苦难历程的诉说。民族音乐的发生是一个种族性(Ethnicity)的叙事。① 羌族音高游移现象的普遍使用,与瑶族颤音的运用有相似的效果,它主要体现出羌族对战争、迁徙等艰苦生活状况的长期忍受之痛,以及对祖先的呼唤和对现实的感叹,同时也增强了歌曲的艺术化效果,更好地表达民众对神灵的信仰。

太平乡玉皇庙会的唱词虽以苯教八字真言为主,但民众并不清楚苯教教义,也不认为这是外来宗教的内容,其唱诵的目的是消灾祈福,这也是羌族民间信仰的一个特点。为了表达敬神、娱神的心理诉求,唱词八字真言出现过很多变化形式,尤其是绕佛唱的 5 首旋律,衬词较多,真言有省略有重复,体现出以唱腔的高亢、优美为核心进行变化的规律。拜唱及 11 首坐唱具有诵唱风格,以诵词完整、唱诵上口为原则进行音调的创造、变化。这两种变化形式将单一的唱词进行了旋律的美化、节奏的伸缩、节拍的多样化组合以及唱诵方式的多种变化,使得唱诵行腔丰富多彩、神圣高雅,营造了一种神秘的信仰氛围。此外,在诵经旋律中也时常出现"音高游移"现象。如《绕佛唱(一)》采用五声音阶徵调式,其终止音在实际演唱过程中,信众经常将其唱得比"5"音略高一点;《坐唱(一)》采用五声音阶羽调式,其终止音又往往唱得比"6"音略低

---

① 参见彭兆荣:《族性的认同与音乐的发生》,《中国音乐学》1999 年第 3 期。

一点,这样的情况在整个玉皇会的 17 首旋律中多次出现,且有即兴性的特点,形成习惯性的"音高游移"。村民在唱诵音高游移音符时,往往刻意稍微拖长一些音符时值,强调游离音的美感和苍凉感,这种唱腔处理方式既有艺术化的娱神、娱人效果,也是对族群性格的更好表述。

(二)通过徵色彩调式的运用烘托节日气氛

羌族节日歌曲中群众唱诵的部分,较多采用徵调式音阶构成,与释比说唱的祭祀和消灾仪式音乐有很大区别。节日歌曲的旋律对古老的羌族音乐风格虽然有所保留,但为了烘托节日气氛,更多地采用了徵色彩的调式音阶进行编创,音乐风格展示出明亮、开朗、乐观的整体特征。比如瓦尔俄足节日歌曲,除《朗巴》一首为角调式(强羽调式风格,暗淡、柔和)外,其余为徵调式或宫调式,均为徵色彩或强徵色彩的调式,体现出节日音乐明朗的风格特征。除此之外,羌族节日歌曲还会通过跌宕起伏的旋律和连续的长短、短长音值组合,抒发激越的情绪,表达节日的欢乐。如《卓尔科斯曼》(谱例 4-11)为五句体段落,第一乐句以平和的旋律线条进行叙事;第二乐句以不断上行的旋律进行方式推向高潮之后稍微下行结束;第三乐句为缓慢的下行进行,紧张度降低,有休息情绪的意图;第四乐句为平缓的上行和下行变化重复第一乐句,有蓄势待发的效果;第五乐句用连续的附点音符上行进行到最高音 g^2 后下行至音 e^1,再反弹到 g^1 终止,形成悠长的句式;全句主要采用长短型音值组合,最后又通过短长型的后附点节奏进行停顿,以二分音符终止。这样明亮的调式音阶、上下行旋律进行方式和丰富的节奏变换,使音乐呈现出喜庆、祥和的曲风以及优雅的艺术表达效果。

《中国民间歌曲集成·四川卷》是一部较为全面、真实地反映中国各民族传统音乐状况及特点的著作,其曲例采集起步于 20 世纪五六十年代,调查资料可信,特点分析客观,其中对羌族民歌调性的分析为:"羌族民歌以五声音阶为主,次为六声音阶,七声音阶极少,且有较强的五声性。以'5'为终止音的最多,其次为以'6'为终止音的,再次为以'1''2'为终止音的,以"3"为终止音的较少。运用六声音阶的民歌中,有两个较鲜明的特点:其一,调性的变化。因'4'或'7'运用较多,使旋律出现新的色彩,或形成调性变化。尤其是

'4'音频繁出现,在乐曲的后半部或中间,形成下行五度的调性转移。其二,音高的游移。演唱者常常把音阶中的部分音级自由即兴地唱得略高(微升—升)或略低(微降—降),或从上一音到下一音自然下滑。音阶调式上的这些特点,使民歌别具特色。"①羌族节日仪式音乐以徵色彩调式为主,并通过音高游移等方式突出了羌族民歌的特征,表达了羌族同胞的欢乐情绪,极好地提升了节日气氛。

(三)对外来文化的包容与借鉴

羌族很多节日都与全国各族人民共享,这些节日起源和内容原本属于其他民族。羌族对于这样的节日不仅接受了其形式和内容,甚至创造性地展示出羌族节日的特点。比如在过春节期间除了与各民族一样的节日活动外,还增加了打靶节,以彰显羌族狩猎遗风;在端午节期间,以歌舞活动为主形成了羌族特有的妇女节;在庙会期间加强了娱神性的唱诵,以展示羌族民众的歌唱情怀。这种对待节日的态度,也使得羌族更多地与各民族融合在一起,共同构成一体多元的民族大家庭。

以杨柳村玉皇庙会为例:从庙会场域、活动方式、诵经唱词等方面来看,虽然也有羌族原始信仰的痕迹,但外来多种宗教和民俗的影响都非常明显。我们仅通过庙会诵经旋律中混合拍子的使用便可知这是外来的音乐形态。混合拍子是指不同拍子按照固定顺序组合起来形成的拍子。如 5 拍子=2+3 或 3+2;7 拍子=4+3 或 3+4。在一段音乐中使用混合拍子,其组合顺序通常是不变的。在羌族特有的仪式音乐中,混合拍子的使用比较常见,但有时规律性不是很强,组合顺序也会出现变化。在茂县杨柳村玉皇庙会诵唱的 17 首旋律中,很少使用简单节拍,混合拍子和变换拍子被普遍采纳。其中坐唱共有 11 首不同的旋律,多数采用变换拍子,《坐唱(九)》(参见附录)则采用 7/8 混合拍子,为 3/8+4/8 的节拍组合而成,非常有规律地贯彻始终,使单调的唱词通过节拍变化呈现出不同色彩,体现出高超的音乐创造才能。

---

① 杨羽健、汪静泉、曾令士(执笔):《四川羌族民间歌曲述略》,载亚欣主编:《中国民间歌曲集成·四川卷》,中国 ISBN 中心 1997 年版,第 1360 页。

同一仪式中的《坐唱(三)》整体为 11/8 拍子,由 6/8+3/8+2/8 组合而成。唱词对应音符有一字一音,也有一字多音,曲调和唱词十分吻合、贴切,体现出复杂节拍的创造能力。这样的旋律创作才能,在羌族民间音乐中是没有的。由于苯教在西藏地区已经没落,在川西虽有遗存但也不能与鼎盛时期相比,因此其娱神音乐的创作高度很难得到考证。课题组通过资料查询,发现川西的金川县和黑水县都有"嘛孜"(苯教八字真言的简称)存留,按照《中国民间歌曲集成·四川卷》的记录,两首"嘛孜"均为嘉绒藏族民间歌曲,金川县《嘛孜》①为五声音阶羽调式,3/4 拍子,节奏工整,记录为"丧葬歌";黑水县《嘛孜》②采用含有偏音 4 和 7,并包含有♭3 的调式音阶,节拍为 5/4+4/4+3/4+2/4 的变换拍子,演唱形式为二声部。可能由于演唱的节奏过于自由造成了记谱后复杂的音乐形态,但其中 5/4 拍子的小节数最多,也是一种混合拍子的类型。嘉绒藏族和羌族毗邻而居,很多习俗都有借鉴和融合的内容。但这种复杂节拍的使用与苯教曾经辉煌的历史不无关联,苯教在鼎盛时期娱神歌曲的创作一定不乏专业的音乐人士参与,其复杂而规范的节拍、藏族风格的旋律应该是最初的音乐形态,只是在传承至羌族或嘉绒藏族之后,发生了形态上的改变,各民族都加上了自己的音乐语言,形成自己喜爱的音乐风格。曾经有专业人士对诵经调的特征做过概括,"北部区域的羌族和与之相邻的藏族一样信奉'苯'教,在转山、诵经时唱的'八字真言'称为'嘛孜',多为群体性的念诵,音调比较缓慢,节奏平稳"。③ 这七组诵经调的音乐,整体上都有缓慢、平稳、庄重、严肃的特点,加上节拍使用上延续的专业化、复杂化的形态,整体体现了文化的融合与创新。

在曲谷乡瓦尔俄足节上,茂县古羌城来的姑娘和小伙子,还表演了羌族聚居区盛行的歌舞《维瓦嘞西哦》《云朵上的姑娘》,多声部民歌清唱《纳吉纳娜》,以及羌笛与口弦的合奏等。他们清脆的歌喉、轻盈的舞步,经过训练的

---

① 亚欣主编:《中国民间歌曲集成·四川卷》,中国 ISBN 中心 1997 年版,第 1113 页。
② 亚欣主编:《中国民间歌曲集成·四川卷》,中国 ISBN 中心 1997 年版,第 1166 页。
③ 杨羽健、汪静泉、曾令士(执笔):《四川羌族民间歌曲述略》,载亚欣主编:《中国民间歌曲集成·四川卷》,中国 ISBN 中心 1997 年版,第 1359 页。

表演技巧,展示了羌族民俗文化新生代传承人的风采,是一种表演形式和表演风格的创新。演出结束时,全体村民齐唱了《没有共产党就没有新中国》。这首在全国各地家喻户晓、人人会唱的歌曲,在大型会议结束时,都会全体合唱或播放录音。在羌族山寨第一次听到以羌语为母语的羌族同胞用汉语高声唱颂。他们不仅歌唱整齐、声音嘹亮,而且充满了激情与自豪感,唱出了羌族同胞爱党、爱祖国、爱歌唱的生活状态。这对于羌族同胞来说,是对外来文化的包容和接纳,是民族自信心和自豪感的展示,也是铸牢中华民族共同体建设的特殊表达方式。

小　　结

羌族节日仪式音声具有丰富的音乐形态,包括祭祀音声(诵唱、诵念)、传统羌族节日歌曲及受外来文化影响而产生的各种音乐;节日仪式音乐的表演形态有释比说唱、群众歌舞、歌唱、乐器表演等;群众歌唱的音乐风格既有对羌族古老民歌中沧桑、忧郁曲风的继承,也尽力采用明朗的徵色彩调式进行创编,用以烘托节日气氛,展示民众的喜悦和热情。尽管目前羌族节日开展得较好,但仍然面临着濒危困境。比如瓦尔俄足节的歌舞受到羌族同胞的广泛热爱,作为国家级非遗项目,也得到学界和相关部门的广泛关注。但是,随着羌族青少年一代汉语教育程度的不断提高,羌族语言及文化的汉化进程也在不断加剧,加上瓦尔俄足节音乐有特定的演唱环境和秩序,其传承渠道显然已经不太适应当下羌族青少年的生活习惯和审美要求,节日音乐的传承已经达到了濒危程度。杨柳村玉皇庙会及其他羌族传统节日也面临同样的问题。与此同时,羌族节日也在与时俱进,通过多媒体传承方式及文化融合而产生新的节日元素,甚至创造了新的民族节日。如在羌年、瓦尔俄足节等庆典仪式中,电声乐队、现代舞美、新创音乐等当代技术手段的运用,为传统节日输入了新鲜血液;花儿纳吉情歌节、大禹节等新兴节日,又为羌族文化的传承提供了更多的平台。

第五章　羌族人生仪式音声

　　人生仪式即凯瑟琳·贝尔仪式分类中的"过渡仪式"，或根纳普所谓的"通过仪式"，是指在人生转折的重要时期举行的仪式，也称为"生命危机仪式""生命周期仪式"或"人生礼仪"。"世界上任何一个民族、任何一种文化都有自己的一套独特的人生礼仪，人生礼仪是普遍存在的一种民俗文化现象。"[1]人生仪式在法制健全社会之前，是建立和完善、传承和创新乡规民约最典型的平台。人生仪式通常都需要按照祖制约定的仪式程序和规范来进行，仪式中的角色也务必遵守角色任务。如果仪式规约有需要改进和完善的地方，则需要长老们进行商议和沟通交流，而在一般情况下，人生仪式则是每一个族群成员需要按部就班走完人生道路上的里程碑。

第一节　羌族人生仪式及其类型

　　羌族在数千年的生存法则中，将种族繁衍视为首要重任。从出生后的满月仪式，到大小生辰仪式，再到成人礼、婚礼，最后走向葬礼，其仪式的严肃性、隆重程度都远远超出周边的汉族人群。目前我们提倡要重视仪式感，在羌族地区一直传承和保持得非常好。羌族冠名和生辰通常没有固定的仪式程序和仪式音声，通常是以酒席宴请宾客，唱诵酒歌，伴随萨朗歌舞，形式比较自由、随意。而其他几类人生仪式不仅形式隆重，音声内容也极其丰富，主要包括冠名仪式、成人礼仪式、婚俗仪式、丧葬仪式等。

---

① 胡鉴民:《羌民的经济活动型式》,《民族学研究集刊》1944 年第 4 期。

一、冠名仪式

羌族孩子的出生可谓是全寨子的大事,尤其是生男孩,相关的仪式便会更为隆重。在羌族地区普遍有求神赐子、请神保佑母子平安等习俗。这些仪式均由释比主持,家人配合完成。在婴儿满月之时都会举办满月酒,或称为冠名仪式。届时全村老少和主人家的亲戚、好友都会参加酒席,并送上相应的礼金或礼物,礼物包括鸡蛋、醪糟、红糖、猪肉、蜂蜜、食用油、米、面和婴儿衣物等,衣物中以自己亲自绣制的婴儿用腰带、鞋、帽圈、围裙为主,展示以羌绣艺术为主的民间审美习俗。酒席期间有一个祭祀神灵和祖先的仪式,由族长主持。仪式上要敬奉酒和供品,通报家中喜添人口的情况,祈祷神灵和祖宗保佑孩子健康成长,然后宣布家长为孩子所取的名字。冠名仪式宣告完成,大家欢呼之后酒席开始。在这个仪式环节中,仪式音声的内容较少,以吃喝方式庆祝婴儿满月和冠名,是中国礼仪最初的模型。仪式学家彭兆荣认为:如果"礼"是仪式,它的起源便来自饮食,与人民的生计存在着直接的关联。《礼记·礼运》记载:"夫礼之初,始诸饮食。"说明"礼"原本产生于人们的饮食,关乎民生,并逐渐演化为"国之本位"——国之政治、政务、政要的根本。这也表明了中式仪式话语体系的务实性。同时,古之中国,一方面强调"民以食为天"的生计本能,另一方面强调饮食的政治话语——既讲究人的生物本能,也讲究伦理秩序,二者相互关联。具体而言,是将"饮食—生产—生计—生活—身体—秩序—礼仪—政治"一体化。[①] 可见羌族冠名仪式"以食为天"的仪式理念,与中华各民族理念相同。酒席期间,人们互相敬酒,唱诵酒歌,这却是羌族较为独特的习俗。晚宴之后通常由主人家安排一些擅长歌舞的青年男女带头跳起萨朗舞,宾客都会热情参与其中,仪式显示出热烈、喜庆的氛围,此后有可能还有消夜,人们继续饮酒、歌唱,其乐融融。

二、成人礼仪式

成人礼也叫作"冠礼",在羌族人生仪式中曾经是非常隆重的仪式,现在

---

① 参见彭兆荣:《重建中国仪式话语体系——一种人类学仪式视野》,《思想战线》2021年第1期。

在松潘小姓乡的羌族村落,已经恢复了隆重的成人礼仪式,称为"十三仪式"。羌族地区在历史上曾盛行成年礼,但根据课题组近年来在羌族地区的田野调查和人物访谈得知,大部分年龄在 70 岁左右的羌族老年人都只听说老辈们有这个习俗,自己未能亲自参与过。也就是说,成人礼仪式在新中国成立后不久便不再盛行。至 20 世纪 80 年代以后,随着对羌族传统文化保护工作的开展,成人礼仪式也在各地有所恢复。不同地区所恢复的成人礼仪式均按照各自的传统进行,仪式时间和方式有所区别,界定成人的年龄也有所不同,从 12 岁至 16 岁不等。目前较为典型的成人礼仪式有两种:一是在"祭山会"或其他节日祭祀(瓦尔俄足节、基勒俄足、羌年、古热果感恩节等)期间插入成人礼仪式环节;其二是专门为年满 12、13 岁的男孩举办的成人礼仪式。成人礼仪式有祭祀、告诫、打靶、酒席等环节,在仪式之后有欢庆、娱乐的歌舞和咂酒,但成人礼仪式本身并没有太多的特定仪式音声。

三、婚俗仪式

婚礼是婚俗仪式中最隆重的仪式。不管是羌族、汉族,还是其他兄弟民族,都保留着各具特色的婚俗传统;婚俗也是创新最多、发展最快的一种民俗仪式,对传统婚俗的变革随处可见。为了尽可能将婚礼办得体面,当事人及双方家庭、家族大多会不遗余力地策划、完善自家的婚礼,在符合传统婚俗的基础上,将一些新的、时尚的元素用于仪式中。因此笔者认为,婚礼是群众智慧发挥得最为充分的仪式,从古至今都在不断创造、发明新的婚俗元素,注入正在盛行的婚礼习俗中,使婚俗更符合新人、家长及族人、亲友的口味,甚至经过短短几十年,婚俗便会发生很大的变化。我们观察到的所谓传统婚俗,也只能是某个阶段的婚俗习惯,其中包含祖祖辈辈遵循的文化传统,也一定存在着文化的融合、变革和创新。

羌族传统婚俗,有极为复杂的仪式环节,大体包括婚前礼仪、结婚典礼和婚后礼仪。婚前礼仪和婚后礼仪多以摆酒席、交流谈判为主要内容,少有仪式音乐,本书只作简单介绍。婚礼仪式包含了富有羌族民俗文化特色的仪式程序、内容和丰富的仪式音声,是我们重点考察的对象。羌族不同地区的婚礼仪式也不尽相同,仪式音乐有区域特色和村寨各自的传统,但所有羌族婚礼仪式,都能体现出羌族特有的信仰和民俗传统,也能够展示羌族积极乐观、豁达自信、风趣幽默的性格特征。羌族婚礼将传统文化和现代文明融合在一起,体现出团结和谐的人情世故和与时俱进的生活态度。

四、丧葬仪式

生死乃人生大事,羌族丧葬仪式基本沿袭传统,保留了较为充分的信仰和民俗文化。羌族历史上实行火葬,近几十年改为土葬。通常来说,60 岁以上老人去世都称为喜丧,几乎按照喜事的规格办理。近年来笔者对茂县永和乡、太平乡、成都邛崃直台村的羌族丧葬仪式进行过调研,除哭丧环节外,几乎与办婚事的场景相差无几,唢呐及吹打小乐队随时演奏,酒席期间热闹非凡,这些都是普通的丧葬仪式。一些德高望重者去世后会进行大葬,但这种高规格的丧葬目前很难遇见,仪式中有盔甲的唱诵、羊皮鼓舞、盔甲舞、马马灯表演、唢呐及吹大乐队的演奏、人声哭唱等。盔甲的唱诵包括迎送宾客、赞颂死者生前功绩、安抚亡灵等内容,此外还有盔甲舞表演;羊皮鼓舞用来祭祀、沟通、安息死者灵魂,也有迎送宾客、热闹气氛的效果;马马灯则以汉族歌舞的形式表演灯调;唢呐及吹打乐队负责指挥仪式程序的转换,烘托仪式氛围;人声的哭唱则是亲人、朋友中的女眷用哭唱的方式祭奠亡灵。一些大藏仪式的丧葬舞蹈部分有宾客参与的丧葬圆圈舞和铠甲对阵舞。丧葬仪式的歌舞表演不仅壮大了丧葬仪式场景,而且达到语言祭奠所难以展示的情感传达,也体现出羌族在看待生死问题时坦然、乐观的态度。丧葬仪式音声通过歌、舞、器构成了丰富的仪式内容,传承着民间信仰,巩固了民俗文化。

第二节　羌族人生仪式过程及音声实录

一、成都南宝乡木梯羌寨婚俗

2020 年 1 月 1 日至 4 日,木梯羌寨一对本寨子的羌族青年成婚。课题组参与了婚礼全过程,并对释比、唢呐吹奏者(当地人称为"吹吹")、部分村民进行了访谈,了解了本村传统婚俗及当下盛行的婚礼过程。由于木梯羌寨自汶川龙溪乡搬迁来此地定居后,离成都市的距离较近,并隶属汉族行政区域管辖,寨子周边的人群又多为汉族人,木梯羌寨的青年男女长期在成都及周边城市打工,现代化的婚礼对其有较深的影响,此次婚礼保留了部分羌族传统婚俗,也运用了较多的时尚元素。

(一)婚前礼仪

传统的羌族婚姻,以家长操办为主,婚配的原则需要双方家庭实力、地位较为匹配,男女双方的外形及才能基本相当。婚前礼仪便主要是寻找婚配对象、双方进行磋商、谈判,协定彩礼、嫁妆,以及婚礼的形式和内容等。婚前礼仪没有明确的主题歌唱内容,多是以摆酒席的方式将相关人员召集起来,边喝酒边交流,其中也隐含了一些实力较量、利益纷争,但最终都会通过比较友好的方式得到解决。传统的婚前礼仪主要由双方家长及家族长辈做主,一对准新人基本不参与意见。但随着20世纪自由恋爱的兴起,很多羌族婚姻都是通过青年男女双方确定恋爱关系,敲定结婚意向之后,才进行相关的婚前仪式,一对新人也会参与其中部分环节,并提出自己的意见和要求。传统的婚前礼仪主要有五个环节。

1. 吃许口酒。在羌族婚姻的整个过程中,一般都是男方家较为主动。男子到了十七八岁适婚年龄,家长便托长辈去相中的女方家询问有无婚配自家男子的意愿,通过多次交流,如果女方家愿意结亲,男方家便带上酒,去女方家商讨订婚事宜,此次称为"吃许口酒"。

2. 吃小酒。吃了许口酒,意味着两家都有了结亲的打算,此时男方家便需委托村里德高望重且儿女双全的男子作为婚姻的介绍人,俗称"红爷大人",由红爷及家中长辈多次去女方家正式接洽,商谈订婚事宜,然后定个日子在男方家举行一次"吃小酒"。参与吃小酒的主要是男方家的长辈、亲戚、朋友等,女方家只有直系亲戚(内亲)参加。这一仪式意味着男方家诚意十足,可以进一步磋商婚礼细节了。

3. 吃大酒。吃小酒之后,表明双方已经准备结婚,待适当的时候,双方家长便邀请男女双方的亲戚"吃大酒",相当于"订婚"。由于羌族寨子生活环境相对闭塞,村里的人多会沾亲带故,"吃大酒"参与人数便会非常多,往往是全村人都会参加,吃大酒便是将婚事提上日程,并告知了所有亲戚、邻居和乡民。

4. 过彩礼。通过红爷的多次协调,男女双方家庭商定了彩礼的数量,并选择了良辰吉日,将彩礼送至女方家,称为"过彩礼"。在一些羌族村落,过彩礼的时候要唱歌,有专门的"过礼""押礼先生"等歌曲,如德阳绵竹清平乡民歌"过礼"①唱道:

大门(哟)外面五花(哟)树,搭起(哟)云梯摘樱(哟)花。

左手(哟)摘了三五(哟)朵,右手(哦)摘了三五(哦)串。

左手(哟)摘了头上(哟)戴,右手(哦)摘了随怀(哟)揣。

抬头(哦)看到哪个(哦)来,抬头(哦)看到过礼(哟)来。

人家(哦)过礼抬货(哦)抬,我家(哦)过礼包袱(哟)来。

人家(哦)过礼来得(哦)早,我家(哦)过礼来迟(哟)了。

借钱(哦)借衣耽搁(哦)了,我见(哦)姐姐看礼(哟)物。

礼物(哦)没齐打转(哦)去,礼物(哦)齐了接过(哦)来。

裁缝(哦)铺头下一(哦)礼,扯件(哦)衣裳来过(哦)礼。

裁缝(哦)铺头下二(哦)礼,扯件(哦)袄子来过(哦)礼。

裁缝(哦)铺头下三(哦)礼,扯根(哦)裙子来过(哦)礼。

银匠(哦)铺子下一(哦)礼,打根(哟)圈子来过(哟)礼。

银匠(哦)铺子下二(哦)礼,打对(哟)耳环来过(哟)礼。

银匠(哦)铺子下三(哦)礼,打根(哟)簪子来过(哟)礼。

会看(哟)簪子看花(哟)花,花花(哟)打张检验(哟)底。

此歌是女花夜时新娘哭嫁的内容之一。清平是一个羌汉民族杂居的地区,很早就有羌人定居,但由于地处茶马古道,文化交流、交融比较频繁,婚礼的样式变化也很大。当地婚礼歌曲大多采用三声音阶以 la 和 dol 为主音的两

---

① 孟寿玉(1946—)唱,华明玲记谱。2014 年 12 月对绵竹清平羌汉民歌田野调查时收集。

种调式唱,"过礼"以 la 为主音,旋律单调,唱词内容却很丰富,将婚俗中过彩礼的方式、礼物用一种调侃的口吻唱出来,一方面表达自己的不舍,另一方面也有谦卑、自嘲之意。在木梯羌寨的调查中得知,本寨子无论在汶川原址还是搬迁至现址,过礼时有礼物验收,也有酒席款待,但在女花夜不唱这类歌曲。

5. 测日子、送期单。男方家请释比按照男女双方的生辰八字、属相等因素进行测算,确定好举行婚礼的日子。然后将测算好的婚礼日期及具体婚礼日程送至女方家。至此,婚前礼仪基本完结,后面便是双方家庭按照婚礼的要求安排司仪、鼓乐队、邀请宾客、准备食物、筹备一切所需物资,直到婚期来临。

(二)婚礼仪式

羌族婚礼仪式进行时间较长,不同于当下城市婚礼当天完成的模式,一场婚礼至少需要两天时间,算上迎送宾客大致四天。羌族婚礼仪式也会因为村落地域不同有所差异,但有一点却是共有的特征,那就是始终伴随仪式发展的音乐,包括歌声和器声。当代城市婚礼仪式都是由主持人、新人、双方父母、证婚人、宾客等口头语言进行衔接,偶尔也有酒席间伴随的歌舞表演,但仪式发展并不以歌舞为媒介。羌族婚礼则恰恰展示出别具一格的民族风情,从祭祀(祭神或祭祖)、接亲、哭嫁,到迎宾、酒席和花夜,都沉浸在音乐之中。人们通过歌声,尽情释放喜悦之情,倾诉相思之苦,回顾成长历程,可以说婚礼中的音乐便是羌族人们生活的写照。婚礼上的歌唱既是情感的表达,也是人们联络感情的纽带,通过这些歌唱,增进了亲戚的情感,加强了朋友的友谊,扩大了交际的范围,满足了自我价值的实现,体现了一个民族值得骄傲的文化特征。木梯羌寨的传统婚礼仪式一般有如下程序:

1. 祭祀、还家愿

婚期到了,在婚礼前一天,男方家便要举行还家愿仪式,祭祀神灵,告慰祖先。但现在一些家庭不再请释比举办还家愿仪式,而是由男方长辈领着新郎到户外面向祖宗的方向①进行祭祖。祭祖时家人和接亲的队伍穿戴传统服饰,带着各种祭祀用品,伴随着鼓乐队的吹奏,鱼贯而至祭祀地点,此时男方家

---

① 因木梯羌寨从汶川龙溪乡搬迁过来,祖坟都还在老家。

亲戚和邻居都来观看。祭祀用品有柏枝、钱纸、酒、鞭炮，还有一头待宰的羊。到达地点后，先放一挂鞭炮，算是通告祭祖开始。然后燃烧钱纸，男方长辈开始通告祖先，今天要办喜事，将羊和酒献祭给祖先，希望祖先保佑家庭生活幸福，子孙延绵。随即释比替待杀的羊唱解秽经，便在鼓乐队的吹奏声中，人们开始杀羊，用作宴请宾客。然后接亲的队伍在鼓乐队的音乐声中，出发到新娘家接亲。

还有些家庭举办婚礼，至今仍然坚持请释比主持还家愿仪式，这是比较正式和传统的婚礼。还家愿与羌年还寨愿仪式形式一样，还愿过程和唱经内容也都基本相同，只是还寨愿是全寨子参与，大家共同承担费用，而还家愿由新郎家出资举办。经济实力强的人家甚至会宰杀 5 只羊作为献祭牺牲，宴请宾客，一般人家也会杀掉一两只羊。

2. 接亲

祭祖仪式完成后，男方家组织接亲队伍去女方家接亲。如果要举办还家愿仪式，接亲队伍需按照时辰要求早早出发去接亲，还家愿仪式很长，需在男方家一直进行到第二天凌晨。接亲人员包括新郎、红爷、老姑娘、少姑娘及鼓乐队（图 5-1）的几名男子凑成一桌人（八人）。参加接亲的人员都必须父母双全，意味着婚事的美满幸福。接亲时男方需准备香蜡纸钱、刀头（煮熟的一方猪肉）、灯笼等，用背篼（香背篼）背过去。

3. 上梳

女方在接亲的日子，需要在准确的时辰进行梳妆打扮，因为要变成已婚妇女的发型，故梳头很重要，叫作"上梳"。"上梳"意味着收拾穿戴的最后一道手续，此后便等待接亲队伍的到来。现代婚礼新娘、伴娘化妆，便属于这一环节。

图 5-1　迎亲的鼓乐队

4. 哭嫁

接亲队伍到达女方家附近先鸣礼炮三响，
鼓乐队吹起来。新娘的父母出门接待接亲队伍，新娘便在屋内开始第一次
"哭嫁"。哭嫁是以哭腔唱《哭嫁歌》（谱例5-1）。

谱例5-1

木梯羌寨的《哭嫁歌》旋律为四声音阶羽调式，仍然是一种较为古老的调
式音阶。在节奏上全部采用前短后长的切分节奏，形成较长的拖腔，是典型的
哭腔唱法。在此之前我们也调研过北部方言区杨柳村的婚礼，其《哭嫁歌》也
采用四声音阶，但用的徵调式，节奏也全部采用前短后长的切分音节奏型。两
首《哭嫁歌》旋律音进行虽然不同，但风格相似。哭嫁内容在我国都基本相
同，主要表现女儿对父母、亲人的不舍之情。现在一些羌寨的哭嫁歌已经用汉
语演唱，而早年的哭嫁都是羌语。此次婚礼没有哭嫁的环节，我们便邀请了寨
子里的三位妇女为我们专门演唱了《哭嫁歌》。这首《哭嫁歌》的歌词大意是：
"我的爹呀我的娘，女儿长大了要出嫁。如果我是男子多好啊，就在家里伺候

父母,可惜我是女儿身只能出嫁。"①

5. 女花夜

接亲队伍到达之后,女方家便要摆酒席,宴请女方家的亲戚、朋友及接亲的人。晚上酒席过后,便摆上茶果糕点,新郎、新娘,及男方家的接亲队伍和女方家的亲戚、朋友、邻居等全部围坐,开始"女花夜"(图5-2)。女花夜以唱盘歌和聊天交流为主。木梯羌寨的盘歌音调只有两个《花儿纳吉》和《格姆哟哟》。

唱歌有既定的程序,首先由村里的长辈《唱历史》,然后才是接亲的人群和送亲的人群对唱,在木梯羌寨称为"盘歌",在茂县杨柳村也称为"婚礼对歌"。花夜中唱诵的歌曲有一定的传统规则,从《唱历史》开始,接着《唱桌子》《唱摆设》《十二月开花》《唱宾客》《唱新娘》《骂红爷》《骂接亲》等。歌词有一定的传统规范,也有即兴发挥的空间。

图5-2　女花夜

"唱历史"歌词为汉语,"花儿纳吉""吉吉尔吉"是衬词。去掉衬词,歌词为:

今晚新的一声唱,堂屋中间泡坛酒。堂屋中间泡坛酒,亲戚朋友来吃酒。今晚新的一声唱,月亮团圆十四五。月亮团圆十四五,姊妹团圆今晚上。姊妹团圆今晚上,所有老辈坐上来。所有老辈坐上来,弟兄姊妹坐上来。姊妹团圆

① 杨彩华(1973—　)、杨翠云(1968—　)、杨香华(1976—　)演唱、口译,华明玲记录。2020年1月3日成都市南宝乡木梯羌寨调研婚礼时记录。

今晚上,姊妹分路喝杯酒。男喝三杯是英雄,女喝三杯通脸红。①

唱历史是花夜的开场曲,接着就开始唱盘歌。所谓盘歌,有盘问歌唱之意,即通过问答的方式进行对唱,男女双方的代表通过问答的方式,展示自己的经济实力、社会地位、知识水平等。盘歌采用《花儿纳吉》《格姆哟哟》旋律,歌词不断变化,音调自始至终。女花夜的盘歌由接亲的人群率先开口:"我唱盘歌你来解,一根板凳有几只脚?"。这是一个很简单的常识问题,男方家的歌手立即接唱:"你唱盘歌我来解,一根板凳四只脚"。先开口唱歌的一般是村里辈分高的长辈,随着盘歌的演唱,所提出的问题也越来越多,加入演唱的人也越来越多,最后形成此起彼伏的歌唱效果。盘歌的歌词衬词使用很多,包括"花儿纳吉""哟""尔吉""吉吉尔吉"等,而关键的实词每段只有一句七言诗句。这样的歌曲结构利于演唱者利用唱衬词的时间进行歌词回想或即兴创作,因此盘歌旋律可以反复唱很长的时间,歌词则不断变化。盘歌不仅可以热闹婚礼气氛,也将一些传统风俗通过歌唱的形式进行传承。如《唱板凳》(谱例5-2)歌词很简单,但是却包含一些生活中的数理常识,对于早年木梯羌寨交通闭塞,很少有人能够进入学校学习的情况下,有初级的教育作用。

谱例 5-2

----

① 杨永顺(1977—)唱,华明玲记录。2020 年 1 月 3 日成都市南宝乡木梯羌寨调研婚礼时记录。

《唱板凳》采用《花儿纳吉》民歌曲牌,其旋律为五声音阶徵调式,全曲包含有如下音程:同度(4 次)、大二度(10 次)、小三度(11 次)、大三度(3 次)。其使用的音程仅有四个,使用最多的是小三度和大二度,同度和大三度使用较少,而跳进的音程完全没有出现,因此其旋律进行较为平稳圆润。

《花儿纳吉》旋律以 3/4 拍子为基本节拍构成,有时某些村子会较固定地将某个小节唱为 2 拍,应视为受即兴发挥影响后的结果。在节奏方面,音值组合中均分节奏较少,而短长型和长短型较多,强调了音乐节奏的丰富性。旋律在终止时采用大二度下行终止,且时值短促,比较符合羌族民歌风格特征。但是,我们也应该了解,这些特征绝不是羌族民歌独有特征,在"青海花儿"和"河湟花儿"中也能够找到具有类似特征的曲例,但后者整体演唱风格都较为奔放、自由,而羌族民歌却更为内敛、含蓄。羌族与青海和河湟地区有着族源联系,都曾是古代羌族聚居地,其文化的相似和交融难以避免。目前羌族婚礼上采用《花儿纳吉》唱诵的歌曲多为汉语歌词,但曾经这首民歌却是羌语唱词,且表演场合较多,在节日、休闲时都可以演唱。

2020 年羌年大型庆典活动在理县桃坪羌寨进行,在非物质文化遗产展演中,汶川表演了羌族情歌《花儿纳吉》。青年们分成男女两队,用对唱的形式表达喜悦心情,传递爱慕之意。演唱全部采用汉语唱词,无论羌族还是其他民族的观众都能听懂,反响热烈。而大型演出之前,我们便就羌年和《花儿纳吉》采访了羌年传承人杨贵生释比,他给师生们介绍了羌年的历史与意义,还给大家唱诵了一首羌语唱词的《花儿纳吉》,音调与汉语版完全相同。其中第一段歌词为:pu çi tsa çi mu du(na ɣe jo)(ɣua ɚ na tsi)/tsua phu ɚ tçi(ɚ tsi ne jo)tsa tçi(na)li(jo)(tsi tsi ɚ ne)。歌词共有三段,汉语大意是:今天是个好日子,大家欢聚在这里,庆祝羌历的新年;来自各地的朋友,为着共同的目标,载歌载舞过新年;新年里有新气象,来年五谷再丰收,祝福大家如意吉祥。

杨贵生释比还介绍说,他们小时候就兴起唱汉语的《花儿纳吉》,但是当时的老年人还是比较习惯唱羌语的。他估计汉语《花儿纳吉》是自民国时期"新生活运动"开始提倡的,现在到处唱的都是汉语的,羌语的很少有人还会唱。这首羌语歌词《花儿纳吉》的留存,充分证明了当下汉语唱词《花儿纳吉》的羌文化属性,它是在羌汉文化碰撞过程中产生的新型民歌形式,是文化融合的见证。

《花儿纳吉》唱了一两个小时后,有村里的妇女转换了音调,用《格姆哟哟》的旋律唱起了《夸新人》(谱例5-3)。这个旋律节奏稍快,衬词为"格姆哟哟",一个段落也只有一句七言歌词。主要从新娘的穿着打扮来夸赞新人。《格姆哟哟》和《花儿纳吉》一样,只是一个歌唱旋律的固定衬词,用此命名这一民歌曲牌名称,鲜明又生动。《格姆哟哟》也有很多不同内容的歌词,并带有一定即兴性。但从传统的夸新娘唱词中能够展示出很多羌族女子的装扮、着装等习俗。

谱例5-3

《格姆哟哟》旋律简洁,为单乐句段落,问答方唱腔相同,衬词相同。旋律采用五声音阶徵调式,节奏明快,前长后短的节奏使用频繁,结尾采用同度音短时值终止,这也是羌族民歌常用的终止式。《格姆哟哟》的歌词除去衬词,也是七言结构,但是非常口语化,是妇女们常用的语言特征,在盘歌时也是妇女喜欢唱这个旋律。

6. 发亲

婚礼正日子的早上,按照释比掐算好的时辰,新娘家开始发亲。接亲队伍准备好之后,新娘再次唱过哭嫁歌,算是正式告别父母家人,并由新娘的大哥背着新娘从娘家送上花轿(现在改为汽车),全过程新娘不能落地。

7. 送亲

送亲的队伍主要由女方家的兄弟成员组成,称为"舅子"。送新娘上花轿后,接亲人群与送亲人群开始用羌语对唱《送亲对歌》(谱例5-4)。歌词主要内容由送亲人唱,分为多个段落。而接亲的男方家人歌词很少,每当女方家唱完一段,男方便接唱一句:我们来接新娘了。女方家唱段的歌词大意是:我家女儿是木姐,你家想娶送来了;我家女子十七八,聪明伶俐本事大;管好田产和家务,会养大猪会兴家;我家女儿财运旺,万代兴隆旺婆家……

谱例5-4

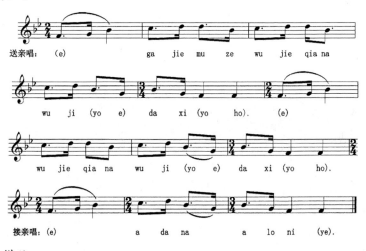

8. 攃煞

迎亲队伍到达男方家附近,便鸣响礼炮,奏响鼓乐迎接新人。新娘到达男方家门口,尚不能直接进入婆家大门。需要由释比进行攃煞仪式,祛除女方带来的煞气后,方能进入家门。杨贵生释比曾口述道:

新人有种煞气,带的那种。你释比要去攒煞,我都去攃过好几次煞哦,解罪。男方那个大门,新人打发过来了,红头巾盖起,要走拢男方的大门两三米远,释比必须精神饱满,要压住她的煞气。释比是正气,煞气是邪气,正气要压到她那个邪气。拿个一碗米嘛,一个鸡蛋,点三炷香,大门上摆一张桌子,把它搁到。然后,把你巴巴实实地叫上来。通过一步一莲花,二步二莲花,步步莲花,步步莲花敬花台,喊你就敬过来。碗给你搁到,趴到搁的,新郎官过来时候,拿那个左脚,"噔"把那个碗要踩得稀碎那种,那么跨过来。①

现在羌族聚居区婚礼,也大多有撵煞的环节。此次木梯羌寨的婚礼,杨贵生释比如上所述进行了撵煞,这样新婚家庭才觉得安心。但目前有一些常年外出打工的年轻人,结婚时基本采用新式婚礼,部分人家便将撵煞这个环节取消。

9. 拜堂

新娘进入婆家大门,要同新郎一起先敬神、拜祖先。然后司仪主持拜堂仪式:"先拜天地,后拜高堂,再拜爷爷、奶奶、父母、姑爷、嬢嬢、哥嫂,再拜四门亲戚! 最后是夫妻交拜。"在拜堂过后,双方母舅嘱咐他们要勤俭节约,发家致富,遇事商量,白头偕老之类的话,并将敬神的青稞、麦子和米等五谷撒向新郎新娘。完成仪式,亲人们陆续上前开始挂红(图5-3),新郎新娘紧挨一起

图5-3 挂红

---

① 阮宝娣编著:《羌族释比口述史》,民族出版社2011年版,第105页。

并排站立,由红爷及长辈将一条条红色绸布挂在新郎新娘脖颈上,将两人合围在一起,而新郎新娘向每一位挂红的长辈、兄嫂鞠躬拜谢。最先挂红的是"红爷大人",称为开拜,然后挂红的顺序是男方的舅舅、叔叔、姑姑、姨娘及其他亲朋好友等。哥哥、嫂子最后挂红,称为收拜。亲人为新郎新娘挂红之后,两人便被绑在了一起,意味着共同生活的开始。

10. 酒席

拜堂完成后,由支客师按照宾客的身份、地位安置席座,红爷和舅舅等尊贵长辈坐在一桌,娘家送亲的人和本寨子的陪同人员(称为"老朋")单独坐一桌。开席时由"老朋"开哑酒坛,并唱诵《十二月酒歌》(谱例5-5)。席间新郎新娘给宾客敬酒,首先便是从红爷、长辈开始,然后是送亲的一桌贵客。

谱例5-5

《十二月酒歌》以歌唱的形式,在酒席上唱诵,将一年四季更替,十二个月的农事、作物、花卉、祭祀、节日活动等都一一道来,有记录历史、传承民俗、教育青年人等功能。

11. 谢红爷

酒席快结束时,新郎家将准备好的一个猪头、一条猪尾、两块猪肉、两条红布、两瓶酒、两包烟送给红爷大人以表谢意。

12. 男花夜

男花夜仍然是以歌舞娱乐活动为主。宾客们在酒席过后便围着火塘跳萨朗舞,参与人群比较自由,随时都可以进入舞蹈的队伍中,也可以随时退出,直到大家尽兴。之后主人家便摆上酒水、干果、零食等,开始唱盘歌。唱歌的形式和内容与女花夜相似,但不唱《骂红爷》和《骂接亲》等,会加入夸新郎、祝福婚姻等内容。

13. 答谢

酒席过后,主家要答谢宾客,谢厨子和谢吹吹(唢呐)。谢吹吹时,两名唢呐手接受主家的谢礼之后,在主家吹响"过街调",倒退着边吹边走出主家门十数米远,然后才停止吹奏,离开主家,十分有礼节和风度。

(三)羌族婚礼仪式中的唢呐及吹打乐

唢呐是羌族仪式音声中最突出的有音高乐器,无论在节日、婚礼或葬礼中,唢呐都担任着重要的任务,并与羌族吹打乐一起,构成了羌族婚礼上最为凸显的仪式角色。羌族婚俗有着明显的地域差异,婚礼上使用唢呐的习惯也不尽相同。有时仅仅通过唢呐手的吹奏调度仪式进行,有时又会加入吹打乐队一起演奏;还有一些村落,唢呐与吹打乐始终配套出现,形成五人一组的吹打班子,在婚礼上也以班子的集体演奏贯穿仪式。"吹打乐"是对中国传统器乐种类《鼓吹乐》的民间叫法。有的学者将其视为两类乐种,有的则合二为一。根据羌族民间使用的功能和技术特点,本书称为"吹打乐"。杨荫浏先生考证:"鼓吹乐兴起于汉代,一直延续发展至今,乐器主要由击乐器和吹乐器为主,击乐器中间,鼓的作用特别重要,吹乐器中间,主要有排箫、横笛、笳、角等。"[1]吹打乐便于行进中演奏,其声音洪亮,节奏整齐,能够引起周围人群注意,在仪式中起着庄严仪式、热闹场景和衔接仪式程序等作用。中国传统的吹打乐使用的乐器并不固定,民间曲牌也有明显的地方特色。

　　羌族吹打乐使用的乐器较少,也比较稳定,吹奏乐器主要是唢呐和竹笛,现今基本上只用唢呐。打击乐器一般由一个小鼓、一副或两副大钹、一个镲镲、一面大锣等构成,其打击乐器形制较小,种类较少,其中鼓的作用与其他几件打击乐器相当,并不是十分突出和重要,在曲牌使用和打击乐节奏方面有自己的特色,因此称之为"吹打乐"是比较恰当的。中国传统的鼓吹曲牌十分丰富,有雄壮热烈的十番锣鼓《将军令》《大得胜》等,也有比较细腻的细吹锣鼓《万花灯》《满庭芳》等。四川也有吹打乐曲牌《正将军令》,是一首结构有所变化的装饰变奏体,其风格严肃厚重,常穿插在热烈气氛中演奏。甘肃道教音乐曲牌《将军令》是宗教仪式音乐,用于更衣、上香、叩拜、列队行走的过程中吹奏,仍然有严肃庄重的特点。羌族民间现在流传的吹打乐曲牌主要有《祭白酒》《将军调》《过街调》等。其《将军调》与我国传统器乐曲牌《将军令》并无相同之处,其余的曲牌也有独立特性,应为少数民族民间器乐曲牌。这些曲牌大多采用一两只唢呐吹奏旋律,曲牌的使用有一些传统规定,但也可以由村落乐手自由调整;有些村落有人能够吹奏竹笛,有人能够吹奏唢呐,便都可以一起来吹奏旋律,但羌笛一般不参与吹打乐的合奏。旋律部分吹奏的曲牌和难度主要根据乐手的技能而定,打击乐部分很少出现变化,几乎都采用 X͟X͟X͟ X节奏进行齐奏,打击乐之间也无明确的声部分配。茂县南部的村落,会将吹打乐进行严格的配置,一套班子固定五人,在红白事中,主人家请乐

---

　　①　杨荫浏:《中国古代音乐史稿》(上册),人民音乐出版社 1981 年版,第 109 页。

队一般都会请整个班子。在婚礼仪式和丧葬仪式中吹打乐队发挥着重要的作用。

在2020年1月1日至4日木梯羌寨婚礼过程中,聘请了唢呐手两名,打击乐班子则是村里自备的。唢呐手陈德平(1966——)18岁跟随老辈子学习唢呐、羌笛,现为邛崃市羌笛非遗传承人,家住金花村,距离木梯羌寨5公里。陈德明(1962——)是陈德平的二哥,也住在金花村,跟陈德平学会唢呐。他们吹奏的唢呐曲调为世代祖传,共有9首不同的曲牌,也可以在花夜唱盘歌时吹奏盘歌的两个音调。唢呐作为一种民间乐器,在我国大部分地区都有流传,主要用于婚丧、节日耍灯、社火等仪式中,其曲牌内容十分丰富。木梯羌寨、直台羌寨与金花村(木梯羌寨二组)地震前同属汶川龙溪乡,风俗习惯比较接近,木梯羌寨和金花村的红白喜事都是由陈德平兄弟吹奏唢呐,直台羌寨则有自己的唢呐手,据陈德平介绍,两村唢呐曲子都一样,吹奏方式大体相同。

陈氏兄弟在婚礼上吹奏的唢呐曲牌有《过街调》《长过街调》《上席调》《下席调》《将军调》《离娘调》《开哑酒坛》《祭白酒》《三吹三打》及《盘歌》音调。整个婚礼程序便是通过唢呐的吹奏有序进行,也可以说唢呐便是婚礼的司仪、指挥。实际上婚礼有完善的组织体系,包括以村支书、村主任、村组长为代表的人员,负责迎宾、司仪、支客、餐饮等系列工作。但对来宾及工作人员来说,唢呐声音嘹亮,寨子的任何角落都能够听见,因此均听从唢呐音乐展开各项活动。下面列表说明本地唢呐曲牌的音乐形态及功用。

木梯羌寨唢呐曲牌音乐形态及功用

曲牌名	调性	节拍	每分钟节拍数	功用
过街调	F 徵调式	4/4 5/4	66	迎送宾客、接亲行进、随时吹奏
离娘调	F 徵调式	4/4	60	出嫁时女方离家前吹奏
长过街调	F 徵调式	4/4	66	接亲行进至大街时吹奏,壮大声势
将军调	F 徵调式	4/4	70	接亲行进至上下坡,道路危险时段提示性吹奏
祭白酒	F 徵调式	4/4	66	敬神、敬祖先时吹奏
开哑酒坛	F 徵调式	4/4	68	开席前的开哑酒时吹奏

续表

曲牌名	调性	节拍	每分钟节拍数	功用
上席调	F 徵调式	4/4	60	开席时催促宾客入座
下席调	F 徵调式	4/4	60	宾客用餐后吹奏,请宾客回客房歇息
三吹三打	F 徵调式	2/4	66	与锣鼓队配合接亲时吹奏
盘歌	F 徵调式	3/4 2/4	72	女花夜、男花夜唱盘歌时吹奏(非正式曲牌)

从上述列表可见,唢呐所吹奏的内容,已经涵盖整个婚礼仪式的各个步骤。而每个步骤的仪式内容不同,唢呐的音乐风格便有所不同。陈氏兄弟吹奏的唢呐为♭B 定调唢呐,因此所有的曲调都为♭B 调。而根据笔者记谱分析,所有的曲牌都使用徵调式。在节拍上以 4/4 拍子为主,《三吹三打》为典型特征的 2/4 拍子,其余出现的混合拍子现象极有可能是传承中节奏不准确造成,因吹奏时节奏比较自由,音高也不是很准确。此次记谱,基本按照实际吹奏的记录(曲谱见附录)。

1.《三吹三打》热闹气氛

曲牌中的《三吹三打》主要用于婚礼中烘托气氛,并与吹打乐队构成吹打仪仗,配合婚礼仪式的举行。木梯羌寨 1 月 1 日至 4 日婚礼是比较特殊的本寨子男女成婚,女方家嫁女仪式两天,男方家接亲仪式两天。《三吹三打》(参见附录)用于男方家的接亲队伍到达女方家门前时以及结婚拜堂时吹奏,与锣鼓队配合完成。速度为所有唢呐曲牌中唯一较快的,采用 2/4 拍子,锣鼓节奏整齐简洁,主要采用×××̲ ×××̲节奏型,配合唢呐音调,曲风欢快热烈。

2.《祭白酒》庄严仪式

《祭白酒》曲风庄重、内敛,用于男女双方家庭敬神、祭祖、杀羊时演奏。此次婚礼,1 月 1 日上午 9 时许,女方家便聘请了释比杨贵生为婚礼进行了敬神、祭祖及杀羊解秽等程序。3 日早上男方家举办接亲仪式,没有聘请释比敬神,而是男方父亲亲自祭祖。上午 9 时许,唢呐与锣鼓仪仗队伍来到新郎家,与参加祭祖的队伍一起去往寨子后面的空地举行仪式。唢呐率先吹响《祭白

酒》,锣鼓队的节奏变化较多,最初仍使用 ××|×× × 的节奏型,之后变化为 ××× ×××| 等节奏。仪式队伍的顺序依次为:村民牵羊提前出发,接着村支书手持柏树丫带队,伴郎双手端祭祀盘紧随,此后是新郎、唢呐一(陈德平)、唢呐二(陈德明)、小鼓、大钹、大锣、铛铛,及手拿纸钱的男方父亲、拿鞭炮的亲友数人,亲戚、朋友、邻居随后,队伍长达百米,全部穿戴羌族传统服饰,庄严而喜庆。到达祭祀空地①,摆上祭祀用的白酒、刀头、馍馍等,鼓乐队反复吹奏几遍《祭白酒》(参见附录)曲调,便开始放鞭炮、烧香蜡纸钱,男方父亲跪拜祖先,通告儿子婚事,然后杀羊。祭祀完成后,仪仗队伍再奏乐回到主人家,准备出发去接亲。

3.《离娘调》催生离别情

这 9 支唢呐曲牌中,只有《离娘调》曲风婉转、幽怨。此次婚礼被寨子的人称为"不娶不嫁",意思是新娘不用离开娘家、告别父母,因此婚礼上缺少了忧伤的哭嫁环节,唢呐也不吹奏《离娘调》。但婚礼间歇期间,两名唢呐手给我们团队和成都大学、四川音乐学院的师生完整吹奏了这些曲牌。《离娘调》(参见附录)速度较慢,每分钟 52 拍,采用 4/4 拍子,节奏舒缓。最有特点的是波音和前倚音的运用,短短 17 小节,用波音或前倚音的地方就有 11 处之多,通过这些装饰音,营造了悠悠离别之意,这种装饰音的手法在其他 8 个曲牌中都不多用。

9 支唢呐曲牌风格各异,功能不同,但整体来看,曲风都比较柔和、婉转,与北方曲牌洒脱、跌宕起伏的风格完全不同。据传承人说,这些曲牌都是祖上传下来的,但从曲调中也听不出羌族民间音乐的风格,其传承和发展脉络有待进一步考证。

4. 不同羌族村落唢呐曲牌的个性特征

羌族村寨仪式中一般都由两名唢呐手吹奏,他们有时同时吹奏相同的旋律,有时一支吹奏,一支休息,在仪式中承担指挥和转换仪式环节的作用。经过田野调查和文献比对,现将成都南宝乡木梯羌寨(陈德平、陈德明吹奏)与

---

① 据杨永顺介绍,在汶川时需去祖坟祭祀,搬迁后祖坟太远,只好就近选择一块空地。

理县蒲溪乡河坝村（杨双福、徐龙宝吹奏）、理县薛城镇箭山村（潘保林、王秀清吹奏）羌族婚礼中的唢呐曲牌内容列表说明：

仪式环节	成都南宝乡木梯羌寨	理县蒲溪乡河坝村	理县薛城镇箭山村
迎送宾客		《接母舅调》	《接母舅调》
	《过街调》	《过街调》	《过街调》
			《送母舅调》
敬神祝福	《祭白酒》	《敬神调》	
	《开哑酒坛》	《开坛调》	《开坛调》
宴席	《上席调》		《上席调》
	《下席调》		《开席调》
			《下席调》
哭嫁	《离娘调》	《离娘调》	
接亲	《三吹三打》	《接亲调》	《挂羌调》
	《过街调》	《开门调》	《接亲调》
	《长过街调》	《进门调》	《过路调》
	《将军调》	《催亲调》	《过街调》
		《过街调》	
		《上花轿调》	
		《下花轿调》	
拜堂	《三吹三打》	《拜堂调》	《拜堂调》
		《清河调》	《清河调》

　　从整体情况来看，三个村寨唢呐曲牌数量相差不大，功用也基本相同，体现出羌语南部方言区羌族婚礼仪式环节的相似性。木梯羌寨唢呐曲牌共9支，河坝村13支，箭山村12支。河坝村在接亲仪式上曲牌内容最为丰富，每一个细节都有相应的曲牌；箭山村在酒席环节的曲牌最完整，包括上席、开席、下席；而木梯羌寨在接亲行径中曲牌最丰富，走平路用《过街调》、过街道用《长过街调》、走险路用《将军调》。从曲牌名称来看，《过街调》和《开坛调》是

三个村寨都共有的曲牌。《过街调》是用于接亲队伍通过村镇街道时,为了吸引民众注意、显示婚礼的隆重而吹奏的曲牌,但也可广泛用于迎宾、接亲、送亲等行进中使用。

5. 不同村落唢呐曲牌音乐主题的相似性

通过对上述三个村寨唢呐音乐形态的比较发现,它们在音乐的调性、旋法,甚至核腔等基本形态方面,都有诸多相似之处,明显有着共同的起源和传承方式。如木梯羌寨的《过街调》(谱例5-6)以4/4拍子为基础节拍①。

谱例5-6

除去歌头,其核腔音符进行顺序为:sol-mi-sol-re-mi-sol-re-mi-re-dol(见谱例5-6中方框部分),这一核腔与理县薛城镇箭山村《过街调》②(谱例5-7)和《拜堂调》(谱例5-8)基本相同(见谱例中方框部分)。

谱例5-7

---

① 其中有一个小节为5拍,可能是演奏者节奏自由造成。

② 杨文芃:《羌族婚俗仪式音乐的研究——以阿坝羌族州理县羌族为例》,硕士学位论文,河北师范大学,2018年,第65—67页。

谱例 5-8

此外,木梯羌寨的《上席调》(谱例 5-9)与理县薛城镇箭山村《上席调》
(谱例 5-10)虽然记谱分别采用 3/4 拍子和 4/4 拍子,实际因节奏自由,并没
有太明显的节拍规律。两首曲牌都采用 F 徵调式,有相似的开头部分(见谱
例中方框部分),也都有非常多的长时值句尾音,并都在徵音上停留一小节结
束。无论从乐谱或听觉上来看,两首曲牌在风格上极为相似。

谱例 5-9

谱例 5-10

木梯羌寨《祭白酒》(谱例5-11)的节拍和旋律与理县蒲溪乡河坝村的《开门调》①(谱例5-12)有十分相似的骨干音和旋律发展规律。两支曲牌同为♭B调,4/4拍子,并均为F徵调式。我们都选取其中7个乐句(谱例中一个方框为一个乐句)进行比对,两首曲牌的句尾音均是sol-re-dol-la-re-dol-sol,音乐的旋律发展方式十分相近,只是变奏、加花等细节处理不同。

谱例5-11

谱例5-12

通过上述分析发现,三个村寨唢呐曲牌在主题音调上有部分相同或相似,在旋律发展手法上有很多相似之处,在乐句结构及句尾音方面也能找出高度相似的范例。因此我们认为,羌语南部方言区的部分羌族村落,在婚礼中吹奏的唢呐音乐有着同宗器乐曲牌的特征。音乐学家冯光钰对中国曲牌有过深入的考证和研究,他认为:"同宗器乐曲牌好似同一个宗族繁衍出来的后代一样,彼此在音乐主题、特性音调、结构、音阶、调式等方面都有着一定的共性和相类似之处。形成器乐曲牌同宗网络的主要原因,是我国传统音乐特有的思

---

① 杨文芃:《羌族婚俗仪式音乐的研究——以阿坝羌族州理县羌族为例》,硕士学位论文,河北师范大学,2018年,第40页。

维方式及音乐资源共享的创作机制所使然。历来的器乐曲牌音乐作为群众集体创作的产物,从来没有一个绝对权威的定本,其创作过程并不是一次完成、一劳永逸之举,任何演奏者(也是变体的编曲者)都可以在原曲牌基础上进行再生式的改编创作,进而衍生出子辈、孙辈、曾孙辈,使同宗器乐曲牌子孙满堂,遍地开花,网络系统不断扩大。"①这些羌族村寨使用同宗器乐曲牌以相同的功能吹奏唢呐,能够证实其在民俗文化方面有着相同的基因和相似的传承方式,是证明其族源关系的重要支撑材料。

二、茂县永和乡腊普村大藏仪式及音声

2021 年 5 月 10 日,茂县永和乡腊普村(原渭门乡永和村)一位老人去世,家人为其举办了规模宏大的丧葬仪式,本地俗称"白事"。按照当地习俗,凡是老人去世,其亲属会根据与主家的关系出资邀请释比、盔甲、吹打或马马灯参加丧葬仪式,主家负责所有人的吃住。此次白事由主家的儿子、出嫁女子及侄女等直系亲属出资聘请了 8 个盔甲、14 个释比、10 个马马灯及 4 套吹打②。课题组通过调查和访谈,了解到仪式中的人物角色、音声内容及音声含义等。

(一)仪式中的主要角色

盔甲本地羌语称为"尕哒",是羌族守护神,又称为八大将军。仪式中担任盔甲的多为释比或释比助手,他们懂得白事的一般程序和诵唱的内容。盔甲头子则必须由经验丰富的释比担任,因仪式中要领唱十余首丧事歌曲,还要进行打碗解卦等事项。盔甲在仪式中手持用竹竿撑起的三叉纸花,新中国成立前需头戴皮帽,身着牛皮铠甲,现在已没有专门制作的铠甲,故身穿便装。三叉纸花是八大将军的武器,三个叉分别代表山顶神、树林神和山脚平神,盔甲的角色意义是穿戴铠甲手持武器,用以挡住灵魂回归路途上遭遇的狗、怪物等阻挡,引导灵魂平安回归,升天极乐世界。盔甲还需担任敬门神、接送宾客、

---

① 冯光钰:《中国曲牌考》,安徽文艺出版社 2009 年版,第 337 页。
② 一套吹打班子共 5 人,包括唢呐、铛铛、钹、锣及鼓。所有本地吹打都熟练掌握红白事吹打曲牌,仪式中按照相关程序,大家能够随时共同演奏同一曲牌。吹打班子越多,声音越大,情绪越热烈,喻为"办得热闹"。

唱赞死者、送走邪气、送魂魄等职责。

释比在当地羌语中称为"许",在本次白事中也未穿戴五佛法冠、羊皮褂等释比装束,只是身着便装。释比师傅大多手执拨浪鼓和响盘,徒弟们则敲击羊皮鼓。在本地白事中,释比负责敬神、安顿死者灵魂、迎送宾客等事项。如果主家需要,则由主家重新出资在安埋死者后做法事"打扫房子",将死者家里的邪气秽气清理干净,使家庭安昌。

马马灯是兴起于明清时期的汉族耍灯,一般用于过年、过节中时耍灯娱乐、拜年送吉祥,被拜的人家还会给一定的红包来答谢。此次葬礼上表演马马灯的共10人,1人为牵马者,1人为赶马者,8人表演灯舞。表演者身穿整齐的羌服,扬着马鞭,骑着马灯,进行歌唱和舞蹈。为了马灯的灯亮效果,最后的集体丧葬舞蹈表演一般在夜晚进行。马灯的纸马由竹子编制身架,白纸包裹马身,彩纸扎在马脖子上构成,鲜艳喜庆。

(二)前往主家

被主家大儿子邀请的八个盔甲和两个释比先在大儿子家集合,准备一起去往相邻的主家。在出发之前,盔甲要唱一段歌,释比则用羊皮鼓伴奏,达到通告群众的效果。此时释比击奏出舒缓的节奏,采用连续后附点音符 ××· ××· ××· ,盔甲在羊皮鼓的伴奏下唱《出发了》(谱例5-13)。这首歌曲旋律采用五声音阶徵调式,节奏自由,3/4拍子比较明显,但开始和结束小节节拍模糊。节奏中连续使用的八分附点音符增添了曲调的沧桑风格。歌词大意是:主家请我们来做事,我们快出发了,免得亲戚朋友等待,白事要开始了,我们走吧。唱完这首歌,大家便随意走到主家,不再击鼓和歌唱。

谱例5-13

(三)敬门神

到了主家门外,大门前摆着一张桌子作为香案,上面放着升斗、一个刀头、八杯白酒。斗里装的玉米,玉米里插着点燃的香。孝子身穿孝服磕头接待盔甲和释比。但盔甲、释比不能直接进入主家的院落,此时需要先敬门神。盔甲面向香案两竖队站立,每队4人。右边最前面的一人为盔甲头子,此次便是杨芝全释比担任,盔甲头子带头领唱,后面三人即刻接唱进去,唱完一句,左边4名盔甲跟唱一句。盔甲唱时,唢呐和羊皮鼓停止,待唱完一段,再奏响。此时盔甲唱诵《敬门神(一)》(谱例5-14)。这段旋律采用五声音阶宫调式,旋律均为级进,节奏非常工整,全部采用四分音符,曲风有力,有一种由呼喊口号转换成旋律的韵味,凸显铠甲舞的雄壮气魄。歌词大意唱诵了大门将军(门神)的功用,然后指出大门将军失误放进了邪气、带走了家里主人的事实,最后请求大门将军必须守护好大门。

谱例5-14

释比击鼓不停歇,在门口三进三退表示恭敬,然后边击鼓舞蹈,边用不同的音调唱《敬门神(二)》(谱例5-15)。这段旋律与盔甲唱的《敬门神(一)》风格不同,采用五声音阶羽调式,旋律舒缓,以均分的八分音符构成主要节奏,配合羊皮鼓的伴奏鼓点,可听性强。

谱例5-15

(四)赞死者

唱完《敬门神》之后,释比跳着舞步进入堂屋,来到棺材前,面对棺材三进三退表示对死者的敬意。孝子们着孝服跪地接待,妇女唱《哭丧歌》,释比则转换音调,用另一首旋律唱出《赞死者》(谱例5-16),此时释比师傅摇动拨浪鼓,徒弟则轻声密集击打羊皮鼓作为歌唱的伴奏。《赞死者》歌词也从责怪大门将军失职,害得鬼怪带走了死者的话题开始,然后唱赞死者生前的功德。

谱例5-16

(五)哭丧

在释比和盔甲到来之前,便有死者的家人女眷及先后来奔丧的妇女,跪在棺材前唱《哭丧歌》。有些赶来奔丧的妇女刚进寨子,便控制不住情绪,开始边哭边唱。到了主人家堂屋,看到死者的棺材更会与女主人一起哭成一片,纷纷各自唱诵《哭丧歌》(谱例5-17)。大家唱的音调相同,但是歌词不同,每个哭丧的人会根据自己与死者的关系,以及死者对自己的帮助等内容,即兴编词。有些因与死者关系亲近,哭得十分动情,致使唱诵也开始跑调,速度加快,但是始终坚持以唱的形式哭诉。

谱例 5-17

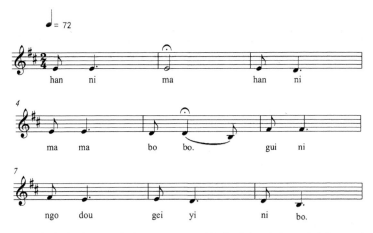

《哭丧歌》旋律采用四声音阶羽调式,旋律进行平稳,以同度、二度进行为主。采用 2/4 拍子,连续切分节奏,形成哭喊唱腔。这个哭丧歌的音调在羌族村落流行较为广泛。哭丧不仅是羌族送葬中的习俗,在四川汉族地区的农村葬礼上,这一习俗也还有少数地方有保留。两个民族《哭丧歌》旋律风格虽不同,但都采用古老的三声或四声音阶,歌词都比较口语化。谱例所示的歌词大意为:我的妈妈,你去世了,女儿隔得远没有孝顺您,没有伺候好您。现在您上天了,您慢慢去,不要恼气,不要抱怨我。

(六)接亲戚

此后八个盔甲需要担任全部接亲戚的任务。率先到来的是主家的娘家人,带着各种白事用品,牵着一只羊,并请了一个释比师傅带着一个徒弟,一套吹打班子(5 人)。放响一挂鞭炮后,拿着各种丧葬用品的亲戚陆续往主家走,释比一边击鼓、一边跳舞往主家而来,吹打班子奏着音乐跟随其后,盔甲手执三叉花站到路口迎接,场景热闹。

盔甲站在路口接待之时,需唱《接亲戚》(谱例 5-18)。此歌旋律采用五声音阶徵调式,基本节拍为 4/4 拍,但在演唱时第三小节总是唱成 5 拍。节奏上少有均分,不是切分就是附点,构成相对复杂的前短后长和前长后短的节奏型。歌词大意是:当官的来了,释比来了,亲戚来了,村子上的人都来了,我们都来迎接了。

谱例 5-18

亲戚们径直来到主家堂屋,穿上孝服,下跪叩拜,妇女继续唱《哭丧歌》,哭声此起彼伏。娘家人请来的释比击鼓舞蹈不能停息,走到门前同样需要三进三退敬礼之后才进入堂屋,继续击鼓舞蹈。吹打班子不进屋,只站在院子里不停地演奏,节奏急促,唢呐间歇演奏,音乐节奏爽朗,曲风热烈。

娘家人来过之后,主家的侄女也带着两位释比到来了,接待程序与此前相同,盔甲唱的歌也一样,此后是远近亲戚、朋友等陆续到来,有的带来了释比,有的带来了马马灯,有的又带来了几班吹打班子。而《接亲戚》的歌词具有通用性,盔甲反复唱诵,接待礼仪周到。每次接到亲戚后,亲戚走在前面,盔甲便抖动三叉纸花,跳起雄壮的盔甲舞,口中嘶吼"噢……",彰显雄壮、威武之风。来参加葬礼的亲戚大多手里提着白事用品,妇女们则加入唱《哭丧歌》的行列。

(七)唱吉祥经

每一批亲戚和释比拜完死者后,盔甲都要来到堂屋里棺材前,面向棺材两个竖队站立,唱《吉祥经》(谱例 5-19)。此旋律为五声音阶宫调式,切分节奏使用频繁,带着长长的拖腔,有颂赞歌的风格。歌词大意是:当官的来送你了,释比来送你了,盔甲来送你了,亲戚朋友都来送你了。你要喜喜欢欢地去,不要找家人的麻烦,要保佑一家人平平安安。

谱例 5-19

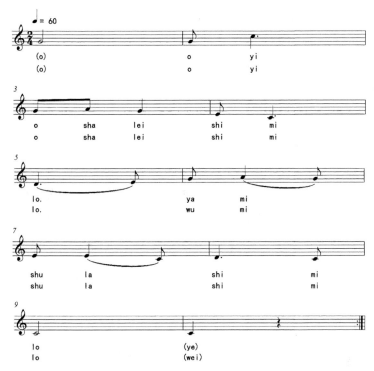

(八)马马灯

《马马灯》队伍来的时候有一套礼仪。队伍到了大门前先唱《茶歌》,再唱《一杯酒》,然后进堂屋唱《看四方》(谱例 5-20)。这几首音调都采用汉族民间小调的旋律,节奏欢快。歌词内容多为夸赞主家房屋、家底、人缘、财力等。演唱时由牵马汉子一声嘶吼,锣鼓便奏响整齐的节奏 <u>×××</u> <u>××</u>,牵马汉子领唱一句,赶马的众人合一句。

谱例 5-20

金 山（里 呢）墩 （呐）（哟）喂）

银 柱 （喂）头 （哟）喂）。

（九）跳祭祀舞

临近傍晚,亲戚朋友都到齐了,释比、马马灯、吹打班子,以及所有亲戚、邻居都来到村里的坝子上开始祭祀亡灵。这里事先有过简单的布置,用桌子摆了香案。吹打班子站在坝子旁边开始吹奏,释比、盔甲和马马灯开始穿梭跳舞。此次所跳的祭祀舞不同于以往的记载,没有人声的歌唱,也没有群众的参与,只是释比、盔甲和马马灯的穿梭表演,以及吹打班子不停歇的吹奏。他们各自用着道具,或击鼓或舞动三叉纸花或扬鞭赶马,逆时针方向穿梭跳万字格舞,孝子跪在香案前,亲戚、朋友、邻居站着围观。

其间有马马灯队伍的单独表演,也有释比的羊皮鼓舞蹈表演。马马灯主要是赶马和跑跳穿梭的动作,羊皮鼓舞则有丰富的变化,既有浓重的民间信仰色彩,也有很强的观赏性和娱乐性。14个释比全部在场,释比师傅左手执拨浪鼓,右手摇动响盘,徒弟则敲击羊皮鼓,采用半蹲体态跳舞,即所谓的"禹步",拨浪鼓、响盘和羊皮鼓敲击的节奏相同,脚下踏着相同节奏的舞步,通过变换各种队形、身体和手部动作,达到敬神、敬人和娱乐审美的效果。这些动作变换被释比称为"敬四方""拜四方""卍字格""狗结子""狮子头""蛇蜕皮"等。"敬四方"和"拜四方"是指敬四方的神灵和亲戚朋友,是与民间信仰相结合的民俗行为。

（十）打碗

跳完祭祀舞,大家入座酒席,共进晚宴。饭后已是晚上十点过。释比、马马灯及亲友可以入住主家安排的住所,盔甲则还有一个程序"打碗"。打碗是用一只碗来打破以此送走污秽之物,使其不再祸害主家,并通过破碗的碎片测算吉凶,看还会不会有死人的情况发生,以便及早做法事预防。

用来打破的碗放在大门的门槛外面,盔甲面对大门站成两排,盔甲头子往碗里烧钱纸,边烧边领唱《驱邪气》(谱例5-21),仍然采用两队盆甲一唱一和的方式进行。此旋律为带曾(降 xi)音的六声音阶,但终止时居然落在曾音上,盆甲唱了多次皆是如此,故不应看作是唱跑了调,而应该是羌族特有的音高游移现象,是比较特殊的调式类型。唱词的大意是盆甲指出一条道路,让邪神邪气顺江流走,不要再回来危害本地民众。

谱例5-21(唱腔的开始部分)

唱完主题之后,盆甲后往岷江下游数唱了很多地名,最后甚至唱到了北京及更远的地方。唱完之后碗已烧得滚烫,盆甲头子随即领唱《打碗》(谱例5-22),与第一个旋律在节奏上比较相似,多采用八分附点音符构成节奏上重音突出的效果。此旋律采用五声音阶角调式,节奏稍显自由,但节奏重音明显,比较有力量。唱诵采用一问一答的方式,歌词大意是:我们准备打碗了,要不要得? 要得要得,我们打碗了! 唱完之后盆甲头子拿起碗摔在地上当作打卦,并从破碎的瓷片里分析是阳卦、阴卦或圣卦的结构。当天的仪式内容宣告结束,盆甲去主家安排的人家睡觉休息。

谱例5-22

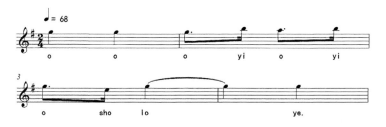

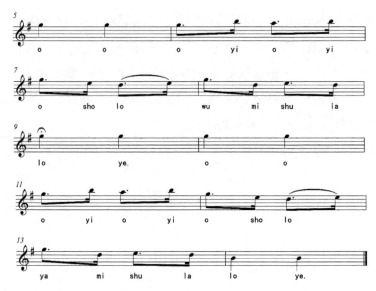

（十一）送魂归西

第二天一早,主家安排亲戚将棺材搬到事先挖好的墓地埋葬,孝子、亲戚都去送葬,释比和盔甲都不参与。待埋葬好死者,送葬队伍都回到村子后,释比和盔甲又领着众人前去举行"送魂"仪式。"送魂"地点不在坟头,而是与墓地相对的半山腰上。释比在前,盔甲居中,马马灯随后。到达指定地点后,在上方设立香案位置,点燃香蜡钱纸,释比围绕在周围击鼓,盔甲面对香案两竖队站立,一问一答唱《送魂归西》(谱例5-23)。这是由均分节奏构成的简短旋律,五声音阶角调式,唱词的段落很多,加上节奏规整,有诵念的风格。歌词大意是请死者的魂魄顺江而上,翻过雪山,顺着祖先走过的地方回到极乐世界。

谱例5-23

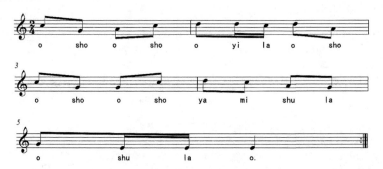

（十二）送葬

唱上述旋律的时候，要数出很多地名，均是沿着岷江一路往上游数去，直至数到祖先居住的地方。唱完之后，释比在前，盔甲随着，马马灯在盔甲之后，送葬的队伍跟随一起跨过山谷来到坟地，释比击鼓，盔甲执三叉花，马马灯扬起鞭子，一起围绕坟头逆时针转三圈跳舞，盔甲边转圈边唱《送葬歌》（谱例5-24）。这首旋律采用带变宫音的六声音阶羽调式，旋律婉转悠扬，节奏变化较多，很少有均分节奏，八分附点和后附点音符均连续使用，形成严肃、古朴和庄重的风格。歌词内容与《接亲戚》相对应，表示接来的这些人都来送葬，死者灵魂可以安心去往西方极乐世界了。

谱例5-24

之后众人离开坟地，回到主家坐席，只留下盔甲将三叉纸花及撑纸花的竹竿烧掉，最后回到村子用餐。午餐后白事便办完了，有的主家会另外出资留下释比做法事打扫房子，这是一种常见的消灾仪式，释比通过请神、打醋坛、敬神、唱经、作法等，清除主家屋里及周围的邪气、秽气，保护主家人畜兴旺、诸事顺心。

三、成人礼

（一）穿插在节庆仪式中的成人礼环节

传统的羌族成人礼只限于为男子举办，但目前穿插在各种节日中的成人礼比较包容，都是男孩、女孩一起参加。第一种形式的成人礼比较随意，各地穿插成人礼仪式的节庆虽不相同，但是都有隆重的祭祀环节，在祭祀神灵之后,顺便举行成人礼。马宁曾撰文分析过羌族成人礼,并列举了本世纪初北川恢复的祭山会仪式中所穿插的成人礼仪式,文中这样记录:"成年礼是羌族为男性青年举行的一种极其隆重的仪式,以接受对性别社会价值规范的认识。一般是祭山会时在神树林中举行,届时全村年满16岁的男青年身着崭新的羌族传统服饰在神林中的空地上集合,释比头戴猴头帽,身穿法衣,手握法器,面对石塔,先对天神木比塔进行祭祀,再对火神、树神、山神、地盘业主、祖先神等诸神一一祭祀,接着将一只红鸡公宰杀并把鸡血淋在石塔及塔上压的烧纸上,让神灵享用,希望他们保佑全村的男青年茁壮成长,成为一名真正的男人,释比一边念咒,一边带领他们绕'神塔'游走三圈,然后给每一名男青年发放一条白色的公羊毛线,并用手指把陈猪油抹在他们的前额上,表示天神保佑,命根有系,已成人了。接着进行'请冠郎神'占卜仪式……接着喝酒、吃肉,唱羌族古歌,表演'盔甲舞'。回家以后,家人会给这些'新男人'准备丰盛的晚宴来庆贺他们成为大人,晚上还要由男青年的男性祖辈老人带领全家男性做法事,诸亲友围火塘而坐,男青年着新衣,由老人带领向供有祖先的神龛下跪行礼,……祭祀家中诸神。"①马宁所描述的羌族成年礼未准确说明仪式时间,其描述既有参加仪式活动的田野记录,也有从文献上获取的资料信息。总体来看,这是较为理想化的羌族成年礼,是当代羌族社会为了传承传统文化而重新塑造的仪式,与该地区现实生活中的仪式应有一定区别。

笔者于2020年6月23日至24日,参加了茂县曲谷乡河西村的瓦尔俄足节仪式调研。此节日仪式在历史上延续着一个重要的祭祀环节,当地人称"祭女神塔子",也就是羌族普遍意义上的祭祀活动。祭祀结束后也通常有一个类似成人礼的环节,虽然当年因为新冠疫情没有孩童参加,但据调查,在以往年份,祭祀前会要求本村十几岁的男孩全部参加祭祀,释比会将祭祀的羊血或鸡血涂抹在孩子们头上,说一些祝福和鼓励的话。此应为非正式的成人礼仪式,与马宁描述的基本符合,只是仪式过于简单,仪式程序还不够完整。

---

① 马宁:《羌族成年礼探析》,《阿坝师范高等专科学校学报》2008年第2期。

笔者对曲谷村的部分村民进行过访谈,得知在本村流传的基勒俄足与瓦尔俄足有着相似的节日流程,但其主题以男子狩猎演练为主,是羌族狩猎民俗的遗存。在基勒俄足上,有比较正规的成人礼仪式。届时释比或者长老要为十五六岁的男孩子系上吉祥带,并将刀、弓箭或长枪传授给年轻人,说一些祝福和鼓励的话,告诫男孩子已经成年,可以学习狩猎了,要勇于担当,将来成为族群的栋梁。

(二)专门举办的成人礼仪式

为即将成年的孩童专门举办的成人礼仪式在汶川、松潘的一些村落都有留存。在汶川县南新镇有为孩子举行的过童关仪式,即成人礼仪式。孩子长到12周岁时,家长要请释比作法,由释比背着孩子"上刀山"。"刀山"是由十二把大刀刀口向上捆绑在大竹竿上形成的十二级刀梯,"上刀山"需要释比踩着刀口一级一级爬到顶部,在刀山上烧香敬神后又踩着刀口下刀山。"上刀山"包含着一些特殊的技巧,甚至被认为是采用了法术。上过刀山意味着孩子在神灵及长辈护佑下越过了未成年的十二年磨难,从此需要独立担当,标志着正式成年。

松潘小姓乡近年来盛行的"十三仪式"是羌族聚居区最正式的成人礼仪式。按照传统,这一仪式只为年满13岁的男孩举行。家有适龄男孩的家庭,聘请喇嘛(释比)或懂得测算的长老选择吉日,一般选择年底农闲时候的某一天。主家除请喇嘛择日、敬神、主持仪式外,还需要提前恭请母舅、长老、亲戚、邻里参加仪式,非常隆重。"十三仪式"并非羌族特有,松潘小姓乡的嘉绒藏族也有类似的风俗,只是仪式过程各具特色,仪式音声体现民族风格,但也不乏交流、融合的内容。

"十三仪式"当天早上,母舅们盛装出席,被主家请到火塘上方就座,亲戚、邻里也纷纷到来,围着火塘在屋里的条凳上坐下。主家在神龛前摆放好烟、酒、月亮馍馍、香等祭祀用品,数量皆以13为基准,还需准备一坛咂酒、一碗寿面、腊猪肉等。仪式正式开始,首先由喇嘛率领家长、长老及受礼男孩来到主家家神前烧香敬神礼拜,禀告为某个孩子举办"十三仪式"的事项,祈求神灵赐福,保佑孩子健康成长、勇于担当、平安顺利、建功立业等。随即接受冠礼的孩子向母舅敬酒,母舅则为孩子挂红、抹额面①,唱念祝福词。歌词大意是:"羌山又飞出一只雄鹰,他将飞向遥远的地方,带着亲人深情的祝福,去追寻羌人永远的梦想。羌山的男子汉各个英武,因为有白石神护佑身旁……愿我羌山雄鹰齐飞,愿我羌山树茂林深,愿我羌山猪羊满圈,愿我羌山永享太平……"②唱完祝福词,母舅为受礼孩子挂上羌红,其余长辈依次挂红、送礼。有些村落母舅不兴唱祝福词,却需要喊菩萨③,用唱念的形式将天神、自然神、地方神以及佛、菩萨、神仙、真人等一一唱出来,请到位。如果舅舅不唱请神,也可找人代替。母舅在喊菩萨后再说唱一些祝福词,然后长辈亲戚依次祝福。主家随即拿出月亮馍馍和腊猪肉,请母舅及长辈、亲戚品尝,亲戚则一边祝福一边送上礼物或礼金红包。从前的礼物中会有刀、枪之类,现在主要是送一些腊肉、绣品等实用物资,或现金多少不等的红包。随后受礼者由家长带领着去祖坟上祭拜,回到家中又拜过家神,仪式暂告一段落。

随后是热闹的坝坝宴,宴请所有宾客。席间受礼男子须敬酒答谢母舅、释比、长老、亲戚、朋友等,与婚礼酒席模式相仿。坝坝宴结束后,主人家又开启咂酒坛组织娱乐活动。有些村落需要释比或长老念诵开坛词,有些则较为简单,主人家自行开启咂酒坛,插上三根咂酒用的吸管,母舅率先用吸管蘸着麦子酒三次洒向空中表示敬神,然后依次咂酒,旁边的亲戚、朋友则唱起酒歌、跳起萨朗舞,与节日、婚礼中咂酒、歌舞的情形相同。

羌族成人礼仪式音声中只有少量专门为祝福孩子成年而唱的"祝福歌",大部分诵唱和诵念都与祭祀中的请神、敬神,及节庆、婚礼仪式中的酒歌、萨朗歌重复使用。在坝坝宴之后的娱乐环节,羌族多声部古歌"尼萨"、传统民歌、当代流行歌曲都成为娱乐歌唱的内容。尤其是近年来随着多媒体技术的运用,羌族聚居区无论红白喜事还是节日、成人礼,所有活动都有相似的环节,其仪式音乐的大一统局面已经形成,各村子也逐渐丧失了自身的特点,传统的边

---

① 母舅、长老、释比、长辈等,用手指蘸一点酥油或麦面抹在受礼男子额头正中,羌语称为"觉巴砾"或"额面",有驱邪赐福的功能。在羌族传统婚礼中也有这样的环节。

② 邓宏烈主编:《羌族民间信仰》,四川民族出版社 2021 年版,第 232 页。

③ 喊菩萨即点神名。北部方言区将神灵叫作"mi çi",汉语称为菩萨。

唱边舞的形式已经少有开展。这种形式下的羌族成人礼仪式虽然具有传统文化的属性,但仪式音声的价值相对较小。"十三仪式"作为羌族最典型的成人礼仪式,其仪式内容和程序也不再固定,音声内容也比较杂乱。但可贵之处在于其与节日活动中穿插的成人礼仪式相比,宣告羌族男子成人的目标非常清楚,通过仪式不仅得到神灵的加持和护佑,也受到羌族社会最高地位的母舅、长老及亲友的见证和祝福,显示了其作为成人礼的重要价值,也为青年人的成长和担当提供了一个正式的仪式空间。"十三仪式"虽然融合了其他羌族仪式的一些仪轨习惯,甚至也借鉴了一些藏族文化的因素,但在适应社会政治、经济环境下能够保留这样的仪式过程和内涵,已经体现出仪式对民族发展的重要意义。"在大的社会变迁的环境下,婚姻政策、经济以及民族交往都在对羌族'十三仪式'产生影响。与此同时,羌族会在这样的背景下继承和改造'十三仪式',进而塑造自身的社会文化体验。"①这样的仪式文化存留或变迁性质,也是羌族其他人生仪式最重要的特征。

第三节 羌族人生仪式音声的形态特征

羌族人生仪式在羌语南、北方言区都很盛行,各地的仪式内容和音声都有各自的特点,其形态具有较强的个性化特征。课题组通过对南北方言区人生仪式中音声内容较为丰富的仪式进行调研,结合对传承人的访谈内容,对比了部分史料和资料,最终对仪式音声的形态特征进行了总结。

一、羌族人生仪式的表演模式

羌族人生仪式具有发展不平衡的特点。冠名仪式各地都开展,形式不同,以吃喝、娱乐为主;成人礼仪式在北部方言区的一些村落保持得较好,有专门的仪式程序;羌族婚俗在内容上基本维护传统,在形式上则表现出对汉化或国

---

① 李正元:《川西北羌族成年仪式的调查研究——"十三仪式"的象征人类学分析》,《北方民族大学学报(哲学社会科学版)》2011年第4期。

际化方式的追求,既能够表达羌族传统的族性特征,也能够展示时尚、乐观、与时俱进的生活态度。当下一部分羌族婚礼仍然基本按照传统方式进行,只是在婚前、婚后礼仪上简化颇多,婚礼上的还家愿、哭嫁、打煞等环节有些也被省略。但女花夜和男花夜基本都被保留下来,成为羌族家族聚会、友情巩固、邻里互助的重要场合;羌族普通的丧葬仪式也比较简约,以热闹的气氛及吃喝聚会为主,其目的是办成喜丧,将老人的去世看作是正常现象,是灵魂归西并非消亡。羌族传统的大藏仪式如今仍有保留,其表演模式几乎完全按照传统进行,仪式中的音声表演及音声内容都具有较高的研究价值。

(一)仪式中的角色

人生仪式是为一个人在人生重要转折点举办的仪式,仪式中的主角首先是这个人本身。在冠名仪式中的主角是满月的婴儿,对世界尚无认知能力,参加仪式是被动和被安排的,在仪式中他(她)虽然为核心人物,却只是象征性地参与仪式表演,接受祝福和冠名,除了哭声外并不会产生任何的仪式音声,但这个仪式主角是仪式发生的原因,其重要程度不可小觑。冠名仪式中真正起作用的角色是被冠名孩子的族长。在羌族地区人口的增加、种族的繁衍是头等大事,年轻的父母在冠名仪式中往往无权担任主要角色,家族中的长老(很可能是被冠名孩子的爷爷或比较具有权威性的长辈)更具有仪式支配权和冠名权,仪式的规模和规格大小,邀请释比、宾客等,长老都有决定权。

婚俗仪式中的主角是出嫁的新娘和娶亲的新郎,分别为两个家庭的个体成员。在整个婚俗仪式中,女方和男方个体的心态和表演方式是不同的。羌族民俗中无论女方有多满意这场婚姻,也会在仪式中表现出不舍娘家、不情愿出嫁的姿态,其音声表演是含蓄、委婉和委屈的。男方在整个婚俗仪式中都必须展示强壮、富有、主动的婚礼姿态,其音声表演在敬酒、结亲、盘歌的过程中,都需要有相当的自信心,男方的情绪和态度往往能够推动婚礼进入高潮。婚俗仪式中家族长老、双方父母、长辈、亲戚、邻居等,作为仪式主持者或参与人,都有非常多的表演内容,也可以说羌族婚俗仪式是由村落成员集体表演和推动发展的。概括起来看,仪式音乐表演的角色主要有唢呐手、吹打乐队、结亲队伍、送亲队伍、新娘新郎、双方家长、长辈、亲戚、朋友和邻居等。

　　成人礼的主角是单个体或多个体的组合,仪式中他们需要表现得虚心、稳重,表演成大人的模样。如果有打靶仪式,则要表现出勇敢、坚强。组织成人礼仪式的是孩童家长,主持仪式的是释比或长老,参与仪式的孩童、长辈、亲戚、邻居等都在仪式中扮演着不同的角色,完成不同的任务。

　　丧葬仪式的主角是死者,他(她)虽然不能进行任何表演,但所有的表演都围绕这个主角进行。丧葬仪式由死者子女集资举办,由村寨里能干的支客组织。仪式中有非常丰富的专用音声,其表演者包括多个释比、多个盉甲、灯舞表演者、死者亲属、吹打乐队等。羌族大藏需要营造出喜事一般的热闹场景,并通过释比的表演和盉甲的赞唱,迎接送葬的亲友、赞唱死者的功德,消除死者的罪恶,指引死者灵魂的去处,测算丧事的吉凶等。灯舞的表演和家属的哭唱似乎都只能成为仪式的附属产品,而让死者灵魂安息、家庭和顺才是重要的仪式内涵。大藏仪式的音声表演能够充分展示羌族祖先崇拜、灵魂信仰和多种民俗观念,仪式主角和配角共同表演的仪式过程,使得这样的信仰和观念得到不断重复和强化,完成信仰和民俗的传承。

　　(二)仪式中的器物

　　羌族人生仪式的类型和形式都比较复杂,所需的仪式器物也相当庞杂。这里仅对影响民间信仰和民俗文化的特殊器物进行描述。在羌族婚俗和丧葬仪式中,唢呐及吹打乐队是必不可少的仪式器物。唢呐是一种外来乐器,大约公元3世纪由波斯、阿拉伯一带传入中国,至今流传于我国农村民俗生活中。唢呐音量宏大,音色粗糙,是民俗仪式中最重要的乐器。同时唢呐吹奏也作为一种民族乐器在音乐院校开设了相关专业,其音乐创作及吹奏技法已经从民间音乐的范畴走向了专业艺术的平台。羌族村寨仪式中一般都由两名唢呐手吹奏,他们有时同时吹奏相同的旋律,有时一支吹奏,一支休息,有时与吹打乐队一起合奏,具有烘托仪式气氛的效果,有时也承担指挥和转换仪式环节的作用。

　　羊皮鼓是羌族释比的法器,在人生仪式中如果有还家愿的仪式,其羊皮鼓的功能便与祭祀仪式中的羊皮鼓相当。在冠名和成人礼仪式中,有些地区也需要先请释比击鼓唱经做太平保福法事,也称为"打扫房子",这样才利于妇女的生产和孩童的健康成长,羊皮鼓的功能又如同消灾仪式中的释比法器。在丧葬仪式中的羊皮鼓又有特殊的功能,即羊皮鼓舞蹈。这种羊皮鼓不同于羌族舞台上表演的羊皮鼓,是由释比表演的功能性羊皮鼓舞,释比们被请到葬礼上,需要一起表演舞蹈,展示主人家的排场、诚心,舞蹈动作变换多样,还有很多专门的称谓,其主要功能是敬奉神灵、娱乐宾客、壮大声势。如果主人家在葬礼进行之后需要"打扫房子",释比便会击鼓作法,做一次消灾仪式,羊皮鼓的功能又变成了释比法器。

丧葬仪式中还有一件重要的仪式器物,即三叉纸花。大藏仪式一般会聘请释比及释比徒弟共八人担任盔甲,即扮演"八大将军"。最早的八大将军身穿牛皮铠甲,手执三叉铁戟。现在铠甲和铁戟都几乎消失,盔甲们便着便服,手拿用纸花做成的武器。传说三叉纸花的三个叉分别代表山顶神、树林神和山脚平神。盔甲的形象是冷兵器战争的遗存,而现代盔甲的角色意义是穿戴铠甲手持武器,用以挡住灵魂回归路途上遭遇的狗、人等的阻碍,引导灵魂平安归位,是羌族灵魂信仰的代表性仪式器物。

羌红也是羌族人生仪式中常用的仪式器物。在成人礼"十三仪式"上,举行完成人礼仪式的孩童,需由母舅和长辈挂上羌红,用羌红代表祝福、吉祥和勉励。在婚礼上,新人拜过堂便意味着礼成,此后母舅、长辈、亲戚便依次上前为两位新人挂羌红送上祝福。长长的羌红绸布将新人绑在一起,意味着夫妻百年好合。羌红作为仪式器物也会出现在节日中的迎宾场合,送羌红的意义就是送上吉祥如意的祝福。

(三)仪式中的身体表达

羌族人生仪式中的身体表达因角色的不同有着多样的表达形式和内涵。在成人礼仪式中,孩童跪拜神和祖先,被长辈在额头涂抹猪油或羊血等;有些成人礼仪式还会由长辈授予孩童弓箭、刀等武器。这些仪式动作,都是儿童成长为大人的一些行为标志,这些象征性的身体表达预示着孩童将成为有担当的成年人,既有期盼和嘱托,也有教育和鼓励的意义。

婚俗仪式有婚前礼仪、婚礼仪式和婚后礼仪,婚俗的主角在婚前礼仪中基本不出现,主要由家长代言。在婚礼上新娘主要在女花夜和婚礼仪式上按照传统民俗进行身体表达,如装扮、唱《哭嫁歌》、拜别父母亲戚、与男方一起祭祖、拜堂、接受祝福、敬酒等。传统婚礼中的新娘必须表现得含蓄、内敛,依依不舍,现代羌族婚礼中的新娘比较大方;新郎要参加祭祀神或祖先,去新娘家接亲,在女花夜中接受女方长辈的考验,在婚礼上祭拜和通告祖先,与新娘拜堂,接受亲人祝福,宴席上敬酒,男花夜中组织青年人热闹气氛等。婚俗仪式中新娘和新郎虽然有很多身体表达,但音声内容不多,婚俗仪式的音声表达主要由专业人士、长辈、邻里等共同完成。婚俗仪式的专业人士包括司仪、唢呐、吹打乐队、长老等,他们的表演直接带动了仪式的发展。羌族婚俗仪式中最有特色的身体表达当属花夜中长辈、邻里、亲戚的盘歌,以及送亲时唱诵的《送亲对歌》。盘歌和对歌通过问答式的对唱,将男女双方的实力展示出来,也将对婚姻的美好祝福用歌唱的形式表达出来。

丧葬仪式中的身体表达更加多样,包括释比跳羊皮鼓舞和唱诵,盔甲唱诵和各种显示威武的动作表演,马马灯队伍的歌唱和表演,吹打乐队的演奏,以及妇女亲眷们唱的《哭丧歌》。丧葬仪式中释比的身体表达与祭祀和消灾仪式完全不同,释比不需要大篇幅地唱诵经文,也不需要通过各种形式的祭祀、法事等技术性动作去表达特殊的功能性意义。丧葬仪式中释比以羊皮鼓舞蹈表演为主,只有在敬门神和唱赞死者时有短暂的歌唱。如不进行丧葬仪式后的太平保福法事"打扫房子",释比的身体表达仅仅起着礼仪需要、热闹场景、娱人娱神的功效。盔甲是羌族丧葬仪式中身体表达最复杂的角色。盔甲头子必须由释比师傅担任,以便熟悉仪式程序、唱诵和占卜等。盔甲原本是身穿铠甲、手持武器的勇士,在丧葬仪式中既要以神圣的形象祭祀门神和亡灵,"打碗"占卜唱诵灵魂回归的路线,又要以热情的唱诵迎接宾客,还要以威武的形象进行舞蹈和歌唱,以便挡住灵魂回归途中的阻碍者,可以说盔甲的身体表达是多面性和多用途的,但最根本的作用就是指引亡者灵魂顺利回归极乐世界。

二、人生仪式音声的文本特征

(一)表演内容

羌族人生仪式音声的表演角色复杂,表演形式多样,表演内容丰富。冠名仪式只有简单的祭祀和冠名,以及娱乐时的随性歌舞,仪式音乐较少,这部分内容不做阐述。婚俗仪式的婚前礼仪和婚后礼仪也多以酒席和娱乐为主,曾经有过的仪式歌曲《过礼》《押礼先生》《回门》《骂红爷》等,当下已不再表演,本书主要分析婚礼仪式音声的表演内容。成人礼仪式本身就没有太多专门的仪式歌曲,仪式中娱乐性歌舞内容也主要是酒歌、萨朗等,当代"十三仪式"比较随意地唱妮萨、山歌、酒歌、劳动歌,甚至还唱流行歌,对其表演内容的描述不包含这部分内容。丧葬仪式至今保留着传统的表演形式和内容,是考量羌族人生仪式音声文化内涵的重要指标,本书将详细描述。

婚礼仪式的表演内容包括还家愿或祭祖仪式音乐。还家愿由家长邀请释比主持,唱诵的经文主要内容与还寨愿相同,只是举办日期、仪式功能等唱词有所变化;如果是祭祖,则由新郎家长主持,只有念诵没有唱诵,主要是通告祖先家庭将迎娶新人的事件,祈祷祖先护佑平安。结亲仪式中乐队一直伴随着结亲队伍来到女方家,并伴随着整个婚礼仪式的举行。不同的场合有不同的曲牌表演,曲牌的选择主要由唢呐手决定。婚礼仪式中一般都由两名唢呐手吹奏,击奏乐器只是配合吹奏击打出不同的节奏,且节奏变换比较少。唢呐曲牌的使用在不同村落稍有不同,但功用基本相同,体现出羌语南部方言区羌族婚礼仪式环节的相似性。婚礼上唱诵的内容主要有新娘唱的《哭嫁歌》,新娘母亲唱的《嫁女歌》,花夜中唱的盘歌或婚礼对歌,南部方言区盘歌的旋律有《花儿纳吉》和《格姆哟哟》,这两个旋律可以编创不同的唱词,唱词顺序和内容的编排有一定的礼仪规范,一般从《唱历史》开始,接着《唱桌子》《唱摆设》《十二月开花》《唱宾客》《唱新娘》《骂红爷》《骂接亲》等。实际演唱中还有较强的即兴发挥空间。此外还有送亲队伍与结亲队伍对唱的《送亲对歌》,婚礼酒席由长辈举行开啤酒坛仪式后,然后唱诵《十二月酒歌》作为敬酒、劝酒的开始,此后大家随意唱歌、喝酒。婚礼酒席之后是男花夜,唱歌的形式和内容与女花夜类似,花夜之后还有娱乐性的萨朗歌舞。

丧葬仪式的表演内容也包括吹打乐队,吹奏的曲牌大部分与婚礼重合,也有部分不相同的。此外便是释比的羊皮鼓舞,其舞蹈动作有明显的象征意义,其唱诵内容主要包括在大门外唱诵《敬门神》,跳着羊皮鼓舞来到棺材前唱

《赞死者》等。丧葬仪式中盔甲的唱诵是主要的音声内容,在去往主家的路上唱《出发了》,到了主家大门外唱《敬门神》,此后唱《接亲戚》、《吉祥经》、《驱邪气》、《打碗》(占卜)、《送魂归西》、《送葬歌》等。马马灯舞表演均为边舞边唱,曲目有《茶歌》《一杯酒》《看四方》等,为汉族灯调风格,用汉语演唱。此外还有女性亲属即兴唱诵的《哭嫁歌》,一旦有新的宾客到来,都会哭唱一通,吹打乐队随之奏响,以彰显亡者后人的能力和情谊。

(二)唱词格式

羌族人生仪式的唱词有羌语、汉语两种文本。羌语唱词的人生仪式歌曲目前仍然占据主导地位,主要在丧葬仪式及传统羌族婚礼中展现。婚礼中的《哭嫁歌》和葬礼上的《哭丧歌》都为妇女表演,羌族地区由于曾经交通不发达,目前 50 岁左右的妇女基本都没有上过学,汉文化的教育接受得较少。其唱词以较为散乱的结构呈现,没有任何艺术加工,就是直抒胸臆地哭唱,一句七八个字或十几个字不等。

丧葬仪式中盔甲和释比的唱词有较为规范的格式,字数比较固定,还能够押韵。如盔甲唱诵的《敬门神》:(o) mu ri mu ri lu lu jiao(ei),(o) si ri ri la lu lu jiao(ei),(o) si ri mu ri lu lu jiao(ei),(a) bu ri ri la lu lu jiao(ei)。[①] 除去句子开头和结尾的语气词,唱词具有诗歌一样的格式和押韵,七言四句的格式非常工整,从头至尾押 ao 韵。但也不同于七言律诗所采用的创作技巧,听起来更像绕口令。盔甲唱诵的《吉祥经》也有相似的唱词格式:(o) o yi o sha (lei)shi mi lo,ya mi shu la shi mi lo(ye).(o) o yi o sha (lei)shi mi lo,wu mi shu la shi mi lo(wei)。[②] 唱词除去语气词,仍然为七言诗句般。这类唱词明显有刻意创作的痕迹,并非哭嫁、哭丧时的即兴和随意。

羌族婚礼花夜中最著名的两首汉语唱词的盘歌为《花儿纳吉》和《格姆哟哟》,其旋律具有羌族民歌风格,但是唱词却受汉文化影响产生了汉语版本,但也能够找到原始的羌族版本。《花儿纳吉》是一首民歌旋律,有不同内容的

---

① 杨芝全唱,华明玲记录。2021 年 5 月 11 日收录于永和乡,根据杨芝全口述整理。
② 杨芝全唱,华明玲记录。2021 年 5 月 11 日收录于永和乡,根据杨芝全口述整理。

唱词流传,也可以在花夜中即兴编创歌词。羌语版本的《花儿纳吉》除去语气词为七言一句的上下句结构:pu çi tsa çi mu du(na χe jo)(xua ɚ na tsi).tsua phu ɚ tçi(ɚ tsi ne jo)tsa tçi(na)li(jo)(tsi tsi ɚ ne)。① 汉语唱词的《花儿纳吉》与羌语版本结构完全相同:我唱盘歌你(哟)来解(吧)(花儿纳吉),一根板凳(尔吉哟哦)几只(哟)脚(呢)(吉吉尔呢)?② 无论是羌语唱词还是汉语唱词,其结构都有一定的诗歌样式,但并不同于唐宋以来文人创作的诗歌,主要采用较为常用的口语经过规整创编而成,缺乏诗歌的艺术性,体现出民间歌手的创作水平。

(三)音乐形态

羌族人生仪式音乐主要产生于婚礼和葬礼之中。不同村落的婚俗和丧葬仪式稍有不同,但核心内容基本相似。羌族人生仪式音乐的表演形式比较复杂,仪式音乐也就呈现出多样化形态。首先是器乐,器乐在其他羌族仪式中运用较少,即便是节日也只演奏一两首器乐作品。人生仪式中器乐运用较多,吹打乐队的合奏或者唢呐的吹奏,在仪式中都成为重要的音声内容,起着热闹场景、庄严仪式、指挥仪式发展的多种作用。婚礼和丧葬中的唢呐曲牌不同,但音乐形态相近,风格类似。其次是盔甲的表演唱。盔甲是丧葬仪式中独特的角色,在仪式中唱诵的内容比释比及其他表演者更多,包含了民俗、灵魂信仰等,盔甲表演的音乐结构短小,唱腔古朴。人生仪式中群众的歌唱不同于节日仪式中载歌载舞的形式,而是较多地通过对唱或齐唱的形式进行展示,有传授知识、教育下一代、显示能力和实力等多种功能,音乐形态比较固定。人生仪式中的释比也有唱诵的内容,如果抛开婚礼前的还家愿仪式和葬礼后的消灾仪式,释比的唱诵内容较少。葬礼中以羊皮鼓舞蹈为主,释比唱诵的两首曲子显然不像祭祀和消灾仪式中那么独特和重要,音乐形态也比较简单。现以木梯羌寨婚礼仪式音乐和永和腊普村大藏仪式音乐为研究对象,分析其音乐形态,见下表。

---

① 华明玲:《羌族民歌[花儿纳吉]文化本源探秘》,《西南科技大学学报(哲学社会科学版)》2021年第5期。

② 杨彩华唱,华明玲记录。2020年1月2日收于木梯羌寨。

表演者	表演形式	表演内容	音乐结构	调性	节拍
邛崃市木梯羌寨婚礼					
吹打乐队	演奏	祭白酒	带引子的三句体	五声 F 徵调式（引子带偏音闰，下同）	4/4
吹打乐队	演奏	三吹三打	带引子的三句体	五声 F 徵调式	4/4
唢呐	演奏	上席调	带引子的三句体	五声 F 徵调式	4/4
唢呐	演奏	下席调	带引子的二句体	五声 F 徵调式	4/4
唢呐	演奏	过街调	带引子的二句体	五声 F 徵调式	4/4
唢呐	演奏	将军调	带引子的五句体	五声 F 徵调式	4/4
唢呐	演奏	离娘调	带引子的四句体	五声 F 徵调式	4/4
唢呐	演奏	长过街调	带引子的三句体	五声 F 徵调式	4/4
新娘	哭唱	哭嫁歌	三句体	五声 ♭B 羽调式	2/4
宾客们	齐唱、对唱	花儿纳吉	二句体	五声 G 徵调式	3/4
宾客们	齐唱、对唱	格姆哟哟	单句体	五声 G 徵调式	3/4
送 亲、结亲队伍	对唱	送亲对歌	二句体	五声 G 徵调式	2/4
长辈	独唱、齐唱	十二月酒歌	单句体	五声 E 徵调式	2/4
茂县永和乡大藏					
盔甲	领唱、合唱	出发了	二句体	五声 D 徵调式	3/4
盔甲	领唱、合唱	敬门神	四句体	五声 F 徵调式	2/4
释比	边舞边唱	敬门神	二句体	五声 E 羽调式	2/4
释比	边舞边唱	赞死者	单句体	五声 B 角调式	2/4
妇女们	边哭边唱	哭丧歌	二句体	四声 B 羽调式	2/4
盔甲	领唱、合唱	接亲戚	单句体	五声 D 徵调式	4/4
盔甲	领唱、合唱	吉祥经	二句体	五声 C 宫调式	2/4
灯舞队	领唱、合唱	看四方	二句体	五声 ♯C 角调式	3/4
盔甲	领唱、合唱	驱邪气	单句体	带曾六声音阶	2/4
盔甲	领唱、合唱	打碗	三句体	五声 B 角调式	2/4
盔甲	领唱、合唱	送魂归祖地	单句体	五声 E 角调式	2/4
盔甲	领唱、合唱	送葬歌	带引子的二句体	带闰六声 E 羽调式	2/4

羌族人生仪式音乐结构都比较短小,均采用单乐段重复的形式,乐段的构成除一两首唢呐音乐外,基本都采用单句体、二句体或三句体,音乐发展以重复和变化重复为主;节拍采用较为常用的 2/4、3/4 和 4/4 拍子,混合拍子、变换拍子都不常用;在调性运用方面,婚礼音乐除《哭嫁歌》以外,全部采用了色彩明朗的徵调式,且均为五声音阶。这里解释一下唢呐音乐的调性。每一首唢呐音乐都有一至二小节的引子,引子中有偏音"变宫",但是主题音调全部采用五声音阶,偶尔有波音触碰到非正音的其他音级,但构成调式的音级均为正音,因此笔者将这些唢呐音乐全部判断为五声音阶。由于木梯羌寨两名唢呐手都采用ᵇB 调唢呐,每首唢呐曲牌虽然旋律不同,曲风有差别,但全部采用徵调式,最后的调性判断均为 F 徵调式。丧葬仪式音乐的调式音阶更为多样性,四声、五声和六声音阶都有运用;在调式调性方面,角调式 4 首,占 35%,徵调式和羽调式各 3 首,各占全部丧葬音乐的 25%,宫调式 1 首,占 8%,还有一首带曾(降 xi)的六声音阶,终止于曾音,且非常稳定,按照中国乐理知识暂时无法判断其调性。整体来看,丧葬音乐中强羽色彩的角调式和羽色彩的羽调式被广泛使用,丧葬仪式音乐整体具有暗淡、阴柔的调性色彩。

第四节　羌族人生仪式音声的民间信仰与民俗文化

羌族人生仪式是羌民族在与中华文明共同发展的过程中形成的民俗传统,在全国各民族也基本都保留着这样的仪式。羌族人生仪式之所以具有更多的研究价值,其一在于仪式的古老形式保留得比较好,这是由于羌族民俗文化的相对古老和稳定性,以及羌族长期居住在高山峡谷中,与外界接触较少而形成的;其二是仪式中伴随着大量的仪式音声。这些音声有诵念、呐喊、哭诉、鞭炮、羊皮鼓、打碗等发出的声响,也有不同仪式角色表演的诵唱、歌舞、器乐等声音。彭兆荣认为:"任何重大的、具有悠久传统的仪式尽管会产生和出现各种各样的表述形式和表述特征,无论这些表述有多少'制造'成分,有多少'舞台剧'的非真实因素,但都源自并服从于仪式'原型'所规定的意义范畴。仪式的音乐一方面在内容上必须满足于族群性的'原始叙事';另一方面,音乐的表述又凸显其自成一体的叙事范式。"①我们从这些音乐的表述中能够找到仪式的"原型"范式,并从原型中解读出古老历史的文化属性,以及古老民族对待人生历程及人生转折点的态度。

一、表演模式中的民间信仰与民俗文化

(一)表演模式中的神灵信仰与祖先崇拜

羌族人生仪式中主要的四种仪式包括冠礼、成人礼、婚俗、丧葬仪式,都至少有一个共同的敬神环节。这个环节有可能是专业人士(释比、盍甲)主持进行的,如婚礼前的"还家愿"仪式和葬礼上的敬门神,也可能是长老和家长主持的,如婚礼前敬家神和祖先,冠礼和成人礼开始前的敬神和祭祖等。

婚礼上还有两次与信仰相关的表演模式,一是"攉煞"。新娘被接到婆家时,离大门两三米远就要由释比进行"攉煞"仪式。攉煞是指攉走"煞气","煞气"是指新娘带过来的邪气。这是一种"邪神"信仰的观念,显然对女方有些不尊重,但是很多家庭为了保障婚后过得幸福,都愿意进行这样的仪式,以求心安。目前的打煞仪式已经将信仰变成了"信仰习俗",大家一般愿意按照习俗办理。二是再次敬神和祖先。"攉煞"之后新娘方可进入堂屋,与新郎一起跪拜在神龛前,由长老通告家神和祖先婚事事宜,请神和祖先保佑新人,新人跪拜后,开始拜堂。婚礼上这两个环节,体现了羌族神灵信仰、祖先崇拜的观念和习俗。

丧葬仪式对民间信仰的本质特征体现得比较充分。仪式中除敬门神外,还有多个与信仰相关的环节。一是唱《吉祥经》。羌族释比所谓的"吉祥经"并不像佛教、道教经文那样经典、高深,只是平常的习惯表述,内容是让死者的灵魂欢欢喜喜地离开,不要纠缠家人,还要保佑家人平安。这是对羌族灵魂信仰观念的表达。二是跳祭祀舞。大藏中的祭祀舞表演模式比较杂乱,既有羌族原始信仰的盍甲、释比的舞蹈,也有汉族传入的"马马灯"表演,还有吹打乐队热烈的演奏,表演场景以热闹为主。这个表演模式有多层隐喻,娱神、娱人、

---

① 彭兆荣:《人类学视野中仪式音乐的原型结构》,《音乐研究》2008年第1期。

送走灵魂等,充分体现出羌族神灵信仰的传统文化特质。三是打碗。打碗由盔甲主持,意图是送走污秽之物,测算吉凶,预防灾害发生。打碗第一段旋律唱诵的内容表现了羌族的邪神信仰和应对方式。唱词中提到,家里人走了(去世了)是大门将军失职,放进来了邪神、邪气。现在盔甲将他们赶出去,顺着岷江往下游去,走得越远越好。这里表达了羌人信仰邪神,并且通过交流、疏通的办法将邪神送走,使其不再危害本地居民。送走的方式是顺江而下,似乎邪神是可以漂流的,是神话、人性化的处理方式。四是送魂归西。盔甲、释比、马马灯、吹打乐队和送葬人群都来到遥望坟墓的对面半山上,由盔甲唱诵《送魂归西》,其内容是让死者灵魂沿江而上,回到祖先居住过的地方,然后去往西方极乐世界。灵魂是向上而去,与邪神去的方向相反。整个仪式都在表达死者灵魂从岷江上游翻过松坪沟到达"木都尔巴"(西天)的过程,这是祖先生活的地方,也是灵魂的归处,是人们向往的西方极乐世界。这也证实了永和腊普这一支羌族血脉,是从西北翻过松坪沟的雪山迁徙至此的传说。这段表演是灵魂信仰和祖先崇拜最生动的表达。

(二)表演模式中的民俗文化

羌族人生仪式的表演模式是在羌族数千年的文化传承中形成,并通过不断地适应和调节最终成为一种民俗。它有着相对固定的仪式传统,同时也吸收一些新的表演形式和内容,产生仪式环节和内容的局部变化。羌族冠礼、成人礼和丧葬仪式的表演模式,基本维持传统,在举办仪式时可以选择规模大小,仪式环节基本不变,形成了比较稳定的民俗文化。冠礼和成人礼仪式音声较少,不做单独分析。从羌族丧葬仪式来看,其表演模式表现出对死者的尊重和对生者的安抚。仪式每一个环节都有严肃、周到的礼仪,并伴有特定的仪式音声。出发、敬门神、接亲戚、唱平安经、跳丧葬舞、送邪气、破碗打卦、送魂、送葬等,通过音声变化来推进仪式的发展,最后又通过音声告慰死者灵魂,使其安心地去往极乐世界;而家属在这一系列过程中,宣泄了悲伤的情绪,最终因亲人魂魄有归属而得到慰藉。这是羌族人民能够从容对待生死、在艰苦生活环境下得以延续种族的一种文化基因和文化属性,当它通过仪式形式世代传承时,便成为一种稳定的民俗文化。

羌族婚俗仪式是展示羌族民俗传统和民俗变迁比较充分的仪式。由于羌族民俗文化本身具有地域特点和村落个性,其婚俗也存在着多样化特征。不仅是南北方言区有所区别,就算邻近的村落也各有特点。对于同一村落而言,家庭条件、文化背景及个人喜好的不同,都会采用不同的婚礼仪式,一段时间比较盛行的仪式样式会在一定区域得到模仿和传播,便形成某地、某时期比较流行的婚俗。但究其本质而言,羌族婚俗受到汉族儒家思想的禁锢较少,显示出一定的随意性和率真度。无论婚俗习惯如何变化,其中最主要的环节和内容仍然维护着传统样式,并主要通过婚礼仪式音声进行串联和展现。羌族婚俗在维护传统习俗方面,主要表现在定亲、婚礼、回门等各大环节比较固定,服装、酒席等仪式器物的相对稳定,以及仪式音乐表达的传统元素。当代羌族婚礼大多数已经始于自由恋爱,但双方家庭基本都愿意按照传统习俗聘请红爷进行协调,组办订婚酒席,在婚前礼仪上虽有简化,甚至有本质的变化,即由父母包办转变为自由恋爱,但整个婚前礼仪中处处体现对父母、长辈的尊敬,对传统婚俗的继承;在婚礼仪式上,多数家庭还保持神灵信仰的传统,在替羊解秽、还家愿、撵煞等环节中,更愿意按照传统习俗进行仪式。尽管很多年轻人对神灵信仰的神秘性和功能性持怀疑态度,但维护传统不仅能让家族长辈放心,也能够通过这些仪式使婚礼更为严肃、隆重、富有特色;在婚礼上无论是一对新人还是双方家长和亲人,都普遍穿戴羌族传统服饰出席,这是对本民族文化的认同感和自信心;婚礼音乐中继承传统较为完整的是唢呐吹奏、吹打乐合奏,以及花夜中的盘歌、哭嫁等。有了这些民族特色鲜明的婚礼元素,羌族当代婚礼便体现出别具一格的民族风情。

羌族传统婚俗的主要环节目前保持尚好,包括婚前礼仪、婚礼、婚后回门三个阶段。较汉族婚俗不同的主要有长女招婿和媒人角色两个部分。羌族在近代都生活在相对封闭的区域内,其传统婚姻制度或多或少保留着中国古代母系氏族的痕迹,如茂县太平乡盛行的长女招婿之风。但也有随着生产力发展而产生的各种变化。羌族家庭的长女一般都不出嫁到男方家,而是招娶女婿上门,所生的子女随女方姓氏,而丈夫需保留原来的姓氏。除长女外的其他儿女,婚姻形式自由,婚后到男方、女方家过日子只需双方商定。如果是女儿嫁入夫家,一般要将姓氏改为夫姓,这应该是母系氏族向父系氏族过渡中产生的综合婚姻制度。

羌族的"媒人"这一角色同汉族不同。封建社会里,汉族媒人一般由妇女担当,多数是职业化的媒人,有经济利益包含其中,也称"媒婆",男人通常不能做媒。而羌族的媒人则由家庭生活稳定且儿女双全、有一定社会地位和身份的成年男子担任,羌语称为"毕叭木",汉语称为"红爷",其做媒的主要目的是促成良好姻缘,提升和巩固自己的社会地位。羌族"红爷"根据男女双方家庭条件和个人情况进行说和,总体上都遵循羌族传统的婚配制度,有穷找穷嫁、富找富配的说法。目前羌族婚俗也受到汉文化影响,一般先自由恋爱,在确定恋爱关系以后,再聘请"红爷"提亲。这些羌族特有的婚俗传统,在羌族婚俗仪式的一次次重复表演过程中被基本稳定下来,无论加入多少现代元素,羌族婚俗的实质都是羌族民俗化的仪式表演,从仪式角色、器物、装扮、音声、表演模式等多维度分析,它都是包含有羌族民族属性的仪式,是羌族民俗文化展示最为充分的仪式类型。

(三)表演模式中的外来文化

羌族人生仪式在发展过程中也接受了其他民族的文化内容,或直接引用,或融入到本民族文化中,形成新的文化形态。丧葬仪式中马马灯表演和吹打乐合奏便是在传统模式中直接引用外来文化模式的结果。马马灯兴起于明清时期,是用于节庆和婚庆的一种汉族民间戏剧,也称为灯戏。马马灯的表演有道具——"纸糊竹马";有角色——赶马人、牵马人和扮演马的人;有唱腔和唱词——灯调;有伴奏团体——吹打乐队;有情节和内容——灯戏。因此马马灯曾在中国大部分地区盛行,包括羌族地区。在四川汉族地区灯戏已经没落,羌族地区却有多种灯戏得以保留——龙灯、狮灯、马马灯、花灯等。但丧葬仪式中的马马灯表演和吹打乐演奏是比较生硬的外来文化入侵,因为丧葬仪式从念诵和歌唱,甚至哭丧均采用羌族传统模式进行,所用语言也是羌语当地方言,马马灯用汉语演唱,跳汉族灯舞,又与羌族传统的释比羊皮鼓舞和盔甲舞配合表演,还将吹打乐的演奏混搭在一起,虽然有些违和,但群众并不介意,其壮大声势、热闹场景的表演效果得到公认,丧葬中采用马马灯和吹打乐表演的习俗也就形成和保留下来。

　　婚俗是一个民族最容易受到外界干扰和影响的民俗，人们总是乐意将最新式的婚礼习俗引入到自己的生活圈子中，使婚礼更时尚、高档、气派，更有"面子"。羌族婚俗也是在这样的心理支配下，接受了汉族、藏族甚至西方婚俗的诸多样式，从自由恋爱到中西合璧的现代婚礼都有所体现。但羌族婚俗较周边的汉族婚俗有着更为复杂的仪式程序和丰富的仪式音声，体现出羌族尊崇祖先、尊重传统的民俗特性；同时羌族在世世代代与大自然、与社会各种矛盾的斗争中，形成了强大的生存能力，与时俱进是羌族同胞的生存法则之一，通过接受和融合部分外来文化，更好地巩固了自身的民俗文化传统。

　　当代羌族婚礼在与时俱进方面，并不比周边汉族农村婚礼落后。很多羌族婚礼在保持一些传统习俗的基础上，都聘请了时尚的婚礼主持人，仪式过程也按照都市时尚婚礼进行，甚至在婚礼上也聘请西洋室内乐队进行演奏，酒席间也有流行歌手为宾客歌舞。接亲、送亲的队伍不再采用花轿、骑马或步行，而是开着长长的汽车队伍，既方便也体面。婚礼上的音乐变化也比较明显，很多羌族聚居区流行的萨朗舞歌出现在花夜中，而当下的流行歌曲也会在花夜前后的娱乐中被年轻人追捧。哭嫁等环节已基本取消，因为女方对男方个人和家庭的熟悉、认可，在新婚时已克服恐惧和悲苦，充满幸福和喜悦感，难以真实哭唱出来。目前在茂县古羌城，还能够看到集体或单独的婚礼场景，新人家庭出资在古羌城包场举办婚礼，除了双方亲人、亲戚和朋友参加婚礼外，开城仪式及仪式后的萨朗歌舞都成为婚礼的看点，观看古羌城表演的观众也频频为新人送上祝福，婚礼的场景变得更为热烈和宏大。这些时尚元素的涌现，虽然一定程度上削弱了羌族婚礼的民族特色，但是在全国人民生活水平大幅度提高的前提下，我们不可能要求一个民族始终沿用原始的方式生活，羌族婚礼的与时俱进正是民族进步的体现，是与中华民族全体同胞共享祖国繁荣的结果。

二、表演内容中的民间信仰与民俗文化

（一）表演内容中的民间信仰

　　羌族人生仪式都是在民间信仰思想支配下形成的民俗仪式，必然都包含

有祭祀环节,其献祭对象包括自然神、家神和祖先,表演内容体现出民间信仰的本质特征。正如赵曦所言:"羌族人的生育、入社、婚仪、葬礼包含着丰富的民族传统文化特色,具有重要的民间信仰表达特征,显示了羌族社会个人生命历程中各种典仪鲜明的'释比化'色彩。"① 羌族人生仪式中表现民间信仰的表演内容,包括释比在婚礼前主持的"还家愿"仪式唱诵的全部经文,释比在丧葬仪式后举行的消灾仪式"打扫房子"的全部唱诵,以及在各种人生仪式中请神、敬神、敬祖先的唱诵内容。释比做祭祀和消灾仪式的唱诵内容已经在第二、三章详细介绍,这里主要分析其余祭祀形式中的表演内容。羌族成人礼仪式由释比或长辈主持,仪式中有请神灵、祖先保佑的念诵内容。母舅作为羌族中比较有地位的家族长辈,会在仪式上为受礼少年唱祝福词,其中唱到了"因为有白石神护佑身旁"等内容,体现羌族白石崇拜、神灵信仰的观念。羌族丧葬仪式的表演内容多数与民间信仰有关联,而大藏仪式的表演内容本身更像一部有故事情节的戏剧。剧情是由大门将军(门神)不称职,没有看管好大门,导致邪气入侵主家造成了死人的事件开始。主人家请来了释比、盔甲、马马灯、吹打乐队等举办丧葬仪式,其仪式核心是驱赶作祟的邪气,安抚死者灵魂,以免灵魂迷失,徘徊在家里危害活着的亲属,使其能够顺利回归到祖先生活的地方,去往西方极乐世界。这个仪式情节最核心的思想是灵魂信仰和邪神信仰。盔甲作为仪式主唱,其唱诵的内容与情节联系紧密,多数都表现上述内容。如盔甲在打碗环节中需要唱诵《驱邪气》,其驱除的方法是为邪气指出一条远去的路线,顺着岷江往下游而去,歌词用羌语演唱,大意是:大门将军失职了,导致家里走了人,一切都是邪气作怪。邪神邪气走远些,盔甲将你赶出门,不要再来搞破坏。你们顺江往下走,走过腊普走汶川,过了汶川都江堰,走过成都出四川,走得越远越是好,永远不要再回来。② 这个唱词的内容体现出羌族民间信仰中正神、邪神信仰的基本思想。大门将军即门神,属于羌族的家神类;邪气邪神属于邪神类。另一首《送魂归西》也由盔甲用羌语唱诵,歌词

---

① 赵曦:《神圣与亲和——中国羌族释比文化研究》,民族出版社 2010 年版,第 200 页。
② 杨芝全口述翻译,华明玲记录。2021 年 5 月 13 日访谈时整理。

大意是:人从哪里来就到哪里去。你从很远的地方来,应该回到很远的地方去。你出生在纳普就从纳普起身,往上游去,走过永和,走过渭门,走过沟口,翻过松坪沟,到达木都尔巴,来到祖先过来的地方去,到极乐世界去。① 这首唱词的内容所唱的"人从哪里来就到哪里去"所指的不是死者本人,而是死者的魂魄,是羌族灵魂信仰的表达;"来到祖先过来的地方去"则是祖先崇拜的标志,羌人相信只有让灵魂回归到祖地,才能与祖先团聚,才能得到安息,才算是到了极乐世界。因此整个丧葬仪式的表演内容都围绕羌族民间信仰中正神、邪神、灵魂信仰和祖先崇拜的信仰观念进行。

(二)表演内容中的民俗文化

羌族人生仪式本身属于民俗类仪式,其民俗文化表现得非常充分。羌族婚礼中除了释比唱诵中的民间信仰内容,长辈、新人、送亲、结亲、亲戚、邻居等都有很多唱诵,这些内容主要表现羌族礼仪、服饰、饮食、生产、生活、休闲、娱乐、语言等民俗内容。如羌语南部方言区普遍盛行的婚礼"花夜"中唱诵的《花儿纳吉》民歌曲调,早年有丰富的羌语歌词内容,目前主要是汉语唱词。花夜开始时大家不能随意开口盘问歌唱,要等长辈唱过《唱历史》之后才能开始唱盘歌。《唱历史》同盘歌一样采用《花儿纳吉》音调,其唱词除去语气词外,为汉语七言诗句:今晚新的一声唱,堂屋中间泡坛酒。堂屋中间泡坛酒,亲戚朋友来吃酒。今晚新的一声唱,月亮团圆十四五。月亮团圆十四五,姊妹团圆今晚上。姊妹团圆今晚上,所有老辈坐上来。所有老辈坐上来,弟兄姊妹坐上来。姊妹团圆今晚上,姊妹分路喝杯酒。男喝三杯是英雄,女喝三杯通脸红。② 唱词中"堂屋中间泡坛酒"表现了羌族礼仪习俗和饮酒习俗;"所有老辈坐上来,弟兄姊妹坐上来",有宴请宾客时座次礼节和顺序,长辈优先,这是羌族礼仪文化的传承;"男喝三杯是英雄,女喝三杯通脸红",间接表达了羌族英雄崇拜和男主外、女主内的民俗。这首歌词作为盘歌仪式的开始,具有传授礼仪和民俗、教导青年人成长的功能。

---

① 杨芝全口述翻译,华明玲记录。2021 年 5 月 13 日访谈时整理。
② 杨永顺唱,华明玲记录。2020 年 1 月 3 日成都市南宝乡木梯羌寨调研婚礼时收录。

　　另一首花夜中的盘歌旋律为《格姆呦呦》,唱词去掉语气词后为一问一答的七言句式:新人穿的什么衣? 新人穿的白衬衣。新人穿的什么袜? 新人穿的尼龙袜。新人穿的什么鞋(hai)? 新人穿的绣花鞋。新人高上穿什么衣? 白衬衣高上穿白衣。新人穿的什么褂? 白衬衣上绸子褂。新人梳的什么头? 新人梳的桂花头。新人挽的什么簪(zuan)? 新人挽的盘龙簪。新人扎的什么绳? 新人扎的红头绳。新人插的什么簪? 新人插的弯弯簪。弯弯簪上什么花? 弯弯簪上鳖子花。新人包的什么帕? 新人包的府绸帕。新人戴什么耳环? 新人戴的银耳环。① 歌词内容是夸赞新娘的衣着打扮,从衬衣到外套,从鞋袜到发型、发饰、头帕,如果按照唱词的内容进行打扮,基本能够表现出羌族新娘的衣着习俗。当然衣着是一个变化很快的元素,羌族传统衣着习俗也在不断变化,而花夜中唱词也会随即发生调整变化,这正是民俗形成、发展的根本动力。

　　羌族大藏仪式的表演也有很多表现民俗的内容。如盔甲和释比唱诵的《敬门神》用羌语演唱,歌词大意:大门门锁用什么做成? 藏族的门锁用木头做成,用来锁青稞麦子;汉族的门锁用铁做成,锁的是金银财宝;羌族门锁用铜做成,锁的是腊肉和粮食。大门将军出了错,主家进了脏东西,把人都带走了,大门将军你要管事啊,要把门守好。② 唱词并没有直接唱门神,而是先唱不同民族的门锁构造和功能,这里不仅唱到羌族门锁用铜制作的工艺习俗,也唱到了腊肉、粮食等饮食习俗,而且将藏族、汉族的门锁工艺和功用都进行了陈述,其内容客观反映出羌族的生活状况,还间接反映了与羌族临近的藏族和汉族民俗,表现了汉族工艺先进(铁器比铜器产生更晚,更为先进)、财富丰厚的优越生活。盔甲唱诵的《送葬歌》歌词大意是:当官的、释比、盔甲、孝子、亲戚、邻里都来送你了,你有福气哦,你安安心心地去吧。③ 这也表现了很多羌族民俗文化的内容。从送葬的角色来看,与盔甲《接亲戚》中的角色相同,包括释比、盔甲、孝子、亲戚、邻里,这里当官的放在最重要的位置,表明羌族对政权、

① 杨永顺唱,华明玲记录。2020 年 1 月 3 日成都市南宝乡木梯羌寨调研婚礼时收录。
② 杨芝全口述翻译,华明玲记录。2021 年 5 月 13 日访谈时整理。
③ 杨芝全口述翻译,华明玲记录。2021 年 5 月 13 日访谈时整理。

权力的敬畏之心;释比和盔甲唱在前面,表明人们对信仰习俗的尊重,而亲戚、邻里来送葬是羌族礼仪习俗和族群生存习俗的表现。

三、音乐形态中的民间信仰与民俗文化

羌族人生仪式音乐的结构都很短小,多以单乐句重复或两个乐句构成的段落结构反复唱诵,所采用的调式音阶以五声音阶为主,也有少数四声音阶和六声音阶的运用。音值组合既有均分节奏,也有连续出现的前短后长型或前长后短型节奏,音程进行以平稳级进与小跳为主,整体形成内敛、古朴、沧桑的曲风。为了解释这样的音乐形态与民间信仰和民俗文化的关系,我们尝试从音乐结构、节拍和节奏、调性色彩等音乐模式,去分析创作者的身份及创作心理,通过简化还原方法去追溯羌族人生仪式音乐的文化内涵。

(一)调性色彩与民俗观念

羌族人生仪式音乐在调性运用方面极有特色。婚礼作为一种喜庆的仪式,需要气氛活跃、歌唱热烈,这些外在的形态往往通过喧闹、酒席、音乐、歌舞等表现出来。羌族传统的歌唱习俗使得民众具有较高的音乐天赋,能够感知音乐调性的色彩功用。羌族人生仪式音乐虽为民间群众创造,但群众有了对音乐色彩的感悟,便会自觉地运用好调性色彩。在前面章节我们已经反复论证过调性色彩的明暗关系,其中微色彩的徵调式和强徵色彩的宫调式具有明亮的风格。婚礼仪式歌曲除《哭嫁歌》以外,全部采用了色彩明亮的五声音阶徵调式[①],这样婚礼通过唢呐的演奏和婚礼对歌、盘歌、祝福歌等表演,将仪式层层推进,用热烈的方式完成仪式过程。在这个仪式化表演环节中,仪式音乐明亮的调性色彩起到了重要作用。

婚礼仪式中也有色彩暗淡的音乐,即《哭嫁歌》。哭嫁的习俗在我国曾经

---

① 解释一下唢呐音乐的调性。每一首唢呐音乐都有一至二小节的引子,引子中有偏音“变宫”(或称为“闰”),但是主题音调全部采用五声音阶,偶尔有波音触碰到非正音的其他音级,但构成调式的音级均为正音,因此笔者将这些唢呐音乐全部判断为五声音阶。由于木梯羌寨两名唢呐手都采用ᵇB调唢呐,每首唢呐曲牌虽然旋律不同,曲风有差别,但均为徵调式,最后的调性判断为 F 徵调式。

普遍盛行,因封建婚姻是嫁鸡随鸡、嫁狗随狗,出嫁的女儿很可能并不熟悉丈夫,甚至完全是陌生人,因此新娘对未来充满不确定性和恐慌感;而对于娘家人来说,"嫁出去的女儿泼出去的水",出嫁的女儿再也不能和亲生父母在一起生活,因此,哭嫁是亲人间表达离别之情的真实写照,也是在喜事中唯一真正伤心的环节。随着封建王朝的灭亡,自由恋爱和新式婚姻制度带来人生自由度的增加,婚礼成了真正的"喜事",哭嫁的心情逐渐变淡,直至彻底消亡。现在尚保留着"哭嫁"环节的婚礼已经非常少见,即便是有,也带有表演性质,不再是真实情感的表达。羌族婚礼中的哭嫁环节,根据不同地域和各自的经济发展水平,留存的时间节点不同,大致都保留到了 20 世纪八九十年代。如今青年一代都不会唱哭嫁歌,婚礼中这一环节基本已经取消。但作为一种具有民俗文化特殊含义的仪式音声,它映射了过去很长历史时期中婚姻制度的性质。成都木梯羌寨的哭嫁歌在婚礼当天上花轿之前哭唱,至新中国成立初期,仍然采用羌语,直到 20 世纪八九十年代,逐渐汉化,采用汉语演唱。近十余年来,哭嫁环节已悄然退出婚礼现场。木梯羌寨的《哭嫁歌》采用四声音阶羽调式,音阶形态比较古老,调性色彩暗淡,准确地表达了女儿离开母亲的忧思情节。

羌族丧葬仪式音乐的调性与婚礼音乐正好相反,为了表达对死者的尊敬、难舍之情,音乐主要采用了色彩暗淡的角调式和羽调式旋律(唢呐音乐除外),准确地表达出仪式功能和仪式角色的情感。永和乡的大藏仪式歌曲有三首采用了徵色彩调式,分别为《出发了》《敬门神》《接亲戚》,这三首所要表达的内容与哀悼死者关联不大,甚至有活跃气氛的用意;《吉祥经》是对神灵和灵魂的敬仰,采用了明朗和庄重的宫调式;其余旋律采用了色彩暗淡的羽调式和角调式,都有沉重、忧伤的表达效果,准确地表现出丧葬仪式的实质性基调。

(二)音乐形态与歌唱习俗

羌族民众热爱歌唱,无论在节日或人生仪式中,还是在劳动和休息时,都善于用歌唱来表达情感、沟通交流、传达信息、教育引导等。歌唱是羌族精神生活的重要内容,并已经演变为一种习俗。羌族的许多歌唱形式和内容是由专业人士（释比）表演，如祭祀和消灾仪式的唱诵。这歌曲由历代释比创作和表演，不仅歌词内容丰富、结构庞大，音乐形态也相对复杂。羌族人生仪式音声由释比表演的内容仍然具有这样的特征。但群众和盔甲唱诵的仪式歌曲，结构短小、节拍单一、节奏重复度高，表现出非常业余的创作水平，并有一人创作、多人完善、群众跟风的民歌创作特征，而这些特征证实了羌族人生仪式等群众性歌曲并非文人创作，而是群众自发创作，是有感而发，甚至模仿创作。这恰恰表现出羌族民众的歌唱习俗，是酒、歌、舞习俗的又一种表现方式。

　　羌族人生仪式音乐的结构全部采用单乐段重复的形式，乐段结构主要是单句、二句和三句体，音乐发展以重复和变化重复为主；节拍上均采用较为常用的 2/4、3/4 和 4/4 拍子，混合拍子、变换拍子都不常用；在节奏使用上比较明显的特色是常采用节奏型重复的方式发展主题。综合结构、节拍、节奏和歌词使用的这些特征，可以肯定这类音乐并非由像羌族释比、汉族文人这样的专业人士创作，而是普通群众中的一些歌唱者创作了一些歌曲，得到群众认可后纷纷模仿、改编，最后形成数量庞大的同类型民歌。如婚礼中的盘歌（或称对歌）和婚礼祝福歌，大多采用单乐句或二句体的段落结构，通过歌唱的方式，将羌族历史、礼仪、婚俗等表达出来。如结婚典礼的当天，男方家要举办婚礼仪式。接亲的队伍会将新人及送亲的队伍接到婆家来，当新娘跨进新郎家大门时，男方家的姑姑、婶婶们便带头唱一些夸赞新娘和祝福婚姻幸福的歌。如理县比较流行的《哇咧咧》①（谱例 5-25）。

谱例 5-25

　　①　韩树康唱，华明玲记谱。此歌为理县蒲溪沟婚礼歌。2020 年 8 月 9 日，于茂县古羌城访谈时收录。

《哇咧咧》旋律采用五声音阶宫调式,规范的 2/4 拍子,二句体的单乐段结构,曲风明朗简洁,节奏规整,利于流传。"哇咧咧"是一个语气词,表示赞叹、惊讶、欢喜的情绪,其余主题歌词每个段落仅一句九字,加上语气词"哇咧咧"听起来便比较押韵,因此歌词容易编创,甚至可以即兴发挥,其内容主要是以夸赞、祝福为主。谱例记录的这首歌词大意是:新郎新娘出来了,就像鸳鸯一样,结婚成家了。新娘真是好福气,从羊圈一样的地方嫁出来,婆家房子大又富裕。不愁吃来不愁穿,幸福生活在一起。《哇咧咧》以及木梯羌寨的《花儿纳吉》《格姆哟哟》都属于同类型民歌。这类民歌旋律动听,简单易唱,群众在传唱过程中不断丰富和完善曲调,创造了新的歌词,构成了庞大的民歌曲例,弘扬了羌族歌唱民俗。

羌族丧葬仪式中的歌曲除《哭丧歌》以外,均不由普通群众表演。但盔甲、释比和马马灯作为专业人员,在丧葬仪式中表演的歌曲也都非常简单。结构上以单句体和二句体为主,节拍以单拍子中的 2/4 和 3/4 为主,并主要采用单一的节奏型构成全曲;歌词句式简单重复,常使用排比句、鱼咬尾等有一定难度的构词方式,但这个难度是民间艺人可以达到的水平。如《赞死者》(谱例 5-19)采用单句体不断重复的方式,按照死者生前的功德依次歌唱。强弱分明的 2/4 拍子、始终贯穿的切分节奏都显示出旋律的简单形态;歌词的创作采用"鱼咬尾"的形式,将头一句的结尾唱词作为第二句的开头唱词,这种形式的构词方式在民间具有一定的艺术高度,为某一代释比创作,且不利于群众创造和改编,因为普通群众很难有这样的创作水平,因此这类歌曲虽然形态简单,却只能由专业人士(释比、盔甲)创作和表演。对于单一节奏贯穿使用的曲例,在丧葬仪式音乐中比较普遍,如《出发了》(谱例 5-13)是附点八分音符的大量使用;《敬门神(一)》(谱例 5-14)是四分音符的大量使用;《敬门神(二)》(谱例 5-15)是八分音符的反复使用;《哭丧歌》(谱例 5-17)是后附点四分音符的大量使用;《接亲戚》(谱例 5-18)是附点四分音符的较多使用;

《驱邪气》(谱例5-21)是附点八分音符的大量使用。这些节奏形式和音值组合方式本身非常丰富,但创作曲目时却采用单形态完成单曲,一方面是由于曲体短小不利于变化,另一方面也说明创作者音乐语言积累较多,有信手拈来的痕迹。羌族古老的文化传统、艰苦的生存环境等造就了歌唱的古朴、苍凉的曲风,在丧葬歌曲中体现得较为充分,这些曲调的节奏虽然不同,但羌族音乐风格却比较浓郁,这正是由歌唱习俗展示出的民族属性。

(三)文化融合与生活态度

羌族人生仪式集中展示了羌族民俗文化的属性,其中既有对传统文化习俗的坚守,也有对外来文化的包容和接受。羌族丧葬仪式维护传统的内容较多,接受外来文化的形式和内容相对较少。吹打乐队和马马灯属于羌族外来的文化形式,它们被应用于丧葬仪式中不是新生事物,应该已有多个朝代,且这两种表演形式的引入是整体纳入仪式环节中,并没有融合或影响其余传统的仪式形式和内容。仪式中的其他唱诵,全部采用了羌族民歌旋律和羌语演唱,唱诵的内容也没有因为时代变迁发生变化,是比较稳定的传统模式。

羌族婚俗受外来文化影响较大。在羌语南部方言区,婚礼对歌仍然是婚礼中女花夜的重头戏。但南部方言区的对歌歌词已经基本汉语化,在花夜中主要唱诵汉语唱词的盘歌《花儿纳吉》《格姆哟哟》《挨拢来》(北川婚俗歌)等。《花儿纳吉》作为"花夜"最重要的歌唱曲调,其旋律采用明亮色彩的徵调式,规范的3/4拍子,节奏多次采用短长型节奏形式(××—),并以短时值音终止,这些特征均为羌族古老民歌的基本形态特征,因此我们判断该旋律是羌族民歌旋律。《花儿纳吉》曾经普遍使用羌语唱词,羌语歌词内容更为深刻,构词也很美[①]。但近几十年来,随着汉文化的普及,早年的羌语歌词已不多见,羌族群众已创造了丰富的汉语歌词替代羌语歌词。当下流传的《花儿纳吉》采用汉语七言诗句加上语气词构成,为虚实结合的歌词构建形态。其汉语为歌词的主要内容,构词方式有两种:第一种是"盘歌",由起歌的人先唱两句,第一句为起句,第二句提出问题。对歌的人也唱两句,第一句为接歌,第二

---

① 羌族艺术家韩树康口述,华明玲记录。2020年8月访谈于茂县古羌城。

句回答问题,问和答的旋律完全相同。如起句为:"我唱盘歌你来解,一根板凳几只脚?"(此处去掉了衬词,下同),接歌的则唱道:"你唱盘歌我来解,一根板凳四只脚"。第二种是唱历史、爱情或劳动等内容的歌词,常采用比兴手法,用一些自然事件或景物来起兴,比拟一些哲理。如:"对门山上一棵槐,槐树叶儿落下来。风不吹来叶不落,妹不招手哥不来",便是用"风吹叶落"来比拟"妹招手哥才来"的人情和民俗习惯。再如"桃子不熟水不甜,棒打火烧怕心变;要学松树万年青,莫学花椒黑了心",便用了"桃子不熟不甜""松树万年青"以及"花椒黑心"等来比拟爱情的一般常理。

《花儿纳吉》的唱词中最稳定和最有特色的是语气词。除了羌语衬词"花儿纳吉""吉吉尔呢"外,还有"哟""哦""呢""吧"等助唱词,使七言诗句变得十分生动,歌唱的旋律衔接圆润,唱腔优美。如"唱板凳"这首简单的词句,加上衬词便形成这样的结构:"我唱盘歌你(哟)来解(吧)(花儿纳吉),一根板凳(尔吉)(哟哦)有几只(哟)脚(呢)(吉吉尔呢)?""你唱盘歌我(哟)来解(哟)(花儿纳吉),一根板凳(尔吉)(哟哦)四只(哦)脚(呢)(吉吉尔呢)"。一段唱词里采用了如此多的衬词,但并不掩盖唱词的主要含义,也不喧宾夺主,而是起到了烘托和陪衬的作用。

随着汉文化知识的普及,羌族普遍仰视有文化的羌人,愿意接受他们带来的汉文化诗歌模式,因而逐渐用汉语诗句代替了羌语歌词。但这毕竟是模仿,其歌词汉化并不充分,歌词主体框架为汉语七言诗句,但却保留了部分羌语词汇作为衬词,这样既显示了文采,也顺应了羌民的母语习惯,群众接受度高,利于传唱。《花儿纳吉》的歌词由羌语过渡到汉语,羌族音乐风格和羌语衬词都被保留下来,形成羌汉文化交流、融合的形态。历史上多个朝代中的羌族都处于经济和政治的弱势地位,受强势文化影响,羌族对汉文化的认可和追捧曾长期存在于社会生活中。王明珂认为,"如此常造成他们对汉人'血缘'(族源历史)与'文化'的攀附、模仿"。① 但笔者却认为,羌族婚俗中将汉语唱词融入羌族传统民歌中的案例,是羌民族与时俱进的民俗特性,汉语唱词的使用是顺

① 王明珂:《羌在汉藏之间》,中华书局 2008 年版,第 258 页。

应时代发展的结果。《花儿纳吉》用汉语歌词在羌族婚礼和娱乐活动中唱诵，是羌族民俗文化自信的表达。一方面,羌族通过展示其歌舞技能来彰显民族传统,即他们不仅能够追逐、模仿汉族婚礼的形式,体现其婚礼习俗的"时尚""气派",而且也能够发扬传统,将歌舞环节贯穿在仪式活动中;另一方面,将婚礼歌曲用汉语演唱,又展示了羌族的文化自信心理,即羌族的婚礼无论形式还是内容,都能够与汉族婚礼媲美。羌人不仅比汉人能歌善舞,而且能够用汉语诗句创作歌词,跟汉人一样"有知识""有文化"。《花儿纳吉》采用汉语七言诗句进行创作,有了比羌族口语更强大的表现力和更艺术化的表达效果,是羌族民歌发展创新的成功范例。羌族这种对外来文化的融合现象被称为"涵化",我国人类学领域仪式研究专家彭兆荣认为,文化是采借的,也是涵化的。涵化是人类学的概念,指一种文化在与其他文化发生接触或受到统治时,对整个观念和实践的接纳。文化采借、交流、涵化是一个自然和必然的过程,但在文化交流中,永远不要成为"文化的被殖民者"。社会变迁也不意味着传统文化必定消失与消亡。如何在文化变迁中使得传统文化得以重塑,如何在社会变迁过程中使得那些重要的文化之根不至于完全消失,仪式成了一个重要的机制和力量。且仪式本身就具有"守旧"和"创新"的双面性功能。一方面它是一个传统的"贮存器",另一方面它已经经历过历史的巨大变迁,甚至震荡,具备"不变之变"的特殊功能。①《花儿纳吉》在羌族婚礼仪式中传唱,本身具有比较稳定的功能,羌语诗词和羌族民歌风格的保留便是对根深蒂固的羌族传统文化的继承。这样的民歌形式有着厚实的文化底蕴,又赋予了新兴的文化活力,能够得到长久而广泛的传唱,羌族歌唱习俗得到更好的展示,而羌族积极乐观、与时俱进的生活态度也得到充分的肯定。

小　　结

羌族人生仪式与中华民族几千年文明历史相关联,也与我国大多数民族

---

① 参见彭兆荣:《重建中国仪式话语体系——一种人类学仪式视野》,《思想战线》2021年第1期。

的人生仪式相似,主要包括冠名、成人礼、婚俗和丧葬仪式等。人生仪式在一个人重要的生命节点举行,对个体和家庭都具有重要意义。羌族人生仪式具有古老的文化传统和较为完善的传承方式,与周边汉族的同类仪式相比,仪式程序更为复杂,仪式音声更加丰富。

羌族冠名仪式与汉族相似,主要由族长主持冠名仪式,酒席和娱乐歌舞是仪式的重要内容,也是族人、朋友和邻里相聚的平台。羌族成人礼仪式至今保留较好,有的村落是在节日中设置成人礼环节,如瓦尔俄足和基勒俄足节中的简易成人礼;有的则是专门举办的成人礼仪式,如松潘小姓乡"十三仪式"等。两种形式的成人礼仪式都保留着羌族古老的信仰、礼仪和生活习俗。羌族婚俗受主流社会的文化影响较多,具有较强的适应性和调配性,并有着比较明显的地域风格和阶层意识。在羌族丧葬仪式中表现出来的人类情感主要是悲伤的,但其信仰特征给予了人们极大的慰藉,丧葬仪式的表演也出现了娱神、娱人的混合和转换。如释比、盔甲、马马灯在大门口《敬门神》的表演,以及《送灵魂归西》和《送葬歌》等,皆有娱神的音声特征,庄重尚美、唱腔悠远、器声整齐。将逝去的亲人视为被邪神带走,音声中便又掺杂一些恐吓、威严的音乐段落,如《打碗》的唱腔不仅严肃,还有盔甲群体的嘶吼,这是对邪神的威慑,也是娱神的另一种形式。然而在整个丧葬仪式的几天时间里,更多出现的是娱人的表演,唢呐欢快地吹奏,羊皮鼓舞、盔甲和马马灯舞轮番表演,丧葬仪式的符号意义已经出现了转化,悲伤/喜悦和娱神/娱人交织重叠,"喜丧"由此而来。

羌族人生仪式有部分表现民间信仰的环节和内容。所有仪式均有祭祀环节,祭祀自然神、家神(包括祖先)。有些婚礼还有专门的还家愿仪式,葬礼过后还有消灾仪式——打扫房子;仪式音声中也有敬神、请神保佑等内容,还有驱赶邪神、引导灵魂回归等,表现出羌族民间信仰中神灵信仰、祖先崇拜、灵魂信仰等基本特征。羌族人生仪式音声中的民俗文化表现得很充分,主要包括礼仪习俗、歌唱习俗、饮食习俗、穿戴习俗、生产生活习俗以及信仰习俗等。羌族通过举办隆重的人生仪式,一方面展示和传承民俗文化,一方面促进种族繁衍和文化发展,体现出羌族几千年来形成的对待人生从容、乐观的态度。羌族人生仪式也受到了周边汉族、藏族、回族等文化的影响,他们接受了部分外来文化,甚至创造性地将汉语唱词移植到本民族的传统音乐旋律中,形成涵化的音乐形态,展示出羌族歌唱习俗的强大影响力。这样的融合不能被看作是文化妥协,而是通过融合的方式,更好地展示羌族民俗文化传统。尽管有了外来文化的影响,羌族人生仪式整体仍然表现出尊崇祖先、尊重传统的民俗特性。羌族人生仪式中文化融入的选择,是时代发展的需要,也是羌族人民物质生活和精神生活的需要。

第六章 羌族仪式音声的功能

民族音乐学的发展历史展示了该学科研究焦点的变化,即不仅仅将音乐作为一种形态去理解,而是把音乐作为一种人类现象去理解。以往的研究主要强调对音乐本体的分析,包括调式音阶、音程和声、节奏节拍、曲式结构等。随着 20 世纪 50 年代美国比较音乐学派的逐渐形成,在强调音乐本体的同时,加入了一个新的观察重点,即强调音乐与文化的联系。比较音乐学这门老的学科便被重新命名为"民族音乐学",其学科定义也由早先将音乐本身作为研究对象,扩展到了将音乐作为人类行为整体的一部分进行研究。本书所研究的羌族仪式音声,便是根据羌族在仪式活动这一人类行为中所展示的文化创造、传播、融合等现象,观察到社会的发展变化、人类的个性心理、社会功能等复杂问题。一个民族的文化形态与其生存环境有着密切关系,文化的社会功能依附自然环境、社会环境和文化环境而存在。美国学者艾伦·帕·梅里亚姆认为,"音乐的要素不仅仅是音乐本身,另外还包括与音乐相关之个人和群体的音乐行为和音乐概念。这就是说,音乐是与人类活动相关的'声音、行为和概念'的总和"①。

羌族仪式产生的背景多来自对大自然的敬畏之心,其功能与克服自然灾害、努力获取幸福生活有着密切联系。而仪式音声在仪式过程中强化了这样的功能,成为羌人解决生存问题、创造发展机遇的重要载体。仪式音声中的诵、念、歌、舞、器等各种内容,自创建之初至当代传承,皆承载着各种社会功

---

① [美]艾伦·帕·梅里亚姆:《民族音乐学理论研究》,载《民族音乐学译文集》,俞人豪译,中国文联出版公司 1985 年版,第 197 页。

能,包括庄严仪式、娱神娱人、民族交往、文化认同、教育子民等。也正因为仪式音声的这些社会功能,才使之较山歌、小调、劳动号子等民歌更具有文化内涵,也更能够与民族发展共同进退,成为人类历史上活态传承的文化形式。我国学者杨曦帆也认为:"研究文化中的音乐是要用文化的视野来解释音乐,希望从对音乐的探索中同时引出关于乐人、音乐行为、风俗、历史等等环节,从而使得对音乐的认识不仅仅是一种技术的操练,更是一种关乎人性的体验。"①此外,一些仪式音乐研究者也对民间信仰性质的仪式音乐进行了功能阐述:"一方面,民间信仰仪式均服从或束缚于一些清规戒律与美学要求;另一方面,仪式音乐又在一定程度上反映着人民群众对苦难世界的叹息和抗议,表现着人民大众的情感世界。因而客观上也满足了信众的审美、娱乐、谄媚、虔诚等社会、精神与心理需求。"②这里对民间仪式音乐功能的阐述主要从仪式参与者的角度来解读其社会、精神和心理的需求,这也是仪式音声所体现出来的特殊功能。

羌族仪式音声是伴随羌族民间信仰和民俗仪式而存在的歌唱、诵念、器声、响声等复杂的音声组合,它不仅是仪式的伴随物,更是仪式的名片。羌族仪式因为有了错综复杂、形态鲜活的各类音声伴随,而表现出稳定的形态和庄严的仪式感,使其在五千多年的文明历史长河中,保持了独有的个性特征和传承脉络,至今以活态的方式扎根在羌族人群中。巫宇军认为:"通常而言只是与精神、心理有关的宗教和艺术,在羌族文化中却有着具体的实际应用功能,而不是可有可无的,不是仅仅为了满足人们某些情、欲需求的、纯粹的形式。在羌人的意识中,释比法事唱念的所有经文咒语都不是装模作样的骗人把戏,也不是吓唬鬼神、安慰病人的心理治疗手段,而皆与具体的生产生活现实需求有着密切联系,不可或缺。"③对这一论断笔者有着不同的看法。首先"释比法事唱念的所有经文咒语皆与具体的生产生活现实需求有着密切联系"是不争

---

① 杨曦帆:《为什么要研究文化中的音乐》,《中国音乐》2016 年第 1 期。
② 和云峰:《少数民族民间信仰仪式音乐分类研究》,《中国音乐学》2021 年第 3 期。
③ 巫宇军:《羌族释比音乐的功能、变迁与保护策略研究——以四川汶川阿尔村为例》,中国社会科学出版社 2016 年版,第 173 页。

的事实,而且不仅是法事,祭祀和民俗仪式都同样具有实用性功能。但是,它绝不是仅仅为了法事中降低"铧头"温度,使释比能够用脚去踩、舌头去舔而不至于受伤,或使"打钎"者不疼痛、不流血,不在脸上留下伤痕。这样的法术和音声是释比法事中很少的一部分内容,更是仪式音声中的极少数。释比说唱的大部分内容,都具有精神和实用两方面的功能。实用的功能正如巫宇军所研究的那样,通过经咒使法术成功实施,大部分消灾仪式和释比医药也都通过经文、咒语来产生治疗效果。如治疗一些疑难杂症,释比会采用上述特殊手段。羌族一些被治疗过眼疾、头晕、懵懂等症状的被采访者,也都证实现代医学无法解决的问题,释比通过法事创造了奇迹。笔者未曾专门做此项研究,且释比掌握的这类技艺之谜,也不可能告知外人,即便是一脉相承的徒弟,在未达到一定品德和技术要求的时候,均不可告知。但羌族仪式音声(包括上述所谓释比法事)在精神和文化层面的功能,是显而易见的。"仪式尤其是全族参与的节日仪式是历史文化积淀的符号化集中表达,也是一种特殊的文化建构起来的象征交流系统,蕴含深厚的民族文化深层心理,在族群的文化传承、情感表达、心理导向与控制中具有重要作用。"①这一观点具有普遍的认可度,我们由此可以延伸出仪式音声更广泛的功能体系,而仪式在这一文化交流系统中是绝对的主角。羌族仪式音声之所以能够长久传承,多数并非音乐本身的艺术价值,而是其具备了与仪式等同,甚至超越仪式本身的文化功能。从原始部落人群的乐舞阶段就具有了这样的功能,在羌族仪式从孕育、传承、发展的过程中,仪式音声为仪式参与者提供了情感依托、情感表达、文化交流、文化认同、文化教育和传承等社会功能。

第一节　情感表达

羌族目前保留较好的传统仪式,带有很鲜明的部落文化特征,其根本宗旨

---

① 何明等:《国家在民族民间仪式中的"出场"及效力:基于僾尼人"嘎汤帕"节个案的民族志分析》,《开放时代》2007 年第 4 期。

源于民间信仰。多数专业人士认为,灵魂的观念是整个泛灵论的中心,包括相信动物、植物和物质均具有和人类灵魂相似的特性。为了控制人类及其他物种的灵魂,便产生了巫术和法术;为了使巫术和法术更为灵验,便采取了多种特殊方法。整体看来,羌族所有的仪式进行都将神灵信仰放在首位,得到神灵的保佑和助力,是仪式成功的关键。仪式中的情感表达方式首先便是请神和娱神,通过献祭牺牲和音声,表达人们对神灵的敬仰。情感表达的另一种方式是娱人,通过酒、歌、舞等方式,展示民族性格,表达内心情感。羌族祭祀、消灾、节日和人生仪式都是羌族情感表达的载体,而酒、歌、舞便成了重要的表达方式。羌族的酒、歌、舞习俗是在情感表达过程中形成的一种稳定习俗,酒、歌、舞习俗的核心是歌唱,饮酒时有酒歌、开咂酒坛;舞蹈也必然有歌唱伴随,最终歌唱是整个羌族仪式的灵魂,是羌族情感表达最主要、最直接的手段。

羌族传统仪式在有效的活态传承过程中,丰富的音声起到了至关重要的作用,有些仪式甚至以传歌、赛歌为主要内容,表现出音声对仪式的特殊意义。各种类型的音声在仪式进行中有着不同的功能,概括起来大致有娱神和娱人两大作用。在四川汉族地区也有一些祭祀和众多的民俗仪式,如初一烧香祈福、清明祭祖、各种庙会、婚礼葬礼仪式及春节、元宵节、端午节、冬至节、腊八节等传统节日仪式。当下这些仪式往往只有长老或家长会烧香敬酒,通报祖先,几乎已不存在任何形式的歌舞内容,器乐也十分少见,仅现极少数婚丧仪式有鼓乐队参与。实际上在新中国成立初期,婚丧仪式中歌唱、吹鼓乐还较为常见,元宵节闹花灯、庙会中唱戏、鼓乐也普遍存在。但为何在短短数十年间,仪式音声便从汉族仪式中消失,而这些仪式也几乎不再有仪式感,在人们抱怨越来越缺乏节日气氛时,节日又以放假的形式显示其重要性,旅游或酒席替代了仪式原有的文化功能,仪式变得重要却乏味。

反观羌族仪式,从特有的羌年祭祀和庆典、祭山会、转山会,到婚丧礼仪、各种节日,无不充满复杂多变的音声内容。从仪式开始的请神、娱神到仪式结束的安顿神灵,从新娘哭嫁到新人拜堂,从领歌到传歌,从绕佛对着神佛的歌唱,到仪式中围成圆圈的歌舞,皆通过音声推进仪式进程,表达仪式主题,展示仪式内涵。有了复杂的仪式音声,仪式变得丰富多彩,生动活泼,群体的歌舞音声使仪式变得庄严、正式,充满仪式感,使民众有了强烈的参与愿望和意识,能够积极融入到仪式活动中。因此,无论社会发展、变化有多么激烈,信息时代的快餐文化有多么瞬息万变,羌族仪式都通过音声的传承和发展得到了极大的保护,甚至有了更为丰富的形式和传承渠道。

羌族民间信仰的特征主要表现在对神灵的信仰与敬畏方面,羌族各种仪式与神灵信仰均有关联。从仪式音声的个体功能来看,表达了对正神的敬仰之心和对邪神的厌恶态度。从社会功能的角度来看,仪式主要通过音声来事神、娱神,在此过程中也达到群体愉悦的娱人功能。但与人文宗教相比,民间信仰的娱神、娱人功能没有十分明确的界限,甚至参与仪式的民众也未能真正理解音声娱神、娱人的功能,其音声表现的形式和内容便带有明显的随意性,娱神、娱人功能在近乎自然的状态下客观流露出来。正如学者项阳所说:"佛教与道教的仪式仪轨历经两千载在变化中趋于相对固定,而作为民间信仰所接衍的祭祀仪式,主要在于请神、事神(娱神)、送神三个程序……"[①]在这些程序中产生的音声都应该视为具有娱神效果,但从客观上讲,羌族仪式在这些程序中,对仪式音声的自我陶醉、娱乐大众的实际功效是明显的。如羌族最隆重的羌年还寨愿仪式,各个村寨虽然仪式过程不尽相同,唱诵的经文音调和内容也有很大差异,但在最后唱诵《还愿经》时,都会有羊皮鼓舞加入,甚至需要跪在祭祀塔前击鼓、摇鼓、摇铃为歌唱伴奏,唱腔也变得更为高亢、激情,展示着热切的希望和虔诚的信仰;在祭祀太阳神时也有十分神秘、恭敬的羊皮鼓舞蹈,其余环节均只有单纯的唱腔或加入羊皮鼓或法铃伴奏的唱诵,绝无羊皮鼓舞蹈的参与。由此看出,真正祭祀还愿的环节有着更为丰富的歌舞形式和唱腔,体现出对神灵的恭敬之心,在实际效果上有让神灵愉悦的功能。笔者曾问及敬太阳神和唱还愿经时为何要跳羊皮鼓舞?杨贵生释比解释说:"你不跳起过去,直接走到神面前,就不好嘛。你跳起舞唱,神看到就欢喜嘛。"[②]在这些敬神、娱神的表演环节中,释比全神贯注投入表演事项,参与的民众聚精会

---

① 项阳:《永乐钦赐寺庙歌曲的划时代意义》,《中国音乐》2019年第1期。
② 杨贵生口述,李月记录。2019年11月23日参加完木梯羌寨羌年还寨愿仪式后采访收录。

神陶醉在表演内容中,内心充满喜悦和满足感,娱人的效果也自然显现。羌族消灾仪式音声也有祭祀环节,其功能也兼具娱神和娱人。消灾仪式中的主要唱段是表现对邪神的憎恶,对于这样的情感主要通过释比法术和仪式经文唱诵来表现,如刺杀、碾压、烧毁、埋葬等不同方式及唱诵邪神的各种悲惨下场,最终直至消灭邪神,其手段已经表明了人们的情感态度。

茂县河西村瓦尔俄足节也叫领歌节。其活动主题是妇女们停止劳作,通过一天的歌舞活动答谢女神的护佑,使身心得到放松。其活动仍然首先从长老(释比)和全村男子组织的祭祀女神活动开始,此后妇女们开始引歌、领歌、传歌等活动。活动始于传说,引歌即为引出歌舞女神率先进行传统歌舞展示,有意让凡间的女子学会歌舞;领歌即为村里的妇女们从女神那里学习歌舞,转化为人间的歌舞文化;传歌是年长的妇女将学会的歌舞传授给年轻一代的姑娘,并期望能够继续传承、创新,将歌舞活动延续、发展下去,让歌舞带给妇女们快乐。这几个环节之后,还有以歌舞为主的集体庆祝活动和以美食、美酒为载体的群众休闲活动。在这样的一种节日模式下,羌族妇女在各个环节表演的歌舞都具有了双重功能,一是娱乐歌舞女神及其他诸神;二是娱乐参与人群,也包括自己。因此,瓦尔俄足节展示的歌舞都具有专用性,其仪式音声的娱神、娱人功能非常明显,推动了节日活动的发展,使得这一独特的民族节日有着稳定的传承形式和众多的参与群众,成为全球唯一的民间女性节日。

仪式音声的娱神和娱人没有明显分界线,而娱神和娱人也包含了多种情感,有愉悦、欣慰,也有沧桑和苦难。纵观羌族历史,在中华民族大家庭中,其始终都是一个奉献多于索取的民族。羌族曾经生活在广袤的西北草原上,生活富足,并创造过辉煌的文明。如建都于宁夏的西夏国便是党项羌人的创造,在甘肃张掖至今保存有辉煌的"西夏国寺"。但在历史长河中,总有数不尽的民族争端和延绵的战事,能征善战的羌族在历代封建统治下,被征服、压缩,最后迁徙到环境极其恶劣的岷江中上游的高山峡谷之中定居,其民族的苦难历程被人们通过仪式音声一代代传承下来。羌族的"羌年"还寨愿仪式便是讲述历史、不忘历史的一个文化载体。《羌戈大战》是还寨愿仪式中各寨子必唱的一部经,经文中唱道:"忽然哨兵来传信/禀报魔兵从北来/气势汹汹来势猛/来抢牛羊和草场/狡诈魔兵从北来/烧杀抢掠呈疯狂/男女老少遭残杀/牛羊牲畜被赶走/羌人丢失了家园/羌人失去了亲人/残余集结向西行/找寻幸福新家园/前面荆棘行路难/后面魔兵紧追赶/重重艰难重重险/人间苦难说不完……日补坝地宽又敞/花儿绿草长满山/羌人战胜戈基人/欢欢喜喜建家园……"①经文不仅唱诵了羌族遭遇侵略后的种种苦难,也描写了在阿巴白构带领下,战胜魔兵、戈基人等外族势力的英勇事迹,更展示了羌人最终得以定居日补坝(茂县)的幸福生活,是羌族苦难和欢乐情感的表达。

在一些民俗仪式中,也贯穿着苦难和欢乐这两种矛盾的情感,这也是人类普遍存在的情感体验。羌族民俗仪式大多有大量的仪式歌舞环节,如羌年除有祭祀还愿外,一般都有歌舞庆典;春节会有龙灯会、狮灯会,其间都有吹打乐队的参与,也有集体萨朗歌舞;瓦尔俄足更是歌舞的集会;各种庙会和节日,均有唱经或歌舞。这些民俗仪式的音声主要是喜庆的内容,是娱神和娱人的综合表达。羌族传统人生仪式,则有着不同的情感对象,既有喜悦的庆贺,也有悲伤与忧思。羌族婚礼大多采用了明亮色彩的徵调式和宫调式来表达喜悦的心情,虽然婚礼中的歌曲多数都是喜庆的,如《夸新娘》《盘歌》等,但也有包含两种矛盾的情感的婚俗歌《哭嫁》。哭嫁过程中无论女儿唱给母亲的《哭嫁歌》还是母亲唱给女儿的《嫁女歌》,都是包含喜悦和忧伤的矛盾情感。如茂县杨柳村罗秀英唱诵的《嫁女歌》歌词大意为:"我的女儿啊你要出嫁了。我辛苦养大你还没有享到你的福啊!到了婆家要听话些,要争口气把日子过好些。"②这个唱词既有对女儿婚姻的祝福和期盼,也带有明显的伤感和无奈之情。羌族丧葬仪式与婚礼仪式正好相反,基本都采用色彩暗淡的羽调式和角调式来表达悲伤、忧郁的情感,但也在敬神、唱平安经等少数环节中采用了色彩明亮的宫调式或徵调式旋律,展示对神灵和祖先的敬仰。由此看来,羌族祭祀、消灾、节日和人生仪式音声充满着各种复杂的情感因素,有敬仰、憎恶,有欢乐也有悲苦,这是羌族民众在生存发展过程中形成的真实情感,通过隆重的

---

① 四川省少数民族古籍整理办公室主编:《羌族释比经典》(下卷),四川民族出版社 2008 年版,第 60 页。

② 罗秀英(1957—2017)唱,华明玲记谱整理。2015 年 10 月收录于茂县太平乡杨柳村。

仪式作为载体,音声的情感表达得到了充分的发挥,而这样的情感也促进了音声的创造和完善,最终促使仪式得到了更好的传承和发展。

一、对待正神——敬畏与依赖

仪式音声的情感表达功能被多数学者认可,如杨曦帆认为:"仪式是文化与音乐传承的载体,是文化符号的密码;节日是仪式进入日常生活的轨迹,是日常生活中的人体验超越日常的重要环节,也是音乐作为人的情感表达的重要显现。仪式作为人类/特定族群重大历史记忆的现实表达,也被人类学家当作观察人类情绪、情感和特定族群文化经验的重要窗口。"①在这一表达过程中,音声的作用较之仪式道具、场域、过程等仪式要素,更能够直接地表达情感。羌族一切仪式都必须从请神、敬神开始,在这一过程中产生的仪式音声,多具有娱神的功能。羌族信仰万物有灵,以天、地、人、鬼、物等各种事物作为神灵产生的基础,这实际上是一种心理控制。弗洛伊德发现原始民族在施术的操作过程中明显带有一种企图:"尝试利用控制心理作用的规律来操纵真实事物。即原始民族将心里想得到而实际无法得到的事物用心理机制加以实现。"②具体表现便是将一切事务交付给神灵管辖,而人们克服生活障碍是通过一些形象的手法来影响管控事务的神灵而得以实现。如羌族许多村落盛行的求雨仪式和还天晴愿仪式,皆有周到的请神和生动的仪式环节,其中的歌唱也与活动紧密相伴。

汶川县龙溪乡阿尔村是羌族传统文化保留相对完整的村落,2010 年一场求雨仪式被学者巫宇军记录。求雨的队伍敲锣打鼓击钹,集体吆喝并唱《求雨歌》,歌词除"求雨"二字外,多为助唱词。释比和长老在求雨仪式正式开始时,念诵道:"哎,搓打! 最大的太阳神和月亮神,陆地神,入境清扫神,水神,山神,树神,草坪神,土地神,天界神,房神,玉皇。东海龙王和整个管水的神,我们巴夺这个地方,天干得庄稼全都要干死完了。天底下的老百姓吃啥子嘛?

<hr>

① 杨曦帆:《建构与认同理论的音乐人类学反思——以嘉绒藏族为例的少数民族节日仪式与传统音乐发展研究》,《中国音乐》2020 年第 1 期。

② [奥]弗洛伊德:《图腾与禁忌》,文良文化译,中央编译出版社 2009 年版,第 8 页。

东海龙王的时候啊,放点雨下来,求求你!"①此后人们便烧柏枝念求雨经,装着有人死去而跳丧葬舞表示忧伤,再挖沟渠,相互打泥水仗、泼水。

在这一仪式中,其环节有许多心理控制的机制,所表达的正是敬畏与依赖之情。其一是集体敲击响器、唱诵《求雨歌》。这是希望通过音声让天地诸神知晓仪式的产生,前来襄助,这是人们能够想象到的一种通告方式,也是心理控制的一个方面。其二是释比和长老的敬神。单纯的求雨仪式,却十分周到地请来了心里认为能够管辖下雨事件的诸神,实际上其中一些神与下雨根本扯不上直接关系,比如树神和房神等,而在其他很多祭祀活动中也会出现请出很多不直接相干的神祇的案例,这是羌族对神灵敬畏之情的表达,他们生怕该请的神没有请到而影响仪式结果,宁滥勿缺的心理控制是恭敬心的表现。其三,人们装作有人去世(用草人代替死人或用活人假装死人)而跳丧葬舞,是希望神灵能够看到民众的惨状而诱发恻隐之心,能够解决目前的困难,这也是心理控制的结果。其四,仪式中打泥水仗和泼水的环节,是想通过"水"的形象来诱发雨水的产生。这一系列仪式程式和音声,均源于民众采用心理控制来达成愿望的企图,是羌族对正神敬畏和依赖之情的表达。

二、对待邪神——恐吓加疏导

古代人们对遭遇的各种自然灾害及病痛之苦缺乏科学研究和应对措施,只能通过一些仪式尝试解决问题。一方面通过祭祀仪式来亲近那些掌控大自然的神灵,以求得到护佑;另一方面也想尽各种办法来驱赶、消灭邪神,避免危害人类。羌族认为能够威胁人类生活的鬼怪、邪气非常多,任何一件不好的事情发生,或者人畜生病、意外死亡等,都可能是邪神作祟,需要通过消灾仪式或特殊技法将其"揪"出来,赶走或者埋葬。释比消除灾害,保护人畜平安的唱经非常多,主要通过"太平保福""打扫房屋""驱除病魔""招魂喊魂""释比治疗"等各类消灾仪式来完成。这类仪式开头都是请神和敬神。释比需要吹响

---

① 巫宇军:《羌族释比音乐的功能、变迁与保护策略研究——以四川汶川阿尔村为例》,中国社会科学出版社 2016 年版,第 152 页。

法螺,通告三界神灵前来协助驱邪,因此第一部分的唱经与正神有关。中间部分的内容和唱经,释比需要根据仪式的性质有针对性地进行选择。这类唱经的名称五花八门,如《唱毒药猫》《赶瘟神》《驱死煞》《埋葬邪气》《遇病毒》《驱邪魔》《根治流产》《喊病鬼》《治妖》《唱狐狸》《吹散脓疮》等。从这些唱经的名称中,我们便能了解羌族对邪神的想象空间。释比在消灾仪式中提到邪神有着各种危害,比如传说通过压人的影子使人生病的"天晕",害死孤儿父母的八个妖怪,还有"煞""置""夺"等各种怪物、坏蛋,危害羌民生产生活的"毒药猫"等,释比都能够通过适当的消灾仪式,唱诵相应的经文进行对付,最终在神力、释比祖师的帮助下,用法力将其消灭。每一个释比擅长的消灾唱经有所不同,对待同样的问题,可能选择不一样的经文,而同一部唱经也可以作为不同灾害的消灭手段进行唱诵,其目的都是对邪神进行惩治、降伏和消灭。

释比降伏妖魔的手法,往往并不是塑造一个神灵来执行,而是请神到现场观摩。具体实施降伏手段的是赋予了神力的释比、各种吉祥圣物和民族英雄等。比如《说凤凰》里凤凰三兄弟便被塑造为能够消灭"天晕""野人"和"煞气"的神鸟,经文唱道:"凤凰老大勒者巴/展翅飞身到山顶/山顶之处与天晕/天晕见后吓倒地/头像木头伸直了/手像树枝放平了/脚像树杈伸直了/心脏被捏抓扯掉/三口吸完其血液/三口吸完其脑髓/肋骨三根折断了/老大咧嘴吃天晕/就像食尽鲜猪肉/释比诵经驱妖邪……"[1]从这一段唱经看出,英雄消灭天晕的手法极其暴烈、果决,其目的只有一个,就是恐吓天晕这样危害人间的妖魔。此部经文的后半段,三兄弟不仅分别将天晕、野人和煞气消灭,而且借助这一件正义之举,释比击鼓作法,将妖怪"墨基阿古"一家全部消灭,并将做坏事者、凶死者、伤天害理者、阴险狡诈者等一切人们认为不好的人和事物全部消灭。可以说通过凤凰灭天晕的事件,达到杀一儆百的恐吓效果。

释比是羌族驱邪消灾的专业人士,在对待邪神的问题上有时候很残忍,如

---

①　四川省少数民族古籍整理办公室主编:《羌族释比经典》(下卷),四川民族出版社 2008 年版,第 1600 页。

凤凰三兄弟通过啄食"天晕""野人""煞气"的眼珠、脑花、肌肉、筋骨等最终消灭邪神;孤儿郁米对待八个妖怪也是杀死、埋葬;释比对付"除楚"和牛头马面等,是挖坑埋葬;对待家中各个角落的邪气,是用打面火的方式烧毁、吓跑。这样的手法使人们相信邪神已经被消灭和赶走,可以安心地生活。在羌族大藏仪式中,由释比担任的盔甲也有消灾仪式,即"打碗"。释比、盔甲、马马灯会在祭奠死者时跳一场规模宏大的祭祀舞。祭祀舞之后盔甲要"打碗"送邪秽、测吉凶。羌族认为有人死了是遭遇了邪秽,盔甲将一只烧过纸钱的碗打破,并唱诵《送邪气》经文,这样便能够将邪神送走。此时对付邪神的办法不是杀死、埋葬和烧毁,而是唱经请邪气顺着岷江往下游流走,是一种疏导、安抚的策略。上述残忍的手法或疏导的办法,都是羌族释比在消灾仪式中顺应群众心理需求而产生的应对邪神的措施,是一种人性化的象征性消灾手法,是羌族对邪神憎恶情感的表达。

第二节　自我慰藉

羌族诸多重要的仪式,从结果来看或者并不具备现实意义的功能。"祭山还愿""太平保福""喊魂招魂""驱邪除魔"等,尽管人们希望这些仪式是真正有作用的,能够达到人们期望的目的,但其实有没有作用很难考证,只要完成了这些仪式,便能够内心踏实,具有安全感,而伴随仪式的音声也便具备了自我慰藉的功能。费孝通也说过:"譬如驱鬼,实际上却是祛除了心理上的恐惧,鬼有没有是不要紧的,恐惧却得以祛除。"[①]羌族诸多驱邪驱鬼的消灾仪式和相应的经文唱诵,正是在这样的心理环境下得以产生并传承至今。这样的仪式及唱经,在起源之初至科学高度文明的今天,无疑都在精神层面上给予了民众"自我慰藉"的特殊功效。笔者赞同这样的观点:"借助于音乐、舞蹈、牺牲等各种供品'讨好'各路神灵以达到'祈福禳灾'的传统从古传到今,从民间

---

① 费孝通:《乡土中国》,北京大学出版社 1991 年版,第 93 页。

到官方到宗教无处不在。"①

为了增强这类仪式的"自我慰藉"功能,创造者和后继者不仅将仪式逐渐程式化、神秘化,而且将仪式音声美化、复杂化,使之不仅具备恐吓鬼怪的目的,还能够让神和人有娱乐性美感。仪式音声也就逐渐显示出风格上的差异。一类是娱神、娱人的音声,其音乐形态较为复杂,音乐风格唯美而空灵,如茂县杨柳村玉皇会中的"绕佛唱"系列旋律,以及羌年还寨愿仪式中《木姐珠》《朝祖》等旋律。为了增加仪式的功能性,一些祭祀的唱经也加上羊皮鼓的伴奏,羊皮鼓此时作为器声的功能有两个,沟通神灵及美化唱腔。另一类是驱鬼驱邪的音声,旋律简单、粗粝,节奏单一。为了达到更明显的恐吓效果,还加上了急促的羊皮鼓、响盘、法铃等无音阶响器的伴奏。学者张振涛认为:"欧洲没有铙钹等打击乐器,这不能不使人想到中国语境。生存环境要求的不是'音乐',而是'杀伤功能'。欧洲音乐重审美,中国音乐重功能。'用乐'环境不是把打击乐当'音乐',而是'工具'。'艺术凌驾于一切解读之上'的话在此行不通,必须转换为'仪式凌驾于一切解读之上'。"②从羌族仪式音声的这一文化事项来看,其功能性特征多于音乐本身的价值,"自我慰藉"便是其中重要的功能,因为仪式使用的一切手段和功效,都是无法检测客观效果的,但"自我慰藉"的功能却已经体现。

从仪式过程来看,其自我慰藉的功能也十分明显。羌族传统仪式,无论规模大小和何种功用,其基本过程都必须从请神、敬神开始。万物有灵是羌族民间信仰的基础,其中隐含了"自我慰藉"的因素。羌族所请的神祇,有来自天上的神,包括天神、太阳神、月亮神等,而天神还有儿子和女儿,儿子们会放牛、放马、放羊,女儿们会洗麻线(木姐珠)。这样创造的神及神的状态,实际上与人类生活相似,富有人情味。这样的形象塑造本身也是自我慰藉的一种方式,显示出自己和神具有相似的物质生活和精神生活,是能够接受人们的邀请来替人们做好事的"人"。因此,作为回礼,羌族便将自己认为宝贵的东西作为

①　王旭等:《佛教供养与礼乐文化传统的双重建构》,《中国音乐》2020 年第 6 期。
②　张振涛:《既问苍生也问神鬼——打击乐音响的人类学解读》,《中国音乐》2019 年第2 期。

牺牲献祭给神灵。在献祭之前,还要将牺牲和一切用于祭祀的物品清洗干净,以免得罪神灵,这个过程称为"解秽"。唱诵解秽经需要一边唱经文,一边替需要解秽的物品洒水,替献祭的羊洒水解秽的过程叫作"抖水"。解秽经文通常都需要通报需要解秽的物品、解秽的部位,非常详细周到:"众师徒们众人们/在此地在此周围/敬神之处秽气解/木制器皿秽气解/敬请诸神前来享/敬请母舅前来吃/还愿之羊秽气解/羊之皮毛秽气解/羊蹄羊足秽气解/还愿神旗秽气解/青稞粮食秽气解/刀头敬酒秽气解。"①这一过程,实际上也是自我慰藉的一种表现方式。这可能是一种比较原始的巫术的延续。弗洛伊德认为:"某些原始禁忌也能够以类似(被某种行为所补偿)的方式来加以替换,甚至他们可以有一种'仪式'来消除,而这种仪式常常是用水来洗涤。"②从这一角度来看,解秽是要消除不洁净之物"得罪"神灵而使法事不能生效的禁忌。这种仪式应该不是羌族特有的,而是全世界很多民族都曾经有过但已经消亡的。羌族的这类仪式之所以维持到现在,与羌族长期生活在偏远地区有关,艰苦的生活环境需要这些仪式来保障民众内心的平安,仪式音声便被赋予了自我慰藉的功能。

第三节　民族交往与文化认同

羌族有较为神圣的祭祀仪式和功能性较强的消灾仪式,也有非常开放的节日仪式和人生仪式。祭祀和消灾仪式的音声内容多在族群内部特定人群中传承,主要集中在充当祭司或巫师的角色中,通过师徒关系传授和传承,这样的角色目前被统称为释比。释比是羌族传统文化最主要的掌握者和传播者,在近年来实行的释比文化保护活动中,为了濒危的释比文化后继有人,政府相关部门要求释比在村寨中挑选一些年轻人来学习,并在羌族聚居区指定了集中培训场所和学习时间,释比文化的活态传承方式被人为地延续下来。但每

---

① 四川省少数民族古籍整理办公室主编:《羌族释比经典》(上卷),四川民族出版社 2008年版,第 503 页。

② [奥]弗洛伊德:《图腾与禁忌》,文良文化译,中央编译出版社 2009 年版,第 47 页。

一位年长释比传承的内容,均来自自己的师傅,其仪式程式和音声均为各村寨世代相传,释比之间一般不会进行交叉学习。这样看来,这部分传承内容应该相当稳定,难以与其他村寨的传统文化内容混搭,更不用说其他民族文化的融入。但其实不然,我们通过调查发现,在现存的传统释比说唱内容中,仍然能够找到民族交融的例证。如成都南宝乡木梯羌寨羌年还寨愿仪式中,释比要唱诵一首《朝祖》,唱词采用羌语,其唱词内容是请世世代代的祖先来领愿,是羌族祖先崇拜的体现。唱经的旋律具有典型的蒙古族长调的风格,并有着长调的标志性歌头和歌尾。这部唱经明显来自元朝蒙古族统治时期强势文化的浸入,羌族与蒙古族文化的融合便产生了这样的作品。当然这样的融合不只是在个别羌族地区存在,在德阳市绵竹清平民歌中,亦有汉语民歌加上蒙古族长调歌头和歌尾的现象。这充分说明在大的政治环境下,各民族文化交流、交融的事实。茂县水若村肖永庆释比唱诵的《喊魂魄》等经文,借鉴了道教的诸多神祇称谓和专用词汇,采用羌语、汉语混合演唱,是羌、汉文化交流、融合的见证。这些唱诵内容至少证明,虽然释比文化为羌族传承非常稳定的传统文化,但在几千年的文明发展历程中,并没有一成不变,而是在不断适应社会发展的进程中,寻求一种相对稳定的模式,学习和借鉴、创新和发展才是一种文化能够长久传承的内在动力。

　　羌族节日和婚丧等民俗仪式,是羌族内部交流的重要平台,也是与其他民族沟通和交往的渠道。羌族传统婚配以村落内部或邻近羌族村落联姻为主,但也有与邻近藏族、汉族通婚的情况。羌族婚礼是主家亲戚、朋友,乃至全寨子最重要的活动,婚礼前后的各种仪式都有大量的参与人群,其中也包括来自羌族以外的藏族、汉族、回族等亲朋好友。最为关键的是,羌族是一个生存能力和学习能力都很强的民族,在历代部落纷争、民族战争、政权斗争等中,羌族顽强地保留了自己的人口和文化,成为最为古老的民族之一。羌族婚礼便是不断学习周边汉族、藏族、回族,以及当下欧洲新式婚礼的结果。羌族婚礼中唱诵的歌曲,既有传统的嫁女歌、赞新娘、赞新郎、婚礼祝福歌、酒歌等,也有用汉语夹杂羌语词汇唱诵的《花儿纳吉》《格姆哟哟》等。《花儿纳吉》是近百年来羌语南部方言区最为盛行的婚礼歌曲。其歌词具有即兴性,有唱诵羌族人文历史、风俗习惯、自然现象、生活知识、爱情表达等各种内容,有羌语和汉语两种版本。汉语唱词版本也不是采用纯粹的汉语唱词,还夹杂着"花儿纳吉""吉吉尔呢"等非汉语词汇。《花儿纳吉》的旋律采用五声音阶徵调式,旋律进行以小三度、大三度和大二度为主,包含有羌族较为明显的族性歌腔 dol dol la sol,并以短时值的徵音终止,这是大多数羌族民歌结尾的方式。笔者认为《花儿纳吉》的旋律具有羌族民间音乐风格,其唱词有羌语和汉语两种,唱词中的衬词"花儿纳吉"可能又借用了我国西北"花儿"的称谓。从这个民歌曲牌中便可窥见羌族与汉族、回族等民族交往后,产生的文化交流、交融的现象。

在松潘黄龙寺举办的"黄龙庙会",是民族交往、文化交融最好的例证。黄龙寺建于明朝,黄龙庙会源于黄龙助禹治水的传说,自建庙之时起,每年农历六月十三至十五举行。清人马尧安《黄龙寺述览》云:"每届会期,士女多赴寺游览,布帐炉烟,行歌互答,岁以为例。""黄龙庙会"是松潘县周边藏、羌、汉各民族民间文化交流、展示的平台。庙会期间,朝会的人群穿戴各自的民族服饰,携带帐篷、炊具、食品、被褥、香蜡钱纸,驱车、骑马或步行前往黄龙寺烧香拜佛,祈福还愿,除唱诵经文外,还会展示歌舞、器乐、戏剧、杂技等。当下的黄龙庙会由政府相关部门组织举办文艺展演、旅游体验、美食文化、绘画工艺展览等,成为岷江上游多民族杂居地民族交往和文化交流的重要节日。多族群杂居区的文化存在一个长期相互濡化(mutual enculturation)与涵化(mutual acculturation)的过程,而文化认同正是推动各族群交往、交流与交融,进而构建中华民族一体多元集体记忆的重要力量。其中,节日仪式音乐作为最具根基性和鲜活力量的认同符号,在沟通与建构各族群文化心理认同的过程中发挥了不可替代的重要作用。

第四节　文化传承与教育教化

羌族民俗文化的传承与汉文化和许多有文字民族的文化截然不同,口头传承是其主要的方式,借用汉语进行重要事件的记录属于较为官方的行为,较少在日常生活中呈现。对早年居住在相对闭塞环境的羌族村落而言,大部分人接受汉文化的机会不多,能够用汉字对本土文化进行记载、传承,或用于教育的案例也在少数。口头传承绝不是单一的说教,且通过说教也不能够真正达到文化传承和文化教育的目的。于是,神话故事、民间传说、各种仪式、民间歌舞等,均成为文化传承、道德规范、教育教化的主要手段。仪式音声与丰富的信仰、民俗仪式共同发展,其规范性、严肃性、生动性、直观性、趣味性等都较其他手段更强,因此更能够承载羌族传统文化的传播重任,其教育效果也通过潜移默化的方式得以实现。

从祭祀仪式音声来看,其内容包含神灵信仰(请神、敬神、还愿经)、祖先崇拜(朝祖、羌戈大战)、英雄崇拜(迟基格布、大禹)等,其传承与仪式本事同在,并使仪式更为鲜活,更具有传承能力。羌族神话故事、英雄故事、励志故事均通过释比说唱的形式呈现给民众,参与仪式者在其中逐渐形成了传统的信仰观念、是非观念、道德观念,并成为指导羌族生产生活的精神指南。

羌族消灾仪式音声,确实有部分是巫宇军所说的实用性较强的经文和咒语,如"雪山令",便用于释比取炭火、舔铧头前念诵,但更多的唱经却也具有传承文化和教育教化功能,如肖永庆主持的"消灾大法事"中有《说凤凰》《撵妖魔》《埋葬邪气》《赶瘟神》《打面火》《唱毒药猫》等驱除邪毒的唱经,单纯就经文名称来看,有很强的技术性和实用功能。但实际上在每一部唱经里,都包含着文化层面和精神层面的内容,它同样是文化传承的重要手段,也是实施教育教化、形成道德规范的重要途径。仪式中的很多经义,都会借助请神驱邪的法事,告诫人们不做坏事,要团结互助,共同发展。比如《说凤凰》唱诵的是借助凤凰三兄弟的神奇威力,将三种邪怪天晕、野人和煞气降伏的经过。在制服这三种怪物后,又延伸到将妖怪家庭的八个成员消灭。制服妖怪之后,便是驱除做坏事的人和沾染邪毒的人,包括"专做坏事者""死得不明白者""被物打死者""激动过分笑死者""跳河淹死者""土石垮塌压死者""上吊凶死者""喝毒药死者""栽赃陷害者""扯掉释比佛珠者""毁坏神林者""家务不顺""田宅不顺""进门恭维奉承者""出门伤天害理者""搬弄事端者""挑拨是非者""心术不正者""狡诈阴险者""无中生有者"等。这些有恶行或者遭厄运的人群被视为不祥,释比都一一驱除,这就表明了羌族的是非立场观,以及对待坏人坏事的态度。在经文的最后,当该消灭埋葬的都埋葬了,该驱除的都驱除了,唱经又转而树立正面的人物形象,此时唱道(汉语大意):一家人家庭和睦/上把位父子商量/下把位母女商量/黄纸金钱买回来/白纸银钱买回来/天刚拂晓东方白/篝火燃放三岔口/大神领受金纸钱/小神领受银纸钱/大神大鬼领鸡血/小神小鬼领鸡血/平神庙地深埋葬/三个大官在一起/相互商议案了断/三个释比在一起/相互商议驱邪魔/驱除邪魔万事吉。① 这部分经文唱述了家庭成员互相商议,就会和睦顺利;官员互相商议,就能断好公案;释比互相商议,才能驱除邪魔。虽然文中也提到了敬神和埋葬邪气等与神相关的事宜,但主要精神却是歌颂人们的团结协作,是对人性美、人情美的一种肯定和歌颂。因此,笔者认为,羌族信仰众多神灵,有正神、有邪神,他们在生产生活中,形成了对神灵的精神依赖和敬畏之心。但是在具体任务实施过程中,人们更相信人本身的力量。从对英雄始祖阿巴白构的歌颂、崇拜,到对凡人孤儿郁米的认可,以及对民众团结、互助发展的提倡,都是羌族面对客观现实、克服生活艰辛、创造人类幸福的见证。而这样的观念通过仪式音声进行完整、活态的呈现,应该是口头文化传承最佳的方式。其树立的道德是非观念,是羌族行为规范的基本尺度,也是羌族民俗文化、道德法规教育的生动课堂。

羌族仪式音声是羌族精神生活的重要内容,民间信仰和民俗文化皆通过仪式来建构公共空间与精神气质。仪式音声作为民族文化的象征,能够唤起仪式参与者的情绪,引发人们的文化认同感,增强民族凝聚力,达到教育教化的作用。在羌族祭祀仪式中,音声是伴随仪式进行,并促进仪式传承和发展的重要媒介。任何一场祭祀活动,都有系列的仪式音声参与,从请神、敬神到唱诵祭祀用品,从歌颂始祖、祖先到歌颂民族英雄,从祛除病害到还愿得福,均需要村里长老的协助和群众的参与。音声所表达的情感,并非唱经人释比的个人情感,而是代表相应范围内民众的情感。人们通过这样的仪式音声,强化共同的信仰和民俗,达成共同的幸福心愿,也因此而增进了族群的凝聚力。羌族节日仪式也有同样的功效,如传承于羌语北部方言区的"跳甲"仪式,是通过

---

① 2020 年 5 月走访肖永庆释比记录。

男子以歌舞的形式跳"铠甲舞"来完成祭祀、祈福和历史回顾。届时村子里的男子身穿铠甲,手持猎枪、大刀等跳铠甲舞,妇女则帮助歌唱、呐喊。这样的乐舞祭祀文化,对生活在相对封闭的羌族村寨的民众,能够唤起强烈的历史记忆,引发人们对祖先苦难经历的敬重,对当下安定生活的珍惜,从而促进族群团结和睦,共同发展。这样的仪式音声,是民族共同拥有的文化形式的体现,对增进族群认同、增强民族凝聚力有着积极作用。

结　语　中国羌族仪式音声在新的文化语境下生存路径及发展未来思考

近年来,与羌族仪式及音声相关的项目先后被收录到国家级、省级、州级、县级非遗名录中,并核批了各级代表性传承人,形成了传承项目和传承人梯队建设,为羌族传统仪式及音声的传承起到了保护作用。有丰富仪式音声的国家级、省级、州级非遗项目列表如下:

国家级(7项)					
序号	编号	名称	类别	批次	申报单位
X-18	466	羌族瓦尔俄足节	民俗	第一批	四川省阿坝藏族羌族自治州
II-38	69	羌笛演奏及制作技艺	传统音乐	第一批	四川省茂县
III-62	659	羌族羊皮鼓舞	传统舞蹈	第二批	四川省汶川县
X-82	989	羌年	民俗	第二批	四川省北川羌族自治县
II-30	61	羌族多声部民歌	传统音乐	第二批	四川省松潘县
I-122	1066	羌戈大战	民间文学	第三批	四川省汶川县
I-91	1035	禹的传说	民间文学	第三批	四川省汶川县四川省北川羌族自治县
II-136	635	口弦音乐	传统音乐	第三批	四川省北川羌族自治县
省级(7项,不包含已列入国家级的项目)					
序号	编号	名称	类别	批次	申报单位
X-6	168	苏布士(羌年庆典)	民俗	第一批	阿坝州中国古羌释比文化传承研究会
X-5	74	羌族婚俗	民俗	第三批	绵阳市北川羌族自治县
X-8	77	羌族成人冠礼	民俗	第三批	阿坝州汶川县文化馆
X-80	8	羌族夬儒节	民俗	第四批	阿坝州理县文化馆

续表

省级（7项，不包含已列入国家级的项目）					
序号	编号	名称	类别	批次	申报单位
Ⅳ-16	3	羌族释比戏	传统戏剧	第四批	阿坝州理县文化馆
Ⅹ-84	39	基勒俄足	民俗	第五批	茂县文化馆
Ⅲ-9	10	羌族萨朗	传统舞蹈	扩展项目	阿坝州汶川县文化馆 阿坝州茂县文体局 成都市邛崃市文化馆

市级、州级（20项，不包含已列入国家级、省级的项目）					
序号	编号	名称	类别	申报单位	
Ⅱ	1122	羌族吹吹	传统音乐	北川县文化馆	
Ⅱ	1122	羌族吹吹	传统音乐	北川县文化馆	
Ⅲ-5	177	羌族锣鼓	传统音乐	茂县文化馆	
Ⅱ-4	176	羌族耶惹木	传统音乐	茂县文化馆	
Ⅱ-1	173	羌族唢呐	传统音乐	理县文化馆	
Ⅱ-3	175	羌族年歌	传统音乐	茂县文化馆	
Ⅱ-2	174	羌族酒歌	传统音乐	茂县文化馆	
Ⅱ-3	128	羌族仪式歌	传统音乐	里县文体局	
Ⅱ	1102	羌族响器	传统音乐	绵阳市平武县文化馆 绵阳市北川县文化馆	
Ⅱ	1100	羌族民歌	传统音乐	绵阳市平武县文化馆 绵阳市北川县文化馆	
Ⅹ-8	77	羌族成人冠礼	传统音乐	绵阳市平武县文化馆	
Ⅲ	1104	羌族丧舞	传统舞蹈	绵阳市平武县文化馆 绵阳市北川县文化馆	
Ⅲ-15	192	羌族狮子舞	传统舞蹈	茂县文体局	
Ⅲ-12	189	羌族秋歌	传统舞蹈	茂县文体局	
Ⅳ-1	240	羌族傩戏	传统戏剧	理县文化馆 茂县文化馆	
Ⅳ-3	229	羌族灯戏	传统戏剧	茂县文体局	
Ⅹ-7	431	羌族角角神崇拜	民俗	茂县文化馆	
Ⅹ-3	428	羌族马马灯	民俗	茂县文化馆	
Ⅹ	1236	羌族转山会	民俗	北川县文化馆	
Ⅹ	1135	羌族风俗	民俗	北川县文化馆	

阿坝州委、州政府对羌族传统文化的传承和保护也采取了有力措施。自2017年起,坚持每年对州内外羌族口传史诗传承人进行集中分班培训,培训方式为专家授课加师徒传习。成立了阿坝州羌族口传史诗协会,通过抢救性措施保护和传承羌族口传史,延续文脉,萃取精华,展现魅力。例如2020年羌年期间,阿坝州政府将活动主会场集中在理县县城和桃坪羌寨,分别在两地举办了大型歌舞晚会和非遗项目专场展示。同时在桃坪羌寨非遗传承中心举办了"羌族口传史诗传习"培训。此次培训,有来自阿坝州汶川、茂县、理县、松潘及成都邛崃、绵阳北川共80余名羌族非物质文化遗产代表性传承人参加。其中有老一代释比文化传承人王治升、肖永庆、杨贵生、朱光亮等;多声部民歌传承人见车牙、泽英俊等;中青年释比杨芝全、杨永顺、赵俊成、王晓刚等;还有年仅17岁的少年传承人张旭伟。培训期间,聘请了羌族民俗文化、音乐研究专家以集体授课形式,为传承人讲授羌族传统文化相关知识,提高传承人对本民族文化的整体认知水平,扩大知识层面,夯实文化底子,巩固传承中华优秀传统文化的思想,提高其传承能力。另外,采取师傅带徒弟的方式,由年长的传承人手把手教导接班人,使其尽快掌握传统文化内容,进而成为项目活态传承的中流砥柱。

但是,在调查期间我们也发现,羌族重要的节日如羌年、瓦尔俄足节、跳甲、庙会等,青少年的参加人数很少,青年人忙着打工挣钱,少年们忙着学业功课,这样便少了新鲜的传承血脉。音乐人类学家凯瑟琳·格兰特(Catherine Grant)构建的"音乐活力与濒危评估框架"(Music Vitality and Endangerment Framework,简称"MVEF"),用以评估某种传统音乐活力与濒危的程度及影响因素以辅助其可持续发展。范雨涛利用此框架对羌族"瓦尔俄足"音乐活力进行了评估,结果显示:"尽管最近十年'瓦尔俄足'音乐总体上有了一定程度的复兴,但其濒危形势依然严峻。其一,随着社会变迁,尤其是'5·12'汶川大地震的影响使得羌族传统音乐文化生态空间遭受破坏,加速了羌族传统音乐代际传承的危机。其二,羌族基层社区还缺乏有效的民族地区特殊公共文化服务的建设、管理和评估体系,导致羌族社区成员在羌族音乐文化实践活动中缺乏可利用的基础设施、音乐文化资源以及相关知识,也反映出羌族音乐文化和羌语学校教育的缺失。其三,羌族传统音乐的传播、对外宣传及产业化力度和效度尚显不足,羌族音乐作为文化资本的价值利用和影响力方面还有待加强。其四,羌族传统音乐在表演曲目、表演形式、音乐功能的拓展及复兴手段等方面还缺乏创新性理念和方法。"①根据上述评估及课题组的调研结果认为,青年传承人群的减少、羌语学校教育的缺失等问题,影响了对瓦尔俄足等传统仪式的保护和发展工作。

　　羌族是我国最古老的民族之一,研究羌族的信仰、民俗文化,不仅是了解羌族历史、文化传承等信息的主要来源,也是我们了解中华传统文化的重要途径。由于曾经长期居住在高山峡谷地带,羌族民间信仰活动和风俗习惯被长期保留和沿用下来,通过诸多的仪式和仪式音声客观记录了文化历史脉络。如茂县杨柳村玉皇会仪式音声中,便包含着羌族民间信仰的神灵,以及苯教、佛教、道教等人文宗教的渗入,其诵经调及多个苯教、佛教诵词,正是羌族信仰和民俗文化发展、变迁的缩影,从这一角度去研究羌族信仰和民俗,会更为客观和全面。根据笔者近五年对仪式音声的观察发现,道教、佛教等对羌族信仰的影响只停留在仪式表层,是对周边强势文化的应对反映,而其信仰的本质则始终沿袭着以神灵信仰为核心范畴,并以此指导羌族所有的仪式活动和生产、生活等。羌族在历史上由于与主流社会的纷争曾长期处于战乱状态,由此逐渐形成了以战争、迁徙为主题的神话传说,羌戈大战、迟基格布等,便是通过对祖先英雄事迹的歌唱。回顾历史,教育后代,由此也形成了祖先崇拜的民俗传统。游牧、狩猎、农耕文化,以及礼仪文化等,是羌族人民在长期与大自然和谐相处中掌握的生存法则,最后形成了羌族稳定的民俗文化。

　　本书以大量的仪式音声为佐证材料,证实了羌族民间信仰是以神灵信仰为核心而形成的对自然神、地方神、家神、工艺神及灵魂等多种神灵的信仰,以及受苯教、道教、佛教等影响的历史和现状。白石崇拜、祖先崇拜、英雄崇拜等,是其信仰的表现形式。羌族民间信仰是古代羌族在生产力水平低下的情

---

① 范雨涛:《MVEF 对濒危民族音乐传承保护的启示——以"瓦尔俄足音乐"为例》,《贵州民族研究》2017 年第 5 期。

况下克服自然灾害、战胜生活困难的自我意识的反馈,其信仰的神灵不是高高在上的虚无构想,而是有血有肉、会生产劳动、能征善战、能歌善舞的人性化的神祇。人们对神的崇拜不是空泛的顶礼膜拜,而是通过实实在在的献祭(祭品、歌舞)来感恩神灵的保佑,同时激励人们学习神的智慧、能力和觉悟,从而提高民众的生活质量。"羌族民间信仰强调人与人之间要相互尊重、和谐友爱、团结互助、坦诚相待、平等相处等。正是在这一思想指导下,羌族与兄弟民族结下了深厚友谊,极大地促进了羌族地区社会和谐进步与发展。"①

羌族民俗文化是在民间信仰思想指导下形成的比较稳定的民俗传统。羌族仪式音声所涉及的民俗文化内容,只是羌族民俗在某个时期、某个地点表现出来的部分民间习俗。仪式音声中对羌族饮食、商贸、建筑等习俗涉及较少,要考察这方面的民俗,需要从一些无音声的仪式、民间传说或日常生活中进行,本书不再阐述。而仪式音声所展示的农耕、礼仪、信仰与禁忌、生活、节庆等已经能够体现羌族民俗最基本的特征。羌族用羌语口语进行日常交流,保存有丰富的口头文学,主要以释比说唱、尼莎古歌、节日歌曲、礼仪(冠礼、婚礼、葬礼)歌曲等形式传承,这部分内容是羌族传统文化的核心,它反映了羌族生活的方方面面,既包含羌族民俗事象,也概括了族群意识,既承载了文化传统,也展示了当代风貌。羌族民俗起源于古代羌族的生活智慧,又在历代羌族同胞的物质生活和精神生活中得到创新与发展,形成了稳固的民族文化灵魂,延绵不断,延续至今。政策的更替和历史的变迁也使得羌族民俗在不断地变化和发展,但羌族的民族灵魂始终不变,崇尚正义、信仰真善美的意识不变,团结协作、艰苦奋斗的民俗风气不变。这样的羌族民俗文化将以稳定的形态广泛扎根在一代代羌族同胞的文化基因之中,并融入中华民族大家庭得到长久传承。

---

① 邓宏烈主编:《羌族民间信仰》,四川民族出版社 2021 年版,第 223 页。

附　录　部分乐谱

一、汶川县羌锋村王治升唱

解秽 tʂho ço

（鼓谱省略）

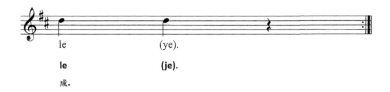

开场经 ti ɕye ə phʐe

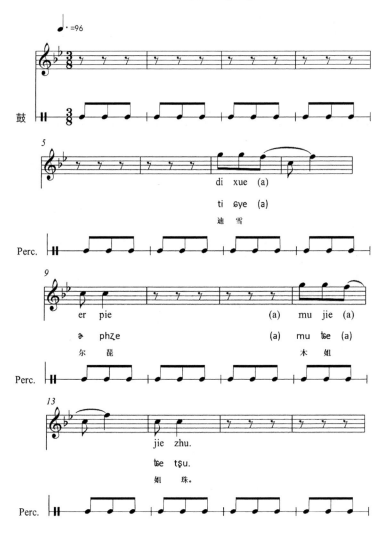

木姐珠 mu tɕie tʂu

桦树丫和旗旗 ʂpo χue

还愿(一)kue χɬe

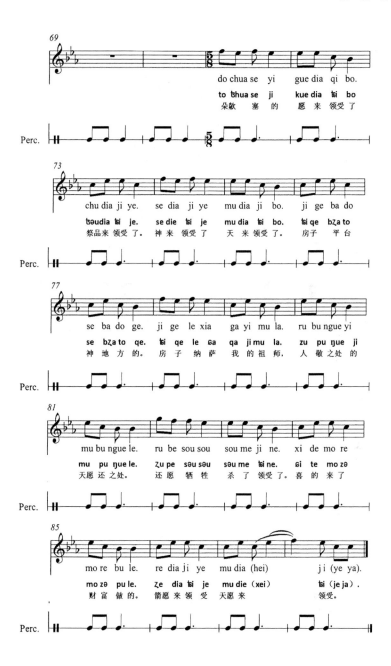

二、茂县水若村肖永庆唱

白耶来历 peje zəm

说凤凰 khua di

量茅人座（一）sadʐ̩ y eze

ri ri ti. ro bo gan zhu ya lo lo chei
zi zi thi. zə pə kæ ʦu ja lo lo tʂhei.
拿过来。 鱼处麦草说到唱了。

sa jv e re yi na we du ran. sa jv e che yi na we du chei.
sa dʐy e ze ji na we tu zæ. sa dʐy e tʂhe ji na we tu tʂhe.
茅人座位比量说到三岔放。 茅人座位压住说到三岔压。

量茅人座（二）sadʐy eze

$\text{♩.} = 56$

kua na du (si o) shu shu nei (yo)
khua na du (si o) ʂu ʂu nei (jo)
凤凰和孔雀 快捷来。

(ha) kua we se sa e re (yo)
(xa) khua we se sa e ze (jo)
凤凰 借助 茅人座位 比 量。

(ha) du we se mo sa e re.
(xa) du we se mo sa e ze.
孔雀 借助 人 茅人 比 量。

sa jv e re wu du ran (yo)
sa dʐy e ze wu tu zæ (jo)
茅人 座位 比量 三岔 路 放

(e) sa jv e che na wu du che.
(e) sa dʐy e tʂhe na we tu tʂhe.
茅人 座位 压 住 到 三岔 路 压。

sa jv zhe de mu ri zhe we
sa dʐy dʐe te mu zə dʐe we
茅人 座位 驱打 火 面 拿了

zhu me zhui (yo) be ye zhu lo
ɖu me ɖui (jo) pe je ɖu le
脚 没有 脚 了, 白 耶 告 诉

(la) sa zhu bei. sa ma zi zhi
(la) sa ɖu pei. sa mə tʂ tʂi
茅人 脚 有。 茅人 这 个

be ri ge we (a) be ge gei.
pe zə ke we, (a) pe ke kəi.
藏地 去 了, 藏地 走 到,

be ri be zhe da mu da mu
pə zə pe tʂe da mu da mu
藏地 藏人 戴 的 戴 的

(a) da de mei. nv da da wo
(a) ta de mei. n̩y da ta wo
帽子 找 到。 你 藏 帽 子

(nan) sa da bei. sa da ngu lu
(næ) sa da pei. sa da ŋu lu
茅人 戴 了。 茅人 戴 是 了

(a) ya ne ngui.
(a) ja nə ŋui.
好 运 是了。

赶瘟神（一）tʂhutʂhu çi

♩ = 70

chu di do mi di do chu be ye mi be ye
tʂhu ti do mi ti do tʂhu pe je mi pe je
瘟神 兄 妹 时 兄 妹 瘟神 白耶 时 白耶

(e)   ma (ya).   ga zhe a re wu du ran.
(e)   ma (ja).   qa tşhe a ze wu tu zæ.
走。   我 响 盘 摆 摆 邪 魔 驱 赶。

xi di wa chu kua bu du (o)   (e ya)
ɕi ti wa tʂhu khua pu tu (o)   (e ja)
铁 打 神 棍 比 划 赶

(e)   ru ban (ya).
(e)   zu pæ (ja).
妖 魔。

赶瘟神（二）tʂhutʂhu çi

chu di do mi (ye) di do (e) wei.   chu be (o) ye mi (la)
tʂhu ti do mi (je) ti do (e) wei.   tʂhu pe (o) je mi (la)
瘟 神 兄 妹 时 兄 妹 有。   瘟 神 白 耶 时

be ye (a) wei.   chu ru lo mi (ye) ru lo (la) wei.
pe je (a) wei.   tʂhu zu lo mi (je) zu lo (la) wei.
白 耶 有。   瘟 神 木 香 时 木 香 有。

ce chu (o) me ce (a) ce me (la) ce.   chu sa bi (mi ye)
tʂhe tʂhu (o) me ɕhe (a) ɕhe me (la) ɕhe.   tʂhu sa bi (mi je)
出 来 瘟 神 没 出 来 出 来 没 出 来。   瘟 神 找 根 源

sui na (a) dai.   sui na (o) dai (si la) chu xi (a) ma.
sue na (a) dai.   sue na (o) dai (si la) tʂhu ɕi (a) ma.
扫 帚 就 撵。   扫 帚 就 撵 瘟 神 送 走。

chu man (na) zhi shi bi (ye) zhe se sa (e) o su (a) den.
tʂhu mæ (na) tʂə ʂi pi (je) tʂe se sa (e) o su (a) ten.
瘟 神 你 这 个 释 比 话 三 句 听 清 楚。

bi (wa o) se sa (na) o su (na) ten.
pi (wa o) se sa (na) o su (na) ten.
释比　　三　句　　　听　清　　楚。

唱魂根（一）mə lə

nga lo nga lo nga lo (ya)
ŋa lo ŋa lo ŋa lo (ja)
诵 唱 诵 唱 诵 唱

nga lo nga lo.
ŋa lo ŋa lo.
诵 唱 诵 唱。

tou nga lo (la) tou nga lo (la).
thou ŋa lo (la) thou ŋa lo (la)
哪里 诵 唱 哪里 诵 唱。

se yv mi na yv mi ge bu. be san ru ge man du (ya).
sə jy mi na jy mi ke pu. pe sæ zu kə mæ du (ja).
孤苦郁 米 和 郁 米 孤 儿，父亲去世 时 候 母亲 肚

man san si ger ke du (na) sa
mæ sæ zə qə qhe du (nə) sa
母亲 去世 时 候 裙 袍 在

ke du (na) sa. se yv mi na yv mi ge bu
qhe du (nə) sa. sə jy mi na jy mi ke pu.
裙 袍 在。 孤苦郁 米 和 郁 米 孤 儿，

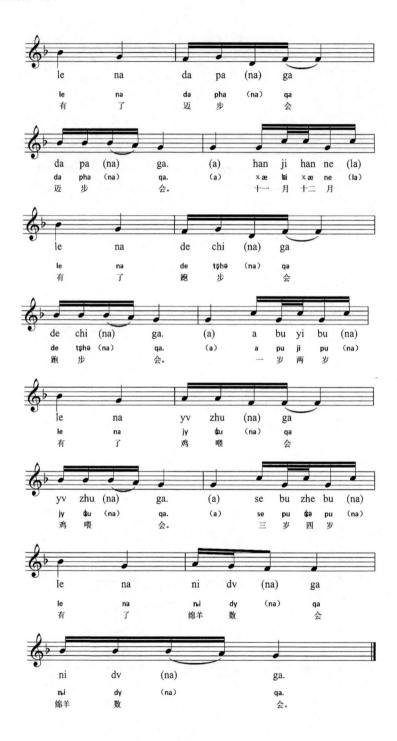

唱魂根（二）mə lə

(o)　yan　ni　　de　ger　cua　　(ya).
　　　jæ　n̠i　　də　kə　tʂhua　(ja).
　　　悬崖　楼　梯　搭上。

唱魂根（三）mə lə

♩ = 88

yan　me　(na)　xi　ga　xi　ga　me　che　(na)　(o)
jæ　mə　(na)　ɕi　qa　ɕi　qa　mə　tʂhe　(na)　(o)
悬　崖　　　岩　洞　岩　洞　妖魂　杀

lu　(na)　lu　(na).　me　ji　(e)　　a　gu　a　gu
lu　(na)　lu　(na).　me　tɕi　(je)　a　qu　a　qu
了。　　　　　墨　基　　阿　古　阿　古

do　zi　(e)　　suan　(ya)　suan　(ya).　me　ji　　(na)
do　tsə　(e)　　suæ　(ja)　suæ　(ja).　me　tɕi　(na)
埋葬　　　　埋　　　葬。　　墨　基

sa　zhi　sa　zhi　do　zi　(e)　　suan　(ya)　suan　(ya).
sa　tʂi　sa　tʂi　do　tsə　(e)　　suæ　(ja)　suæ　(ja).
刹　支　刹　支　埋葬　　　埋　　葬。

gua　han　(e)　　gu　we　gu　we　do　zi　(e)
gua　xæ　(o)　　qə　we　qə　we　do　tsə　(e)
脸　面　　　头　发　头　发　埋

suan　(ya)　suan　(ya).　ce　ni　(o)　　me　le　me　le
suæ　(ja)　suæ　(ja).　tʂhe　n̠i　(e)　　me　le　me　le
藏　　　埋葬。　　红　眼　　人的　人的

do　zi　(o)　　suan　(ya)　suan　(ya).
do　tsə　(e)　　suaæ　(ja)　suaæ　(ja).
埋　藏　　　埋　　　葬。

毒药猫 zə lə

擦死煞 tʂhao kə

喊魂魄 çytʂu wu je

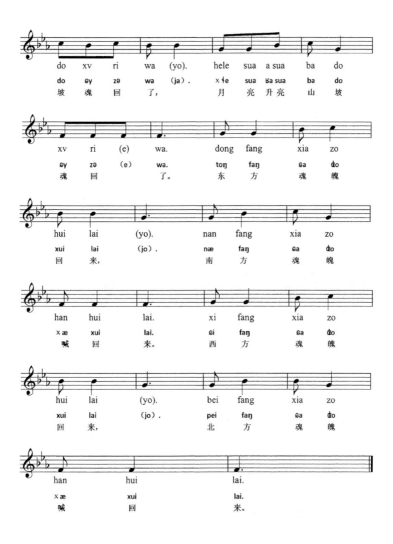

拴魂魄 çytʂu wu zy

打面火 zəm qe le

撵妖魔（一）a te

da pi han wu (na) ya lo a di sa.
白云 协助 痛恨 戳穿。

撵妖魔（二）a te

埋葬邪气（一）tsə suæ

埋葬邪气(二) tsə suæ

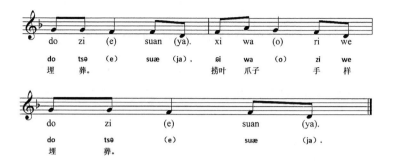

三、茂县杨柳村集体唱

拜　唱

绕佛唱(一)

绕佛唱（二）

男: (o) sa nan do (hei).
　　　　萨 楠 哆。

女: (o) sa nan do (hei).
　　　　萨 楠 哆。

男: (o) ma zhier sa nan
　　　　　　嘛 芝儿 萨 楠

do (ya). 女: (o) ma zhier sa
哆 嘛 芝儿

nan do (ya).
楠 哆。

绕佛唱（三）

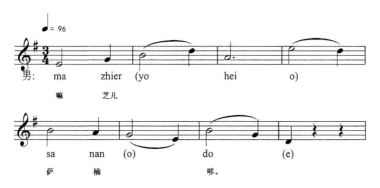

男: ma zhier (yo hei o)
　　嘛 芝儿

sa nan (o) do (e)
萨 楠 哆。

绕佛唱(四)

绕佛唱（五）

坐唱(一)

坐唱（二）

坐唱(三)

坐唱(四)

坐唱（五）

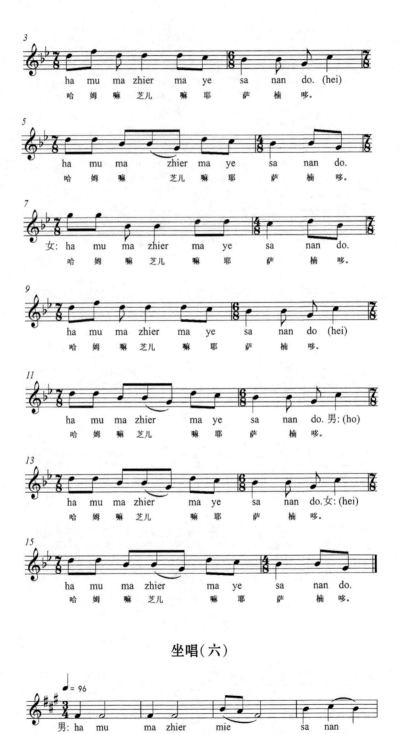

坐唱(六)

坐唱（七）

坐唱(八)

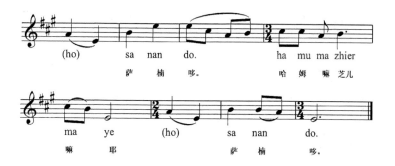

坐唱（九）

坐唱（十）

坐唱(十一)

四、邛崃金花村陈德平、陈德明唢呐演奏

将军调

开哑酒坛

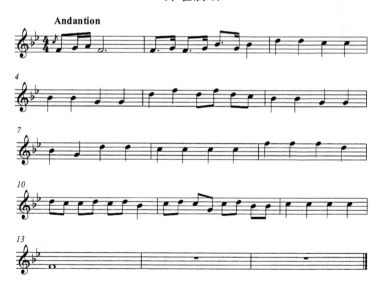

离娘调

三吹三打

下席调

长过街调

责任编辑：李媛媛

封面设计：姚　菲

图书在版编目（CIP）数据

羌族仪式音声研究 / 华明玲，郑凌云著. -- 北京 ：人民出版社，
2025. 6. -- ISBN 978-7-01-026999-3

Ⅰ. K287.4

中国国家版本馆 CIP 数据核字第 2025K3C294 号

羌族仪式音声研究

QIANGZU YISHI YINSHENG YANJIU

华明玲　郑凌云　著

人民出版社 出版发行

（100706　北京市东城区隆福寺街 99 号）

北京九州迅驰传媒文化有限公司印刷　新华书店经销

2025 年 6 月第 1 版　2025 年 6 月北京第 1 次印刷

开本：710 毫米×1000 毫米 1/16　印张：28.5

字数：425 千字

ISBN 978-7-01-026999-3　定价：138.00 元

邮购地址 100706　北京市东城区隆福寺街 99 号

人民东方图书销售中心　电话（010）65250042　65289539